최근 경제학의 10가지 흐름

다원적 사회과학의 모색

홍훈 · 박종현 · 서한석 · 이상훈 · 이태수 · 황재홍

도서출판 해남

최근 경제학의 10가지 흐름

다원적 사회과학의 모색

초판1쇄 인쇄 2024년 5월 22일
초판1쇄 발행 2024년 5월 29일

저 자 홍훈·박종현·서한석·이상훈·이태수·황재홍
발행인 노현철
발행처 도서출판 해남

출판등록 1995. 5. 10 제 1-1885호
주 소 서울특별시 마포구 마포대로8길 9 영명빌딩 405호
전 화 739-4822 팩스 720-4823
이 메 일 haenamin30@naver.com
홈페이지 www.hpub.co.kr

ISBN 978-89-6238-185-6 93320

경제학은 변하고 있는가?

『경제사회연구총서』는 경제사상, 경제이론, 그리고 경제정책 및 현실 사이의 유기적인 연결을 통해 한반도에 경제학을 총체적이면서 역사적인 사회과학으로 정착시키는 데 뜻을 두고 있다. 이런 뜻을 반영해 총서의 출발점이 될 만한 세 권의 책을 먼저 내놓기로 하였다. 첫 번째 책은 경제학의 최근 변화를 검토해 경제사상과 경제이론을 연결하려는 목적으로 기획되었다. 두 번째 책은 경제의 최근 변화를 검토해 경제이론과 경제 현실 및 정책을 연결하려는 목적으로 기획되었다. 세 번째 책은 경제학과 경제의 최근 변화를 사상적으로 깊고 넓게 조망하려는 목적으로 기획되었다. 이 책은 그 중 첫 번째이다.

한국의 경제학은 일세의 강점과 분단 등 시대적인 굴질에도 불구하고, 연희전문과 보성전문의 초창기 강의를 고려한다면, 적어도 1세기의 역사를 가지고 있다. 또한 해방 이후 거의 80년 동안 양적으로 성장해 이제는 많은 학자가 SSCI(Social Science Citation Index, 사회과학의 대표적인 국제학술지) 논문 등 높은 수준의 연구물들을 쏟아 내고 있다.

그렇지만 이런 성장이 한반도에서 경제학과 사회과학을 정착시키는 데까지 이르지는 못하고 있다. 한국의 경제학 연구가 경제의 근본적인 문제를 규명하는 데 별로 유효하지 않고, 경제에 대해 대다수가 합의하는 관점을 정착시키지 못하였으며, 학자를 양성하는 데 국내 대학이 주도적인 역할을 담당하지 못하고 있기 때문이다.

구체적으로 한국의 경제학자들은 자신의 분야에 필요한 이론과 방법을 익히고 이것을 가지고 논문을 쓰는 데 열중해 서양 경제학의 뿌리와 맥락에 대해 별로 관심을 기울이지 않고 있다. 또한 서양 학계에서 사상이나 이론이 나오면 그것을 기계적으로 전달하고 적용하는 것이 우리에게 일상화되어 있다. 그래서 그것을 나름대로 해석해 한국에 어느 정도 적용 가능한지 고민하는 사람이 별로 없다.

학문적인 교류는 어떤 경우에도 불가결하지만 학문적인 자율성도 제대로 된 학문의 불가결한 요건이다. 자율성을 확보하려면 경제 사상과 이론이 나온 배경이나 과정을 전달하고 그것을 비판적으로 검토해 어떻게 수용할지 고민해야 한다. 그런데 좌우를 막론하고 지난 70년 동안 한국의 경제학계가 이런 작업을 체계적으로 수행한 적이 거의 없다. 그래서 한국의 경제학은 아직도 의존적이다.

이제는 우리도 경제학의 여러 분야를 연결하고 경제학을 다른 사회과학이나 다른 학문과 연결해 볼 필요가 있다. 이를 위해 세부 분야와 거리를 두면서 주기적으로 미국을 위시한 서양 학계의 이론을 조망하고 비판할 필요가 있다. 혹자는 미국 학계에서 이런 노력이 별로 없으므로 우리도 이런 노력을 기울일 필요가 없다고 주장할 것이다. 그렇지만 이론을 주로 생산하는 미국과 이론을 주로 수입하는 한국의 상황이 같을 수 없다. 더구나 미국 학계에서도 *Journal of Economic Literature*나 *Journal of Economic Perspectives*를 통해 이런 일이 어느 정도 이루어지고 있다. 이론을 수입하는 한국의 경제학계에는 이런 조망이 더욱 절실하다.

이런 관점에서 이 책은 최근 30~40년 동안 경제학에서 일어난 변화를 소개하였다. 먼저 프롤로그에서 경제학의 변화들을 개괄하고, 이런 변화의 특징으로 대상·방법·자료의 다양성, 시장보다 경제에 대한 중시, 경험적인 연구의 증가, 인과관계에 대한 강조, 이론과 역사의 결합, 융복합적이고 총체적인 성격 등을 지적하였다.

그리고 이런 변화들 중에서 관점, 주제, 방법에 있어 새롭다고 볼 수 있는 열 가지를 선별하였다. 경제학 제국주의(economics imperialism)는 출산, 결혼, 범죄, 법 등 경제 외적 대상을 시장 논리로 설명하려는 노력을 함으로써 사회과학의 체계에 변화를 낳고 있다. 행동경제학(behavioral economics)은 경제학의 뇌관인 합리성에 의문을 던지는 대안적인 관점이다. 실험경제학(experimental economics)은 자연과학에서 사용하던 실험을 경제학에 도입해서 새롭다. 이와 관련해 인과관계를 규명하기 위해 활용되는 몇 가지 다른 방법도 함께 다루었다.

역사경제학(historical economics)은 기존 경제학과 달리 역사를 중시하면서 과거 현상에 근거해 현재의 경제발전 등을 인과적으로 설명한다. 진화경제학(evolutionary economics)은 보편화되고 있는 진화론을 경제현상에 적용하고 있다. 신경경제학(neuroeconomics)은 신경과학을 도입해 인과적으로 경제현상을 설명한다. 유전경제학(genoeconomics)은 경제적 특성을 유전자에 기초해 근원적으로 설명하는 유전학과 경제학의 결합이다.

행복경제학(happiness economics)은 국민소득이 행복을 보장하지 않는다고 전제하면서 기존 경제학이 논의하지 않던 인간의 행복을 논의한다. 언어경제학(economics of language)은 문화의 핵심인 언어가 경제에 미치는 영향을 연구한다. 끝으로 현대화폐이론(modern monetary theory)은 경제학 제국주의의 대척점에서 화폐와 재정정책에 대해 새로운 가설을 제시한다.

이 책은 저자들의 공동작업과 집필의 결과이다. 프롤로그, 1장, 2장, 3장, 9장은 홍훈 교수가 집필하였고, 5장, 6장, 7장은 이상훈 교수가 집필하였다. 4장은 서한석 교수, 8장은 박종현 교수, 10장은 황재홍 교수가 집필하였다. 그리고 이태수 박사는 모든 글에 대해 조언을 해주고 책 전체를 마무리 짓는 에필로그를 집필하였다. 끝으로 이 책을 포함해 총서 전체를 발간하겠다고 흔쾌히 결심해 주신 도서출판 해남의 노현철 대표님께 깊은 감사를 드린다.

2024년 5월

저자들을 대표하여 신촌에서

홍훈 씀

차례

Table of Contents

프롤로그

경제학, 어디서 와서 어디로 가고 있나?

1. 경제학과 신고전학파의 등장
2. 대상의 팽창과 관점의 다양화
3. 경험적인 연구의 다양한 방법과 인과관계
4. 조망과 함의

경제학은 애덤 스미스(A. Smith)의 『국부론』(*The Wealth of Nations*, 1776)에서 시작해 250년 동안 경제와 사회에 점점 더 큰 영향을 미치고 있다. 그동안 경제학의 역사에는 여러 가지 논쟁과 여러 갈래의 사상 및 관점이 있었다. 그렇지만 1990년의 동구 붕괴 및 신자유주의의 확산으로 이런 다양성이 줄어들면서 신고전학파 경제학(neoclassical economics)이 지배적인 관점이 되었다. 그래서 이제는 '신고전학파'라는 한정어가 어색할 정도로 대부분 사람들이 경제학하면 신고전학파를 떠올린다.

이런 외적인 변화와 대조적으로 신고전학파의 내부와 그 주변에서는 최근 몇십 년 사이에 여러 대상, 방법, 그리고 관점이 분출하고 있다. 그리고 이런 변화는 경제학 안에 머물지 않고, 경영학뿐만 아니라 사회과학과 인문학에까지 영향을 미쳐, 학문체계 자체를 변화시키고 있다. 그런데 한반도에는 이런 거대한 변화가 전달되지 않거나, 전달되더라도 단편적이면서 피상적으로, 그것도 상당한 시차를 두고 전달되고 있다.

한반도는 경제학의 발상지도 아니고 아직은 경제이론의 본격적인 생산지도 아니다. 이 때문에 지난 백 년 이상 경제학을 수입해 왔고 현재도 이런 상황에 근본적인 변화가 없다. 따라서 경제학의 연원과 배경을 파악하고 경제학을 전체적으로 조망해 제대로 수용하는 일이 언제나 우리에게 불가피한 일이다. 그렇지만 최근에는 SSCI를 위시한 논문 위주의 연구가 적절한 수준을 넘어서면서 오히려 경제학 전체를 조망하는 데 장애가 되고 있다.

이런 상황에 비추어 이 글은 지난 몇십 년 동안 경제학에 발생한 변화를 조망하는 데 목표를 두고 있다. 물론 경제학의 최근 변화를 짧은 글에 포괄하는 것은 불가능하다. 그렇더라도 현 시점에서 이런 조망이 불가피하기 때문에 가장 두드러진 것에 집중해 이 일을 감행하였다. 이를 위해 이 글은 먼저 경제학의 역사를 정리하고, 이를 배경으로 신고전학파의 특징을 부각시켰다. 이어서 이런 특징에 비추어 주목할 만한 경제학의 최근 변화를 대상과 방법으로 나누어 검토하였다. 끝으로 이런 변화의 함의를 가늠해 보았다.[1]

1. 경제학과 신고전학파의 등장[2]

경제 문제는 동서양에 관계없이 인간의 생계에서 비롯되므로 이미 공자나 소크라테스에서부터 이에 대한 논의가 시작되었다. 그렇지만 경제학이 생겨난 것은 서양에서 자본주의의 등장으로 경제를 시장 및 공장과 연결시켜 논의하면서부터이다. 그래서 경제학은 정치학이나 사회학과 마찬가지로 서양 근대의 산물이다.

애덤 스미스(1723~1790)는 경제학의 '아담'(Adam)이자 첫 번째 경제학파인 고전학파의 아담이다. 그는 『국부론』에서 시장경제를 설명하면서 동시에 시장경제를 정당화하였다. 그는 사회적인 분업하에서 자유무역을 통해 시장에서 개인들이 자신의 이익을 자유롭게 추구하도록 허용하면 국가가 경제발전을 달성할 수 있다고 주장하였다. 개인의 의도와 무관하게 경제나 사회 전체가 발전할 수 있으므로 이것을 보이지 않는 손(invisible hand)이라고 부르게 되었다.

스미스는 앞선 수 세기를 지배하며 보호무역을 내세웠던 중상주의(mercantilism)를 비판하였다. 그렇지만 그는 시장보다 경제에 방점을 두고 국가의 역할을 유지해 극단적인 시장주의로 나가지 않았다. 또한 개인의 이기심을

1 홍훈(2007)은 행동경제학에 중점을 두고 경제학의 변화를 논의해 제한적이었다.
2 이 절은 홍훈(2010)의 해당 부분을 확장하고 발전시킨 것이다.

말하면서도 계급이나 계층의 갈등을 인식하고 있어 개인주의에 매몰되지 않았다. 나아가 스미스는 경제를 논의하는 데 이론과 역사에 대한 관심을 함께 갖추고 있었다.

고전학파의 계승자인 리카도(D. Ricardo, 1772~1823)는 『정치경제학과 과세의 원리』(*On the Principles of Political Economy and Taxation*, 1817)를 통해 시장경제와 자유무역을 옹호하면서도 노동가치를 가격의 결정원리로 일관되게 내세웠다. 이에 따르면, 상품의 가격은 장기적으로 소비자의 수요와 무관하게 투입된 노동량과 이에 근거한 생산비에 의해 결정된다.

또한 리카도는 소득분배를 둘러싼 계급 간의 분배적인 갈등을 부각시켜 이것을 가격체계나 거시경제와 결합시켰다. 이로 인해 현재도 분배 문제하면 리카도를 떠올리게 된다. 그리고 그는 연역적인 방법으로 경제학을 구축해 경제학의 추상성과 과학성을 높였다. 그렇지만 이로 인해 경제이론을 경제사나 경제현실로부터 멀어지게 만들었다.

맬서스(T. R. Malthus, 1766~1834)는 리카도와 견해를 달리하는 고전학파 내의 이단아였다. 그는 수요가 가격에 미치는 영향을 부각시켰고, 거시적인 변동에서도 총수요의 부족을 강조하였다. 방법에서도 과도한 추상화를 경계하면서 상식을 중시해 연역을 중시한 리카도와 대립하였다.

그는 구매력을 가지고 있어 유효수요를 창출하는 부자나 지주계급의 사회적 역할을 강조하면서 이들의 이익을 대변한다는 비난을 받기도 하였다. 반면 최근에 다윈(C. Darwin, 1809~1882)의 진화론이 중요해지면서 이에 단초를 제공한 그의 『인구론』(*An Essay on the Principle of Population*, 1798)이 주목을 받고 있다. 임금이 생계비 수준에서 결정된다는 고전학파의 임금이론은 인구론에 근거하며 생계를 강조해 진화와 연결된다. 또한 그는 토지의 척박함과 수확체감의 법칙을 통해 생태계 문제를 제기하였다고 평가받기도 한다.

밀(J. S. Mill, 1806~1873)은 자유주의자이자 모든 것을 쾌락과 고통으로 설명하는 공리주의자였다. 그는 고전학파 이론을 과도하게 수정해 고전학파를 해체하는 결과를 낳았다. 무엇보다 그는 노동가치를 거부하였고, 생산비가 가격을 결정하는 범위도 축소하였다. 공산품의 가격은 생산비가 결정하지만, 골동품 등 희소재와 농산물의 가격에는 수요가 미치는 영향을 지적하였다.

그렇지만 그는 소득분배를 상품의 가격 결정과 구분하였다. 그리고 생산이 (포도주 생산에서와 같이) 자연법칙을 따르기 때문에 인간이 변경할 여지가 없는 데 비해, 소득분배는 사회적으로 결정되어 인간이 변경할 수 있다고 주장하였다. 이에 따라 그는 생산 체제는 그대로 두되 분배에 대해서는 법이나 정책을 통해 국가가 개입할 것을 주장하였다.

마르크스(K. Marx, 1818~1883)는 『자본론』(*Das Kapital*, 1867)을 통해 고전학파에 존재하던 자본주의의 문제나 갈등을 모순으로 발전시켜 가장 적극적으로 대안적인 체제를 주창하였다. 고전학파가 영국의 경험주의에 근거하였다면, 마르크스는 이와 전혀 다른 독일의 변증법에 근거하였다. 이에 근거해 그는 리카도의 노동가치론을 자본주의 체제를 설명하는 가치이론으로 발전시켰다.

또한 그는 고전학파에 공존하던 개인과 계급 중 개인을 축소하고 계급을 발전시켰다. 그리고 가치이론과 계급이론을 결합해 상품과 화폐를 설명하고 시장의 교환관계를 설정하였다. 다른 한편으로 공장에서는 잉여가치에 근거해 노동자 계급과 자본가 계급 사이의 착취론을 구축하였다. 결과적으로 그에게서 자본주의는 교환관계와 착취관계가 결합된 사회구조로서 개인의 이익이나 의도가 아니라 자본의 논리에 지배받는다.

마르크스는 유물론적인 관점에서 생산양식이라는 하부구조를 근거로 자본주의를 위시한 정치, 과학, 이념, 종교 등 사회의 모든 영역을 파악하는 총체적인 시각을 제시하였다. 또한 경제와 사회구조의 변동을 중시하면서 자본주의 등 사회를 파악하는 데 이론과 역사의 결합을 일관되게 유지하였다.

그런데 조금 뒤인 1871~1874년에 한계효용학파가 등장해 마르크스와 정반대로 고전학파에 있던 계급을 억압하고 개인의 이익 추구를 극대화하였다. 이 학파의 시조는 영국의 제번스(W. S. Jevons, 1835~1882), 프랑스의 발라스(L. Walras, 1834~1910), 오스트리아의 멩거(C. Menger, 1840~1921)이다.

이들의 철학적 기반은 벤담(J. Bentham, 1748~1832)의 공리주의(utilitarianism)였다. 공리주의는 이성과 의무나 미덕 등으로 인간의 행위, 윤리, 법 등을 설명하던 전통적인 윤리학을 뒤집고 이것들을 쾌락과 고통으로 환원하였다. 쾌락과 고통은 행위의 동기나 의도가 아니라 결과이므로 공리주의는 행위의 결과에 집착하는 결과주의를 특징으로 삼는다.

한계효용학파는 이를 응용해 소비자가 재화를 소비해서 얻는 쾌락, 즉 효용으로 교환과 가격을 설명하면서 수요를 부각시키게 된다. 이 학파에 앞서 공리주의자였던 밀이 이미 가격 결정에서 수요를 강조하였다. 밀과 이 학파로 인해 노동가치나 생산비가 아니라 효용과 수요가 가격을 설명하게 된다.

수요의 주체는 소비자이므로 이후 시장경제의 주체가 기업이나 자본가가 아니라 소비자라는 소비자 주권이 등장해 민주주의의 바탕인 시민의 주권재민과 쌍을 이루게 된다. 또한 소비자를 위시한 개인이 분석과 행위의 단위가 된다. 그리고 이런 한계효용학파가 신고전학파의 모태가 되었다.

한계효용학파를 신고전학파로 먼저 변형시킨 사람은 영국의 마셜(A. Marshall, 1842~1924)이었다. 마셜은 고전학파의 생산비와 한계효용학파의 효용 모두를 수용하겠다는 의도로 수요곡선과 공급곡선에 의존해 시장의 균형과 가격을 설명하였다. 그리고 이것이 고전학파에 대한 긍정적인 수정이라고 보아 자신의 틀을 신고전학파라고 불렀다. 그렇지만 수요와 공급이 한계효용과 한계생산성이라는 한계원리에 근거하므로 실상 신고전학파는 고전학파가 아니라 한계효용학파를 계승한 것이었다.

그런데 신고전학파의 성격을 확정한 것은 로빈스(L. Robbins, 1898~1984)였다. 그는 자원배분이 신고전학파의 핵심이라고 선언하였고, 이 문제를 위시한 경제문제를 해결하는 근거를 개별 행위자의 합리적인 선택에서 찾았다. 그리고 그 이후 개별 행위자들의 선택이 모여 수요·공급을 이루고 시장에서 균형가격이 형성되면서 모두가 최적 상태에 이르게 된다는 일반균형체계(general equilibrium system)가 발라스를 바탕으로 구축되면서 신고전학파가 완결되었다.

고전학파 및 마르크스와 신고전학파는 각기 정치경제학(political economy)과 경제학(economics)으로 구분되기도 한다. 전자는 선호, 기술, 제도의 변동을 고려한 동태적인 경제를 상정하고, 시장경제가 안고 있는 문제를 인식해 정치, 법, 정책을 중시하였으며, 경제를 정치나 사회와 연결시켜 생각하였다. 이에 비해 후자는 선호, 기술, 제도가 주어진 정태적인 경제를 상정하고 정치나 사회와 분리된 경제를 순전히 경제변수로 설명한다는 특징을 지닌다.

이런 큰 줄기들과 별도로 독일에서는 19세기 초 리스트(F. List, 1789~1846)를 필두로 역사학파가 등장해 이론의 보편성을 자임하며 자유무역을 내세운 고전학파를 비판하였다. 역사학파는 마르크스보다 보수적인 입장에서 역사발전의 단계와 각국 경제의 특수성을 강조하면서 보호무역을 내세웠다. 이런 특수성은 각국의 역사와 문화가 지닌 고유성에 뿌리를 두고 있다.

이런 관점에서 역사학파는 중상주의와 비슷하게 국가의 광범위한 개입과 경제 활동의 윤리를 내세웠다. 전기와 후기로 이어진 역사학파는 19세기 말~20

세기 초에 베버(M. Weber, 1864~1920)에 이르면서 경제에 있어 사회와 문화를 강조하는 흐름을 낳았다. 또한 오이켄(W. Eucken, 1891~1950) 등을 통해 질서자유주의(Ordoliberalismus)와 연결되면서 제2차 세계대전 후 독일의 사회적 시장경제에 기반을 제공하였다.

19세기 말에 등장한 미국의 제도학파는 독일의 역사학파와 비슷한 점이 있지만 자본주의에 비판적이었다는 점에서 차이가 있다. 베블런(T. Veblen, 1857~1929)과 코먼스(J. Commons, 1862~1945)가 창시한 제도학파는 제도의 중요성과 진화를 강조하였다. 여기서 제도는 법이나 규정과 같은 공식적인 것과 관습이나 습관과 같이 비공식적인 것을 포괄한다. 특히, 베블런은 진화적인 경제학을 내세우면서 제도를 무시하고 균형을 내세우는 한계효용학파를 비판하였다.

경제학의 역사에서 뺄 수 없는 20세기의 인물은 영국의 케인스(J. M. Keynes, 1883~1946)이다. 그는 1929년에 발생한 대공황으로 인한 대량 실업을 생산능력의 부족이 아니라 유효수요의 부족으로 설명하였다. 그리고 유효수요 부족의 근본 원인을 자본주의의 불확실성으로 인해 저축으로부터 이탈하는 투자의 불안정성에서 찾았다.

이에 따라 그는 자유방임주의의 종언을 선언하면서 총수요를 메우고 실업을 해결하기 위해 재정정책을 위시한 정부의 개입을 내세웠다. 그와 비슷한 논리를 전개하였던 폴란드의 칼레츠키(M. Kalecki, 1899~1970)는 더 나아가 총수요를 진작하기 위한 소득재분배를 내세웠다. 임금주도성장 혹은 '소득'주도성장은 칼레츠키에 근거하고 있다.

신고전학파는 대공황으로 인해 케인스의 이론을 거부할 수 없었지만 일반균형체계에 맞게 그것을 변형시켜 수용하였다. 따라서 신고전학파는 마셜, 로빈스, 일반균형체계를 거친 한계효용학파를 미시경제학으로 삼고, 변형된 케인스를 거시경제학으로 삼았다. 그렇더라도 신고전학파는 1970년대 이후 합리적 기대 등을 통해 거시경제학에서 케인스의 자취마저 씻어내려고 노력해 왔다.

전체적으로 신고전학파의 이론적인 특징은 합리적 개인과 가격기구로, 사회철학은 시장을 자연 상태로 간주하는 시장주의와 최소한의 정부로 규정할 수 있다. 따라서 신고전학파의 구성요소는 시장, 가격, 개인, 선택, 합리성, 유인, 균형 등이 된다. 그리고 신고전학파는 이런 요소들로 경제, 사회, 인간을 설명하거나 최소한 예측할 수 있다고 주장한다.

이에 따라 신고전학파는 경제학의 역사 속에서 등장하였던 국가의 개입과 정부의 정책, 소득분배의 불평등, 착취, 계급과 계층, 사회관계와 사회구조, 역사, 제도 등을 모두 개인·가격·시장·경쟁으로 해체·분해·재구성하려고 노력한다. '해체'나 '분해'는 이것들을 개인, 가격 등으로 녹여서 없애거나 편입시키는 것이고, '재구성'은 그 존재를 인정하지만 개인, 가격 등에서 파생되는 것으로 간주하는 것이다.

우선 신고전학파는 합리적이고 이기적인 개인을 분석·행위의 단위로 간주하기 때문에 관계, 계급, 계층, 사회구조가 이 세상에 존재하지 않거나 존재하더라도 개인들의 행위가 모여 형성된 결과라고 생각한다.

구체적으로 친교, 결혼, 고용 등 사회관계는 개인들이 선택한 결과이다. 또한 노동자 계급은 노동자 개인들이 모여 사후적으로 형성되므로 독자적인 의식이나 행동을 갖고 있지 않다. 나아가 사회도 개인들이 모여서 생기는 것이므로 이 세상에 개인이 있을 뿐 사회나 사회구조란 없다. 여러 개인이 활동을 벌여 전체적으로 나타난 결과를 설명할 수 없을 때 사람들은 신이나 사회구조라고 말하지만, 이것은 잔여나 잔차(residual)로 규정해야 한다는 것이다.

그뿐만 아니라 시장 중심으로 경제를 파악해 모든 경제 활동을 교환과 선택으로 간주하고, 수요와 공급으로 파악한다. 이에 따라 재화에 대한 소비는 소비자의 선택과 이에 대한 수요가 된다. 재화의 생산도 재화의 생산(량)에 대한 선택과 이것들이 모인 시장의 공급(량)이 되고, 생산요소의 종류 및 수량에 대한 선택과 이것들이 모인 시장의 수요(량)가 된다.[3]

시장에서는 개개인 모두가 동등하게 서로를 이용하므로 일방이 타방을 지속적으로 이용하는 착취가 존재하지 않는다. 독과점 등을 통해 (기업과 소비자 사이에) 일시적으로 착취가 발생할 수 있으나, 시장이 경쟁을 통해 이것을 스스로 제거한다. 소득도 시장에서 한계생산성에 따라 각자 공헌한 바에 따라 결정되므로 불평등을 말할 여지가 없다. 독과점 등으로 소득분배가 왜곡되어 불평등이 생길 수 있지만, 이 역시 일시적인 현상에 불과하다는 것이다.

끝으로 제도는 사유재산 및 계약과 관련된 법이고 시장의 작동을 위한 조건이자 환경이다. 더 적극적으로 파악하면 제도에 기업이나 화폐, 언어, 윤리, 문화 등이 포함된다. 그렇더라도 시장주의의 입장에 서서 이것들 모두를 비용, 가격, 효율로 바꾸거나 이들과 연결 짓고, 이들을 거래비용(transaction cost)을 낮추는 문제로 일괄적으로 규정한다.

방법(론)과 관련된 신고전학파의 특징은 분석주의(analytical logic) 및 개인·개체주의(individualism)와 경험주의(empiricism)이다. 분석주의 및 개체주의는 사물을 개인이나 개체로 분해해 분석의 단위로 삼는 것이다. 다른 사회과학에 비해 정교함을 우선시하면서 현상을 작은 문제들로 쪼개서 엄밀하게 다루는 신고전학파의 관행에서 이것을 확인할 수 있다. 경험주의는 관찰된 자료에 근거해 이론을 검증하는 것이다.

3 홍훈(2023), pp. 31~65.

이에 따라 신고전학파는 한편으로 과학성을 내세우면서 연역적인 이론 연구에서 분석적인 논리로서 수학에 의존해 왔고, 다른 한편으로 귀납적인 경험 연구에서는 계량경제학에 의존해 왔다. 경제학의 이런 입장은 대륙의 철학과 사상이 아니라 영미의 철학과 사상에 근거한다. 스미스가 자본주의 이론과 사상을 제공하였고, 벤담이 공리주의를 제공하였다면, 인식론과 방법론에서는 흄(D. Hume, 1711~1776)이 경험주의를 기반으로 제공하였다.

흄은 인간의 인식이 지닌 한계를 지적하면서 사물의 인과관계(causation)에 집착하지 말고, 관찰된 확률적인 상관관계(association, correlation)에 만족할 것을 주창하였다. 예를 들어, 하늘에 구름이 끼면 비가 내리는 것에 대해 흔히 구름과 비가 원인과 결과라고 생각하지만, 실제로 두 현상은 연이어 나타나는 사건들(conjunction)에 불과하다는 것이다. 혹은 통화량과 물가상승률은 상관관계를 지닐 뿐 인과관계에 있다고 섣불리 단정할 수 없다.

경제학은 흄의 경험주의를 이어받아 자료에 근거한 검증에 의존하면서 통계학과 계량경제학을 중시하게 되었다. 또한 20세기 초의 행태주의(behaviorism)나 20세기 중반의 프리드먼(M. Friedman, 1912~2006)의 실증경제학(positive economics) 방법론은 상관관계에 근거한 예측을 내세워 이런 흐름을 강화시켰다.[4]

프리드먼에 의하면, 어떤 이론이 해바라기가 효용을 극대화한다고 가정해서 해바라기의 성장 방향을 예측할 수 있으면, 해바라기가 실제로 효용을 극대화하지 않더라도 이 이론은 유용하다. 이 입장에서는 현실적인 가정과 인과관계에 근거한 설명이 아니라 편리한 가정과 상관관계에 근거한 예측이 중요할 뿐이다.

4 Friedman(1966).

그렇지만 경제학이 흄을 일관되게 따른 것은 아니다. 경제학에 영향을 미친 20세기의 철학자 포퍼(K. Popper, 1902~1994)는 가설에 대한 검증 혹은 반증(falsification)을 중시하면서 계량경제학에 근거한 경제학을 모범적인 사회과학으로 칭송하였다. 그런데 포퍼는 경험을 중시하면서도 경험에 앞서는 선험(a priori)이 있다는 칸트(I. Kant, 1724~1804)의 입장을 받아들여, 이론 없이 관찰 자체가 가능하지 않으며 관찰에 이미 이론이 실려 있다고(theory-laden) 주장하였다. 이에 따라 검증의 목표를 상관관계에 근거한 예측이 아니라 인과관계에 근거한 설명에 두었다.

이런 것들의 영향을 받아 경제학은 상관관계에 근거한 예측과 인과관계에 근거한 설명 사이를 방황해 왔다. 통계학이 인과관계를 배제하고 상관관계에 집중하였다면, 통계학보다 몇십 년 늦게 등장한 계량경제학은 초기에는 인과를 중시하다가 중기 이후로 최근까지는 상관관계로 기울어졌다.

전체적으로 보면 20세기 내내 신고전학파와 이론, 방법, 철학에 있어 견해를 달리하는 여러 접근이 공존해 왔다. 마르크스주의와 신리카도학파와 후기 케인스학파가 대표적이다. 그렇지만 이들의 영향력은 최근 들어 크게 줄어들었다. 반면 신고전학파의 그 부근에서 관점, 대상, 방법, 자료 등에서 다양한 흐름이 형성되고 있다. 그리고 이들 중에는 신고전학파에 포함시키기 어려울 정도로 비판적인 흐름도 있다. 경제학의 최근 변화를 일단 요약하고 대상과 방법으로 나누어 검토해 보자.

- 대상이 무한히 늘어나면서 총체적이며 융복합적이 되고 수시로 거대 담론이 등장한다.

- 이론과 역사가 다시 결합되고 시장이 아니라 경제에 중점을 두는 경향이 생기고 있다.
- 행동경제학을 위시해 신고전학파의 전통적인 규격에서 벗어나는 관점이 형성되고 있다.
- 상관관계에 만족하지 않고 인과관계를 규명하려고 노력하고 있다.
- 연역적인 모형보다 경험적인 연구에 중점을 두고 있다.
- 계량적인 방법 이외에 여러 방법과 자료를 활용하고 있다.

2. 대상의 팽창과 관점의 다양화

1960년 이후로 경제학은 가격 결정, 자원배분, 소득분배, 고용, 물가, 경제성장·발전 등 전통적인 대상을 넘어서, 정치발전, 국가의 형성, 투표, 출산, 결혼, 보건, 범죄, 법, 윤리, 종교, 언어 등 여타 학문의 대상을 다루고 있다. 단적으로 경제학에서 시장과 경제 이외에 사회와 인간에 대한 논의가 늘어나고 있다.

2023년 현재 최고의 인용지수(impact factor)를 자랑하는 경제이론 학술지 *Quarterly Journal of Economics*에 2010년 이후에 실린 논문들의 주제를 분류해 보면 이런 변화를 짐작할 수 있다(〈표 프-1〉 참조). 이 주제들은 시장과 경제에서 벗어나 인간, 정치, 법, 사회, 문화, 역사, 심리, 교육, 윤리, 종교, 지리 등을 거의 망라하고 있다.

이로 인해 현재 경제학의 연구에서는 비경제적인 변수가 수시로 설명변수나 피설명변수로 등장한다. 그리고 최근에는 설명변수와 피설명변수 모두 비경제적인 변수인 논문까지 빈번하게 경제학 학술지에 게재되고 있다. *American*

| 표 프-1 | 경제학의 광범위한 주제

주제 분류	내용
인간	정체성, 인간의 성향, 사고와 설득, 고정 관념
정치	선거, 정치적 책임, 인기영합주의, 중국과 유럽의 국가
사회	지위, 사회적 책임, 사회적 이동성, 지역이기주의
역사	청동기 시대, 부족과 길드, 태평천국의 난, 감자, 댐, 쟁기, 시계, 뉴딜과 애국심
윤리	친족과 윤리의 진화
교육	성장기의 동네(맹모삼천), 형·언니 따라 대학가기
법	세계의 법, 법원, 가석방
종교 등	종교, 전도, 지진, 민담, 기생충약, 처방

자료: *Quarterly Journal of Economics* 2010년 이후.

*Economic Review*에 실린 「법의 기원과 여성의 에이즈 감염」(Legal Origins and Female HIV)이라는 논문이 대표적인 예이다.[5]

이 논문에 의하면 영미법은 (프랑스의 대륙법에 비해) 이혼하였을 때 여자에게 재산에 대한 권리를 별로 보장하지 않는다. 이 때문에 영미법의 영향을 받은 아프리카 지역의 여성들이 혼인 중 성행위에 있어 자율성이 적어서 에이즈에 더 많이 감염된다는 것이다. 여기서 설명변수인 법적인 기원과 피설명변수인 에이즈 감염률이 모두 비경제적인 변수이다.

그리고 이런 변화를 자세히 살펴보면, **대상**이 다양해지면서, 이론과 **역사**가 다시 결합되어 일반균형체계와 시장주의가 상대화되어 시장보다 **경제**에 중점을 두고, 현상의 **근원**을 파고들며, 인간·정치·문화를 포괄해 경제학이 사회과학적이고 **융복합적**이며 총체적으로 변해, 거대 담론이 수시로 등장한다.[6] 결과

5 Anderson(2018).
6 특히, '계급투쟁이 없는 유물론'이라는 비유가 총체적인 성격을 시사하고 있다. Guiso et

적으로 과거의 경제학이 부분적으로 복원되고 있다.

이런 대상의 확대를 제국주의, 행동, 실험, 역사, 진화, 신경, 유전, 행복, 언어로 정리하였다. 여기에 화폐에 대한 신고전학파의 취약함과 현실과의 연결을 위해 현대화폐이론을 추가하였다. 이들을 하나씩 간략하게 소개해 보자.[7]

1) 경제학 제국주의

적어도 50년 전부터 시작된 경제학 제국주의(economics imperialism)는 전통적인 경제학의 대상을 넘어서 출산, 결혼, 범죄, 투표, 법과 제도, 윤리, 종교 등을 시장의 논리로 설명하려는 경향이다. 여기서 시장의 논리란 가격과 개인의 합리성(rationality), 즉 이기적이고 합리적인 개인의 선택에 근거한 미시경제학적인 추론을 말한다.

이 입장에서는 모든 물체, 행위, 현상에 대해 이익과 비용을 계산해 이것들을 개인이 합리적으로 선택하는 대상이자 이에 근거한 교환의 대상으로 삼는다. 그 결과 출산이 냉장고 구입과 비슷해져 '아기는 냉장고'가 된다. 또한 결혼도 합리적 선택이자 교환이고 계약이다. 나아가 범죄는 형벌의 엄격함에 따라 탄력적으로 반응하는 우범자의 선택이다.

경제학 제국주의는 경제학을 내적으로 견고히 하려는 경향과 함께 간다. 거시경제학에 합리적 기대와 같은 미시적 기초를 부여해 경제학을 일관되게 만들려는 노력이 이런 경향에 속한다. 더불어 그동안 일반균형체계가 주어져 있다고 가정하였던 선호, 기술, 제도 등을 미시경제학적으로 설명하려는 노력도

al.(2006).

7 이 책의 이후 장들이 이들에 대해 상세하게 설명하고 있다.

이에 포함된다.

경제학 제국주의는 신자유주의의 이론적 근거로서 극단적인 시장주의를 표방하는 시카고학파가 주도해 자본주의의 제국주의와 비슷한 점이 있다. 경제학 제국주의는 신고전학파의 타협 없는 확장이기 때문에 정치학, 법학, 교육학, 그리고 특히 사회학에 칼을 들이대는 일방성과 폭력성으로 비판을 받고 있다. 이렇게 보면 경제학 제국주의는 과거의 경제학에서 더욱 멀어지는 흐름이다. 그렇지만 경제학 제국주의은 경제학의 최근 변화의 일부분에 불과하다.

2) 행동경제학

심리학에 뿌리를 두고 있는 행동경제학(behavioral economics)은 1979년에 시작되어 현재는 미시경제학의 일부분을 이루고 있다. 행동경제학은 제국주의와 반대로 경제학의 합리적인 선택을 비판하고 제한적인 합리성(bounded rationality)에 근거해 인간의 인지와 선택의 불완전함을 내세운다. 이에 따라 계산 없이 문제를 해결하는 휴리스틱(heuristic, 문제를 처리하는 데 일상적으로 활용되며 거의 습관화된 해결 방법)과 이에 수반된 편향(bias) 및 편견, 그리고 특정 재화나 물체 자체가 아니라 그것을 둘러싼 상황 전체를 포괄하는 맥락(context)을 중시한다.

휴리스틱과 편향은 역사와 문화가 미시적으로 전달되고 재생산되는 경로이다. 또한 맥락은 사고방식(mental model)을 통해 사람들의 인식을 결정한다. 특히, 경제발전 과정에서 여러 국가의 역사·문화가 이것들을 통해 전달되고 재생산된다. 이런 이유로 행동경제학은 (비록 신고전학파와 비슷한 점도 있지만) 신고전학파보다 인간을 깊고 넓게 파악해 인간의 공정성, 사회성, 규범 등을 부각시킨다.

행동경제학은 경제·경영의 제 분야뿐만 아니라 교육, 법, 의료 등 다양한 주제를 다루고, 실험경제학이나 신경경제학 등 다양한 방법을 활용한다. 또한 행동경제학은 진화이론을 기저에 깔고 있어 심리학이나 생물학과 상호 작용하면서 경제, 사회, 인간, 자연을 파악하는 관점의 변화를 내포하고 있다.

따라서 행동경제학에는 스미스, 마르크스, 역사학파, 제도학파 등 과거의 정치경제학이나 사회경제학이 지닌 다양성이 잠재되어 있다. 또한 행동경제학은 경제학 제국주의와 달리 다른 학문들에게 겸손한 태도를 유지하면서 융복합 연구나 총체적인 사회과학을 위한 기반을 제공할 것으로 보인다.

3) 실험경제학

50년 정도의 역사를 지닌 실험경제학(experimental economics)은 자연과학에서 활용해 온 실험이라는 방법을 경제학에 도입하였다. 그동안 경제학자들은 자연현상과 달리 사회현상은 통제할 수 없고 재현되지도 않는다며 실험을 거부해 왔다. 그렇지만 조건을 바꾸어 실험을 반복함으로써 부차적인 요인들을 계량적인 방법보다 더 잘 통제할 수 있다는 주장이 설득력을 얻으면서 경제학에서 실험이 널리 활용되고 있다.

이에 따라 신고전학파뿐만 아니라 행동경제학, 게임이론 등 다양한 분야의 다양한 관점에서 실험을 수용하고 있다. 또한 전통적인 실험실의 실험(lab experiment)뿐만 아니라 자연 실험(natural experiment), 현장 실험(field experiment) 등 준실험(quasi-experiment)을 광범위하게 활용하고 있다.

대표적으로 실험실에서 커피잔에 대해 사람들에게 얼마를 지불할 의사가 있는지를 묻고 이것들의 분포에 근거해 수요공급곡선을 도출한다. 혹은 한 참여자에게 10달러를 주고 이것을 나누게 한 후, 상대방이 이 제안을 받으면 제안한 대로 가지는 것이고 거부하면 누구도 돈을 받지 못한다. 이런 상황에서 얼마를 제안하고 얼마를 제안하면 받아들이거나 거부하는지를 확인해 사람들의 이기심과 상호성을 판단한다.

실험과 준실험은 과거 경제학에서는 사용한 적이 없는 새로운 방법이다. 또한 방법이므로 특정의 입장과 결부되어 있지 않다. 그렇더라도 이론적인 함의가 없지 않으며, 그런 함의는 고전학파나 행동경제학에 우호적이다.

4) 역사경제학

역사경제학(historical economics)은 2001년에 시작되었지만 무서운 속도로 확산되고 있다. 역사경제학은 유전자와 문화의 공진화(gene-culture coevolution)에 근거해 유전자, 그리고 특히 문화의 지속적인 영향을 중시하는 지속성 연구(persistence studies)를 과제로 삼는다. 그리고 거슬러 올라가 농업이나 수렵 등 과거의 생산방식이 문화를 결정한다고 생각한다. 따라서 '과거 경제→유전자·문화→현대 경제'라는 장기간에 걸친 인과를 설정하고 시간을 넘나드는 '널뛰기'를 감행한다.

지속성 연구는 수백 년이나 수천 년 전의 **과거** 현상에 근거해 **현재**의 경제·사회를 인과적으로 설명한다. 경제이론이 현재(X_0: 금리인하)로 현재(Y_0: 고용증가 물가상승)를 설명하고, 경제사가 과거(토지조사사업)로 과거(당시의 생산성)를 설명한다면, 지속성 연구는 과거(명·청 시대의 과거시험)로 현재(현대 중국의 교육 수준)를 설명한다. 이렇게 함으로써 역사경제학은 현재의 경제·정치발전에 대해 기존 경제학보다 더 근원적으로 설명할 수 있다고 생각한다.

문화에 대한 역사경제학의 강조는 최근에 등장한 이른바 '금융재무 분야의 문화혁명'(cultural revolution in finance) 등과 함께 간다. 문화를 강조하므로 역사경제학에서는 베버가 중요하다. 그런데 (명시적이지 않지만) '문화→경제'일 뿐만 아니라 '경제→문화'이므로 마르크스도 무시할 수 없다. 그렇지만 이들보다 더 중시되는 사상가는 생산방식이나 생계 획득에 근거해 진화를 설명한 다윈이다.

역사경제학은 널뛰기를 위해 도구변수를 이용하는 계량경제학의 방법에 의존하고 최대로 몇백 개에 이르는 국가나 지역에 대한 자료를 활용한다. 역사경제학은 세계화와 중국의 부상으로 인한 경제발전의 차이를 핵심 주제로 삼는다. 그렇지만 자료가 있고 지속성 연구가 가능하면 전통적인 경제학 주제에 머물지 않고, 민주주의, 국가의 형성, 교육, 선호의 형성, 언어, 종교, 이념, 질병 등 광범위한 주제를 다룬다.

신고전학파가 시장 위주로 경제를 파악한다면 역사경제학은 시장보다 경제에 중점을 둔다. 또한 경제이론은 줄이고 회귀방정식은 간소화하는 반면 방대한 자료를 활용하고 해당 주제와 관련된 역사 서술을 늘리면서, 기존 경제학과 달리 이론과 역사의 결합을 시도한다. 나아가 작은 문제를 엄밀하게 다루는 신고전학파의 관행에서 벗어나 인류의 경제발전이나 정치발전과 같은 거대담론을 서슴지 않는다.

이런 점들을 고려하면 역사경제학은 스미스나 마르크스, 그리고 역사학파와 친화력이 있다. 물론 대량의 자료를 계량경제학의 방법으로 처리한다는 점에서 역사경제학은 과거의 경제학과 다르다.

5) 진화경제학

원래 생물학에 속하는 다윈의 진화이론은 환경에 대한 적응과 투쟁 및 경쟁을 통한 선택, 즉 적자생존에 근거해 생물과 인간의 발생과 변화를 설명하였다. 그런데 현재 학계에는 생존을 위한 진화로 경제, 사회, 인간, 자연의 모든 것을 설명하려는 보편적 다윈주의(universal Darwinism)라는 관점이 형성되어 있다. 보편적 다윈주의는 사회과학은 물론이고 학문 전체를 바꿀 만한 틀이다.

진화경제학(evolutionary economics)은 진화생물학, 진화심리학 등과 함께 보편적 다윈주의에 편승하고 있다. 진화경제학은 진화이론과 경제학을 결합해 경제현상을 설명한다. 개별적으로는 진화 개념이 이미 게임이론, 행동경제학, 금융재무 등 제 분야에서 활용되고 있다. 무엇보다 진화경제학은 유전자·문화의 공진화를 중심축으로 삼는다. 이것은 생계를 해결하고 생존하기 위해 유전자와 문화가 상호 작용하면서 진화한다는 관점이다. 이에 따르면, 유전자가 문화를 규정하지만 거꾸로 문화가 유전자를 선택하기도 한다. 이른바 후성유전학(epigenetics)이 이에 해당된다.[8]

예를 들어, 다른 동물에 비해 인간은 턱이 약하고 위가 작다. 불을 발견하고 음식을 익혀 먹기 시작한 인간의 문화가 약한 턱과 작은 위를 낳는 유전자를 선별하도록 유도하였기 때문이다. 또한 신석기 시대 이후로 우유를 소비한 유럽인에게는 우유 혹은 유당에 견딜 수 있는 유전자가 선별되었다. 반면 과거 우유를 소비하지 않았던 동아시아인은 현재도 유당을 흡수하는 유전자가 부족하다.

여기서 진화와 선택의 단위가 문제된다. 전통적으로 개인, 개체가 진화의

8 Spolaore and Wacziarg(2013).

단위로 간주되었다. 그런데 최근에는 진화의 단위가 개인, 개체가 아니라 집단이라는 윌슨(D. S. Wilson)의 주장이 호응을 얻고 있다. 특정 집단 내에서는 이기적인 개인이 생존할 가능성이 높지만, 이기적인 개인이 많은 집단은 이타적인 개인이 많은 집단과의 투쟁에서 패배할 가능성이 높다는 것이다. 이 때문에 집단을 지배하는 문화가 중요해진다.[9] 이 점은 동아시아의 부상에 많은 함의를 지니고 있다.

다윈은 맬서스는 물론이고 스미스로부터도 영향을 받은 것으로 알려져 있다. 고전학파의 임금생계비이론이 그것의 자취이다. 제도학파의 베블런은 명시적으로 진화적인 경제학을 내세웠다. 또한 슘페터(J. Schumpeter)는 (기술)혁신을 창조적 파괴라고 부르면서 진화로 생각하였고, 하이에크(F. Hayek)는 시장의 동태적인 과정을 중시하면서 진화를 내세웠다. 역사학파와 마르크스도 역사와 변화를 강조해 진화와 가깝다.

진화적인 관점은 과정을 중시하고 결과를 열어 놓아 경쟁이 진행되는 시장도 동태적이고 불확실하다고 전제한다. 고전학파와 마르크스, 슘페터, 그리고 하이에크가 상정하는 경쟁은 이에 부합된다. 반면 신고전학파의 균형 개념은 과정을 경시하고 결과를 중시해 정태적이므로 이에 부합되지 않는다. 특히, 가격순응적인 기업을 상정하는 완전 경쟁은 진화와 배치된다.

6) 신경경제학

신경과학(neuroscience)은 기능적 자기공명영상(functional magnetic resonance

9 Wilson(1997), Wilson and Gowdy(2015).

imaging) 등을 이용해 뇌신경의 작동을 검사함으로써 인간의 인지와 행위를 설명하고 진단한다. 인간의 인지와 행위에 근원적인 설명을 제공하기 때문에 신경과학은 의학뿐만 아니라 경제학, 정치학, 심리학 등 여러 학문에 확산되고 있다.

2005년에 정립된 신경경제학(neuroeconomics)은 신경과학의 일환으로 신경과학과 경제학이 결합된 분야로서 경제행위에 중점을 둔다. 신경경제학은 인간이 의사 결정을 내릴 때 뇌에서 일어나는 신경 메커니즘을 연구해 경제 영역에서의 선택 과정을 분석한다. 신경경제학은 주로 행동경제학 및 실험경제학과 함께 발전해 왔다.

가령, 경제학에서 중요한 선택의 근거는 선호인데 이것을 직접 관찰할 수 없으므로 선택의 결과로 나타난 행위를 보고 일관성을 전제로 거꾸로 선호를 추정해 왔다. 서수적 효용이론이나 현시선호이론 등은 이런 착상의 결과이다. 이에 비해 신경경제학은 인간의 사고와 감정의 움직임을 직접 관찰할 수 있게 해 주므로 선택과 수요에 대해 보다 확고한 근거를 제공할 수 있다.[10]

최근 연구로 미국인과 중국인이 각자 어머니의 병환과 자신의 취직이라는 두 가지 문제를 고민할 때 활성화되는 뇌의 부위를 관찰하였다. 미국인의 경우 두 문제로 활성화되는 부위가 달랐지만, 중국인의 경우 부위가 같았다. 이것은 미국인에게 어머니와 본인이 별개의 개인이지만, 중국인에게는 어머니와 본인이 밀접한 관계에 있다는 것을 뜻한다.

신경경제학은 자연과학의 발전을 전제하므로 경제학의 역사에서 선례를 찾을 수 없다. 다만, 이 접근법이 인간과 사회의 현상을 근원적으로 규명하겠다는 의지를 담고 있으므로 신고전학파의 기저에 깔려 있는 흄의 경험주의보

10 Camerer et al.(2005), pp. 16~21.

다 인과관계를 찾으려고 노력해 온 대륙의 경제사회사상에 부합된다.

7) 유전경제학

유전과 유전자가 질병이나 능력 등 인간의 여러 측면을 설명하는 중요 요인이라는 것은 이미 오래전부터 알려져 있다. 최근에는 유전자에 의존해 사회현상을 설명하려는 사회과학의 흐름이 생겼다. 이 중에서 2007년에 등장한 유전경제학(genoeconomics)은 경제적 특성의 유전적 기초를 연구하는 분야로서 유전학과 경제학이 결합한 분야이다.

유전경제학에 의하면, 유전자가 인지적 능력, 비인지적 능력, 교육 수준, 선호나 경제발전에 중요한 영향을 미친다. 유전경제학은 유전자의 전체적인 차이나 변동을 통해 경제발전 등을 설명하는 거시 부문과 특정 유전자(들)에 근거해 개인의 선호, 저축, 교육의 효과, 개인주의와 집단주의의 차이 등을 설명하는 미시 부문으로 나뉜다.[11]

거시적인 예인 '아프리카 탈출 가설'(The Out of Africa Hypothesis)에 따르면, 인류는 아프리카에서 생겨나 유럽과 아시아→알래스카→북미→남미로 이동하였다. 그런데 이동하면서 유전자의 다양성이 점점 줄어들었다. 즉, 아프리카>유럽·아시아>남미. 유전자의 종류가 너무 많으면 분쟁과 이견이 많고, 유전자가 너무 적으면 독창성이 부족해 (기술)혁신이 어렵다고 해석하였다.[12] 이 때문에 중간적인 다양성을 지닌 유럽, 유럽인이 이주한 북미, 그리고 아시아의 경제성장률은 높은 데 비해 극단에 있는 아프리카와 남미의 성장률은 낮다고 주장한다.

---

11 Ashraf and Galor(2018).
12 Ashraf and Galor(2013).

유전자·문화의 공진화를 통해 유전경제학이 진화경제학이나 역사경제학과 연결되면서, 경제·정치발전뿐만 아니라 인간의 인지능력과 참을성이나 근면성 등 비인지적 능력에 근원적인 설명을 제공한다. 근원적이어서 다른 요인으로부터 영향을 받지 않으면서 다른 요인에 영향을 주므로 유전자가 상관관계를 넘어서 인과관계를 찾아내는 도구로 활용되기도 한다.

이같이 인간의 사고와 감정을 근원적으로 규명하면서 유전자가 기존 경제학보다 궁극적인 설명을 제공할 가능성이 있다. 이로 인해 단순히 예측에 만족하는 프리드먼의 실증경제학도 설득력을 잃을 것이다.

8) 행복경제학

경제학은 오랫동안 경제성장 혹은 물질적 풍요를 다루는 데 만족하며, 정신적 풍요 혹은 행복에 대해서는 철학에 맡긴다는 겸손을 자임해 왔다. 그러면서도 물질적 풍요가 정신적 풍요에 도움이 될 것이라고 묵시적으로 가정해 왔나. 그렇지만 1974년에 소득과 행복이 함께 움직이지 않는다는 이스털린의 역설(Easterlin paradox)이 등장해 이 전제를 흔들어 놓았다. 그리고 제2차 세계대전 이후 수십 년 동안 일인당 국민소득이 5~6배 증가한 미국과 일본 등이 더 행복해지지 않았다는 증거도 나왔다.

이런 이유로 1990년대 후반 이후로 행동경제학자를 위시한 경제학자들이 소득과 행복의 관계에 관심을 기울이게 되었다. 심리학자들도 주관적 안녕감(subjective wellbeing)이라는 제목하에 행복을 연구해 왔다. 또한 다양한 사람들의 효용 혹은 즐거움을 합할 수 없다는 공리주의의 오랜 고민을 경험적으로 극복할 수 있다는 생각이 강해졌다. 이에 따라 설문지를 통해 행복한 정도를 묻고 그 결과를 합해 행복을 측정하면서 '행복 연구'(happiness studies)라는 영역과 행복경제학(happiness economics)이 생겨났다. 행복의 잠정적인 조건은 어느 정도의 소득, 민주주의, 환경 보존, 그리고 최소한의 인간관계로 알려져 있다.

행복에 대한 서양의 관점은 아리스토텔레스의 객관적인 행복론(eudaimonia flourishing)과 벤담의 공리주의에 근거한 주관적인 행복론(hedonia subjective wellbeing)으로 나뉜다. 전자를 따르면, 자원과 재화을 제공하고 (독서와 토론 등의) 능력이나 (시민으로서) 덕성을 갖추는 것이 행복의 기반이다. 그리고 이런 기반에 근거해 각자가 얻는 쾌락과 고통 등 감정은 각자의 몫으로 논의할 필요가 없다. 그런데 행복에 대한 심리학과 경제학의 논의는 주로 후자에 근거하고 있다.

9) 언어경제학

언어는 종교와 함께 인간을 동물과 구분 짓는 특징이다. 더구나 인간이 종교, 법, 윤리보다 먼저 배우는 것이 언어이다. 나아가 인간은 시장의 거래와 협상, 계약, 서비스업 등에서는 화폐뿐만 아니라 언어를 필요로 한다. 무엇보다 우리의 일상이 된 언론 보도와 광고에서 언어의 역할은 압도적이다.

그렇지만 경제학은 화폐뿐만 아니라 언어를 무시해 왔다. 사람들이 실물과 실질에 집중하면서 이것을 화폐로 표시하거나 언어로 표현한 것이 사람들의 합리적 선택에 영향을 미치지 않는다고 생각하였기 때문이다. 설령 경제학이 화폐와 언어를 고려하더라도 시장주의의 관점에서 거래비용을 줄여 주는 존재로 파악해 그 이해가 제한적이었다.

그런데 언어경제학(economics of language)은 거래비용을 넘어서 본격적으로 언어의 역할을 내세운다. 먼저 언어가 단순히 주어진 생각을 표현하는 데 그치는 것이 아니라 생각을 형성한다는 언어학의 관점이 최근에 우세해지고 있다. 이것은 화폐가 단순히 실물을 표현하는 것이 아니라 실물에 영향을 미친다는 생각과 비슷하다. 언어경제학은 이런 관점에 의존한다.

특히, 행동경제학은 언어로 표현되는 서술이 인식과 선택에 독자적인 영향을 미친다는 점을 부각시킨다. 구체적으로 제품을 광고할 때 미국에서는 개인의 독특함을 부각시키는 표현이 흔한 데 비해 동아시아에서는 가족 등의 관계와 조화를 강조하는 표현이 흔하다. 또한 주식시장의 소문, 중앙은행장과 경제관료의 발언, 정책이나 이념에 대한 정부의 홍보, 정치가와 학자의 수사 등에서 경제학자들은 실물경제와 현실 사회에 언어가 미치는 영향을 확인하고 있다.

경제학의 역사 속에서도 언어에 대한 관심이 없지 않다. 스미스는 품사의 추상성과 형성 시기를 논의하였고, 상거래에서 설득과 의사소통을 강조하였다. 또한 유물론적인 마르크스는 상품과 화폐를 사람에 비유하면서 상품과 화폐의 언어를 언급하였다. 나아가 자유주의자이면서도 제도의 근원을 파고든 오스트리아학파의 멩거는 언어를 법과 비슷하게 제도로 중시하였다.

10) 현대화폐이론

세계화가 시작된 이후, 그리고 특히 2008년 글로벌 금융위기 이후 화폐와 금융에 대한 관심이 높아지고 있다. 현대화폐이론(modern monetary theory, MMT)은 화폐와 관련해 가장 주목을 받고 있는 이단적인 이론이다. 앞서 제시된 경제학의 변화들은 기존 경제학과 문제나 방법에서 다르다. 이에 비해 MMT는 문제와 방법에서는 경제학과 비슷하지만 이에 대한 답이 전혀 다르다. 그리고 그 답이 워낙 이단적이어서 경제학 제국주의의 대척점에 놓여 있다.

MMT는 화폐를 중시하는데, 화폐의 기원을 국가에서 찾는다. 국가가 조세를 납부하는 방식을 정하면서 특정 물체가 화폐가 된다는 것이다. 이 때문에 MMT는 화폐의 기능 중에서 채무를 변제하는 지불수단을 우선시한다. 이것은 화폐의 기원을 경제나 시장에서 찾고 화폐의 기능을 교환수단에서 찾는 대부분의 사상과 대비되며 크납(G. Knapp)의 국정화폐론에 가깝다.

MMT의 가장 독특한 주장은 정부가 화폐를 발행해 재정지출의 재원을 마련하는 경우 이것이 정부의 부채로 쌓이지 않는다는 것이다. 이에 근거해 불황이 발생하면 정부가 화폐를 발행해 지출함으로써 적자를 걱정할 필요 없이 고용을 창출할 수 있다고 주장한다. 이 과정에서 정부와 중앙은행, 그리고 재정정책과 통화정책은 분리되지 않는다. 이에 따라 MMT는 정부의 일자리 보장(job guaranty)을 정책 목표로 내세운다.

신고전학파에 의하면, 시장경제는 경제행위자의 합리적 선택에 의존해 효율적으로 움직인다. 그리고 합리적 선택이 실물변수를 따르므로 적어도 장기적으로는 화폐가 중요하지 않다. 사실 화폐는 실물을 표현하는 데 불과해 경제의 베일에 불과하다는 생각이 고전학파에까지 소급된다. 이와 대조적으로 고전학파 이전의 중상주의, 마르크스, 그리고 케인스는 화폐가 경제 활동의 목적이라고 보아 화폐를 중시하였다. 현대에 들어서는 좌파 케인스주의인 후기 케인스주의가 오랫동안 화폐의 중요성을 주창해 왔다. MMT는 케인스나 후기 케인스학파에 가깝지만 확고한 족보를 가지고 있지는 않다.

3. 경험적인 연구의 다양한 방법과 인과관계

최근 경제학에서는 이론적인 연구보다 경험적인 연구가 늘었으며, 이를 위해 과거보다 더 다양한 방법과 자료가 활용되고 있다. 특히, 이것들이 상관관계를 넘어서 인과관계를 규명하는 데 동원되고 있다.

우선 지난 40~50년 동안 경제학에서 수학적인 모형에 근거한 연역적인 이론 연구는 줄고 경험적인 연구가 늘어났다. 기존 분류로 보면, 이는 이론경제학에서 응용경제학으로의 이동이다.[13] 더구나 신고전학파의 선택 및 적정화나 균형 개념에 구속받지 않는 경험 연구가 크게 늘어났다. 학술지의 논문 게재를 위주로 경제학자의 연구가 진행되기 때문에 주요 학술지에서 그런 변화를 확인할 수 있다.

구체적으로 최상위 3개 학술지(*American Economic Review, Journal of Political Economy, Quarterly Journal of Economics*)에 실린 748개의 논문에서 세칭 이론 논문이 차지하는 비중이 1963년에는 50.7%였는데 2011년에는 19.1%로 크게 줄었다.[14] 여기에 *Review of Economic Studies, Econometrica, Review of Economics and Statistics*를 추가해 6개 주요 학술지를 대상으로 1980년부터 2015년까지를 조사한 보고서도 이것을 확인시켜 준다. 이론 연구는 줄어든 대신 경험 연구는 33%에서 시작하였으나 현재 55%를 넘어섰다.[15]

경제학의 경험적인 연구는 다양한 대상이나 주제에 대해, 다양한 방법으로, 다양한 자료에 근거해 진행되고 있다. 주제에 관해서는 이미 설명한 바와 같다.

---

13 Backhouse and Cherrier(2017), Biddle and Hamermesh(2017).
14 Hamermesh(2013).
15 Angrist et al.(2017), p. 296.

방법에 있어서 경제학은 사회과학을 선도해 정치학이나 사회학에 계량경제학 등을 전파해 왔다. 그런데 최근에 경제학은 과거보다 더 다양한 방법을 도입하고 있다. 실험, 무작위 통제 실험(randomized controlled trial), 텍스트 자료처리(text as data), 종합적인 통제(synthetic control) 등이 그런 것들이다. 앞서 설명한 신경경제학과 유전경제학도 새로운 분야이면서 동시에 새로운 자료를 사용하는 새로운 방법이기도 하다.

이런 방법들은 대부분 상관관계에 근거한 예측이 아니라 인과관계에 근거한 설명, 즉 인과적인 추론을 지향한다. 이것이 소위 신뢰성 혁명(credibility revolution)이라는 변화이다.[16] 인과적인 추론에서는 결과뿐만 아니라 원인도 하나로 명시되어 인과관계 자체는 간단한 반면 교란요인(confounder)으로 통제(control)할 변수는 여럿이 된다.[17]

인과적인 추론을 위해 도구변수(instrumental variable), 회귀 불연속 설계(regression discontinuity design), 이중차이방법(differences in differences) 등 계량경제학의 기존 기법도 함께 활용된다. 그리고 이것들은 이론적인 함의도 지니고 있다(3장). 여기에서는 무작위 통제 실험과 도구변수의 활용에 대해 소개한다.

1) 무작위 통제 실험[18]

무작위 통제 실험(randomized controlled trial, RCT)은 치료 혹은 처치의 인과적인 효과를 규명하는 의학의 표준적인 방법이었는데, 경제학에 도입되어 정책의

16 Angrist and Pischke(2010), Panhans and Singleton(2017).
17 Falk and Heckman(2009), p. 536; Angrist(2022), pp. 2533~2534; Card(2022).
18 3장에서 방법에 대해 더 폭넓게 논의한다.

인과적인 효과를 검증하는 데 활용되고 있다. 특정 경제정책(구충제 복용)이나 교육 프로그램(예, 영어 교육)을 한 집단에는 시행하고(treatment) 다른 집단에는 시행하지 않은(control) 후 두 집단 사이에 평균적으로 결과에 차이가 있는지 확인한다. 여기서 관건은 두 집단의 차이가 오로지 정책의 시행 여부에서 기인하도록 모든 다른 요인, 즉 교란요인을 통제하는 것이다.

1950년대 이후로 40년 동안 경제학의 경험 연구는 경제이론을 고려하면서 진행되었다. 이에 비해 2000년 이후의 경험 연구, 특히 RCT는 경제이론의 속박에서 벗어나고 있다.[19] 이같이 가정이나 전제 없이 문제에 접근하므로 RCT 사용에는 부담이 적다. 그렇지만 RCT가 원인과 결과에만 집착해 인과의 경로 혹은 작동장치(mechanism)에 무관심하다는 비판이 일고 있다.

특히, 정책의 효과를 일반화하려면 원래 지역이나 상황뿐만 아니라 다른 지역이나 상황에서 정책이 재현된다는 것을 확인해야 한다. 이를 위해서는 정책이 왜, 그리고 어떻게 작동하는지 인과관계의 경로 혹은 작동장치와 역사·문화적인 맥락(context)을 파악해야 한다. 이렇게 하려면 사전적으로 모종의 관점이나 지식을 필요로 한다.

사전적인 관점이나 지식이 불가결하다는 것은 (1절에서 설명한 바와 같이) 흄이나 프리드먼보다 칸트나 포퍼에 부합된다. 그리고 RCT가 이론을 사용하는 경우에 신고전학파보다는 행동경제학(2장)이나 사회과학적인 지식에 의존하는 경향이 높다.

19 Biddle and Hamermesh(2017).

2) 도구변수

원래 상정하였던 인과관계가 설명변수(X)→피설명변수(Y)인데 X←Y인 역인과(reverse causality)나 변수의 누락(omitted variable)이 우려되는 경우 X의 설명력을 확인하는 데 도구변수(Z)가 활용된다. Z는 X와 상관관계를 지니면서도 오차항과는 독립적이어서 외생적이라는 조건을 충족시키는 변수이다.

최근에는 인과관계를 검증하는 경험적인 연구가 늘어나면서 도구변수(instrumental variable)가 중요해지고 있다. 특히, 경제발전 등과 관련해 정책의 인과적인 결과를 검증하는 데 RCT가 활용되면서 도구변수가 중요해지고 있다. 또한 역사경제학에서 장기간에 걸친 인과적인 추론을 위해서 도구변수가 활용된다.[20]

과거 명·청 시대 중국에서 과거시험 급제자 숫자가 278개 지역별로 차이를 보이는데, 이것이 현대 중국에서 같은 지역별로 교육 연수와 교육열의 차이를 낳는다는 최근의 지속성 연구를 보자(4장).[21] 과거 급제자의 숫자가 누락된 요인들로부터 영향을 받을 것이므로, 내생성을 해결하기 위해 이에 대한 도수변수를 찾아 2단계 최소자승법(2SLS)을 시행하였고 원하는 결과를 얻었다. 이 경우 도구변수는 당시 수송로인 강을 통한 해당 지역과 (책 및 먹의 원료인) 소나무 및 대나무의 생산지 사이의 최단거리였다.

경제학이 다양한 주제와 방법으로 경험적인 연구를 수행하므로 다양한 자료도 활용한다. 우선 계량경제학과 함께 실험에 의존하므로 관찰 자료와 함께 실험

20 Deaton(2007).
21 Chen et al.(2020).

자료를 활용하게 되었다. 관찰 자료도 과거와 같이 두세 개의 국가나 지역을 비교 연구하는 수준이 아니라 최소한 수십 개에서 1백여 개에 이르는 국가(N-country)와 지역에 대한 거대한 자료를 활용해 가설을 검증하는 경향이 생겨났다.

World Values Survey, 기업문화에 대한 호프스티드(G. Hofstede)의 자료, 전 세계의 민주주의에 대한 자료(Polity IV), 전 세계 언어에 대한 자료, OECD 자료, PISA 교육 자료 등이 그런 예이다. 그리고 '전 세계의 선호'와 같이 스스로 데이터베이스를 만들어 사용하는 경우도 늘었다.[22] 더 주목할 것은 이런 자료들이 기원이나 발생을 규명하는 데 활용되고 있다.

가장 두드러진 예로 *American Economic Review*의 최근 호에 실린 "The Economic Origins of Government"라는 제목의 논문은 고대 이라크의 티그리스와 유프라테스 유역에서 강의 흐름이 바뀌면서 관개를 위해 국가가 형성되었다는 것을 보여 주려고 노력한다. 그런데 고대 이라크에서 국가·정부의 기원을 관개라는 경제적 근거에서 찾기 위해 강의 흐름과 국가나 관료의 형성에 관한 기록이나 설형문자 등 고고학적인 자료까지 이용한다.[23]

이 논문은 다른 측면에서도 경제학의 최근 변화를 보여 준다. 먼저 주제가 정부 혹은 국가의 경제적 기원이다. 국가·정부 전체를 주제로 삼고, 고대 이라크에서 그것의 발생을 따지는 것은 경제학의 전통적인 방법론이나 인식론에서 벗어난다. 또한 기존 경제학이 '시장'을 염두에 두는 데 비해 이 글은 '경제'를 염두에 둔다. 여기서 경제는 가격, 소득, 시장, 경쟁 등이 아니라 농사, 관개, 생계와 관련된다. 사실 강의 흐름이 바뀌면서 어디에 정부가 생기는가를 검토하는 데 시장주의 경제학이 제공할 이론은 별로 없다. 다만, 국가가 착취가 아니라

22 Falk et al.(2018).
23 Allen et al.(2023).

동등한 행위자들을 조정하고 공공재를 제공하기 위해 등장하였다는 이 글의 입장은 경제학에 부합된다.

이 글에서 강의 흐름이 바뀌어 정부가 생기는 것을 자연 실험으로 간주하는 것이 새롭다. 또한 경제사에 속하는 논문이 대표적인 이론 학술지에 게재되었다는 것은 경제학에서 이론과 역사가 다시 가까워지고 있다는 것을 의미한다. 나아가 이 글은 경제사뿐만 아니라 정치학, 사회학이나 인류학 등의 연구를 활용하고 있어 학제 간 연구를 지향하고 있다. 저자 중 2인의 전공이 정치경제학, 경제발전, 경제사에 걸쳐 있다는 것이 이를 확인시켜 준다.

방법과 관련해 인과관계와 상관관계 사이에서 방황하던 경제학이 최근에 인과관계로 기울면서 실증주의 방법론에서 벗어나고 있다.[24] 이렇게 된 데는 학문적으로 다윈의 진화, 유전자, 신경과학 등으로 원인이나 근원을 추적할 수 있게 되었다는 것이 중요해 보인다. 현실적으로는 세계화로 인해 여러 국가의 성장과 발전의 차이가 문제로 부상하면서 이에 대한 역사적이고 근원적인 설명을 추구하게 된 것으로 보인다.

또한 정치, 제도, 정책의 영향이 중요해졌고, 경제발전, 교육, 복지, 의료 등과 관련해 정책의 효과를 규명할 필요가 생기면서 경제학자들도 더 이상 전통적인 의미의 균형이나 상관관계에 만족할 수 없게 된 것으로 보인다. 특히, 일본과 한국에 이어 중국이 부상하면서 서양에 대비되는 동아시아가 경제뿐만 아니라 정치, 사회, 문화 등 모든 영역이 다시 문제가 되면서 인과적인 추론을 자극한 것으로 보인다.

24 Pearl and MacKenzie(2018), Hoover(2012), Heckman(2000; 2005), Angrist and Pischke(2010).

4. 조망과 함의

대상과 관련해 경제학 제국주의는 합리성과 시장을 인간과 경제사회의 모든 것으로 만들려고 노력하지만 이것은 경제학의 변화 중 일부에 불과하다. 경제학의 다양한 변화는 전반적으로 합리성과 시장을 인간과 경제사회의 일부분으로 만들고 있다고 해석할 수 있다. 이로 인해 경제학이 신고전학에서 벗어나 과거의 경제학에 가까워지는 측면도 있다.

우선 **행동, 진화, 신경, 실험**경제학이 인간의 합리성을 약화시켜 고전학파 등 과거의 경제학을 되살리고 있다. 또한 **진화, 신경, 유전, 역사**경제학은 미시·거시적으로 인과관계에 초점을 두고 있어 경제학의 방향을 바꾸고 있다. 나아가 이런 제반 흐름들이 경험 연구를 중시하면서 합리성과 시장에 대한 신고전학파의 집착에서 벗어나고 있다.

구체적으로 **역사**는 시장이 아니라 경제를 부각시키고 이론과 함께 역사 및 문화를 중시하므로 역사학파나 베버 등을 복원하고 있다. **행동**경제학도 휴리스틱 등을 통해 이에 가세하고 있다. 또한 **행동, 역사, 진화, 유전**경제학을 관통하는 유전자·문화 공진화의 틀은 인간과 사회에 대한 근원적인 설명을 제공할 가능성이 있다. 나아가 **역사, 유전, 진화, 언어**경제학에서는 수시로 거대담론이 등장해 문제를 작게 분해하는 신고전학파보다 과거의 경제학으로 회귀하는 것처럼 보인다.

신경이나 **유전**경제학은 자연과학에 의존하므로 방법에 관한 한 전례를 찾을 수 없다. 또한 **행복**이나 **언어**경제학은 신고전학파에서 벗어나지만 과거의 경제학을 복원한다기보다 철학, 심리학, 언어학 등 여타 학문과의 교류에 의존한다. **현대화폐이론**은 신고전학파에서 벗어날 뿐만 아니라 과거 경제학이나 과

| 표 프-2 | '기원'(origin)이나 '뿌리'(root)라는 단어가 들어간 경제학 논문

논문 제목
남녀의 역할구분의 기원: 여자와 쟁기
정부의 경제적 기원
법적인 기원과 여성의 HIV 감염
개척정신의 문화: 미국의 거친 개인주의의 뿌리와 지속성
국력 재산권 조세와 정치의 기원
저축 행위의 기원
노동에 대한 농업의 수익과 노동윤리의 기원
자연선택과 경제성장의 기원
시간선호의 농업적인 기원
서구의 살림살이: 문화적인 기원은 중요한가?
법적인 기원
가족구조 제도와 성장: 서양에서 법인체의 기원과 함의
법적인 기원의 경제적 결과
국가의 기원: 토지의 생산성이나 수취가능성인가?
종족·언어적인 다양성의 기원
경제발전의 역사적인 뿌리
근대 문화의 깊은 역사적 뿌리: 비교적인 관점
경제발전의 뿌리는 얼마나 깊은가?
박해의 영구화: 나치 독일에서 반유태 폭력의 기원
중국에서 혁신 성과의 농업적 기원
건강의 발달적인 기원

거 사상에서 별로 근거를 찾을 수 없다.

전체적으로 경제학 내에 보편적 다원주의에 근거해 보다 포괄적이고 근원적인 인과관계를 추적하는 흐름이 생긴 것으로 보인다.[25] 인과적인 추론은 **행동**경제학에 부분적으로 등장하고, **역사**경제학에서 본격적으로 등장한다. 2000년 이후 주요 학술지에 실린 많은 논문이 과거와 달리 기원(origin)이나 뿌리(root)라는 단어를 제목 속에 담고 있다는 것이 이에 대한 증거이다(〈표 프-2〉 참조).

25 신고전학파의 반대편에서 구조적인 인과관계를 추구해 왔던 것은 마르크스주의와 비판적 실재론(critical realism)이다.

기원과 발생에 대한 관심은 인과관계에 대한 관심과 맥을 같이한다. 그리고 기원이나 발생에 대한 관심은 경제, 사회뿐만 아니라 개인의 심리적이거나 육체적인 발달의 역사에서도 나타난다. 나아가 기원이나 발생이라는 제목을 달고 있지 않지만 실질적으로 근원을 파고드는 연구도 많다.

학자를 예로 들면, 노벨상 수상자인 시카고대학의 헤크먼(J. Heckman)은 'The Developmental Origins of Health'라는 경제학 같지 않은 제목의 연구에서 건강의 조건이 태아 시절에 이미 결정된다며 건강의 근원을 파헤친다. 그는 건강의 조건을 '선호'와 '부존자원'이라고 부르면서도 그것의 발생·형성을 논의한다. 아동의 발달과 학습능력에 대해서도 이와 비슷한 흐름을 보인다.[26]

또 다른 연구에서 그는 기원이나 발생이라는 표현을 아끼면서도 실질적으로 경제성장→생산성→노동→인적자본→교육→수학능력→인지적 능력과 비인지적 능력(인성·감성·성격)으로 파고들면서 심리학과 만난다. 그리고 논의를 유전자와 환경 사이의 상호 작용과 연결시킨다.[27] 이것은 정태적인 동시 결정과 상관관계에 만족하였던 신고전학파의 과거 입장으로부터 상당히 멀어진 것이다.

더 근원적으로 이것은 고전학파에서 시작되는 경제학의 영미철학적인 근거에서 벗어나는 것이다. 애덤 스미스를 제외한다면, 가치와 가격, 시장, 화폐, 교환, 경쟁, 국가 등의 기원이나 발생에 대한 논의는 신고전학파뿐만 아니라 고전학파에서도 찾아보기 힘들다. 반면 역사학파, 마르크스, 오스트리아학파 등 독일적인 전통에서는 이런 문제의식을 흔히 발견할 수 있다.[28] 그리고 기원이나 뿌리를 따지려면 이론적인 설명과 정책적인 효과의 양 측면에서 사회, 역사, 문

26 Heckman(2012), Conti and Heckman(2010).
27 Cunha and Heckman(2009).
28 Hong(2000).

화를 고려할 수밖에 없다. 이 역시 시장의 보편성을 강조하면서 특수성이나 고유성을 경시해 왔던 신고전학파에서 벗어나 과거의 역사학파나 제도학파로 복귀하는 것이 된다.

논의를 정리하면, 경제학 제국주의를 제외한다면 경제학의 새로운 변화들에는 긍정적인 측면들이 많아 우리가 배울 만하다. 우선 이 변화들은 시장보다 경제를 앞세우고 인간의 합리성과 가격의 기능을 상대화한다. 또한 경제를 정치, 사회, 문화, 자연과 연결시키고, 이론과 역사를 결합해 현상을 총체적으로 파악한다. 나아가 경험 연구에 근거해 경제, 사회, 인간을 인과적이며 근원적으로 규명하려고 노력한다.

이에 따라 최근의 변화들은 부분적으로 신고전학파에서 벗어나 과거의 경제학으로 돌아가는 경향을 보이고 있다. 그리고 경험 연구를 위해 현대의 다양한 방법과 자료를 활용해 긍정적이다. 무엇보다 이 모든 것이 경제학의 변동일 뿐만 아니라 학문과 인식의 변동을 강력히 시사하고 있다는 점을 우리는 이 시점에서 놓치지 않아야 한다.

끝으로 이런 변화들이 한국 경제 사회에 지니는 함의를 가늠해 보자. 우리가 필요로 하는 경제학에는 일제 강점기와 분단에 대한 성찰뿐만 아니라 농업과 유교가 규정하는 한반도의 역사와 문화가 결합되어야 할 것이다. 농업, 유교, 과거시험을 역사로 삼고, 지연·혈연·학연의 관계와 집단에 의존하며, 은근과 끈기로 이루어 낸 경제성장, 민주주의, 그리고 필사적인 교육 등이 그런 것이다. 이런 맥락에서 경제학의 여러 흐름을 검토하고 이로부터 한국 경제와 사회에 대한 함의를 끌어낼 필요가 있다.

먼저 경제, 정치, 사회의 발전과 관련해 **행동**경제학과 **역사**경제학를 통해 농업이나 유교를 위시한 동서양의 역사와 문화의 차이를 고려할 수 있다. 특히, **행동**, **역사**, **진화**, **유전**경제학을 관통하는 공진화와 '과거 경제→유전자·문화→현대 경제'의 틀은 국가, 농업, 유교, 교육열과 입시, 은근과 끈기 등 한국 사회의 구조를 해명해 한국의 경제발전을 근원적으로 설명하는 기반이 될 수 있다. 이것은 전통적인 경제학의 일반균형체계가 수용할 수 없는 것이었다. 물론 **역사**가 의존하는 계량적인 방법의 한계는 경제사나 여타 학문으로 보완해야 할 것이다.

언어와 관련해 한국인은 과거에는 한글과 한문 사이에서, 현재는 우리말과 영어 사이를 왕복하고 있다. 언어가 우리의 사고를 결정하고 정체성을 구성한다는 사실 이외에 영어에 투자하는 돈, 시간, 노력만 생각해도 **언어**경제학에 관심을 기울일 필요가 있다. 경제성장과 민주주의에도 불구하고 한국의 자살률이 OECD에서 최고이고 출산율이 최저라는 것이 **행복**경제학에 관심을 기울여야 하는 이유이다. 남북분단, 좌우의 극단적인 이념 대립, 필사적인 입시 경쟁과 학벌, 자아상실 등이 한국인의 행복을 가로막고 있는 장애로 추정된다.

참고문헌

홍 훈, 「신고전학파 경제학의 변화와 한국학계의 수용(1960~2006년)」, 『사회경제평론』, 29(1), 2007, pp. 89~130.

______, 『경제학의 역사』, 서울: 박영사, 2010.

______, 『시장주의란 무엇인가』, 서울: 태학사, 2023.

Allen, Robert C., Mattia C. Bertazzini, and Leander Heldring, "The Economic Origins of Government," *American Economic Review*, 113(10), 2023, pp. 2507~2545.

Anderson, S., "Legal Origins and Female HIV," *American Economic Review*, 108(6), 2018, pp. 1407~1439.

Angrist, J., "Empirical Strategies in Economics: Illuminating the Path from Cause to Effect," *Econometrica*, 90(6), 2022, pp. 2509~2539.

Angrist, J. and J.-S. Pischke, "The Credibility Revolution in Empirical Economics: How Better Research Design Is Taking the Con out of Econometrics," *Journal of Economic Perspectives*, 24(2), 2010, pp. 3~30.

Angrist, J., P. Azoulay, G. Ellison, R. Hill, and S. F. Lu, "Economic Research Evolves: Fields and Styles," *American Economic Review*, 107(5), 2017, pp. 293~297.

Ashraf, Q. and O. Galor, "The 'Out of Africa' Hypothesis, Human Genetic Diversity and Comparative Economic Development," *American Economic Review*, 103(1), 2013, pp. 1~46.

______, "The Macrogeneconomics of Comparative Development," *Journal of Economic Literature*, 56(3), 2018, pp. 1119~1155.

Aumann, R. J. and J. H. Drèze, "Rational Expectations in Games," *American Economic Review*, 98(1), 2008, pp. 72~86.

Backhouse, R. E. and Béatrice Cherrier, "The Age of the Applied Economist: The Transformation of Economics since the 1970s," *History of Political Economy (Supplement)*, 49, 2017, pp. 1~33.

Banerjee, A. V., "Field Experiments and the Practice of Economics," *American Economic*

Review, 110(7), 2020, pp. 1937~1951.

Banerjee, A. V. and E. Duflo, "The Experimental Approach to Development Economics," *Annual Review of Economics*, 1, 2009, pp. 151~178.

Biddle, J. E. and D. S. Hamermesh, "Theory and Measurement: Emergence, Consolidation, and Erosion of a Consensus," *History of Political Economy* (*Supplement*), 49, 2017, pp. 34~57.

Camerer, C., G. Lowenstein, and D. Prelec, "Neuroeconomics: How Neuroscience Can Inform Economics," *Journal of Economic Literature*, 43(1), 2005, pp. 9~64.

Card, D., "Design-Based Research in Empirical Microeconomics," *American Economic Review*, 112(6), 2022, pp. 1773~1781.

Card, D. and A. Krueger, "Minimum Wages and Employment: A Case Study of the Fast-Food Industry in New Jersey and Pennsylvania," *American Economic Review*, 84(4), 1994, pp. 772~793.

Chen, T., J. K. Kung, and C. Ma, "Long Live KEJU, The Persistent Effects of China's Civil Examination System," *Economic Journal*, 130(631), 2020, pp. 2030~2064.

Conti, G. and J. Heckman, "Understanding the Early Origins of the Education-Health Gradient: A Framework That Can Also Be Applied to Analyze Gene-Environment Interactions," *Perspectives on Psychological Science*, 5(5), 2010, pp. 585~605.

Cunha, F. and J. Heckman, "Formulating, identifying and estimating the technology of cognitive and noncognitive skill formation," *Journal of Human Resources*, 43(4), 2008, pp. 738~782.

______, "The Economics and Psychology of Inequality and Human Development," *Journal of European Economic Association*, 7(2/3), 2009, pp. 320~364.

Deaton, A., "Letter from America: Random Walks by Young Economists," *RES Newsletter*, 2007 April(www.res.org.uk/view/art1Apr07Corresp.html).

______, "Instruments, Randomization, and Learning about Development," *Journal of Economic Literature*, 48(2), 2010, pp. 424~455.

Deaton, A. and N. Cartwright, "Understanding and misunderstanding randomized controlled trials," *Social Science and Medicine*, 210, 2018, pp. 2~21.

Dell, M., "The Persistent Effects of Peru's Mining 'Mita'," *Econometrica*, 78(6), 2010, pp.

1863~1903.

Falk, A. and J. Heckman, "Lab Experiments Are a Major Source of Knowledge in the Social Sciences," *Science*, 326(5952), 2009, pp. 535~538.

Falk, A., A. Becker, T. Dohmen, B. Enke, D. Huffman, and U. Sunde, "Global Evidence on Economic Preferences," *Quarterly Journal of Economics*, 133(4), 2018, pp. 1645~1492.

Friedman, M., "The Methodology of Positive Economics," *Essays In Positive Economics*, Chicago: University of Chicago Press, 1966.

Gelman, A., "Causality and statistical learning," *American Journal of Sociology*, 117(3), 2011, pp. 955~966.

Gneezy, U. and A. Rustichini, "A Fine is a Price," *Journal of Legal Studies*, 29(1), 2000, pp. 1~15.

Guiso, L., P. Sapienza, and L. Zingales, "Does culture affect economic outcomes?," *Journal of Economic Perspectives*, 20(2), 2006, pp. 23~48.

Hamermesh, D. S., "Six Decades of Top Economics Publishing: Who and How?," *Journal of Economic Literature*, 51(1), 2013, pp. 162~172.

Heckman, J., "Causal Parameters and Policy Analysis in Economics: A Twentieth Century Retrospective," *Quarterly Journal of Economics*, 115(1), 2000, pp. 45~97.

______, "The Scientific Model of Causality," *Sociological Methodology*, 35(1), 2005, pp. 1~97.

______, "The Developmental Origins of Health," *Health Economics*, 21(1), 2012, pp. 24~29.

Heckman, J. and J. Smith, "The Case for Social Experiments," *Journal of Economic Perspectives*, 9(2), 1995, pp. 85~110.

Heckman, J., J. Stixrud, and S. Urzua, "The Effects of Cognitive and Noncognitive Abilities on Labor Market Outcomes and Social Behavior," *Journal of Labor Economics*, 24(3), 2006, pp. 411~482.

Hong, H., "Marx and Menger on Value: as many similarities as differences," *Cambridge Journal of Economics*, 24(1), 2000, pp. 87~105.

Hoover, K. D., "Economic Theory and Causal Inference," *Philosophy of Economics*, U.

Mäki, ed., San Diego: North Holland, 2012, pp. 89~113.

Imbens, G. W., "Potential Outcome and Directed Acyclic Graph Approaches to Causality: Relevance for Empirical Practice in Economics," *Journal of Economic Literature*, 58(4), 2020, pp. 1129~1179.

Imbens, G. W. and T. Lemieux, "Regression discontinuity designs: A guide to practice," *Journal of Econometrics*, 142(2), 2008, pp. 615~635.

Kremer, M., G. Rao, and F. Schilbach, "Behavioral development economics," Chapter 5, *Handbook of Behavioral Economics: Applications and Foundations*, Vol. 2, 2019, pp. 345~458.

Panhans, M. T. and J. D. Singleton, "The Empirical Economist's Toolkit: From Models to Methods," *History of Political Economy* (*Supplement*), 49, 2017, pp. 127~157.

Pearl, J. and D. MacKenzie, *The Book of Why*, New York: Basic Books, 2018.

Spolaore, E. and R. Wacziarg, "How Deep Are the Roots of Economic Development?," *Journal of Economic Literature*, 51(2), 2013, pp. 325~369.

Thistlethwaite, D. L. and D. T. Campbell, "Regression-Discontinuity Analysis: An Alternative to the Ex Post Facto Experiment," *Journal of Educational Psychology*, 51(6), 1960, pp. 309~317.

Wilson, D. S., "Human groups as units of selection," *Science*, 276(1), 1997, pp. 816~817.

Wilson, D. S. and J. M. Gowdy, "Human ultrasociality and the invisible hand: foundational developments in evolutionary science alter a foundational concept in economics," *Journal of Bioeconomics*, 17(1), 2015, pp. 37~52.

chapter 01

경제학 제국주의

1. 신고전학파 경제학의 제국주의적인 요소
2. 경제학 제국주의의 구체적인 모습
3. 경제학 제국주의의 문제점과 경제학의 다른 변화들

경제학 제국주의(economics imperialism)는 20세기의 주류 경제학인 신고전학파 경제학이 1960년 이후 전통적인 경제학의 대상이 아닌 출산, 결혼, 범죄, 투표, 법, 윤리 등 경제 외적인 대상을 경제학적인 논리로 설명하려는 흐름이다.[1] 이 흐름은 경제학과 사회과학의 성격과 범위를 다시 생각하게 만들 정도로 중요한 사회과학의 문제이다.

이에 따라 이 글은 경제학 제국주의를 이해하고 평가하기 위해 이 흐름의 바탕인 신고전학파의 특징을 제시하고, 경제학 제국주의의 내용을 설명한 후, 경제학의 최근 변화와 연결시켜 이것을 평가하였다. 이 글은 경제학 제국주의가 많은 문제를 안고 있지만, 경제학의 다른 변화와 함께 고려한다면 경제학을 보다 균형 잡힌 사회과학으로 바꾸는 전기가 될 수도 있다고 판단한다.

1. 신고전학파 경제학의 제국주의적인 요소

경제학은 그것의 독특한 성격에도 불구하고 여전히 사회과학이다. 사회과학은 사람들이 모여서 이루는 사회 속에서 발생하는 사회현상을 다룬다. 사회현상 중에서, 예를 들어 정치학이 권력의 발생과 분배를 다룬다면, 경제학은 먹고 사는 문제를 다룬다. 그런데 서양에서 사회에 대한 인식과 사회과학은 모두 근대의 산물이다. 경제학도 근대의 산업혁명, 그리고 자본주의와 함께 태어났다.

'경제학의 아담'인 애덤 스미스(A. Smith)는 1776년에 『국부론』을 통해 경제를 시장 및 공장과 연결시켜 고전학파 경제학(classical political economy)의 문을 열

1 Lazear(2000), Mäki(2009).

었다. 고전학파는 경제발전과 자본축적에 중점을 두면서 가치와 가격, 소득분배 등을 역사와 계급의 관점에서 논의하였다. 이 시대에 경제와 경제학은 다른 영역으로부터 자율성을 확보하는 데 급급하였다.

그런데 1871년에 한계효용학파가 등장한 후 마셜이 이에 근거해 구축한 신고전학파 경제학이 20세기에 들어 지배적인 견해가 되었다. 경제학 제국주의는 고전학파가 아니라 신고전학파에 기원을 두고 있다. 신고전학파는 모든 것을 개인의 극대화로 환원하는 방법론적인 개인주의 혹은 개체주의(methodological individualism), 수요 및 공급의 균형과 가격에 의존해 효율성을 추구하는 시장주의, 모든 현상을 역사와 독립적으로 파악하는 비역사성을 근간으로 삼는다.[2]

그중에서도 신고전학파는 방법론적인 개인주의를 신봉한다. 방법론적 개인주의는 인간이 개인으로 존재하고 개인이 유일한 행동의 주체이자 사회의 기본 단위라고 본다. 이 때문에 경제와 사회현상을 개인의 인식, 선택, 행위의 모음으로 간주하고, 사회와 시장이 개인의 단순한 합이라고 본다. 시장수요와 시장공급도 개인의 수요와 공급들이 단순히 합해진 것이다.

신고전학파의 중심축인 개인의 핵심적인 활동은 여러 대안 중에서 자신의 이익에 가장 부합되는 대안을 선택하는 것이다. 이에 따라 신고전학파는 모든 경제현상을 개인의 선택으로 설명한다. 시장의 수요공급은 개인의 수요공급이 모인 것이고, 개인의 수요와 공급은 다시 개인이 선택한 결과이다. 시장의 교환도 두 사람의 선택이 만나서 진행되는 행위이다.

자신의 이익을 위해 각자 철저하게 계산한다는 점에서 개인은 이기적이고

2 Lazear(2000), p. 100; Fine(2009), pp. 3~6.

합리적이다. 이 개인은 각자의 이익에 도움이 되는 한도 내에서만 타인이나 집단이나 국가의 이익을 고려한다. 개인의 이익은 일차적으로 각기 소비자의 이익인 효용과 생산자의 이익인 이윤이지만, 넓게 보면 노동자, 투자자, 주주, 정치인, 관료, 성직자, 군인 등 모든 인간의 이익을 포괄한다.

사람마다 선호나 기호가 다르므로 효용은 주관적인 효용함수에 담겨 있다. 소비자는 주어진 선호 및 효용함수와 소득제약하에서 가격을 고려해 자신의 효용을 극대화하는 재화의 종류와 수량을 선택한다. 이윤은 화폐로 환산된 객관적인 이익이고, 생산자나 기업마다 객관적으로 다른 기술은 생산함수에 담겨 있다. 생산자는 주어진 기술 및 생산함수와 자금제약하에서 가격을 고려해 자신의 이윤을 극대화하는 재화와 자원의 종류 및 수량을 선택한다. (미적분으로 나타나듯이) 극대화는 평균이 아니라 한계의 원리에 따른다.

이같이 신고전학파는 교환뿐만 아니라 소비나 생산, 그리고 여타 행위를 모두 선택으로 변형시킨다. 그런데 경제학은 소비자의 효용이 생산자의 이윤보다 더 근원적이라고 생각하기 때문에 이런 여러 행위에 일반적으로 효용 개념을 적용한다.

우선 쾌락과 고통이 인간을 지배하는 두 가지 주인이라고 선언한 벤담(J. Bentham)에서부터 효용 개념은 인간의 여러 행위에 적용될 잠재력을 지니고 있었다.[3] 또한 극대화의 바탕인 한계원리는 (효용이나 이윤 같은) 내용보다 방법을 중시해 범용성을 지닌다. 이 때문에 한계생산성, 한계비용, 한계수입, 한계세율 등으로 확장되었을 뿐만 아니라 경제행위를 넘어서 다른 행위에도 적용될 수 있다.

그런데 신고전학파에서 이기적인 개인의 합리적인 선택과 대칭을 이루는

3 Hurtado(2008).

주제가 시장의 효율적인 자원배분이다. 개인이 선택한 여러 재화에 자신의 예산을 할당하듯이, 시장은 경제가 필요로 하는 여러 종류와 수량의 재화를 생산하기 위해 노동, 자본, 토지 등 자원을 여러 산업과 기업에 배분한다. 신고전학파는 시장의 질서를 자원배분에 따른 여러 시장의 동시적인 균형으로 파악하는 일반균형체계에 의존한다.

이에 따르면, 개별 행위자의 이기적이고 합리적인 선택으로 여러 재화와 생산요소의 시장에서 수요와 공급이 형성되어 가격이 결정되면서 균형이 생겨 자원이 효율적으로 배분된다. 가격은 시장에서 자생적으로 형성된 정보의 덩어리이므로 개인들이 가격을 고려해 선택하면 개인들의 활동이 조정되고 시장에서 균형이 달성되어 효율적인 결과가 나온다. 이렇게 보면 개인의 합리적인 선택과 함께 가격이 시장을 지탱하는 2개의 축을 이룬다.

신고전학파는 자원배분 이외에도 가격 결정, 소득분배, 물가와 고용, 경제성장 및 발전 등을 경제 문제로 다룬다. 그렇더라도 자원배분을 일차적인 문제로 삼아 모든 문제를 자원배분과 연결시키고 자원배분과 비슷하게 취급한다. 그리고 이런 해석을 허용하는 궁극적인 고리는 개인의 합리적인 선택이다. 결국 개인의 선택이 자원배분을 위시한 모든 경제 문제를 설명하는 근거가 된다.[4]

예를 들어, 한계생산성에 따른 소득분배나 고용·실업도 임금과 노동에 대한 선호 등을 고려해 개인이 스스로 선택한 결과이다. (케인스의 주장과 달리) 스스로 선택하였다는 점에서 실업은 비자발적(involuntary)인 것이 아니라 자발적(voluntary)이다. 이같이 시장에서 결정된 실업률은 자연스럽고 또한 불가피하므로 이것을 그대로 받아들여야 한다.

4 Fine(2009), pp. 136~137.

신고전학파를 일관되게 내세우는 시카고학파의 시조 프리드먼(M. Friedman)은 『자본주의와 자유』(*Capitalism and Freedom*)에서 선택의 자유가 집회결사의 자유, 거주이전의 자유, 언론의 자유 등 인간의 기본적인 자유를 대변한다고 주장할 정도로 선택의 자유를 중시하였다. 독재정권을 피해 다른 나라로 이민 가겠다고 선택할 수 있는 자유가 독재정권에 대한 투쟁을 대신할 수 있다. 언론의 자유를 지키는 것은 신문이나 방송에 대한 비판이 아니라 이들에 대한 구독자나 시청자의 선택이다.

이런 생각이 경제학 제국주의의 출발점을 이룬다. 그런데 경제학 제국주의는 먼저 경제학 외부가 아니라 경제학 내부의 통합 혹은 내부에 대한 '식민지화'로 시작되었다. 이것은 시카고학파가 미시경제학의 관점에서 거시경제학을 재구성하는 과정이었다.

구체적으로 1936년에 케인스(J. M. Keynes)의 『일반이론』을 통해 거시경제학이 등장한 이후 1960년대에 이르면 케인스를 나름대로 수용하는 다수의 케인스주의(Keynesianism)와 이에 반대하는 소수의 통화주의(monetarism)가 서로 대립하게 된다. 양자 모두 시장경제를 지향하지만 매사추세츠 공과대학교(MIT)와 하버드대학 등 동부 아이비리그를 근거로 삼는 케인스주의는 정부의 개입을 수용하였다. 반면 시카고대학을 근거로 삼는 통화주의는 정부의 개입에 적대적인 시장근본주의를 내세웠다.

동시에 케인스가 등장한 이후 경제학은 미시경제학과 거시경제학의 이중구조를 지니게 되었다. 미시경제학과 달리 거시경제학은 미시적인 기초(microfoundations)에 의존하지 않았기 때문이다. 경험적인 타당성을 중시하였던 케인스주의는 이런 이중구조에 개의하지 않았다. 이에 비해 이론적인 정합성을 중시하는 통화주의는 미시경제학과의 일관성을 내세워 케인스주의를 비판하면서 거시경제학의 미시적 기초를 내세우기 시작하였다.

이에 따라 통화주의를 계승하는 새고전학파(New Classical School)가 합리적 기대(rational expectation)와 대표행위자(representative agent)를 근거로 거시경제학을 재구축하였다. 합리적 기대는 개인의 합리성의 극단적인 모습이고 대표행위자는 경제 전체를 행위자 1명으로 대표하는 과감한 착상이다. 그런데 케인스주의가 새케인스주의(New Keynesianism)로 이어지면서 미시적 기초의 필요성에 동의하게 되었다. 이에 따라 경제학의 내부가 합리적인 선택 및 합리적 기대 등 개인의 합리성에 기초한 미시경제학으로 통일되었다.

경제학은 외부효과나 공공재 등 일부 문제를 제외하고 가격과 개인에 근거해 모든 경제 문제를 설명하고 해결할 수 있다고 자부한다. 또한 시장이 일차적으로 해결할 수 없는 문제도 다른 장치가 아니라 시장, 즉 가격과 개인의 선택을 통해 해결할 수 있고 그렇게 해결하는 것이 최상이라고 믿고 있다.

이에 따라 경제학의 내부를 통합한 미시이론은 먼저 시장 밖에 있지만 경제 내부에 있는 외부효과나 공공재 등의 문제에 적용되었다. 가령, 외부효과를 해결하는 방법으로 오염방지법보다 피구세나 거래가 가능한 오염배출권이 더 낫다고 보는 이유는, 가격에 의존하고 개별 기업의 선택을 허용해 외부효과를 시장 안으로 내부화하기 때문이다.

그 다음으로 시장이나 경제가 작동하는 데 필요하지만 주어져 있다고 간주하였던 선호, 기술, 제도를 재구성하고, 가정이나 기업 등 경제를 구성하는 단위의 내부를 설명하는데, 미시이론을 적용하였다.[5] 그리고 최종적으로 경제 외적인 대상에 미시이론을 적용함으로써 본격적으로 경제학 제국주의로 나아갔다.

5 Lazear(2000), p. 105.

2. 경제학 제국주의의 구체적인 모습

경제학 제국주의의 대상은 출산, 결혼, 범죄, 투표, 법과 제도, 윤리, 언어, 종교 등 다양하고, 인간, 사회, 환경 혹은 자연, 심리, 생물에 이를 정도로 광범위하다. 경제학 제국주의는 이런 것들을 개인 차원에서 합리적 선택의 대상으로 만들고, 가격을 부여해 상품화함으로써 사회의 모든 영역을 시장화하는 데 목표를 두고 있다.

이에 따라 경제학 제국주의는 가격과 선택에 근거해 경제 문제뿐만 아니라 사회와 인간의 문제를 설명하며 해결하려고 시도한다. 그런데 시장 밖이나 경제 밖의 대상에 가격을 부여하기는 쉽지 않다. 이 때문에 경제학 제국주의의 중심축은 효용극대화나 이윤극대화에 근거한 합리적 선택이론(rational choice theory)으로 좁혀진다.

이런 흐름 속에서 '스모선수들의 암묵적인 담합'이나 '낙태의 합법화가 살인에 미친 영향' 등과 같이 전혀 예상치 못한 주제를 경제학적으로 설명하는 '괴짜 경제학'(freakonomics)이 등장하였다.[6] 나아가 경제학이 거의 모든 현상을 설명할 수 있다는 진단까지 나왔다.[7] 이것은 경제학의 분석 대상이 경제를 넘어서 무한대로 확장되고 있음을 의미한다.

이같이 경제학이 다른 학문의 영역으로 진입하면서 1930년대에 일차적으로 정돈되었던 경제학과 여타 사회과학 사이의 전통적인 학문의 경계가 요동치고 있다. 특히, 합리적 선택으로 사회현상을 설명할 수 있다고 생각하는 사회학자가 나올 정도로 이 흐름의 영향은 크다.[8] 물론 이렇게 된 데는 수학과 계량경제

6 Levitt and Dubner(2005).
7 Frank(2008).

학에 의존해 경제학이 자부하는 과학성도 한몫을 하였다.

경제학자가 사회과학의 제국주의자로 불리게 된 이유는, 마치 과거 유럽의 제국주의가 아프리카나 남미에 침범한 것과 같이 경제학이 경제학적인 분석을 통해 사회학을 위시한 여타 사회과학의 영역을 침범하였다고 보기 때문이다. 이것은 경제학과 다른 학문 사이의 교류가 일방적이었음을 뜻한다. 특히, 다른 영역의 대상을 다룰 때는 이 영역의 조건과 기준을 고려해야 하는데, 경제학자는 과학성을 앞세워 다른 영역의 청중을 배려하지 않는 경향이 있었다.[9]

역사적으로 'economic/s imperialism'이라는 용어는 1933년에 스카우터(R. W. Scouter)가 처음 사용하였다.[10] 그렇지만 이 개념이 중요해진 것은 제2차 세계대전 이후 스티글러(G. Stigler, 1984), 허슐라이퍼(J. Hirshleifer, 1985), 러지어(E. Lazear, 2000) 등이 이 개념을 사용하면서부터이다(〈그림 1-1〉 참조).

그리고 경제학의 미시적 기초를 강조하며 미시와 거시를 관통하는 논리를 고집해 왔던 시카고학파가 제국주의를 주도하였다. 시카고학파는 프리드먼과 스티글러에서 시작해 베커(G. Becker)와 루카스(R. Lucas)에 이른다. 경제학 제국주의는 스티글러에서 시작되었으나 이를 주도한 것은 베커였다.[11]

베커는 출산, 결혼이나 이혼, 범죄 등 사회현상을 비용과 편익의 계산에 근거한 합리적인 선택으로 설명하였다.[12] 대표적으로 아기의 출산은 내구재를 구

---

8 Fine(2009), pp. 24~30; Zafirovski(2000). 자피로프스키는 합리적 선택이론이 초기의 신고전학파에서 많이 벗어나 있다며 경제학 제국주의를 부정한다. 그렇지만 합리적 선택이 신고전학파의 핵심이므로 이에 근거한 확장을 경제학의 제국주의적인 경향으로 인정해야 한다.

9 Rolin(2015). 그렇지만 경제학 제국주의를 경제학이 내세우는 과학성과 구분할 필요가 있다. 경제학 제국주의가 경제이론에 근거한다면, 경제학의 과학성은 방법과 관련된다. 특히, 계량경제학이 경제학을 넘어서 정치학이나 사회학에도 확산되어 있다.

10 Fine(2009), p. 5.

11 Nik-Khah and Horn(2012), p. 261.

12 Becker(1965; 1976; 1991; 1993).

| 그림 1-1 | 경제학 제국주의 강연 포스터

자료: Nik-Khah and Van Horn(2012), p. 261.

입하는 것과 같다. 반복적으로 재롱을 떨어 쾌락(효용)을 주고 지속적인 양육의 고통(비효용)을 요구한다는 점에서 아기는 사과와 같은 비내구재가 아니라 냉장고와 같은 내구재에 가깝다는 것이다.

또한 많은 아이를 낳아 대충 키우겠다고 선택하는 부모도 있고 소수의 아이를 낳아 잘 키우겠다고 선택하는 부모도 있다. 이 같은 '아이의 질과 양' 사이의 상충(tradeoff)에 처해 각 부모는 아기에 대한 선호에 따라 아기의 숫자를 선택한다. 이제 '아이의 질과 양'은 고용이론을 넘어서 합리적 선택에 근거한 인구이론을 낳아 경제학의 확고한 주제로 자리를 잡았다.[13]

베커에게는 인간관계도 각자 효용을 늘리기 위해서 맺는 것이고, 술, 마약, 일, 운동 등에 대한 중독에도 효용을 극대화하려는 합리성이 수반되어 있다.[14] 물론 그는 대상의 특수성도 고려하였다. 가령, 고용관계와 달리 가족관계에는 의무나 죄의식 등을 추가로 고려하였고, 인적자본(교육)과 가계생산(김치 담그기)에는 시간의 제약을 추가하였다. 또한 결혼이나 이혼에는 애정, 성적인 쾌락, 배려, 양육 등을 첨가하였다. 대상에 따라 이런 특수성이 있지만, 이와 관련된 행위들도 개인의 이익과 비용으로 환산된다는 점에서 기본적으로 시장의 선택 및 교환과 다르지 않다.

이같이 각 개인이 자신의 주관적, 객관적 이익과 손실을 따져 결혼이나 이혼을 결정하고, 아이를 낳을지 여부와 낳을 아이의 숫자를 결정한다. 그리고 이런 의사 결정들이 모여 '결혼 시장'이나 '아기 시장'을 형성하고 사회 전체적으로 혼인율이나 이혼율과 출생률을 결정한다.[15] 또한 지속적인 부부관계와 인간관계는 교환행위의 반복에 해당되고, 이혼이나 관계의 단절은 어떤 시점에서 교환행위가 더 이상 갱신되지 않는 것을 의미한다.

베커는 '죄와 벌'도 이에 수반된 비용과 편익을 고려한 선택으로 취급하였다. 예를 들어, 거리에서 불법주차를 감행할지 여부는, 불법주차로 절약하는 시

---

13 과거 미소 간의 군비 경쟁과 비슷하게 한국의 입시 경쟁에서는 다른 학생들이 사교육을 늘리면 나도 사교육을 늘려야 한다. 이에 착안해 해당 지역의 평균적인 사교육 수준을 따라가야 하는 부모의 비용부담이 한국에서 출산율을 저하시킨 원인이라는 것을 경험적으로 보여 주는 최근의 연구도 이 상충을 논리적인 근거로 활용하고 있다. Kim et al.(forthcoming).

14 Becker(1974b; 1988).

15 Becker(1973; 1974a).

| 그림 1-2 | 범죄의 수요와 공급

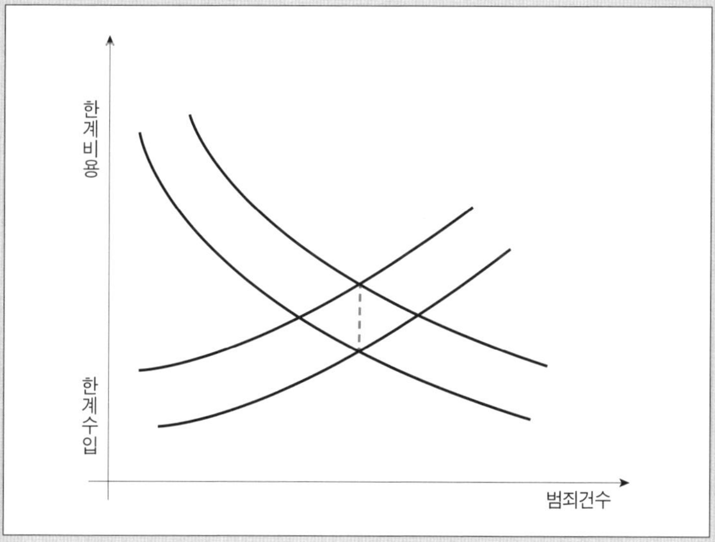

자료: Becker(1968), p. 182.

간 및 주차요라는 편익과 적발되었을 때 지불해야 할 벌금에 적발될 확률을 곱한 비용을 비교해 결정하는 합리적이고 이기적인 선택이다. 그리고 가격이 변하면 재화에 대한 가격탄력성에 따라 생산자의 공급이 증감하듯이, 벌금에 대한 사람들의 탄력성에 따라 범죄가 증감한다(〈그림 1-2〉 참조).[16]

베커는 재화와 마찬가지로 범죄에 대해서도 기회비용, 한계비용과 한계이익, 수요·공급곡선을 말하고 있다. 이같이 범죄도 가격에 탄력적이므로 징역보다 벌금이 범죄를 줄이는 데 더 효과적이다. 그런데 이것은 공리주의의 관점에

16 Becker(1968).

서 법과 입법을 논의하였던 벤담에 이미 예정되어 있던 것일 수 있다.[17]

베커에게는 자살뿐만 아니라 모든 죽음이 선택이다. 젊었을 때 열심히 운동하고 절제하기로 결심한 사람은 건강하게 오래 살고, 그와 반대로 즐기면서 살겠다고 결정한 사람은 늙어서 쉽게 병에 걸리고 일찍 죽는다. 어느 쪽을 선택하느냐는 각자의 선호에 달렸다. 음식, 운동, 음주나 흡연 등의 습관이 질병과 수명을 결정하는데, 이 논리는 이런 것들을 누구나 선택할 수 있다고 전제한다.

압축하면, 합리적 선택의 결과이므로 베커에게 '아기는 냉장고이다.' 또한 '결혼은 교환이고, 부부 사이에도 협상이 있다.' 나아가 '범죄도 선택이고, 모든 죽음은 자살이다.' 놓치지 않아야 할 것은 자신의 이론을 전개하기 위해 베커가 수시로 이런저런 고전과 인접 학문의 문헌을 소화해 내고 있다는 점이다. 한국의 경제학계에는 바랄 수 없는 일이다.

베커는 이런 주장들을 통해 사회현상을 개인의 선호나 선택으로 환원한다. '차별이 선호'라는 프리드만의 앞선 강변도 이에 부합된다. 예를 들어, 백인 마을의 아이스크림 가게에 종업원으로 백인만 채용되는 이유는 주인이 인종주의자여서가 아니라 백인 손님들이 흑인 종업원보다 백인 종업원을 더 좋아하기 때문이다. 그리고 백인 손님이 흑인 종업원보다 백인 종업원을 더 좋아하는 것은 초콜릿 아이스크림보다 바닐라 아이스크림을 더 좋아하는 것과 다를 바가 없는 선호이다.

이런 논리를 연장하면 동창회 가입이나 파업 가담도 학연이나 노동자의 계급의식이 아니라 개인의 이익에 따른 선택의 결과이고, 동창회의 규모나 파업 가담 비율도 이에 따라 결정된다. 또한 대통령이나 국회의원 후보자, 배우자,

17 Hurtado(2008).

진학할 학교, 교회나 절 등도 모두 계산에 근거한 합리적 선택의 대상이다. 그리고 이런 선택과 수요 및 공급에 따라 가격이 결정되고 선거라는 경매시장이나 교육시장 등도 형성된다.

처음에 베커의 경제적인 분석은 병적인 경제학자의 행태로 간주되었으나, 점차 사회학계에서 영향력을 얻게 되었고, 그 영향력이 커져 사회학을 흔들어 놓았다.[18] 그 결과 그는 미국 사회학회의 회장직을 맡기도 하였다. 그리고 그가 죽기 전까지 주장하였던 것은 미국 시민권을 상품으로 거래하자는 것이었다고 한다.

이런 흐름을 타고 현재 경제학은 정치학, 사회학, 인류학, 법학, 윤리학, 교육학 등으로 진입해, 각 학문의 전통적인 논리에 반하는 변종을 만들어 내고 있다. 이런 변종들은 모두 합리적 선택이론을 공통분모로 삼으면서 각 부문의 특수성을 추가하는 방식을 취하고 있다. 베커가 주로 다룬 사회학 이외의 영역에서는 다음과 같은 것들이 주제가 되었다.

1) 정치[19]

뷰캐넌(J. Buchanan)의 공공선택이론(public choice theory)은 선거, 입법, 정책 등을 경제적으로 설명한다. 이 이론은 방법론적인 개인주의, 이기적인 경제인, 교환으로서의 정치로 구성되어 있다.[20] 특히, 그는 시카고학파와 달리 선택보다 교환을 중시하면서 정치를 교환으로 취급하였다. 이에 따라 투표를 유권자가 자신의 이익을 추구하기 위해 국가와 주고받는 교환으로 간주한다. 유권자가

18 Lazear(2000), p. 112.
19 개별 학문과 연관된 이후의 논의는 홍훈(2010; 2023)에서 설명한 것을 확장 발전시킨 것이다.
20 Buchanan(1987).

국가에게 주는 것은 세금이라는 비용이고 받는 것은 복지나 공공재라는 편익이다.

이 입장에서는 정치나 법도 이익추구의 결과이므로 시장의 거래와 비슷해진다. 또한 공공선택의 주체인 시민, 국회의원, 정치인, 관료, 법관, 교수, 성직자가 모두 이기적인 경제인이나 소비자와 비슷해진다. 정치가 유권자 등의 선택이자 서로 주고받는 교환이므로, 공직자의 윤리를 외치거나 정의를 구현한다거나 국민을 위해 출마한다는 정치인의 구호는 모두 허구이고 위선이다.

물론 소비재나 주식과 달리 투표에서는 정치적인 이념 등을 추가적으로 고려해야 한다. 그런데 이념이나 믿음도 소비자의 선호와 같이 일종의 선호로 취급한다. 이익도 효용이나 소득에 국한되지 않고 권력, 자리, 명예 등으로 확장되지만 이들 역시 극대화의 대상이다.

경제학자가 전략에 대한 합리적인 선택을 다루는 게임이론을 통해 정치학의 주제를 다룬지 오래되었다. 또한 경제(발전)와 함께 정치(발전)를 다루는 정치경제학도 생겼다. 여기서 정치학이 경제학에 미치는 영향보다 경제학이 정치학에 미치는 영향이 더 크다. 이로 인해 'good(s)'나 'public good(s)'가 선이나 공공선이라기보다 재화나 공공재로 이해되고 있다.

2) 법, 제도, 윤리

법에 대한 경제적 분석은 재산, 사고 배상책임, 계약, 소송, 그리고 공적 집행 및 형사로 나뉜다.[21] 재산권은 원래 시장경제의 전제였는데, 이제는 경제학이

21 Polinsky and Shavell(2008).

재산권을 전제가 아니라 분석의 대상으로 삼고 있다. 그런데 이 분석은 개별 행위자별로 재산권을 확립해야 각자 자신의 재산을 제대로 관리해서 경제가 효율적으로 된다며 공유자원이나 공공재산을 사유재산으로 만들어야 한다는 방향성을 지니고 있다.

다른 한편으로 코즈(R. Coase)가 내세운 코즈 정리(Coase theorem)에 의하면 사유재산의 초기 분배와 관계없이 사람들이 적정한 자원배분에 이르게 된다. 이런 배분에 대한 장애는 탐색이나 협상의 어려움, 그리고 언어의 차이 등으로 인한 거래비용뿐이다.[22] 비록 거래비용을 인정하지만, 이 정리는 경제논리가 법적인 제약을 무력하게 만든다는 입장을 담고 있다.

시카고학파를 신봉하는 법경제학자 포스너(R. Posner)는 사고 배상책임과 관련해 손해배상 등을 경제학적으로 설명해 왔다. 예를 들어, 역사적으로 미국에서 소가 농작물을 해치는 것을 방지하기 위해 농부와 목축업자 중 누가 울타리를 칠 것인지를 규정하는 법규가 소와 농작물의 비율에 따라 바뀌어 왔다. '울타리 치기'에 대한 이 해석에 따르면 법은 시장경제가 원하는 바에 따라 효율성을 제고하는 방향으로 변경되어 왔다.

원래 교환이나 거래는 경제학의 대상이고, 이것을 뒷받침하는 계약은 민법이나 상법 등 법학의 대상이었다. 그런데 현재는 계약이 법학뿐만 아니라 경제학의 대상이 되었다. 그렇게 된 이유는 일단 체결된 후에도 불확실성이 개입되어 계약이 자동으로 이행되지 않고 집행비용(enforcement cost)이 들기 때문이다. 이것은 재화에 대한 계약보다 고용주의 권위와 관리 속에서 상당 기간 이행되는 노동계약에 더 타당하다.

---

22 Lazear(2000), p. 131.

보다 특정적으로 티롤(J. Tirole)은 미래에 발생할 수 있는 모든 정황(contingency)에 대비해 계약을 완벽하게 서술하는 것이 불가능하다는 불완전계약(incomplete contract)의 개념을 내세웠다. 불완전계약하에서는 법적인 계약이 추후의 정황에 따라 경제적 논리와 행위로 메워져야 한다. 이런 이유로 과거 전적으로 민법이나 상법의 주제였던 계약이 경제학의 주제가 되었다.

사람들은 합리적인 선택에 따라 소송비용과 소송으로 얻을 배상액 및 배상받을 확률을 고려해 소송으로 들어갈지 아니면 서로 합의할지를 결정한다. 이에 따르면 소송에 대한 설명은 범죄에 대한 설명과 차이가 없다. 소송이 순전히 비용과 편익에 따른다는 이런 논리는 결과에 집중해 소송의 과정이 지니는 절차적인 합리성이나 공정성을 경시한다는 약점을 안고 있다.

경제학은 법적인 규정과 현실과의 괴리에서 시장을 읽어낸다. 코즈와 윌리엄슨(O. Williamson) 등 신제도학파는 인간의 이기심이나 합리성에 비추어 제도를 설명한다. 또한 역사 속에서 제도의 중요성을 강조하는 노스(D. North)는 제도를 효용극대화의 관점에서 유인이나 제약조건으로 파악한다.

법과 동전의 양면을 이루는 도덕도 경제학적인 분석의 대상이다. 경제학은 게임이론 등을 통해 윤리나 도덕, 규범, 관습 등을 당사자들이 합리적으로 계산한 이익이 합해져 나타난 결과로 설명해 왔다. 이런 접근방법은 애덤 스미스나 벤담이 현실과 가깝게 만든 도덕을 더욱 현실과 밀착되게 만든다.

3) 교육, 의료, 종교

교육도 여타 재화나 서비스와 마찬가지로 매매의 대상이자 생산함수의 산출물이고 인적자본이라는 '자본'을 낳는다. 물론 교육에는 정보 부족으로 인한 합리적 선택의 어려움, 외부효과, 동료효과(peer effect), 생산과 소비의 혼합 등 특수성이 있다. 그렇지만 이런 것들은 추가적인 요인에 불과하다.

구체적으로 교육생산함수(education production function)는 학교의 교육을 기업의 생산과 비슷하게 취급한다. 이 개념은 교육을 투입과 산출로 규정하고, 산출을 시험의 결과로 단순화한다. 또한 결과에 집중해 가르치고 배우는 과정이 지니는 중요성을 경시한다. 그렇지만 이 관점을 진지하게 고려하고 나름대로 보완해야 한다고 주장하는 교육학자들이 적지 않을 정도로 이것이 교육정책에 미친 영향은 지대하다.[23]

물론 교육에서는 소비자나 구매자인 학생이 교육 과정에 참여하고 교육의 결과가 생산자나 판매자인 교사뿐만 아니라 학생에 의해서 결정된다. 이런 특수성을 수용하기 위해 학생에게 노동자의 성격을 부여하고, 장학금을 학생의 학업 증진에 공헌한 바에 대한 임금으로 해석한다. 그리고 이런 방식을 통해 교육이 근본적으로 여타 서비스와 다를 바 없다는 입장을 경제학은 견지한다.

종교는 교회나 절의 서비스이며, 교회나 절의 방문 횟수나 헌금 등이 개인의 이기적인 선택에 따라 결정된다. 여기서도 종교적 위안으로부터 얻는 효용의 함수나 종교적 위안을 창출하는 생산함수를 상정한다. 출판, 영화, 뮤지컬 등 소위 문화 활동에 대한 경제학적인 분석도 생산함수를 통해 진행된다.

의료행위는 의사와 환자의 거래이다. 여기서도 병원이나 의사 혹은 치료방법에 대한 환자의 선택이 중요하다. 의료는 의사의 학위 등 자격증이나 학벌 혹은 소속 병원 등으로 평가받는 것이 아니라 의료시장에서 진료로 평가받는다. 환자의 선택권을 늘려 주려면 의료보험을 되도록 민영화해야 한다.

23 Gillead(2015).

가계생산함수가 소비 과정에서 생산을 발견한다면, 교육, 의료, (원초적인 의미의 서비스인) 예배 등의 서비스에서는 소비와 생산이 처음부터 쉽사리 분리되지 않는다. 교육에서 학생의 수업능력이 교육의 결과에 영향을 주듯이, 환자나 신도의 상태가 진료나 종교적 구제에 영향을 미친다. 또한 학생의 노력, 신도의 적극성, 환자의 의지 등이 결과에 차이를 낳는다.

더구나 의료와 달리 교육이나 예배는 집단적이어서 학생들이나 신도들이 공공재 혹은 집단재를 창출하거나 이들 사이에 물물교환이 일어난다고 말한다. 특히, 종교적인 위안은 신도 집단 전체가 만들어 내서 집단재의 성격이 강하다는 특수성을 고려한다.

그런데 생산과 소비의 혼합과 집단적인 성격으로 이들을 통상적인 상품에 대한 합리적 선택으로 해석하는 것에는 한계가 있어 보인다. 또한 서비스의 공급자인 교육자, 의사, 성직자가 서비스의 수요자인 학생, 환자, 신도보다 지식이나 믿음에 있어 우위를 점하고 있어서 수요자의 선택이 그다지 자율적이지 못하다.

4) 선물

모스(M. Mauss)가 보여 주듯이, 선물(gift)은 전통적으로 인류학의 주제였다. 시장교환이 단기적이며 익명적이라면, 선물교환은 장기적이고 관계적이다. 선물교환은 가족이나 친지 사이에 국한되지 않고 노동시장이나 자본시장에서 상호적이고 관계적인 교환으로 확장되었다. 이에 따라 시장교환과 선물교환은 영국, 미국의 자본주의와 독일, 일본의 관계적인 자본주의의 차이로 간주되었다.

그런데 경제학은 시장교환이 근원적이라고 생각하므로 선물교환을 시장교환으로 바꾸어 생각한다. 장기적인 인간의 관계를 단기적인 만남의 반복으로 파악하듯이, 장기적인 선물교환을 시장의 단기적인 교환행위가 반복된 것으로 파악한다. 이보다 공격적인 신고전학파의 해석은 '성탄절의 사중손실'(deadweight loss)이라는 연구에서 드러난다.[24]

구체적으로 추석이나 성탄절에 선물을 주고받는데, 선물은 타인을 위해 현금을 지출하는 행위이다. 경제학은 사람들이 각자 자신이 원하는 것을 가장 잘 안다고 전제한다. 그런데 선물을 줄 때는 각자가 자신을 위해 선택하지 않고 타인이 좋아할 것을 추정해 대신 선택해 준다. 여기서 상대방의 기호에 대한 정보의 부족으로 타인의 효용을 극대화하는 선택에 이르지 못하는 사중손실이 발생한다. 사중손실은 개인이 주어진 소득으로 최상의 대안을 선택하지 못해서 발생하는 손실이다. 이같이 선물을 주고받는 성탄절이나 명절에는 많은 사람이 소비자잉여를 극대화하지 못하므로 대량으로 사중손실 혹은 낭비가 발생한다.

이 해석에 따르면, 선물을 주고받는 것은 멍청한 짓이다. 선물(포도주)보다 현금(10만 원)을 주어야 각자 자신의 선호에 따라 효용을 극대화하는 효율적인 선택에 이를 수 있기 때문이다. 이 입장에서는 만남과 관계도 효용을 극대화하기 위한 각자의 선택이므로 선물을 통해 서로의 애정이나 관계를 확인하고 강화하는 일은 중요하지 않다. 따라서 신고전학파는 훈훈한 추석이나 즐거운(merry) 성탄절이 아니라 효율적인(efficient) 추석이나 성탄절을 부르짖는다.

이와 같은 제국주의적인 양태로 경제학은 일견 사회과학의 여왕에서 사회

24 Waldfogel(1993).

| 그림 1-3 | 경제, 시장, 사회, 자연의 관계

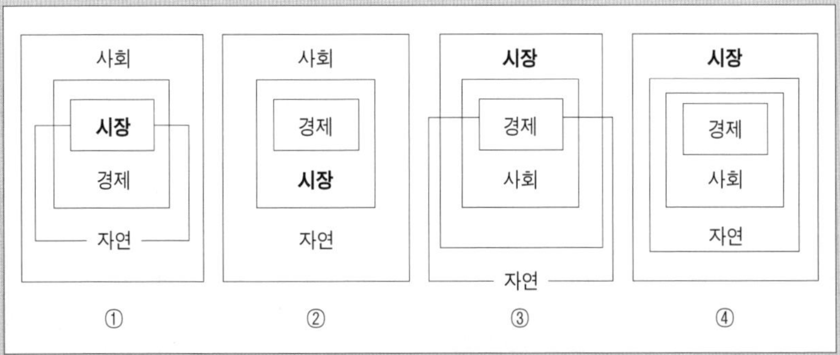

자료: 저자 작성.

과학의 제왕으로 그 모습이 변해가고 있다. 이를 조망하기 위해 경제사회사상에서 등장한 경제, 시장, 사회, 자연(생태계)의 관계에 대한 관점을 다음의 〈그림 1-3〉과 같이 네 가지 정도로 구분할 필요가 있다.

① 자연의 제약 속에서 사회가 경제를 지배하고 경제가 시장을 지배한다.

② 자연의 제약 속에서 사회가 시장경제를 지배하지만 시장이 경제를 지배한다.

③ 자연의 제약 속에서 시장이 경제뿐만 아니라 사회를 지배한다.

④ 시장이 경제, 사회뿐만 아니라 자연을 지배한다.

여기서 자연은 모든 경제 활동의 출발점이다. ①은 애덤 스미스가 등장하기 이전의 상황에 해당된다. ②는 경제학이 등장한 후 경제학 제국주의가 등장하기 이전의 상황에 해당된다. 경제학 제국주의는 ③이나 ④에 해당된다.

이런 수준에 이른 경제학은 이론이 현실을 설명하지 못하는 경우, 이를 이론의 불완전함이 아니라 현실의 불완전함으로 간주한다. 가령, 이론에 비추어 존재해야 할 교역을 실종된 교역(missing trade)이라고 진단한다.[25] 다른 예로 최근 사회학에서 지적하는 경제학의 수행성(performativity)에 따르면, 블랙-숄즈 모형(Black-Scholes model)은 주어진 현실을 설명하거나 예측한 것이 아니라 이상이나 규범을 제시해 이에 맞게 현실을 바꾸었다.[26]

이것은 경제학이 시장주의에 근거해 시장이 자족적이고 자기완결적이라고 본다는 것을 뜻한다. 이 때문에 시장에 대한 평가의 기준을 시장 밖에서 찾지 않고 시장 내부에서 찾는다. 이에 따라 경제학은 이상적인 시장과 현실의 시장을 함께 제시하고 규범적인 시장을 현실의 시장에 대한 기준으로 삼는다. 일반균형체계가 구현하는 완벽한 시장, 신축적인 가격, 완벽한 합리성이 이상적인 시장으로 현실의 시장에 대한 척도를 제공한다.

연장선상에서 경제학 제국주의는 먼저 시장과 친화적인 기업에서 내부 노동시장이나 내부 자본시장 등 시장을 찾는다. 이어서 가정, 관청, 학교, 병원, 군대, 교회 등을 기업과 비슷하게 취급하거나 기업과 비슷하게 만들려고 노력한다. 이에 따라 이런 비영리조직의 수장도 경영자로 간주한다. 더불어 시장이 아닌 (정치나 토론의) 장(field)이나[27] 조직에서도 가격을 찾아내고 합리적인 선택이나 교환을 발견한다.

경제학 제국주의라는 이론적인 변화에 상응하는 현실이 신자유주의(neoliberalism)이다.[28] 신자유주의는 영국 보수당의 대처 총리와 미국 공화당의 레이건 대통령이 1980년부터 제도와 정책으로 실행한 시장근본주의이다. 신자유주의는 자유화, 탈규제, 민영화, 노조 해체와 노동시장 유연화, 국제적인 금융

25 Lazear(2000), p. 102.
26 MacKenzie(2006), MacKenzie and Millo(2003).
27 Nonaka and Konno(1998).
28 Vanberg and Vanberg(2012), p. 246.

자본의 이동을 가치로 삼는다.

신자유주의는 모든 것에 가격을 붙여 이것을 상품으로 만들면서 모든 영역을 시장화하여 이기적인 행위의 장으로 바꾼다. 또한 모든 것을 금융화하고 증권화한다. 그리고 푸코가 지적하였듯이 시장을 가정과 인간의 내부로 투사하고, 가정과 인간을 기업과 비슷하게 만든다. 이에 따라 신자유주의는 모든 인간이 기업가와 비슷하게 경쟁에 직면해 자신을 규율하고 관리하게 만든다.

신자유주의가 경제뿐만 아니라 사회와 인간을 시장원리에 근거해 재편하려고 노력한다면, 경제학 제국주의는 이론적으로 인간, 사회, 자연, 심리, 생물까지 시장과 개인의 이기심과 합리성을 통해 설명하려고 노력한다. 이는 신자유주의와 같이 경제학 제국주의도 시장경제를 넘어서 시장 사회를 지향한다는 것을 뜻한다.[29] 마치 자본주의와 19세기 유럽의 제국주의가 무한히 팽창하려고 하였듯이, 자본주의 경제학도 무한히 팽창하려는 잠재력을 지닌 것으로 보인다.

원래 시카고학파는 경제 자체에 집착하면서 제도나 규칙의 형성에는 무관심하였으므로, 국가나 정치를 경제와 분리시켰다. 그런데 시카고학파에 근거해 등장한 경제학 제국주의는 여러 영역의 자율성이나 이질성을 인정하지 않고 시장을 찾아내 사회 전체를 시장으로 포괄하려고 노력한다.

29 Cox(2016), p. 18; Carney(2020), p. 72.

3. 경제학 제국주의의 문제점과 경제학의 다른 변화들

그렇다면 경제학의 이런 추세에 대해 어떻게 평가할 것인가? 부정적인 측면들이 많다. 그렇지만 경제학의 다른 변화들을 함께 고려해 순화시킨다면 경제학을 현재보다 총체적이고 역사적인 사회과학으로 만드는 계기가 될 수도 있을 것으로 보인다.

먼저 경제학 제국주의가 과연 주변 학문을 흡수할 수 있을지에 대해서는 경제학 제국주의가 신고전학파에 내재적이며 인접 학문에 대한 일방적인 침범이라는 입장과 신고전학파에 내재적이지 않고 인접 학문과도 상호 교류하고 있다는 입장이 대립하고 있다.[30]

일방적인 교류를 지적하는 입장에서는 자본주의가 제국주의적이듯이 자본주의 경제학인 신고전학파가 원초적으로 제국주의적이다. 또한 1960년대의 베커뿐만 아니라 1980년대 이후에 스티글리츠(J. Stiglitz)의 정보경제학을 출발점으로 삼아 습관, 관습, 제도, 규범, 문화, 역사를 설명하는 것도 경제학 제국주의이다.[31]

이 새로운 경제학 제국주의는 시장과 정보의 불완전함을 인정하면서도 사회적인 것과 역사적인 것을 개인의 적정화를 통해 개인, 경제, 시장, 합리성으로 바꾼다. 무엇보다 구조, 힘, 갈등을 있는 그대로 고려하지 않는다는 점에서 기존 경제학의 한계를 벗어나지 못하고 있다. 행동발전경제학, 경제지리, 신제도학파, 사회자본, 괴짜 경제학이 모두 이에 속한다. 가장 사회학적인 행동경제학자 애컬로프(G. Akerlof)조차 인간의 정체성(identity)을 효용함수에 투입될 요인

30 Nik-Khah and Horn(2012), p. 262.
31 Fine(2009), p. 138.

으로 환원하므로 경제학 제국주의에 속한다는 것이다(2장).

이 입장에 대해 우선 경제학 제국주의가 개인의 비합리성을 도외시하며, 장의 다양성을 고려하지 않고 모든 장을 시장으로 환원한다는 주장은 타당하다.[32] 또한 행동경제학이든 신제도학파든 모두 방법론적인 개인주의를 기본 원리로 삼으며, 정치경제학의 핵심인 사회관계와 사회구조, 역사, 힘, 그리고 갈등을 본격적으로 다루지 않는 것도 사실이다.

그렇더라도 유럽의 제국주의와 경제학 제국주의 사이에는 차이가 있다. 전자에는 궁극적으로 군사력에 의존하는 강제가 수반되고, 후자에는 그런 강제가 수반되지 않는다. 물론 이론과 이념에 수반된 폭력도 무시할 수는 없지만, 이론과 이념은 자발적으로 수용하지 않으면 힘을 발휘할 수 없다. 가령, 미국의 경제학자가 미국의 사회학자에게 행사하는 폭력이 어떤 것인지 생각하기 힘들다.

이렇게 보면 시카고학파가 어떤 의도를 갖고 있었는지 혹은 신고전학파가 원초적으로 제국주의적인지는 별로 중요하지 않다. 보다 중요한 것은 경제학이 다른 학문의 영역에서 동일한 인과를 발견하였는지, 다른 영역의 주제에 대해 자신의 설명이 반증될 가능성을 열어 놓았는지, 그리고 다른 영역에서 중요한 주제라고 인정하는 것을 다루었는지 등이다.[33] 이와 함께 다른 학문의 성격, 대응, 그리고 여기서 나타날 결과도 중요하다.

이런 기준들에 근거해서 보면 경제학이 더 이상 초기와 같은 경제학 제국주의를 유지하기 어렵다고 판단할 수 있다. 여러 학문의 다양한 문제를 개인 차원의 합리성으로 분해하는 데 한계가 있기 때문이다. 사실 경제학 내에서도 초기부터 다른 학문과의 교류가 일방적일 수 없다는 지적이 있었다. 또한 경제

32 이에 대해서는 Kahneman(2011)과 홍훈(2016; 2023)을 참조할 수 있다.
33 Mäki(2009), Mäki and Marchionni(2011).

학이 다른 학문을 흡수하는 것이 아니라 인접 학문의 영향을 받아 더 넓은 시야를 갖추게 되리라고 예상하거나,[34] 경제학과 생물학 혹은 정치경제와 자연경제의 상호 교류가 이루어져 범사회과학이 형성되리라고 기대하였다.[35]

무엇보다 경제학 제국주의가 경제학의 최근 변화들 전체를 대변하는 것이 아니다. 특히, 행동경제학이나 역사경제학 등은 심리학이나 생물학 등 다른 학문과 상호 교류하고 있어 경제학 제국주의를 완충하거나 이것을 변형시키거나 이에 대한 대안을 제공할 수 있다.

먼저 행동경제학(과 실험경제학)은 심리학, 생물학, 신경과학, 유전학 등으로부터 많은 것을 받아들였다(2, 3, 5, 6, 7장). 가령, 효용이 현재의 소득뿐만 아니라 통상적인 과거의 소득으로부터 영향을 받는다는 준거의존성(reference dependence)은 심리학의 적응수준이론(adaptation-level theory)에서 나왔다. 또한 대상에 대한 서술에 따라 선택이 바뀐다는 맥락효과(context effect)나 사물을 특정 틀로 규정하는 프레이밍(framing) 효과도 심리학이나 인문학을 근거로 삼는다.[36]

행동경제학도 개인의 선택, 합리성, 효율성을 중시하고 선택의 맥락이나 제도가 정치적인 과정의 산물이라는 점을 경시한다. 그렇지만 행동경제학이 방법만 다를 뿐 신고전학파의 연장이라는 평가는 과도하다. 행동경제학은 사회성이나 비합리성을 개인의 속성이나 합리성으로 환원한다기보다 이것들이 개인의 속성이나 합리성을 상쇄하거나 제약하는 요인이라고 생각한다. 따라서 행동경제학의 이런 주장을 키우면 정치경제학이나 사회경제학 등과 보완적이 될 수 있을 것이다.[37]

---

34 Coase(1978), p. 210.
35 Hirshleifer(1985), p. 645.
36 Santos(2011).
37 Santos(2011).

특히, 행동경제학은 신고전학파가 집착하는 주어진 정보의 활용을 넘어서 인지나 인식과 이것의 근거로 문화·역사적인 차이를 중시한다(2장). 행동경제학은 휴리스틱(heuristic)의 개념(예, 한국인의 고개 숙여 인사하기)을 통해 문화와 역사 그리고 인식의 틀이 지니는 역할을 열어 놓았다. 여기에 기업이나 병원 조직에서 일상적으로 발생하는 문제를 관습적으로 처리하는 방법인 루틴(routine, 예를 들어, 김치 담그는 법, 위암 치료법) 등을 포함시키면 개인이나 개체는 분석의 단위라기보다 문화와 역사를 구체적으로 관찰할 수 있는 단위가 된다.

또한 최근 경제학 부근에는 '금융(재무)의 문화혁명'을 선언할 정도로 문화를 중시하는 흐름이 생겼다.[38] 그리고 이 흐름은 모든 것을 진화로 설명하려는 보편적 다윈주의의 사조, 특히 유전자와 문화가 상호 작용하면서 서로 진화한다는 유전자와 문화의 공진화와 연결된다.

그리고 공진화를 근거로 삼는 역사경제학이 2000년 이후 아세모글루(D. Acemoglu)를 위시한 주요 경제학자와 주요 학술지를 통해 확산되고 있다(4장). 이에 따르면, 과거의 경제가 농업을 위시한 생계의 생산방식을 통해 문화를 형성하고 이렇게 형성된 문화가 다시 근현대의 경제(발전)에 영향을 미친다. 이 때문에 '경제-문화-경제'의 장기적인 영향을 규명하는 지속성 연구가 부상하였다.

이를 통해 역사경제학은 제도, 기술, 선호의 역사적인 기원이나 발생을 추적하고 검증한다. 예를 들어, 세계 각 지역에 농업이 도입되면서 참을성 혹은 미래 선호가 달라져 저축, 교육, 건강에 영향을 미쳐서 경제발전의 차이를 낳았다. 혹은 미국 이민자의 2세들이 출신국의 문화적 차이로 출산과 노동에 대한 '선호'가 달라서 출산율과 노동참여율에 차이를 보였다.

38 Zingles(2015).

이 조류 또한 대상을 경제에 국한하지 않는다. 무엇보다 사물의 기원을 논의하며 현상의 원인을 규명하므로 개인주의나 시장주의 그리고 흄(D. Hume)의 경험주의에 얽매이지 않아 경제학 제국주의와 다르다. 또한 미시적인 차원에서 진화에 근거해 적응을 강조하므로 경제학 제국주의가 강조하는 적정화와 차별화된다. 그리고 휴리스틱을 제시하는 행동경제학과 문화라는 고리를 통해 연결된다.[39]

이런 흐름은 사회철학에 있어 일거에 사회를 바꾸겠다는 혁명론뿐만 아니라 모든 것을 개인의 선택에 맡기면 된다는 경제학 제국주의의 관점과도 구분된다. 공진화를 인정하면 각자가 사회에서 맞는 결과 중 상당 부분이 자신의 선택과 무관하기 때문에 자신이 책임져야 할 필요가 없으므로 정부나 공동체의 개입을 필요로 할 것이다.

최근에 등장한 실험경제학, 신경경제학, 유전경제학, 언어경제학 등도 신고전학파의 제국주의라기보다 경제학의 다양성으로 간주해야 한다. 또한 괴짜경제학도 개인의 합리성에 일관되게 의존하지 않으므로 경제학 제국주의로 판단하기 어렵다.[40] 이에 따라 경제학과 교육학의 교류도 가능한 것으로 보인다.[41]

이 모든 것을 떠나 최근 몇십 년 동안 경제학에서 수리적 모형은 줄고 경험적인 연구가 크게 늘었다(서문).[42] 이것은 경제학 제국주의의 근거가 되었던 수리적 모형, 즉 공준에 근거한 연역주의가 약화되고 있음을 의미한다.

다른 측면에서 보면 이런 새로운 변화들은 정치나 문화 등 사회현상을 경제의 관점에서 설명하고 여러 영역을 엮어 놓아 정반대의 입장에 있는 마르크스

39 Nunn(2012), S109.
40 Vromen(2009).
41 Gillead(2015).
42 Hamermesh(2013); Angrist and Pischke(2017), pp. 129~130.

의 유물론과 일견 비슷한 모습을 보인다. 실제로 경제학 제국주의가 계급투쟁이 없는 유물론이라고 평가한 사람도 있다.[43] 물론 구조나 계급 등 양자 사이에 넘을 수 없는 차이가 있다.

이같이 경제학 제국주의를 경제학의 다른 변화들과 함께 고려한다면 경제학이 현재보다 총체적이고 역사적인 사회과학으로 거듭날 수도 있을 것이다. 이를 위해서는 먼저 개인 단위의 합리적 선택과 시장의 가격을 가장 중요한 요인이 아니라 고려할 일부 요인으로 격하시켜야 한다. 이렇게 한다면 경제학이 독선적인 경제학에서 '다윈적(Darwinian)이면서 다원적(多元的)인' 사회과학으로 바뀔 가능성이 있다.

입장에 관계없이 한국의 경제학이 경제학 제국주의로부터 배울 것이 있다. 한국의 경제학은 대체로 시장주의를 표방하면서도 이론을 적용하는 데 있어 교조적이고 경직되어 있다. 예를 들어, 시장의 경쟁과 입시 경쟁이 어떻게 같고 다른지 혹은 재화들의 대체와 선수들의 교체가 어떻게 같고 다른지 한국의 경제학자는 말하기 힘들어 한다. 입장은 다르지만 정치경제학도 이 점에서 차이가 없다. 아마도 한반도의 모든 학문이 그럴 것이다.[44]

이와 대조적으로 시장주의의 원조격인 경제학 제국주의는 자신이 믿는 바를 전개하는 데 놀라울 정도의 유연성을 보이고 있다. 한국의 경제학은 좌우를 막론하고 경제학 제국주의의 유연성을 배워야 한다. 그리고 경제학 제국주의를 경제학이 어디까지 갈 수 있는지 검토할 수 있는 시험대로 삼아야 한다.

---

43 Guiso et al.(2006).
44 Enke(2024).

참고문헌

홍 훈, 『경제학의 역사』, 서울: 박영사, 2010.

______, 『행동경제학 강의』, 서울: 서해문집, 2016.

______, 『시장주의란 무엇인가』, 서울: 태학사, 2023.

Angrist, J. and J.-S. Pischke, "Undergraduate Econometrics Instruction: Through Our Classes, Darkly," *Journal of Economic Perspectives*, 31(2), 2017, pp. 123~144.

Becker, G., "A Theory of the Allocation of Time," *Economic Journal*, 75(299), 1965, pp. 493~517.

______, "Crime and Punishment: An Economic Approach," *Journal of Political Economy*, 76(2), 1968, pp. 169~217.

______, "A Theory of Marriage: Part I," *Journal of Political Economy*, 81(4), 1973, pp. 813~846.

______, "A Theory of Marriage: Part II," *Journal of Political Economy*, 82(2), 1974a, pp. 11~25.

______, "A Theory of Social Interaction," *Journal of Political Economy*, 82(6), 1974b, pp. 1063~1093.

______, *The Economic Approach to Human Behavior*, Chicago: The University of Chicago Press, 1976.

______, "A Theory of Rational Addiction," *Journal of Political Economy*, 96(4), 1988, pp. 675~700.

______, *A Treatise on the Family*, 2nd ed., Cambridge, MA: Harvard University Press, 1991.

______, "Nobel Lecture: The economic way of looking at behavior," *Journal of Political Economy*, 101(3), 1993, pp. 385~410.

Becker, G. and L. Gregg, "On the Interaction between the quality and quantity of children," *Journal of Political Economy*, 81(2), 1973, S279~288.

Buchanan, J. M., "The Constitution of Economic Policy," *American Economic Review*, 77(3), 1987, pp. 243~250.

Carney, M., *Value(s): Building a Better World for All*, William Collins, 2021.

Coase, R., "Economics and Contiguous Disciplines," *Journal of Legal Studies*, 7(2), 1978, pp. 201~211.

Cox, H., "How the Market became divine," *Dialog: A Journal of Theology*, 55(1), 2016, pp. 18~24.

Enke, B., "Morality and Political Economy from the Vantage Point of Economics," Working Paper 32279, NBER, 2024.

Fine, B., *From Economics Imperialism to Freakonomics*, London: Routledge, 2009.

Fine, B. and D. Milonakis, "From Freakonomics to Political Economy," *Historical Materialism*, 20(3), 2012, pp. 81~96.

Frank, R., *The Economic Naturalist: Why economics explains (almost) everything*, London: Virgin Books, 2008.

Gillead, T., "Economics Imperialism and the Role of Educational Philosophy," *Educational Philosophy and Theory*, 47(7), 2015, pp. 715~733.

Guiso, L., P. Sapienza, and L. Zingales, "Does culture affect economic outcomes?," *Journal of Economic Perspectives*, 20(2), 2006, pp. 23~48.

Hamermesh, D. S., "Six Decades of Top Economics Publishing: Who and How?," *Journal of Economic Literature*, 51(1), 2013, pp. 162~172.

Hirshleifer, J., "The Expanding Domain of Economics," *American Economic Review*, 75(6), 1985, pp. 53~68.

Hurtado, J., "Jeremy Bentham and Gary Becker," *Journal of the History of Economic Thought*, 30(3), 2008, pp. 335~357.

Kahneman, D., *Thinking, fast and slow*, London: Allen Lane, Penguin Books, 2011.

Kim, S., M. Tertilt, and M. Yum, "Status Externalities in Education and Low Birth Rates in Korea," *American Economic Review*, forthcoming.

Lazear, E. P., "Economic Imperialism," *Quarterly Journal of Economics*, 115(1), 2000, pp. 99~146.

Levitt, S. and S. J. Dubner, *Freakonomics: a rogue economist explores the hidden side of everything*, William Morrow, 2005.

MacKenzie, D., "Is Economics Performative?," *Journal of the History of Economic Thought*,

28(1), 2006, pp. 29~55.

MacKenzie, D. and Y. Millo, "Constructing a market, performing theory: The historical sociology of a financial derivatives exchange," *American Journal of Sociology*, 109(1), 2003, pp. 107~145.

Mäki, U., "Economics Imperialism: concept and constraints," *Philosophy of the Social Sciences*, 39(3), 2009, pp. 351~380.

Mäki, U. and C. Marchionni, "Is Geographical Economics Imperializing Economic Geography?," *Journal of Economic Geography*, 11(4), 2011, pp. 645~665.

Nik-Khah, E. and R. Van Horn, "Inland empire: economics imperialism as an imperative of Chicago neoliberalism," *Journal of Economic Methodology*, 19(3), 2012, pp. 259~282.

Nonaka, I. and N. Konno, "The Concept of 'Ba': Building a Foundation for Knowledge Creation," *California Managment Review*, 40(3), 1998, pp. 40~54.

Nunn, N., "Culture and the Historical Process," *Economic History of Developing Regions*, 27(S1), 2012, S108~126.

Polinsky, A. M. and S. Shavell, "economic analysis of law," *The New Palgrave Dictionary of Economics Online*, S. Durlauf and L. E. Blume, eds., 2008.

Rolin, K., "Economics Imperialism and Epistemic Cosmopolitanism," *International Studies in the Philosophy of Science*, 29(4), 2015, pp. 413~429.

Santos, A. C., "Behavioural and experimental economics: are they really transforming economics?," *Cambridge Journal of Economics*, 35(4), 2011, pp. 705~728.

Stigler, G., "Economics-The Imperial Science?," *Scandinavian Journal of Economics*, 86(3), 1984, pp. 301~313.

Vanberg, G. and V. Vanberg, "Towards a (re-)integration of the social sciences: *The Calculus of Consent* at 50," *Public Choice*, 152(3/4), 2012, pp. 245~252.

Vromen, J. J., "The booming economics-made-fun genre: more than having fun, but less than economics imperialism," *Erasmus Journal for Philosophy and Economics*, 2(1), 2009, pp. 70~99.

Waldfogel, J., "The deadweight loss of Christmas," *American Economic Review*, 83(5), 1993, pp. 1328~1336.

Zafirovski, M., "The rational choice generalization of neoclassical economics reconsidered: any theoretical legitimation for economics imperialism?," *Sociological Theory*, 18(3), 2000, pp. 448~471.

Zingles, L., "The 'culural revolution' in finance," *Journal of Financial Economics*, 117(1), 2015, pp. 1~4.

chapter 02

행동경제학

1. 행동경제학의 기본 성격
2. 행동경제학과 경제발전
3. 행동경제학을 통해서 본 한국의 경제발전

인간이 합리적이고 이기적이라는 것이 경제학의 대전제이다. 행동경제학(behavioral economics)은 1979년 이후로 이에 대해 의문을 제기해 동의를 얻으면서 이미 경제학의 일부분을 이루고 있다. 그래서 행동경제학은 경제학의 새로운 흐름들 중에서 비교적 우리에게 잘 알려져 있다.[1] 그렇지만 세계화와 더불어 최근에 중요해진 경제발전에 적용된 모습은 별로 전달되지 않았다.

이 글은 행동경제학의 여러 분야 중 행동발전경제학(behavioral development economics)이 1970년대 한국의 경제발전을 설명하는 근거가 될 수 있는지 검토하였다. 이를 위해 먼저 행동경제학의 골격을 요약하고, 행동발전경제학을 문화·역사와 연결시켜 설명한 후, 이들로부터 한국의 경제발전에 대한 함의를 제시하였다.

1. 행동경제학의 기본 성격[2]

경제학계를 지배하고 있는 신고전학파 경제학은 인간이 이기적이고 합리적이라고 전제하면서 시장경제와 사회를 합리적 선택으로 설명한다(1장). 이에 따르면, 각 개인이 자신의 이익을 정확히 알고 계산해서 선택하고 행동해서 경제와 사회의 문제가 해결된다. 그래서 신고전학파는 이로부터 벗어나는 모든 행위를 비합리성으로 규정한다.

이에 대해 행동경제학은 인간의 합리성이 불완전하다며 제한적인 합리성(bounded rationality)을 내세운다. 합리성이 제한되어 있으므로 신고전학파의 주장

1 Kahneman(2011), 홍훈(2016). 경제학의 여타 흐름으로 **실험**, **신경**, **유전**, **진화**, **역사**, **언어**, **행복**의 경제학과 현대화폐이론을 들 수 있다(이 책의 다른 장 참조).

2 이 절은 홍훈(2016)에서 발췌해서 요약하고 부분적으로 보완한 것이다.

과 달리 사람들은 최상의 대안을 선택해 효용을 극대화하는 데 수시로 실패한다. 사람들은 회식 자리에서 분위기에 휩쓸려 과식, 과음하면서 적정한 소비 수준을 선택하거나 효용을 극대화하지 못할 수 있다. 이 때문에 경제학의 주장과 달리 선택할 때 예상하였던 의사결정효용(decision utility)과 실제로 경험한 효용(experienced utility)은 차이를 나타낸다.

제한적 합리성은 인간의 인지와 행동을 설명하는 두 체계 이론 혹은 두 과정 이론(dual system/process theory)을 근거로 삼는다.[3] I체계는 본능(배고픔, 성욕), 감정(분노), 충동(음주, 유혹), 습관(세면, 생활규칙), 직관(저 사람이 내 배필이야!)에 따라 빠르게 움직인다. 또한 의사소통의 맥락(행간 속뜻)에 예민하며, 묵시적(tacit)이고, 총체적(분위기)이다. 이에 비해 II체계는 합리성, 즉 이기적인 계산과 분석적인 논리에 따라 느리게 움직이며, 분석적이고 명시적이다. 신고전학파 경제학은 II체계만을 고집하는 셈이다.

I체계는 빠르게 움직이므로 계산을 생략시켜 주는 일상적인 해결법인 휴리스틱(heuristic)에 의존한다. 제품 가격의 첫 자리 숫자에 집중하기나 방정식을 쉽게 푸는 방법 등이 휴리스틱이다. 빠르게 해결하므로 휴리스틱에는 체계적인 실수를 낳는 편향(이념), 편견(인종, 성별, 지역, 학벌), 편향(bias, 현재에 대한 집착)이 수반된다. 소비자나 기업 등 조직이 일상적으로 활용하며 경영학에서 중시하는 루틴도 휴리스틱에 속한다.[4] 가령, 요리책에 나와 있지 않지만 암묵적 지식으로 숙달된 주부가 활용하는 김치 담그는 요령이 이에 해당된다.

이에 더해 I체계는 II체계에 포함되지 않은 본능, 습관과 관습, 규범, 도덕(자리 양보), 그리고 사회(학벌)와 문화를 담고 있다. 이에 따라 휴리스틱과 편견

3 Stanovich and West(2000), Kahneman(2003; 2011).
4 홍훈(2016).

은 사회권이나 문화권에 따라 달라진다. 예를 들어, 한국인이 만나면 고개를 숙여 인사하거나 특정인의 학벌을 확인하는 것은 서양인에게서는 발견할 수 없는 한국인 고유의 휴리스틱이다.

I체계는 상당 부분 인간이 동물과 공유해 원초적이며 거의 자동적으로 움직이는 '뜨거운' 체계이다. 물론 I체계에 속하는 규범이나 도덕은 동물이 지닐 수 없고 본능과 다르지만, 계산에 근거하지 않고 습관에 따라 거의 자동적으로 작동한다는 점에서는 본능과 비슷하다.

이와 달리 II체계는 근대에 들어 인간에게 형성되어 계산이 필요하고 느리게 움직이는 '차가운' 체계이다. II체계를 대변하는 합리성은 대륙 철학보다 영미 철학을 중심으로 발전한 서양 근대의 개인주의와 신고전학파가 구현하는 분석주의를 담고 있다. 이 합리성은 보편성을 내세우면서 형식적인 차원에 머물러 정치, 경제, 사회의 실체적인 다양성을 경시하는 경향이 있다.

무엇보다 행동경제학의 입장에서 II체계만을 고집하는 것은 신고전학파의 오류이다. 이 때문에 이기적이고 합리적인 인간을 전제하는 시장은 사회 문제는 물론이고 경제 문제를 해결하는 데도 부족하다. 행동경제학은 이런 입장을 구체화하는 여러 개념을 제시한다.

준거의존성(reference dependence)은 사람들이 과거에 받아 왔던 소득에 적응(adaptation)해 이것을 준거로 삼으면서 현재의 효용이 현재 소득뿐만 아니라 과거 소득에 의존하게 되는 것을 말한다. 선택과 의사 결정이 효용에 따라 움직이므로 이것은 사람들이 습관적으로 준거를 고려한다는 것을 의미한다. 그런데 과거의 소득뿐만 아니라 과거의 가격, 실적, 업적 혹은 성적 등이 준거가 될 수 있다. 또한 미래에 기대하는 목표(target)가 준거가 되기도 한다. 회사원이나 학생이 목표로 삼는 실적이나 성적이 선택과 행위의 준거가 될 수 있다.

손실회피(loss aversion)는 준거를 넘어서는 이익을 좋아하는 경향보다 준거에 못 미치는 손실을 싫어하는 경향이 더 크다는 것을 뜻한다. 목표를 10% 초과 달성하였을 때 좋아하는 정도보다 10% 못 미쳤을 때 괴로워하는 정도가 2배 이상 크다. 이것은 이익과 손실 사이의 비대칭성을 낳는다. 이와 연관된 부존자원 효과(endowment effect)는 자신이 가지고 있는 재화나 자원에 대한 애착을 나타낸다. 또한 매몰비용(sunk cost)에 대한 집착은 자신의 지출이나 투자에 대한 고집 또는 자만심을 나타낸다. 이런 것들은 모두 표준이론의 합리성과 적정화에서 벗어난다.

행동경제학에서 인간의 인지, 판단, 선택은 전체 상황이나 환경 등 맥락에 의존하고, 대상의 어떤 차원이나 측면을 부각(salience)시키느냐에 따라 달라지며, 절차(procedure)나 서술(description)에 민감하고, 규정 혹은 프레이밍(framing)에 좌우된다. 이들 역시 표준이론이 전제하는 절차적인 불변성(procedural invariance)에서 벗어난다.

우선, 특정 사물의 의미나 가치가 그 자체로 결정되지 않고 주변의 사물로부터 영향을 받는 것이 맥락효과이다. 〈그림 2-1〉 (a)에서 주변에 알파벳이 있느냐 숫자가 있느냐에 따라 알파벳 B로 읽힐 수도 있고 숫자 13으로 읽힐 수도 있다. 이로부터 주변에 어떤 제품 몇 개를 어떻게 배치하느냐에 따라 특정 제품에 대한 선택이 바뀌는 메뉴효과(menu effect)가 파생된다. 기업은 이런 효과를 활용해 원하는 방향으로 소비자의 선택을 유도할 수 있다.

사물의 특정 차원에 집착해 여러 차원을 골고루 고려하지 않는 것이 부각효과이다. 〈그림 2-1〉 (b)에서는 나무토막들을 어떻게 배열하느냐에 따라 부각되는 차원이 달라진다.[5] (ㄱ)에서는 길이가 부각되어 사람들이 길다고 판단하게 되고, (ㄴ)에서는 넓이가 부각되어 넓다고 판단하게 된다.

| 그림 2-1 | 맥락 의존성과 차원의 부각

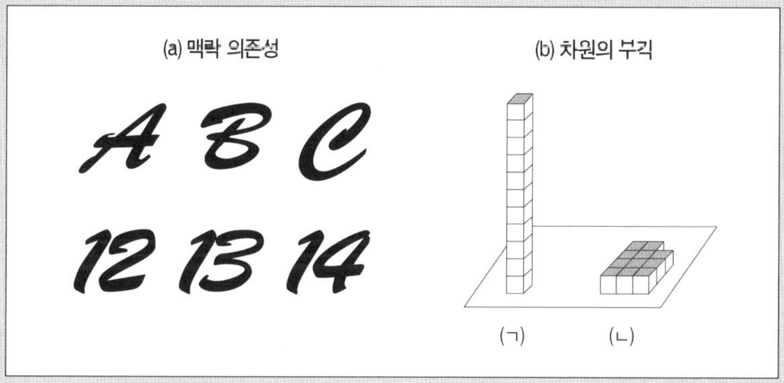

자료: Kahneman(2003), pp. 1452~1454.

이와 달리 표준이론의 합리성은 사람들이 재화 등 사물의 여러 차원을 언제나 골고루 고려한다고 전제한다. 구체적으로 합리적인 소비자라면 자동차를 살 때 '크기, 디자인, 냉방기, 연비, 중고가격' 등 여러 차원 혹은 측면을 골고루 고려해 선택한다. 그렇지만 현실의 소비자는 광고나 대리점 직원의 말에 이끌려 특정 측면에 집착함으로써 선택을 그르칠 수 있다.

대통령이나 국회의원을 선택할 때도 '경력, 능력, 도덕성'을 골고루 고려해야 하는데, 정치인의 수사, 정당의 홍보와 언론의 보도에 유도되어 선택을 제대로 하지 못할 수 있다. 특히, 한국의 언론은 일상적으로 이런 방법을 통해 유권자들을 휘젓고 다닌다. 이것은 언어적인 표현이 대상의 특정 차원을 부각시키거나 축소시키면서 이로부터 영향을 받은 소비자와 시민이 제품, 후보자, 정

5 Kahneman(2003).

책, 사건의 여러 차원을 골고루 고려하지 않기 때문이다.

이같이 동일한 대상이지만 광고, 선전, 홍보, 보도의 서술에 따라 이에 대한 판단과 선택이 달라진다. 이렇게 되면 소비자나 시민이 자신이 원하는 제품, 후보, 정책이 어느 것인지 잘 판단하지 못한다는 심각한 결과가 생긴다. 이것은 소비자의 선호가 일관되고 안정적이라는 신고전학파의 대전제와 달리 사람들의 선호가 일관되지 못하고 불안정하다는 것을 의미한다.

다른 예로, 실험을 통해 소비자들에게 자신이 좋아한다는 맥주를 눈을 가리고 맛으로 가려내라고 하였더니, 대부분 제대로 가려내지 못하였다. 그동안 맛이 아니라 용기에 붙은 상표를 보고 선택하였던 것이다. 포도주 애호가들에게 특정 포도주를 선택한 이유를 물어보았더니 자신의 평가를 말한 것이 아니라 지상에 공개된 소믈리에의 평가를 기계적으로 반복하였다. 그들은 자신이 무슨 말을 하고 있는지, 그리고 무엇을 좋아하고 선택하였는지 몰랐다.

신고전학파는 광고가 정보를 제공하는 데 그칠 뿐, 소비자의 선호나 판단의 기준에 영향을 미치지 않는다며 소비자의 합리성을 방어해 왔다. 그렇지만 행동경제학의 맥락효과와 프레이밍 효과는 언어를 통한 수사가 선택에 현저한 영향을 미친다는 것을 보여 준다. 광고가 소비자를 제품에 밀착시키고 소비자의 합리적인 판단을 둔화시키며, 심지어 소비자의 기호나 선호를 형성한다. 복잡한 금융상품이나 연금저축과 관련해서는 더욱 이와 같다.

언론이 언어를 통해 마음대로 그려대는 후보자들을 시민들이 제대로 이해하고 선택하였다고 보기 힘들다. 현재 한국 사회를 압도하고 있는 정치적인 이념과 언론의 양극화는 이와 연관되어 있다. 이것은 국민에게 주권이 있는 것처럼 보이지만 실제로 정치인, 언론, 지식인들이 자신들이 원하는 대로 국민을 몰아가는 것이 된다. 이렇게 되면 기업과 언론이 소비자와 시민보다 우위에 서게 되고, 소비자와 시민은 경제와 정치에 대한 주도권을 빼앗기게 된다.

인간은 유혹에 빠지거나 자제력을 잃을 수도 있다. 현재의 재화나 가치에 과도하게 집착하는 쌍곡형 할인(hyperbolic discounting)이 이를 보여 준다. 새해부터 금연을 하겠다고 계획하지만 막상 새해가 현재가 되면 그 계획을 실행하지 못한다. 미래에 대해서도 안정되고 일관된 선호를 지닌다고 전제하는 신고전학파는 금연을 결심할 때 이미 이에 수반된 유혹을 다 계산하였기 때문에 새해가 되어도 결심한 대로 밀고 나갈 수 있다고 본다. 이에 비해 행동경제학은 사람들이 참을성이 부족해 현재에 집착(present bias)하므로 유혹을 견디지 못한다고 본다.

참을성에는 호불호뿐만 아니라 의지력이나 계획, 그리고 가치와 관념이 개입되어 있다. 이 때문에 미래 선호는 여러 재화에 대한 현재의 선호처럼 단순히 선호로 취급하기보다 미래지향성으로 보는 것이 더 정확해 보인다. 그리고 가치나 관념을 내포한다고 보면 미래지향성은 문화의 중요한 구성 부분이다.

쌍곡형 할인을 보면 인간은 장기와 단기, 계획과 실행을 놓고 내적으로 갈등하는 이중자아나 다중자아를 지니게 된다. 이것은 사람들이 단순히 효용을 극대화하기보다 자긍심을 지키고 자아를 실현하며 정체성(identity)을 유지하려고 노력하기 때문에 생기는 문제이다.

정체성으로 인해 인간은 노동이나 공부 등 활동의 결과나 이에 대한 보상뿐만 아니라 활동 자체를 좋아하거나 이로부터 보람을 얻는다. 전자는 경제학이 강조하는 바와 같이 인센티브로 자극하는 외적인 동기(extrinsic motivation)이고, 후자는 내적인 동기(intrinsic motivation)이다.[6] 또한 자신의 잘못된 선택이나 행위를 후회하거나 정당화하고, 이를 위해 스스로를 기만하기도 한다. 이 모두 단순

6 Bénabou and Tirole(2003).

히 인센티브에 초점을 맞추는 신고전학파의 합리적인 인간상에서 벗어난다.

소득제약 및 가격과 능력을 고려하는 것이 자신이 구입할 수 있는 것 혹은 할 수 있는 것을 나타낸다면, 선호나 믿음은 자신이 사고 싶은 것 혹은 하고 싶은 것을 나타낸다. 양자를 고려하는 것이 합리성인데, 하고(사고) 싶은 것이 인간의 정체성과 관련된다. 신고전학파는 이것이 안정적이라고 보는 데 비해 행동경제학은 이것이 흔들릴 수 있다고 주장한다. 특히, 한국인은 하고 싶은 것보다 할 수 있는 것에 지배되어 정체성의 문제를 앓고 있다. (내가) 의과대학에 가고 싶은 것보다 의과대학에 갈 수 있다는 것을 (남에게 보여 주는 것을) 더 중시한다.

인간은 동물과 달리 자율성을 지니므로 수시로 자신의 선호가 제대로 된 것인지 가치나 의미에 비추어 성찰한다. 현재 담배를 피우고 있으면서도 수시로 끊어야 되겠다고 반성한다. 도구적 합리성에 머물고 있는 경제학의 합리적 선택이론은 이같이 선호가 문화에 배태되어 있다는 것을 간과하고 있다.[7]

나아가 인간은 오로지 이기적인 개인으로 존재하는 것이 아니라 규범과 도덕을 지킨다. 자신이 좋아하는 것과 관련된 개인적 선호뿐만 아니라 주변 사람이 좋아하는 것을 고려하는 사회적 선호(social preference)도 지니고 있다. 또한 타인을 의식해 자신의 소득, 지위, 성적을 타인과 비교하는 사회적 비교(social comparison)를 일삼는다. 나아가 로빈슨 크루소(다니엘 디포의 동명 소설 속 주인공)와 달리 인간에게는 타인과의 사회관계가 생존의 필수 요건이다.

신고전학파는 효율시장가설(efficient market hypothesis)에 따라 사람들이 주식시장은 물론이고 노동시장이나 재화시장 등 여타 시장과 경제 전체에서 합리적

7 Krijnen(2016).

이라고 주장한다. 나아가 정치(투표)나 문화(결혼, 출산)의 영역에서도 합리적이라고 생각한다. 이에 비해 행동경제학은 정치나 문화뿐만 아니라 경제, 그리고 시장, 심지어 주식시장에서도 사람들이 수시로 비합리적이 된다고 주장한다. 정보에 대한 과잉(과소)반응이나 근시안적인 손실회피(myopic loss aversion)로 인해 주가와 수익률이 불안정해진다.

행동경제학의 확산으로 인해 목표, 가치, 이념에 대한 서술, 수사, 구호, 기치, 선전, 홍보, 이야기(narrative) 등이 경제행위와 현상에 미치는 영향이 이제는 중요한 경제 문제로 간주되고 있다.[8] 구소련의 공산주의 정부를 위시해 각국 정부는 자신의 체제와 이념을 공고히 하는 데 이야기를 활용해 왔다. 또한 특정 기업에 대한 소문과 중앙은행 총재의 발언이 주식의 가치와 거래에 영향을 미친다(9장).

2. 행동경제학과 경제발전

행동경제학 안에는 개인을 강조하는 입장과 사회나 문화를 강조하는 입장이 공존하고 있다.[9] 경제발전의 특성으로 인해 행동발전경제학은 후자로 경사되어 있다. 세계은행의 최근 보고서는 신고전학파가 아니라 행동경제학이 타당하다는 것을 공식적으로 표명하면서 해당 지역의 사회, 역사, 문화(줄여서 문화)를 강조한다.[10]

8 Akerlof and Snower(2016), Shiller(2017).
9 Fehr and Gächter(2000), Fehr and Hoff(2011).
10 World Bank(2015), Demeritt and Hoff(2018).

행동발전경제학은 기존 행동경제학이 내세운 제한적으로 합리적인, 즉 준합리적인(quasi-rational) 인간과 함께 문화를 체현하고 있는(encultured) 인간을 내세운다.[11] 문화는 일차적으로 휴리스틱과 편향으로 나타나는데, 문화를 체현하는 인간에게는 이것이 특정의 사고방식(mental model)으로 나타난다.[12]

행동경제학의 두 체계에 문화적인 인간이 추가되면서 행동발전경제학은 준합리적 행위(I), 합리적 행위(II), 문화적인 행위(III)의 세 체계로 구성된다.[13] 혹은 행동발전경제학에서 인간의 행위와 선택은 ① 생각이 수반되지 않은 채 (반)자동적으로 결정되거나, ② 사회 속에서 계산을 통해 결정되거나, ③ 문화가 부과하는 사고방식에 따라 결정된다.

사실 기존 행동경제학에서 자동성이나 신속성을 이유로 윤리와 본능을 I 체계에 묶어 놓는 것은 문제가 있다. 인간에게 고유한 윤리나 도덕, 이념, 세계관 등은 인간과 동물이 공유하는 본능, 충동, 직관 등과 구분되어야 한다. 또한 행동경제학은 선호와 인지를 뒤섞어 비합리성을 지적한 데 비해 행동발전경제학은 규정, 정박효과, 맥락 특정성 등 인식과 관련된 비합리성을 하나로 묶어서 선호와 관련된 비합리성과 구분하였다.

사고방식은 신뢰, 법치, 협동 등 타인과의 상호 작용과 사회를 바라보는 관점으로, 특정 역사와 문화를 공유하는 특정 사회의 구성원이 공유하며 언어로 전달되어 휴리스틱 등을 통해 이념과 제도를 매개한다.[14] 따라서 사고방식은 인간의 사회적 정체성을 구성하고 이것을 통해 사람들은 경제발전의 구체적

11 Hoff and Stiglitz(2010).
12 Demeritt and Hoff(2018), pp. 308~309.
13 Hoff and Stiglitz(2010), p. 28.
14 Denzau and North(1994), Roy and Denzau(2020).

인 상황을 이해하고 규정한다.

가령, 인도에서는 신분에 대한 고정 관념이 작동해 서로 다른 신분에 있는 사람들의 자긍심에 차이를 낳고 이들의 협력을 어렵게 만든다. 그래서 아동들에게 각자의 신분을 공개하지 않으면 미로찾기라는 과제에서 비슷한 성과를 보이는 데 비해, 각자의 신분을 공개하면 그 성과에 있어 큰 차이가 나타났다.[15]

역사경제학(4장)과 심리학에 따르면, 사고방식은 과거 역사 중에서 주로 생계의 생산방식에 뿌리를 두고 있다.[16] 넌(N. Nunn)의 노예거래와 신뢰, 아세모글루(D. Acemoglu)의 식민지 시대의 제도와 경제성장, 알레시나(A. Alesina)의 쟁기와 노동시장 참여의 성별 차이, 기이조(L. Guiso)의 중세의 자율적인 도시와 자조, 자립, 탈헬름(T. Talhelm)의 쌀농사와 집단성, 헨리히(J. Henrich)의 어업과 협동 등이 그 근거이다.

행동개발경제학은 저개발국에서 가난 자체가 특정 사고방식을 통해 가난을 조장하는 경향을 지적한다. 어떤 사회의 사고방식을 고려한다면 외적인 제약(도로 교육)뿐만 아니라 내적인 제약도 경제발전에 장애가 된다는 것이다. 내적인 제약을 극복하려면 행동력이 수반된 희망(aspirational hope)이 필요하다. 희망은 자신이 무언가 할 수 있다고 믿고 이것을 수행하는 인간의 내적인 자립이나 자조인데, 이런 정신적인 자립이 저개발국가에 필수적이라는 것이다.

인류학자 아파두라이(A. Appadurai)에 의하면 희망은 사회적이거나 문화적으로 결정되어 활동 기준이 되는 준거를 형성한다. 그리고 준거와 현실의 괴리가 희망과 자립의 기조를 낳거나 유지할 수 있는지를 결정한다. 이 때문에 희망으로서 준거점을 변경시키는 것이 중요한 과제가 된다.[17]

---

15 Hoff and Pandey(2006; 2014).
16 World Bank(2015), p. 65.

이런 과제에는 여러 시기에 걸친 선택이 필요하므로 의지력과 미래지향성이 요구된다. 그런데 근육과 같이 미래지향성도 짧은 기간에 형성되지 않으므로 조기에 육성할 필요가 있다. 실험을 통해 어릴 때 현재의 마시멜로 1개와 얼마 후의 2개 중에서 어느 것을 선택하느냐를 보면 나중에 누가 공부와 노동에서 근면하고 참을성을 지닐지를 알 수 있다. 또한 저개발국에서 신뢰에 근거한 계(契)나 미소금융은 약속을 지키지 않는 경우 낙인효과 등을 통해 집단의 규율과 속박장치로 작용하므로 의지력을 육성하는 데 도움이 된다.

빈곤이 희망을 잃게 하고 의사 결정을 제대로 할 수 없게 만든다는 빈곤의 심리학이나 빈곤의 맥락도 중요하다. 단적으로 가난이 가하는 압박으로 정신적 자원이 고갈되어 제대로 판단할 수 없으면 근시안적으로 움직이게 된다.[18] 따라서 이런 압박이 덜한 시기에 중요한 의사 결정이 이루어지도록 배려해 바람직한 대안으로 유도할 필요가 있다.

가정환경이 나쁘면 아동의 영양, 건강관리, 부모와 아동의 상호 작용에 문제가 생겨 학습에 지장을 준다. 또한 가난으로 인한 스트레스가 아이에게 전달되어 감정 조절이나 자기 통제 등 비인지적인 능력에도 영향을 미친다. 나아가 이런 장애가 평생 영향을 미쳐서 사회경제적 지위가 세대 간에 계승될 수 있다.

이런 문제를 둔화시키려면 금전적인 보조를 통해 이런 스트레스가 해소되도록 해야 한다. 무엇보다 부모가 자신의 사고방식을 바꾸어 아이에게 변화를 가져올 수 있다는 생각을 가지고 아이와 대화를 나누어 인지능력을 키워야 한다. 또한 교사도 아동의 능력이 향상되도록 교실의 분위기를 조성해야 한다.

이런 관점에서 행동발전경제학은 기존 행동경제학과 달리 사고방식과

---

17 Lybbert and Wydick(2018), p. 712.

18 Mani et al.(2013); World Bank(2015), pp. 87~88.

사회적 규범, 공동체, 인간관계, 지역의 지도자, 그리고 개발전문가나 관료에 대한 감독 등을 강조한다. 물론 기존 행동경제학과 마찬가지로 기억장치(reminders), 정보 제공, 정체성과 내적인 동기의 자극, 사회적 증거의 제시, 정박효과, 우선적으로 고려할 대안의 설정 및 자동적 시행 등의 유도장치, 손실회피, 공적이거나 사적인 속박장치 등도 활용한다. 이들을 합해서 예시하면 아래와 같다.

- 주기적으로 핸드폰을 이용해 문자를 보내되 기계적으로 자주 문자를 보내기보다 개별화되고 구체적인 문자를 가끔 보낸다.
- 저축의 목표와 해당 기간의 납입액을 알려 주면 미래의 특정 시점에 필요한 목돈을 마련하는 데 도움이 된다.[19]
- 금융 교육에 개별적인 자문이나 조언을 곁들이면 저축이나 미래지향성을 증진시킬 수 있다.
- 비용절약보다 건강과 연결시켜 홍보하는 것이 에너지 절약에 더 도움이 된다.
- 생계로 시간이 없는 빈곤층에게 예방주사를 맞도록 하려면 약도를 제공하고 번잡한 서류를 줄여 주는 것이 좋다.[20]
- 빈곤층이 자녀 취학이나 비료 구입 등의 중요 문제를 결정하는 시기를 임금을 받은 후와 같이 경제적으로 안정되어 정신적으로 여유가 있는 시점에 배치한다.
- 언어나 태도에서 낙인효과를 조심하고 보조금을 줄 때도 다른 사람들보다 오래 기다리게 하지 않는다.
- 에너지를 절약하는데 사회적 비교를 활용해 소비자와 기업에게 이웃의 소비수준을 알려 주면서 자원을 절약해야 한다는 당위를 알리는 구절을 첨가한다.
- 내적 동기를 강화하려면 노동의 의미를 찾아 주고 고용주나 동료와의 관계를 개선할 필요가 있다.
- 훈련 기간 동안 회사의 이름이 부착된 동일한 셔츠를 함께 착용하게 해 정체

19 Karlan et al.(2016) 추가로 참조.
20 Bertrand et al.(2004) 추가로 참조.

성을 심어 준다.

- 버스 등에 스티커를 붙여서 안전띠를 착용하도록 공지한다.
- 근무태도에 미칠 영향에 비추어 해당 직장의 임금이 주변 직장의 임금과 비교해 높은지 낮은지를 고려한다.
- 에너지 절약을 위해 초기 대안으로 냉방이나 난방 온도를 조금 높이거나 낮춘다.
- 교사의 교육 성과를 높이기 위해 봉급을 이익의 형태로 제시하기보다 손실의 형태로 제시한다.
- 보건과 관련된 주민의 사고방식과 사회적 규범을 바꾸기 위해 마을 지도자나 친지 등에게 특정 관행을 선도하도록 설득한다. 또한 유명 인사나 연예인이 방송에 출연해 자신의 경험을 홍보한다.
- 기후 변화와 관련해서도 이런 방식으로 과거에 형성된 사고방식으로 인한 타성과 습관을 바꾸도록 시도한다.
- 공공재 관리는 정부보다 공동체에게 맡긴다. 다만, 사회적 연결망은 해가 될 수도 있으므로 협동과 결속을 증진시키는 방향으로 조심스럽게 활용해야 한다.
- 함께 배치할 때 동료보다 생산성이 높은(낮은) 사람은 동료의 수준에 맞추어 생산을 줄인다는(늘린다는) 점을 고려한다.
- 교육과 자영업을 촉진하는 데 사회관계를 활용한다.
- 정부 관료 등 개발전문가들이 주민의 사고방식이 아니라 자신의 사고방식으로 주민을 바라볼 수 있으므로 수시로 점검해 주민의 입장에서 계획을 수립하게 만든다.

그런데 행동발전경제학의 이런 정책적인 제안에 깔려 있는 성장주의와 개인주의는 문제를 안고 있다. 우선 세계은행은 1950년 이후에 분배의 정치적인 문제를 해결하는 중립적인 방책으로 성장주의를 내세웠고, 소련 등 계획경제도 이를 공유하였다.[21] 현재 세계은행은 성장보다 저개발국의 빈곤 탈출이나 자립경제에 중점을 두고 기후 변화 등 환경 문제도 고려한다. 그렇더라도 이 시점에서는 성장주의 자체를 고민할 필요가 있다.

21 Schmelzer(2015).

무엇보다 행동경제학과 이에 근거한 세계은행의 보고서는 개인의 선택을 어떻게 개선할지에 중점을 두기 때문에 사회구조나 세력관계, 국제정치경제에 무관심하다. 그리고 이 점에서는 신고전학파와 비슷하다.[22] 이론적으로도 신고전학파, 특히 시카고학파가 모든 것을 **개인**의 합리성으로 간주하듯이, 행동경제학은 거의 모든 문제를 **개인**의 비합리성으로 간주한다.

이런 관점에서 특히, 세일러(R. Thaler)와 선스틴(C. Sunstein)의 넛지(nudges)가 대표하는 정책적인 적용에 대해 내부에서도 반성이 일고 있다. 이들은 정책을 단지 개인 수준의 틀(individual-frame)로 규정해 그것의 효과를 과장하고 체제 수준의 틀(system-frame)을 도외시하였다.[23] 개인 수준은 개인의 선택이나 의무 및 책임 등에 호소하는 것이고, 체제 수준은 법이나 제도 또는 조세 등을 통해 경제나 사회 수준에서 영향을 미치는 것이다.

특히, 개인 수준의 정책을 강조하다 보니 본의 아니게 기업의 이익에 영합하는 결과를 초래하였다. 기업들이 자신의 이익에 영향을 미칠 만한 사회적 움직임을 피할 수 없는 경우 이것을 개인 차원의 문제나 정책으로 변형시켜 무력화하려고 노력해 왔기 때문이다. 따라서 개인 수준의 정책이 불필요한 것은 아니지만 그것의 효과가 제한적이라는 점을 인정하고 체제 수준의 정책으로 보완해야 한다.

원래부터 행동경제학은 사회학보다 심리학으로 기울어져 있었다.[24] 기대효용, 선호와 인지, 습관, 비합리성, 감성이나 무의식적인 과정 등의 개념이 그 증거이고, 준거이나 맥락도 이런 흐름에서 자유롭지 못하다. 그렇다고 인지나 심

22 Fine et al.(2016).
23 Chater and Loewenstein(2022).
24 Lewin(1996), pp. 1295, 1320.

리에 대한 그간의 논의가 반드시 개인주의를 전제하는 것은 아니다.[25] 따라서 개인적인 심리나 행위에서 맥락을 확인하고 거기서 사회구조와 문화구조를 찾아내서 이런 편향을 보완할 필요가 있다.[26]

물론 행동경제학에는 문화가 개인 수준에서 절제되거나 억압된 모습으로 나타나므로 이것을 온전한 모습으로 복원시켜야 한다. 이렇게 하면 개인 수준에서 관찰되는 비합리성이나 휴리스틱을 개인의 속성이 아니라 문화나 사회의 구조로 재구성할 수 있다. 이를 위해서는 사회학을 위시한 사회과학적인 지식이 필요하다.

예를 들어, 준거 의존성이나 손실회피를 개인의 문제가 아니라 집단이나 조직의 문제로 간주하면서 정책도 주로 체제 수준에서 모색하는 것이다. 세일러의 소유 가치, 정신적 회계, 지출의 고통도 자본주의 체제와 기업의 지배와 연결시킬 필요가 있다. 혹은 눈뜨기라는 일상적이고 개인적인 행위에서 상하관계(눈 부릅뜨기), 연인관계(눈 맞추기), 교우관계(눈길 보내기), 거래관계(눈동자 굴리기) 등을 읽어 낼 수 있다.[27]

경제학은 사회관계보다 개인과 재화의 관계에 초점을 맞추는데, 문화는 사회관계뿐만 아니라 개인과 재화·물체의 관계나 재화·물체 자체에서도 확인할 수 있다. 가령, 여러 시점의 소비가 지니는 상호 의존성에서 관계나 전체의 중요성을 확인할 수 있다. 또한 구성요소들이 뒤섞인 비빔밥과 구성요소들이 분리되는 샌드위치에서 각기 총체주의와 분석주의를 확인할 수 있다.

행동발전경제학이 내세우는 사고방식을 사회, 역사, 문화와 연결하기 위해

25 Earl(2005), pp. 912~913.
26 Myerson(1999), pp. 1069, 1078; Guerin(2001), pp. 406~428.
27 홍훈(2007), pp. 119~120.

행동발전경제학을 역사경제학(4장)과 결합할 필요가 있다. 전자는 문화와 언어, 그리고 이념에 근거해 미시적으로 개인의 행위를 설명하고, 후자는 생계의 생산방식에 근거해 거시적으로 문화를 설명하고 문화를 통해 다시 경제를 설명하기 때문이다.

3. 행동경제학을 통해서 본 한국의 경제발전

행동경제학의 제한적인 합리성은 선진국보다 저개발국가에 더 잘 적용된다. 제한적인 합리성에 문화·역사적인 차이를 가미한 행동발전경제학은 더욱 그렇다.[28] 특히, 1970년대 한국의 경제발전을 설명하는 데에는 사회, 역사, 문화와 사고방식의 차이를 고려해야 한다. 구체적으로 휴리스틱, 루틴, 협동심이나 이타심, 그리고 상호성(reciprocity), 윤리, 규범, 심지어 분노나 '한'과 같은 감정에 한국 또는 동아시아의 특징을 결합해야 한다.

대표적으로 행위의 단위로 동아시아에서는 개인보다 관계 및 집단이 중요하고 사람들이 관계와 집단을 의식한다. 또한 인식과 관련해 서양의 형식논리 및 분석주의와 내비되는 동아시아의 맥락주의 및 총체주의가 중요하다.[29] 전자가 사물을 개별적으로 파악한다면, 후자는 사물이 다른 사물과 얽혀 있고 전체 속에 묻혀 있다고 본다.

물론 관계 및 집단, 맥락 및 총체는 전통적인 동양이나 한국의 사상에 친화적이고, 개인과 분석은 근대 서양으로부터 수용된 과학적인 사상에 근거한

28 Henrich(2000), Herrman-Pillath(2010), Frerichs(2011).
29 Markus and Kitayama(1991), Peng and Nisbett(1999).

다. 따라서 개항 이후 서양으로부터 영향을 받은 현대의 한국인에게는 개인적인 자아, 관계적인 자아, 집단적인 자아가 공존하고 분석적인 인식, 맥락적인 인식, 총체적인 인식이 공존한다.[30]

이런 특징을 행동경제학의 두 체계 혹은 행동발전경제학의 세 체계 및 사고방식이라는 틀과 결합할 필요가 있다. 예를 들어, 한국 사회에서 '눈치'와 '눈총'은 개인에게 집단이나 전체의 분위기를 파악하도록 유도하는 장치이다. 따라서 이것은 사회 구성원과 집단 혹은 부분과 전체를 연결하는 한국 사회에 고유한 휴리스틱이다. 이런 것들을 고려하면서 한국 경제발전의 몇 가지 구성요소를 설명해 보자.

1) 준거와 수출 목표

1970년대 한국의 경제발전에 준거가 작동하였고, 준거는 달성하거나 기대하는 목표였다. 목표의 대상은 수출, 성장률, 일인당 소득, (판매)실적, 저축, 성적이나 석차, 입시와 고시의 합격, 올림픽 경기의 메달, 경연·경기·경시·경염에서의 우승이나 입상 등이었다. 특히, 수출과 관련해서는 청와대에서 월례 수출진흥확대회의를 통해 달성할 전체 목표를 결정한 후, 그것을 재벌 기업의 종합상사에 할당하고, 다시 개별 기업의 부서별로 세부 목표를 배정하였다. 그리고 이 수출 목표가 경제 활동의 준거가 되었다.

그런데 한국의 경제발전에서 등장하는 준거, 목표는 행동경제학에서 말하는 준거, 목표와 차이가 있다. 행동경제학에서는 목표가 개인 차원에서 주로

30 임동균(2022)에도 비슷한 생각이 제시되어 있다.

금전적인 유인으로 설정하는 데 비해 한국의 경제발전에서는 목표가 집단 차원에서 주로 비금전적인 유인으로 설정하였다.

넷째, 행동경제학과 달리 경제발전에서는 수출 목표를 개인 수준이 아니라 국가, 기업이나 조직 수준에서 정치·정책적으로 부과하였다. 또한 (신고전학파뿐만 아니라) 행동경제학은 노동이나 공부의 목표를 주로 임금이나 가격과 이에 대한 기대와 연결시키는 경향이 있다.[31] 이에 비해 경제발전 과정에서는 목표가 비금전적인 요인(입학, 승진, 명예, 공헌)이나 규범적이거나 감성적인 요인(의무, 사명, 충성, 헌신, 애국, 애사, 가업, 가장)에 따라 설정되었다.

목표 설정은 과거의 경제성장뿐만 아니라 현재의 입시 교육에도 적용된다. 그리고 국민교육헌장의 교육은 수출 전쟁과 입시 경쟁이 통한다는 것을 보여준다. 입시 교육 및 경쟁도 자신이 원하는 점수나 대학 수준을 목표로 노력한다. 이 경우 학생 개인이 경쟁하므로 일견 그 목표가 집단과 무관해 보이지만, 실제로는 부모의 기대, 가정의 기둥, 동네의 자랑 등으로 관계나 집단이 개입되어 있다.

1970년대에는 집단이나 개인 수준의 계획 수립은 일상이었다. 목표를 달성하려면 실행 계획이 필요하였기 때문이다. 현재도 한국인은 일상생활에서 계획을 수립하는 데 익숙하다. 그런데 이런 경제행위자의 계획 수립은 신고전학파가 아니라 행동경제학에 깔려 있다. 그렇지만 독일의 경제발전에 근거를 제공한 질서자유주의(Ordoliberalismus)에 명시적으로 등장한다.[32]

계획을 실천하는 데에는 언제나 인고(忍苦)와 절제가 요구된다. 이에 대한 1970년대의 수사적인 표현이 '은근과 끈기'였다. '은근과 끈기'를 끌어내는 데는

31 Abeler et al.(2011).
32 Eucken(1959); 홍훈(2023), pp. 132~146.

역사·문화적인 토양뿐만 아니라 규율이 필요하였다. 규율을 부과한 것도 시장의 경쟁이나 돈벌이나 승진 등 개인의 이익이라기보다 애국, 조국 근대화, 민족중흥, 자립경제, 기업의 생존 등 이념이나 집단적인 가치였다. 그리고 수출이라는 세속적인 목표가 '상부'에서 결정되어 집단적인 가치로 포장되면서 고상해져 사람들에게 의지를 심어 주었다. 더불어 집단적인 가치를 고양하기 위해서 조직이나 기업 단위의 교육과 단합대회가 그치지 않았다.

이 과정에는 당사자들의 경쟁과 모범사례를 통한 학습도 수반되었다. 그리고 금전적인 유인뿐만 아니라 지위나 명예 등 사회적 유인(social incentive)이 활용되었다. 우수한 사람을 선정하거나 순위를 매겨서 정부, 기업, 학교 차원에서 조직의 장이 상장, 표창장, 훈장을 주거나, 아니면 단순히 그 명단을 공개해 지위나 명예를 높여 주는 관행이 만들어졌다.

1970년대에 흔하던 대기업의 수장에 대한 수출 표창장, 그 이전부터 시행되던 것으로 학생들의 성적에 따라 색깔별로 수여하였던 별표, 기업에 대한 KS 표시, 모범식당이나 모범운전기사 지정 등이 이에 해당된다. 그리고 한국 사회에 전반적으로 깔려 있는 순위나 서열에 대한 집착이 신분이나 지위와 이에 근거한 유인을 중요하게 만들었다.

수출 전쟁이 국가 단위에서 이루어졌고, 입시 경쟁이 가정 단위에서 이루어졌다면, 새마을운동은 양자의 중간인 마을 단위에서 이루어졌다. 새마을운동은 지역의 근대화를 목표이자 준거로 삼아 노력하게 만들었다. 그리고 새마을운동을 통해 집단적으로 서로를 고양시켜 자립과 자조의 희망을 배양하였다. 여기서 정치지도자, 관료, 기업 등 조직의 장, 그리고 가정의 부모나 학교의 선생이 지도자나 관리자 혹은 심판관으로 기능하였다. 특히, 경쟁의 결과에 대한 평가자는 해외나 국내의 익명적인 시장이 아니라 정부 관료였다.

냉전, 분단, 독재라는 배경을 잠시 접어 둔다면, 새마을운동은 행동발전경제학이 지적하는 정책을 구현하고 있다. 우선 농촌공동체라는 집단에 근거해 생산성이나 기술과 관련된 정보를 서로 교환하였다. 또한 현재에 대한 집착을 서로 억제하고 서로를 통제해 근면과 절약을 끌어냈다. 나아가 자조, 자립을 위해 설정된 생산이나 작업의 목표를 관계·집단적으로 달성하였다. 마을의 주민들은 눈치와 눈총으로 자신을 규율하고 서로를 '감시'하였다고 볼 수 있다.

정부의 개입과 무관하게 한국 사회에 오랫동안 존재하였던 계(契)도 소비욕구를 억제하고 목표저축을 달성하도록 도와주는 속박장치라는 점에서 이미 행동경제학의 통찰을 담고 있다. 그런데 계 역시 개인 수준이 아니라 관계적이거나 집단적으로 설정된 속박장치이다. 가정주부들이 기록하였던 가계부는 행동경제학의 정신적 회계에 부합되지만, 이 역시 개인이 아니라 가정 수준에서 속박장치로 기능하였다.

희망의 심리학이 강조하는 희망은 주로 수출 목표와 연결되어 있었는데, 이를 관리하는데 관료가 개입하였다. 또한 국민교육헌장, '대한 뉴스'를 통해 연일 보도되는 수출과 건설의 현장, 태극기에 대한 경례, 수시로 퍼고드는 '나의 조국'이나 '새마을노래' 등을 통한 선전과 계도가 모두 이에 공헌하였다. 이같이 수출 전쟁, 새마을운동, 그리고 입시 경쟁에서 집단적으로나 관계적으로 주어지는 목표가 희망의 근거이자 준거이며 각자를 통제하고 속박하고 규율하는 장치였다.[33] 그래서 한국의 초기 산업화 과정을 단순히 노동 동원으로 파악하는 것은 일면적이다.

33 Suvorov and van de Ven(2008).

2) 사회적 비교와 인간관계

1970년대부터 현재까지 친구와 친지의 소득이나 의복, 주거, 그리고 성적 등이 인지, 선호, 행위에 영향을 미치는 것은 한국인에게 일상적이다. 가령, 현재 나의 소득을 과거의 나의 소득과 비교할 뿐만 아니라 친지의 소득과 비교한다. 이것은 준거를 개인 차원이 아니라 집단이나 사회 차원에서 설정한 것과 같다. 또한 시장의 경쟁 이전에 모든 한국인이 겪어야 하는 입시 경쟁도 사회적 비교를 습관화시켰다.

이와 상통하는 것으로 서양인이 각자의 자긍심이나 일관된 정체성을 중시하는 데 비해 동아시아인은 상황과 맥락의 변동 속에서 타인과의 관계를 유지하기 위해 자신을 유연하게 적응시킨다.[34] 이같이 관계와 집단을 중시하므로 개인의 이익을 추구하고 자신을 표현하는 개인 수준의 선택이 약화된다.[35]

같은 이유로 서양인에 비해 동아시아인에게 삶의 방식이 다양하지 않다. 예를 들어, 거의 모든 한국인에게 좋은 대학에 가는 것이 행복으로 가는 지름길이다. 물론 사회구조도 이에 부합되도록 구성되어 있다. 또한 서양인은 옷 등 재화의 구매에 자신의 감정을 행복의 기준으로 생각하는 데 비해 동양인은 타인의 승인이나 규범을 중시한다.

행동경제학이 내세우는 준거 의존성, 손실회피, 부존자원 효과, 매몰비용은 권력, 돈, 사람, 물체, 동식물 등에 대한 애착을 전제하는데, 이 모든 것은 자신의 과거에 대한 애착으로 포괄할 수 있다. 과거에 대한 애착은 주변 사람들에 대한 애착, 즉 관계성이나 집단성과 멀리 있지 않다. 무엇보다 행동경제학

34 Zamagni(2005), Kim and Sherman(2007).
35 Markus and Schwartz(2010).

에서 인간관계나 사회관계는 네트워크를 낳을 뿐만 아니라 타인을 의식하고 타인과 비교하는 사회적 선호와 사회적 비교로 나타난다.[36] 동아시아, 특히 한국에서 관계성과 집단성은 타인을 의식하는 사회적 선호와 사회적 비교를 일상생활로 만들어 행동경제학의 통찰을 무색하게 만든다.

3) 수사와 거창한 구호

한국의 경제발전 과정에는 경제적인 논리에 비해 목표, 가치, 이념이 넘쳤고, 이를 위한 구호나 기치도 창궐하였다. 조국건설, 자립경제, 소득증대, 수출입국, 국민 교육, 산림녹화, 산불조심, 간첩신고, 자연보호 등이 그런 구호나 기치였다. '잘 살아 보세!', '둘만 나아 잘 기르자', '자랑스런 나의 조국 금수강산', '새마을운동' 등이 그런 구호나 선전이었다.[37]

이런 것들은 대부분 대통령의 이름으로 포스터나 벽보를 통해 등장하였고, 신문이나 방송을 통해 전달되었다. 이것들은 경제발전을 위한 노동 동원, 독재에 대한 정당화, 그리고 빈곤 등을 의도하고 있었다. 또한 그것은 많은 경우 관료 등 엘리트층이 국민을 교육하려는 온정주의를 담고 있었다. 다시 말해 행동경제학이 주장하는 바와 달리, 국민의 주어진 가치나 규범 혹은 선호를 유도하거나 일깨우는 수준을 넘어서 그런 것들을 육성하려는 의도를 갖고 있었다.

특히, 국민교육헌장은 국민 길들이기 혹은 국민에 대한 규율을 선언한 것이었다. '둘만 낳아 잘 키우기', '교통 신호등 지키기', '안 쓰는 전기 스위치 뽑

36 Fehr and Gächter(2000), Frank(1985).

37 1997년의 외환위기로 나중에 등장한 '금모으기 운동'의 취지도 이와 비슷하다. 현재의 각종 공익광고도 성격이 많이 달라졌지만 이런 것들의 후예이다.

기' 등 절전, '계곡에서 가재 잡지 않기' 등 (과유불급의) 자연보호, 국기에 대한 경례가 모두 이런 것에 속한다. 행동발전경제학이 내세우는 사고방식의 관점에서 보면 이런 구호들은 개인적인 차원이 아니라 집단적인 차원에서 가난과 성장에 대한 관념을 바꾸는 과정이었다.

이런 목표나 기치는 국가 차원뿐만 아니라 미시적인 단위인 가정이나 기업, 관료조직의 차원에서도 가훈(家訓)이나 사훈(社訓) 등으로 상존하였다. 가훈이나 사훈에 익숙해져 있었으므로 국가의 훈시에도 크게 거부감을 느끼지 않은 것으로 보인다. 그리고 그것은 가장, 회장이나 사장, 그리고 여타 조직의 장의 이름으로 시달되었다.

그리고 이에 상응하는 상징으로 태극기, 애국가, 세종대왕, 이순신 장군 등이 일상적으로 동원되었다. 또한 민족의 자긍심을 높이는 소식에 대한 전달과 홍보가 지속되었다. 수출 실적이나 성장률뿐만 아니라 올림픽 경기 등 운동이나 국제음악경연 등에서의 수상, 그리고 외국 대학에서 박사학위 획득 등이 중점적으로 보도되었다.

거슬러 올라가면 조선 시대에도 유교의 이념과 가치를 선전하는 법, 정책, 규범 등이 국가의 구호나 가훈 등으로 전달되었다. 그리고 그것은 유교 경전에 근거해, 인간의 도리와 도덕을 교육하고, 교육과 과거시험의 정당성을 공고히 하며, 농사를 위한 근면과 근로를 촉구한 것으로 볼 수 있다.

4) 내적인 동기와 애국

경제성장 과정에서 집단이나 사회의 개입이 외적인 동기뿐만 아니라 내적인 동기를 구성하였다. 수출량, 판매 실적, 일인당 소득, 성장률 등 세속적이고 금전적인 목표가 개인의 목표가 아니라 국가나 기업 혹은 가정의 목표가 되면서 고상하고 신성해졌다. 같은 물건 팔기나 돈벌이라도, 나를 위해서가 아니라 국가경제를 위해서, 다니는 기업을 살리기 위해서, 혹은 가장이나 장남으로서 가정을 지키기 위해서 하는 일이라면, 고상해지고 거창해진다.

이같이 조직의 목표가 각자에게 의미를 부여하면서 내적인 동기가 되어 각자의 노력과 행위에 강력한 힘을 발휘하였다. 정당하거나 정당한 것처럼 포장된 전쟁에서는 사람을 죽이는 일조차 신성한 애국이 된다. 실제로 1970년대 대기업 종합상사의 직원들은 애국자나 수출전사로 포장되었다.

물론 이 모든 것들이 실제가 아니라 규정, 수사, 심지어 이념에 불과할 수 있다. 중요한 것은 행동경제학이 지적한 바와 같이, 규정, 수사, 이념이 경제행위자의 동기와 행위에 실제로 영향을 미쳤다는 점이다. 그리고 이런 것들이 한국인의 관계성과 집단성, 그리고 총체적이거나 맥락적인 인식을 활용하고 있었다는 점이다.

5) 미래지향성과 '은근과 끈기'

1970년대에 회자되던 구호가 한민족의 '은근과 끈기'였다. 이것은 참을성 혹은 미래지향성으로 현재 시점의 향유를 억제할 수 있는 능력으로 이해할 수 있다. 미래지향성은 저축, 노동, 공부, 건강관리 등과 관련된다. 쓰지 않고 절약하고 저축해 자본을 축적하였고, 쉬지 않고 근면하게 일해서 노동의 투입량을 늘렸으며, 놀지 않고 공부해 고등학교와 대학교에 진학함으로써 인적자본과 함께 사회자본을 육성하였다. 그리고 이렇게 축적된 자본, 노동, 인적자본 및 사회자본이 경제에 투입되어 한국의 성장에 공헌하였다.

최근 미래지향성이나 근면함이 생계의 방식인 농업에서 발생하였다는 가설이 대두되어 있다. 여러 국가를 대상으로 역사경제학의 연구에 따르면, 농업의 생산성이 높았던 지역에서 미래지향성이 생겨서 저축률이 높아졌고, 공부를 위한 인내심이 형성되어서 현재까지 이어지고 있다.[38] 그리고 이 점에서 한국, 중국, 일본 등이 선두에 있다(〈그림 2-2〉와 〈그림 2-3〉 참조).

중국에서 과거 명·청 시대에 과거시험에 급제한 사람이 많은 지역일수록 현재 같은 지역의 교육 수준과 교육열이 높다는 최근 연구는 이에 대한 더 구체적인 증거이다(4장).[39] 이 연구는 1970년대의 한국뿐만 아니라 현대 한국에도 강력한 함의를 지니고 있다.

이렇게 보면 한국인은 개인 수준에서 미래 선호가 약하였다거나 합리적이었다기보다 농업을 통해 문화적이고 집단적으로 현재에 대한 집착을 억제하는 장치를 갖추게 되었다. 이것이 사실이라면 일제 강점기나 1970년대 정부의 정책이 미친 영향이 약화된다. 물론 현재의 욕망에 대한 억압에는 대가가 따른다. '무엇을 하고 싶은가'보다 '무엇을 할 수 있는가'에 집착하면서 평생 공부하고 노동해 온 한국인들이 현재 행복하다고 느끼지 않는다(8장).

이상이 행동발전경제학에 동아시아의 특징을 결합할 경우 한국의 경제발전에 대해 제시할 수 있는 미시적인 그림이다. 이런 그림이 발전국가, 냉전 시대의 체제 경쟁, 분단으로 인한 군사력 증강, 브레튼우즈 체제 등에 근거한 한국의 경제발전에 대한 기존 설명에 대안을 제시하는 것은 아니지만 추가로 고려할 중요한 구성요소들을 제공한다.

38 Falk et al.(2018), Galor and Özak(2016), Fogli et al.(2019).
39 Chen et al.(2020).

| 그림 2-2 | 수확량과 미래지향성의 관계

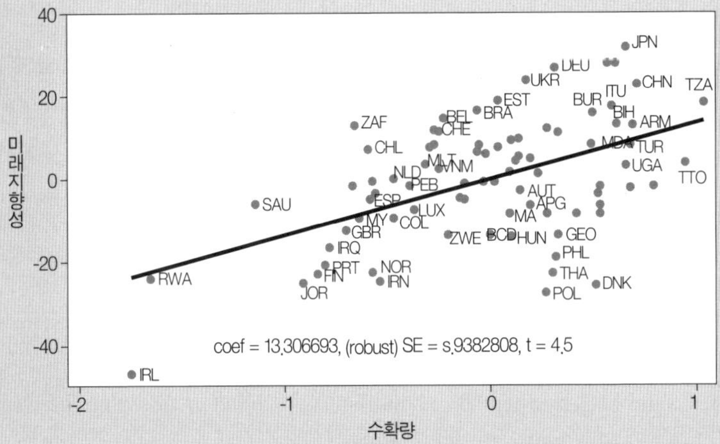

자료: Galor and Özak(2016), p. 3084.

| 그림 2-3 | 미래지향성과 수학 성적의 관계

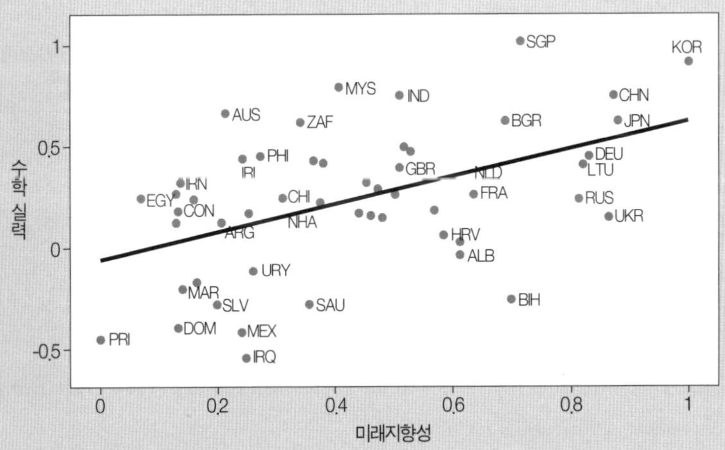

자료: Fogli et al.(2019), pp. 283, 286.

참고문헌

임동균, 「인지-동기 모델을 활용한 한국 경제발전 과정의 미시적 토대 분석」, 『담론』, 25(3), 2022, pp. 103~133.

홍 훈, 「신고전학파 경제학의 변화와 한국학계의 수용(1960-2006년)」, 『사회경제평론』, 29(1), 2007, pp. 89~130.

______, 『행동경제학 강의』, 서울: 서해문집, 2016.

Abeler, J., A. Falk, L. Goette, and D. Huffman, "Reference Points and Effort Provision," *American Economic Review*, 101(2), 2011, pp. 470~492.

Akerlof, G. and D. J. Snower, "Bread and bullets," *Journal of Economic Behavior and Organization*, 126(Part B), 2016, pp. 58~71.

Bénabou, R. and J. Tirole, "Intrinsic and Extrinsic Motivation," *Review of Economic Studies*, 70(3), 2003, pp. 489~520.

Bertrand, M., S. Mullainathan, and E. Shafir, "A Behavioral Economics View of Poverty," *American Economic Review*, 94(2), 2004, pp. 419~423.

Chater, N. and G. Loewenstein, "The i-frame and the s-frame: How focusing on individual-level solutions has led behavioral public policy astray," *Brain and Behavioral Sciences*, 46, 2022, e147: 1-84.

Chen, T., J. K. Kung, and C. Ma, "Long Live KEJU, The Persistent Effects of China's Civil Examination System," *Economic Journal*, 130(631), 2020, pp. 2030~2064.

Demeritt, A. and K. Hoff, "The Making of Behavioral Development Economics," *History of Political Economy*, 50(S1), 2018, pp. 303~322.

Denzau, A. C. and D. North, "Shared Mental Models: Ideologies and Institutions," *Kyklos*, 47(1), 1994, pp. 3~31.

Earl, P. E., "Economics and psychology in the twenty-first century," *Cambridge Journal of Economics*, 29(6), 2005, pp. 909~926.

Eucken, W., *Grundsätze der Wirtschaftspolitik*, Tübingen: J. C. B. Mohr (Paul Siebeck), 1959.

Falk, A., A. Becker, T. Dohmen, B. Enke, D. Huffman, and U. Sunde, "Global Evidence on

Economic Preferences," *Quarterly Journal of Economics*, 133(4), 2018, pp. 1645~1692.
Fehr, E. and S. Gächter, "Fairness and Retaliation: The Economics of Reciprocity," *Journal of Economic Perspectives*, 14(3), 2000, pp. 159~181.
Fehr, E. and K. Hoff, "Introduction: Tastes, Castes and Culture: The Influence of Society on Preferences," *Economic Journal*, 121(556), 2011, F396~412.
Fine, B., D. Johnston, A. Santos, and E. Van Waeyenberge, "Nudging or Fudging: The World Development Report 2015," *Development and Change*, 47(4), 2016, pp. 640~663.
Fogli, D., P. Giuliano, U. Özek, and P. Sapienza, "Long-Term Orientation and Educational Performance," *American Economic Journal: Economic Policy*, 11(4), 2019, pp. 272~309.
Frank, R., "The Demand for Unobservable and Other Nonpositional Goods," *American Economic Review*, 75(1), 1985, pp. 101~116.
Frerichs, S., "False Promises? A Sociological Critique of the Behavioral Turn in Law and Economics," *Consumer Policy*, 34, 2011, pp. 289~314.
Galor, O. and Ö. Özak, "The Agricultural Origins of Time Preference," *American Economic Review*, 106(10), 2016, pp. 3064~3103.
Guerin, B., "Individuals as Social Relationships," *Review of General Psychology*, 5(4), 2001, pp. 406~428.
Henrich, J., "Does Culture Matter in Economic Behavior: Ultimatum Game Bargaining among Machiguenga of Peruvian Amazon," *American Economic Review*, 90(4), 2000, pp. 973~979.
Herrman-Pillath, C., "What have we learnt from twenty years of economic studies into culture," *International Journal of Cultural Studies*, 13(4), 2010, pp. 317~335.
Hoff, K. and P. Pandey, "Discrimination, social identity, and durable inequalities," *American Economic Review, Papers and Proceedings*, 96(2), 2006, pp. 206~211.
Hoff, K. and J. E. Stiglitz, "Striving for Balance in Economics: Towards a Theory of the Social Determination of Behavior," *Journal of Economic Behavior and Organization*, 126(B), 2010, pp. 25~57.
Hoff, K. and P. Pandey, "Making up people: The effect of identity on performance in a modernizing society," *Journal of Development Economics*, 106, 2014, pp. 118~131.
Kahneman, D., "Maps of Bounded Rationality: Psychology for Behavioral Economics,"

American Economic Review, 93(5), 2003, pp. 1449~1775.

______, *Thinking, fast and slow*, London: Allen Lane, Penguin Books, 2011.

Karlan, D., M. McConnell, S. Mullainathan, and J. Zinman, "Getting to the Top of Mind: How Reminders Increase Saving," *Management Science*, 62(12), 2016, pp. 3393~3411.

Kim, H. and D. Sherman, "Express Yourself: Culture and the Effect of Self-Expression on Choice," *Journal of Personality and Social Psychology*, 92(1), 2007, pp. 1~11.

Krijnen, C., "Values – limits of economic rationality and imperialism of culture," *Economic and Political Studies*, 4(2), 2016, pp. 101~121.

Lewin, S., "Economics and Psychology," *Journal of Economic Literature*, 34(3), 1996, pp. 1293~1323.

Lybbert, T. J. and B. Wydick, "Poverty, aspirations, and the economics of hope," *Economic Development and Cultural Change*, 66(4), 2018, pp. 709~753.

Mani, A., S. Mullainathan, E. Shafir, and J. Zhao, "Poverty impedes cognitive function," *Science*, 341(6149), 2013, pp. 976~980.

Markus, H. R. and S. Kitayama, "Culture and the Self: Implications for Cognition, Emotion, and Motivation," *Psychological Review*, 98(2), 1991, pp. 224~253.

Markus, H. R. and B. Schwartz, "Does Choice Mean Freedom and Well-Being?," *Journal of Consumer Research*, 37(2), 2010, pp. 344~355.

Myerson, R. B., "Nash equilibrium and the history of economic theory," *Journal of Economic Literature*, 37(3), 1999, pp. 1067~1082.

Peng, K. and R. E. Nisbett, "Culture, Dialectics, and Reasoning About Contradiction," *American Psychologist*, 54(9), 1999, pp. 741~754.

Roy, R. K. and A. C. Denzau, "Shared Mental Models: Insights and Perspectives on Ideologies and Institutions," *Kyklos*, 73(3), 2004, pp. 323~340.

Schmelzer, M., "The growth paradigm: History, hegemony, and the contested making of economic growthmanship," *Ecological Economics*, 118, 2015, pp. 262~271.

Shiller, R. J., "Narrative Economics," *American Economic Review*, 107(4), 2017, pp. 967~1004.

Stanovich, K. E. and R. F. West, "Individual Differences in Reasoning: Implications for the Rationality Debate?," *Behavioral and Brain Sciences*, 23(5), 2000, pp. 645~665.

Suvorov, A. and J. van de Ven, "Goal Setting as a Self-Regulation Mechanism," Working

Paper 0122, Center for Economic and Financial Research, Moscow, 2008.

World Bank, *Mind, Society, and Behavior*, in World Development Report 2015, Washington, DC: World Bank, 2015.

Zamagni, S., "Happiness and Individualism: A Very Difficult Union," Chapter 12, L. Bruni and P. L. Porta, eds., *Happiness and Economics*, Oxford: Oxford University Press, 2005.

chapter 03

실험경제학

1. 경제학에서 실험의 중요성
2. 경제학에서 준실험의 부상
3. 인과적인 추론을 위한 다른 기법들
4. 실험경제학의 함의

과학은 인간의 내적인 성찰에 근거한 연역과 관찰 및 검증에 근거한 귀납에 의존한다. 이 점에서는 경제학도 마찬가지이다. 그런데 경험적인 연구와 관련된 자연과학의 방법이 실험이라면, 경제학의 방법은 계량경제학이다. 실험이 인간의 개입을 통해 얻은 자료에 의존한다면, 계량경제학은 경제현상에 대한 관찰이 낳은 자료에 근거한다. 실험경제학(experimental economics)은 경제학이 자연과학과 같이 실험에 의존해 과학성을 보강할 수 있다고 설득하면서 최근 20년 사이에 경제학의 핵심적인 분야로 부상하였다.

역사적으로 실험경제학은 주로 행동경제학(2장) 및 신경경제학(6장)과 상호작용하면서 1980년 이후 경제학 부근에서 부상한 새로운 흐름 중 하나이다. 실험경제학은 1998년부터 *Experimental Economics*라는 전문학술지를 발행하고 있으며, 2002년에는 버논 스미스(V. Smith)를 노벨상 수상자로 배출하였다. 최근에는 실험실의 실험뿐만 아니라 현장에서 정책의 인과적 효과를 검증하는 자연실험(natural experiment)과 준실험(quasi-experiment)이 경제학에서 중요해졌다.

이 글은 실험경제학을 소개하기 위해 먼저 실험의 방법론적인 근거를 설명하고, 중요한 사례들을 통해 그것의 이론적인 함의를 제시하였다. 또한 인과적인 효과를 규명하는 준실험의 방법으로 무작위 통제 실험(randomized controlled trial)을 설명하고 그것의 문제점을 지적하였다. 이어서 인과적인 추론에 활용되는 기존의 몇 가지 계량적 방법을 소개한 후, 전체적인 함의를 제시하였다.

1. 경제학에서 실험의 중요성

경제학과 사회과학은 경제·사회 현상이 역사 속에서 출현해 실험의 결과와 달리 통제할 수 없고 재현되지 않는다며 오랫동안 실험을 거부해 왔다. 그렇지만 실험경제학의 태두인 버논 스미스가 조건을 바꾸어 실험을 반복함으로써 부차적인 요인들을 통제할 수 있다고 주장하면서 경제학에서 실험이 확산되었다.

이에 대한 근거로 계량경제모형은 (효용함수와 같은) 이론을 검증하는 데 (함수의 형태와 같은) 보조가정을 추가하므로, 이론과 보조가정 중 어느 것이 검증된 것인지 구분할 수 없다. 이것이 경제학이 의존하는 포퍼(K. Popper)의 반증주의(프롤로그 1절)가 지닌 약점이다. 이에 비해 실험경제학은 실험의 반복을 통해 이론 검증에서 보조가정에 대한 의존성을 줄일 수 있다는 것이다.[1]

구체적으로 실험의 결과는 보조가정 이외에도 실험기법, 실험의 맥락과 절차, 그리고 상금 등에 따라 달라진다. 그런데 여러 번 새로운 실험을 수행해 이런 것들의 영향을 통제할 수 있다. 이 같은 통제력이 강해 적어도 좁은 범위의 인과관계를 규명하는 데 실험이 계량경제학보다 유효하다는 것이다. 또한 자연과학과 같이 새로운 실험을 통해 새로운 지식을 지속적으로 축적해 나갈 수 있다는 것이다.

이에 따라 현재 경제학자들은 계량경제학만큼이나 실험을 많이 활용한다. 또한 시장이나 제도를 고안하고 정책을 평가하는 데는 실험이 더 유용하다고 생각하게 되었다. 더구나 계량경제학과 마찬가지로 실험은 방법이므로 특정 관점이나 입장과 결부되어 있지 않다. 이 때문에 신고전학파뿐만 아니라 행동경제학, 게임이론 등 다양한 분야의 다양한 관점에서 실험을 활용하고 있다. 이런 변화는 경제학계의 아인슈타인으로 불리는 새뮤얼슨(P. Samuelson)이 실험에

1 Smith(2002), pp. 97~98.

대한 견해를 바꾼 데서도 확인할 수 있다.[2]

> 불행히게도 경제학자는 … 다른 중요한 요인들을 쉽게 통제할 수 없기 때문에 화학자나 생물학자처럼 통제된 실험을 수행할 수 없다. 천문학자나 기상학자와 같이 경제학자는 일반적으로 관찰하는 데 만족해야 한다.
> 실험경제학은 '흥미롭고 새로운 발전'이다.

그런데 헤크먼(J. Heckman)에 의하면 실험은 반드시 계량경제학과 대립되지 않는다. 원래 계량경제학에서 호벨모(T. Haavelmo)가 다른 변수들을 통제하고 특정 변수의 영향을 확인한 것이 실험과 비슷하다. 그리고 이것은 거슬러 올라가 마셜(A. Marshall)이 제시한 '다른 조건들이 같다'(*ceteris paribus*)는 가정에 근거하고 있다.[3] 가격변동에 따른 수요량의 변동을 확인하기 위해 기호나 날씨는 변하지 않는다고 가정하는 것이 그런 예이다.

실험경제학을 대변하는 연구로 가격의 변화에 따른 수요량과 공급량의 변화를 관찰해 수요곡선과 공급곡선을 도출하는 것을 들 수 있다. 버논 스미스는 실험실에서 커피잔에 대해 피실험자들에게 얼마까지 돈을 낼 수 있는지 지불할 의사(willingness to pay) 혹은 유보가격(reservation price)을 묻고 이것들의 분포에 근거해 수요공급곡선(〈그림 3-1〉)을 도출하였다.[4]

여기서 수요의 근거가 된 유보가격은 관찰되지 않는 효용과 달리 소득 중

---

2 Falk and Heckman(2009), p. 535 재인용. Economists unfortunately ... cannnot perform the controlled experiments of chemists or biologists because they cannot easily control other important factors. Like astronomers or meteorologists, they generally must be content largely to observe (Samuelson and Nordhaus, *Principles of Economics*, 12th ed., New York: McGraw-Hill, 1985, p. 8), → Experimental economics is an 'exciting new development' (Samuelson and Nordhaus, *Principles of Economics*, 14th ed., New York: McGraw-Hill, 1985, p. 5).

3 Heckman(2000), pp. 46, 54; Heckman and Pinto(2015), pp. 115~116.

4 Smith(1982).

| 그림 3-1 | 실험실에서 얻은 수요·공급곡선

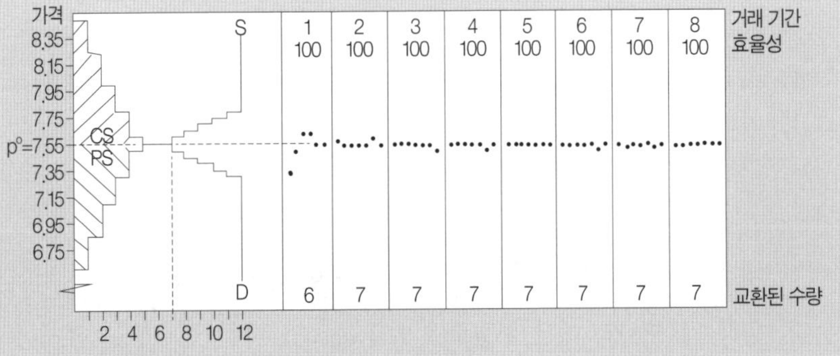

자료: Smith(1982), p. 168.

일부로서 화폐로 표시되어 객관적으로 관찰할 수 있다. 또한 여기서 개인의 수요와 공급은 효용함수에 근거하지 않아 연속적이지 않으며 집계되어 시장의 수요와 공급을 이루면서 비로소 연속적이 된다. 이것은 실험실에서 사적인 정보를 지닌 소수의 구매자와 판매자가 쌍방 경매를 통해 도달한 결과이다. 이에 근거해 버논 스미스는 실험을 방법으로 내세우는 데 그치지 않고 이론적인 함의를 도출한다.

그에 의하면 종전의 경제학 모형이 (공리주의에 근거해) 완벽한 정보를 가정하면서 인간의 인식과 행위가 낳는 결과에 집착하는 데 비해 실험은 불완전한 사적 정보에 근거해 인간이 균형을 찾아가는 과정을 그린다. 이 때문에 인식의 근본적인 원인과 행위의 동기를 고려한다. 원래 물리학과 생명과학에서도 실험이 인과관계를 규명하는 데 활용되었으므로 이 해석은 타당해 보인다.[5]

5 Smith(2020), Falk and Heckman(2009).

나아가 그는 실험경제학(과 행동경제학)의 연구 결과를 활용해 신고전학파를 비판하면서 애덤 스미스(A. Smith)의 유효성을 내세운다.[6] 그는 애덤 스미스와 신고전학파의 일반균형에 대한 하이에크(F. Hayek)의 해석에 의존하고 있다. 이에 따르면, 신고전학파의 일반균형체계는 완전 정보, 완전 경쟁, 가격에 대한 순응, 일물일가를 전제로 효용을 극대화하는 경제행위자를 상정하고, 이에 근거해 균형가격을 내세운다(1장 1절). 이것은 시장을 정태적이라고 오해해 시장(의 합리성)을 개인(의 합리성)과 동일시하는 오류이다.

애덤 스미스에서 개별 행위자인 구매자와 판매자는 사적인 정보만을 가지고 시장에서 경쟁으로 인해 정보를 찾아가는 동태적인 과정을 만들어 내면서 발현적인(emergent) 현상으로 가격이 형성된다. '발현적'이란 누구도 원래 알거나 의도하지 않았다는 뜻이다. 여기서 경쟁은 다수가 아니라 소수의 판매자와 구매자 사이에도 발생하며, 흔히 흥정과 협상을 수반한다.[7] 또한 판매자와 구매자는 가격을 제안하고 가격에 영향을 미친다. 이에 비추어 보면, 주어진 가격에 대한 순응을 전제하는 완전 경쟁은 완전한 경쟁이 아니라 경쟁의 완전한 소멸이다.

더구나 고전학파의 가격형성이론은 현대의 누기적인 시장의 가격 형성도 설명할 수 있다. 따라서 이 이론은 수리적 엄밀성을 갖추고 있지 않지만 경험과 관찰에 근거한 이론의 출발점을 제공한다. 그뿐만 아니라 애덤 스미스는 단순히 효용극대화나 이기심에 근거한 인간이 아니라 공정성, 관대함, 사회성, 정의감을 가진 현실의 인간을 상정하였다. 이같이 버논 스미스는 행동경제학보다 더 구체적으로 고전학파의 복원을 내세운다.

6 Inoua and Smith(2022), Smith(2020).
7 이런 생각은 오스트리아학파의 뵘바베르크(E. von Böhm-Bawerk)와 제도학파의 코먼스(J. Commons)로 이어졌다.

이것은 최후통첩게임(ultimatum game)의 결과에도 부합된다. 이 게임에서는 한 참여자에게 10달러를 주고 이것을 나누게 한 후, 상대 참여자가 이 제안을 수락하면 나눈 대로 가지고 거부하면 누구도 아무런 돈을 받지 못한다. 여기서 첫 번째 참여자가 어떻게 나누는지, 그리고 상대방이 어떤 제안을 받아들이거나 거부하는지를 확인해 이기심과 공정성을 판단한다. 결과는 60%, 즉 [6달러 4달러]를 넘어서는 [7달러 3달러]와 같은 제안은 없는 것으로 나타났다.

최근에는 심리학과 경제학에 집단주의적인 동아시아와 개인주의적인 서양을 비교하는 연구가 많다. 그리고 **과거**의 논농사가 **현재**의 집단주의를 낳고 **과거**의 밭농사가 **현재**의 개인주의를 낳는다는 가설이 부상하였다. 한 논문은 공공재 게임(public goods game)을 통해 중국의 논농사 지역인 후난(湖南)과 저장(浙江) 2개 성의 대학생과 밭농사 지역인 허베이(河北)와 산둥(山東) 2개 성의 대학생을 비교해 이 가설을 확인하였다.[8]

이 게임에서는 4명이 한 조를 이루어 각자 자신이 가진 것 중 공공재, 즉 전체를 위해 기여할 수량을 결정한다. 기여한 것은 1.6배로 늘려 주지만 이것을 4명이 나누어야 한다. 이 때문에 4명이 모두 내놓으면 4명 모두에게 이익이 되지만, 1~2명만 내놓으면 기여하지 않은 사람은 이익을 보지만 기여자는 오히려 손해를 볼 수 있다. 처벌이 없는 상황과 처벌이 있는 상황에서 각기 8번씩 실시된 이 게임에서 논농사 지역 출신이 밭농사 지역 출신보다 더 많이 공공재에 기여하였다(〈그림 3-2〉 참조). 역사경제학(4장)이 상정하는 바와 같이 과거의 생산방식(논, 밭)이 문화(집단, 개인)를 낳고 그것이 다시 현재의 규범(기여)을 낳은 것이다.

집단주의와 개인주의라는 문화적 차이가 거래나 무역에 미치는 영향을 연

8 Zhou et al.(2023).

| 그림 3-2 | 농사의 종류와 집단에 대한 기여

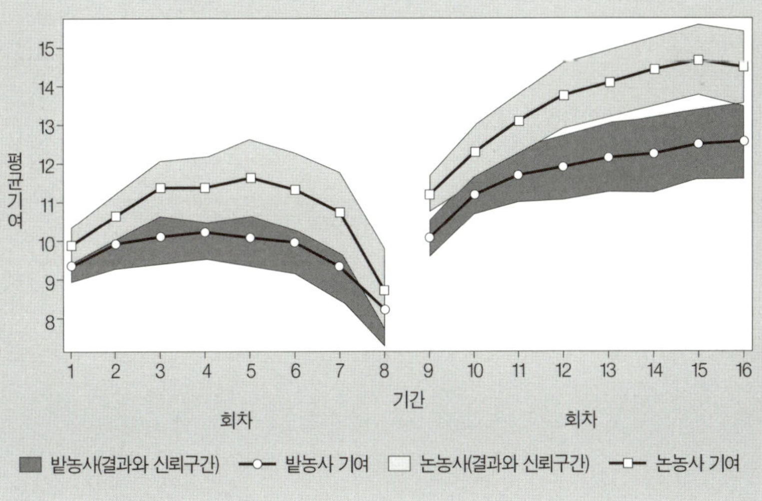

자료: Zhou et al.(2023), p. 2518.

구한 논문도 있다.[9] 일반적으로 시장경제에서 계약이 중요하므로 법원에서 소송을 통해 강제로 계약을 집행하는 제도가 요구된다. 그런데 흔히 공식적인 제도(예, 민주주의)는 그 자체로 시행되기보다 관습 등 비공식적인 문화(시민정신)를 기반으로 삼게 된다. 이 때문에 법이나 규정도 관습에 의존한다. 이 연구는 계약의 법적인 강제와 이것을 뒷받침하는 문화를 구분해 내는 데 실험을 활용하였다.

구체적으로 이 실험의 목표는 농부가 동일 집단 내에서 여러 차례 거래해 온 지역 상인과의 관계를 끊고 높은 이윤을 예상하지만 사기의 위험이 있는 낯선 상인과 거래하는 정도를 확인하는 데 있다(〈그림 3-3〉 참조). 그 결과 계약이행을 강제하면 전반적으로 낯선 상인과 거래하는 비율이 높아진다. 그렇지만

9 Hajikhameneh and Kimbrough(2019).

| 그림 3-3 | 집단주의, 개인주의 차이에 따른 외부인과의 거래

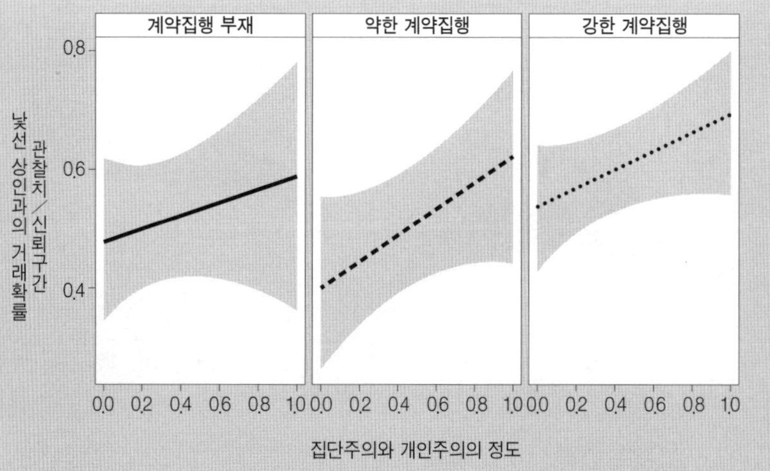

자료: Hajikhameneh and Kimbrough(2019), p. 309.

계약이 강제되는 상황에서도 집단주의적인 농부가 낯선 상인과 거래하는 비율은 개인주의적인 농부에 비해 낮았다. 이런 결과가 나온 이유는 개인주의자는 거래관계를 비용과 편익을 따지는 수단으로 생각하는 데 비해, 집단주의자는 거래관계라는 인간관계 자체를 어느 정도 목적으로 간주하기 때문이다.

사람뿐만 아니라 동물이나 기계를 실험의 대상으로 삼기도 한다. 신고전학파로서 실험경제학을 옹호하는 플롯(C. Plott)은, 예를 들어 호수에 있는 오리들에게 두 군데에서 먹이를 줄 때 먹이의 양을 균등하게 나누어 주면 60마리의 오리가 30마리씩 두 군데에 나뉜다. 그러다가 먹이를 2/3와 1/3로 나누어 주면 오리들도 40마리와 20마리로 나뉜다. 오리들 사이에도 균형이 있다는 것이다. 또한 아무런 지능이 없는 기계로부터 쌍방 경매를 통해 수요와 공급곡선을 도출해 개인의 합리성에 근거하지 않고 시장에서 자원배분의 효율성을 보이려는

연구도 있다.[10]

행동경제학에 등장하는 예로, 암컷 새는 꼬리가 긴 수컷을 좋아한다. 그런데 기다란 가짜 꼬리를 붙인 수컷과 진짜로 긴 꼬리를 가진 수컷을 섞어 놓았더니 암컷들이 이들을 구분하지 못하고 따라다녔다. 새가 진짜와 가짜를 구분하지 못한 것이다. 그러나 미인의 사진을 보면 성적으로 자극을 받는 인간도 진짜와 가짜를 구분하지 못하는 셈이다. 진짜와 가짜도 구분하지 못하므로 인간은 합리적이지 않다. 사람들이 영화를 보고 울고 웃는 것을 보아도 진짜와 가짜에 대한 기계적인 구분이 적절치 않다는 것을 알 수 있다.

주목할 것은 실험의 절차나 과정, 그리고 실험에 대한 언어적인 규정이 실험의 맥락을 바꾸어 실험의 결과에 영향을 미친다는 점이다.[11] 구체적으로 실험으로 진행되는 게임을 협조, 교환, 경쟁, 경합 중 어떤 것으로 규정하느냐, 혹은 게임의 당사자를 동반자라고 부르느냐 적수라고 부르느냐에 따라 결과가 달라졌다. 게임이론이나 (이어 설명할) 무작위 통제 실험에서도 맥락과 문화의 차이, 그리고 언어적인 서술이나 수사는 중요하다.[12]

2. 경제학에서 준실험의 부상

현재는 실험의 방식이 다양해져 연구실의 실험(lab experiment)뿐만 아니라 현장 실험(field experiment), 자연 실험 등이 활용되고 있다. 자연 실험은 실험자나

10 Gode and Sunder(1993).
11 Smith(2006), Roth et al.(1991).
12 Aumann and Drèze(2008).

경제학자의 개입 없이 법이나 정책이 시행되어 현실에서 실험과 같은 상황이 연출되는 경우를 말한다. 현장의 실험은 특정 지역이나 기관에서 경제학자가 개입해 특정 규정이나 정책을 시행하는 경우에 해당된다. 현장의 실험은 인간이 개입한다는 점에서 자연 실험과 다르고, 인간의 개입이 있지만 장소가 실험실이 아니라 현장이라는 점에서 실험실의 실험과 다르다. 이런 것들을 흔히 준실험이라고 통칭한다.

현장 실험의 예로 이스라엘의 보육원에 자녀를 맡겼다가 부모들이 오후에 데리러 오는 데 지각하는 사람들이 많았다. 지각을 줄이기 위해 벌금을 부과하였더니 예상과 달리 지각자가 오히려 늘어났다.[13] 벌금이 부과되기 전에는 수치심(미안해요!)을 가지고 지각하지 않으려고 노력한 데 비해 벌금이 부과된 후에는 돈만 내면 지각해도 된다고(돈 냈잖아!) 생각이 바뀐 것이다. 원래는 벌금이 부과되어 벌금이 가격처럼 작동하면서, 경기의 규칙이 윤리나 규범 등 사회적 규범(social norm)에서 시장의 규범(market norm)으로 바뀐 것이다.

준실험은 경제학의 선택과 적정화를 기반으로 삼지 않으면서 인과관계를 규명하려고 노력한다. 이것은 전통적인 계량경제학이 효용함수나 생산함수에 근거한 선택과 적정화를 기반으로 삼는 것과 대비된다. 그리고 1990년 이후로 이런 준실험에 근거한 논문이 크게 늘어나면서 신뢰성의 혁명(credibility revolution)이 일어났다고 말한다(〈그림 3-4〉 참조).[14] 이렇게 된 데는 전통적인 계량경제학에 문제가 있었기 때문이기도 하지만 연구비를 제공하는 정부나 기업 등이 정책의 결과를 손쉽고 투명하게 제시하기를 원하였기 때문이기도 하다.

---

13 Gneezy and Rustichini(2000).

14 Angrist and Pischke(2010), Panhans and Singleton(2017). 〈그림 3-4〉의 도구변수에 대해서는 3절에서 설명한다.

| 그림 3-4 | 준실험의 증가 추세

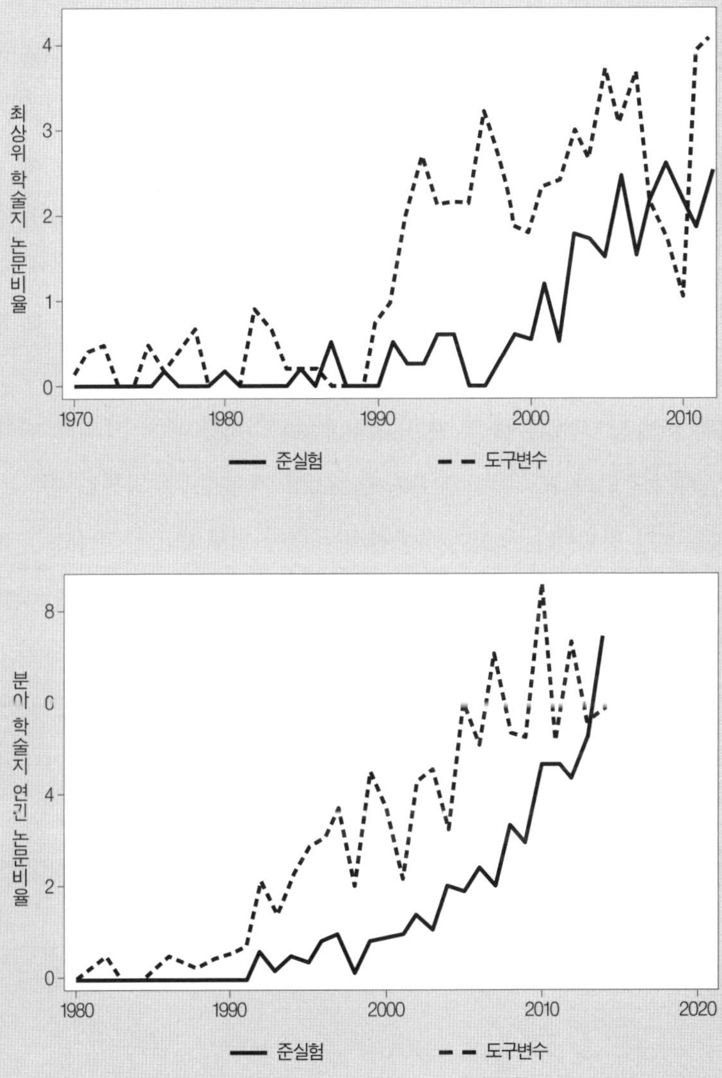

자료: Panhans and Singleton(2017), pp. 132, 135.

이같이 경험적인 연구가 증가하면서 인과적인 추론을 강조하게 된 것도 방법과 관련된 경제학의 최근 변화이다.[15] 그런데 인과관계에 대한 관심은 경제학뿐만 아니라 여러 학문에 걸쳐 중요한 흐름을 이루고 있다. 컴퓨터 과학자인 펄(J. Pearl)은 근래에 여러 학문이 상관관계를 고집하는 통계학에서 벗어나 인과관계에 초점을 맞추고 있다며, '인과적인 혁명'(Causal Revolution)을 부르짖는다.[16]

그런데 경제학자들이 준실험에 활용하는 대표적인 방법이 무작위 통제 실험(randomized controlled trial, RCT)이다. RCT는 경제학의 이론과 무관하게 교육, 노동, 보건, 경제발전 등과 관련된 정책의 인과적인 효과를 규명하는 데 활용되고 있다.

원래 RCT는 처치를 받은 집단(treatment)과 처치를 받지 않은 통제 집단(control) 사이에 나타나는 차이에 근거해 처치의 인과적인 효과를 규명하는 의학의 표준적인 방법이다. 영국에서 발간되는 의학 학술지의 한 편집자는 RCT가 영국이 이 세상에 제공한 최상의 공헌들, 즉 셰익스피어, 뉴턴, 다윈, 의회민주주의 등과 같은 반열에 있다고 칭송하였다.

실험을 통해 다른 요인들을 손쉽게 통제할 수 있기 때문에 처치를 받은 집단과 처치를 받지 않은 집단 사이의 차이가 오로지 특정 처치에 기인한다고 확신할 수 있다고 생각하기 때문이다. 처치는 계량경제학이나 통계학에서 외생변인이나 외생변수에 해당되고, 통제할 요인은 누락변수, 공통원인, 교란요인, 배경조건 등을 포함한다.[17]

계량경제학에서 회귀분석을 통해 인과를 추론하려고 해도 변수들의 분리

15 Angrist and Pischke(2010; 2017).
16 Pearl and MacKenzie(2018).
17 Worrall(2007), pp. 1001~1004.

와 통제가 요구된다. 즉, $Y=f(X_1, \cdots, X_N)$에서 원인(X_1)을 다른 것들($\tilde{X}$)로부터 분리해 $Y=\phi(X_1)+g(\tilde{X})$로 만들어야 한다. 그래서 인과적 추론에서는 결과뿐만 아니라 원인도 하나로 단순화되는 반면 통제할 교란요인(confounder)은 여럿이 된다.[18] 그런데 무작위화(randomization) 혹은 무작위 배정(random assignment)을 통해 RCT가 계량경제학보다 이것을 더 쉽게 처리한다는 견해가 형성되었다.

이에 따라 RCT는 의학의 처치(코비드 예방주사)뿐만 아니라 교육의 훈련 프로그램(조기 영어 교육), 농업의 영농방법이나 시비(화학비료) 등 여러 가지 인간의 개입이 낳는 결과를 검증하는 데 활용되고 있다. 경제학자들은 주로 현장의 실험을 통해 경제의 법규나 정책(과세, 철도건설, 구충, 병원 건립, 미소금융)의 효과를 인과적으로 규명하는 데 RCT를 활용하고 있다.

구체적으로 특정 정책을 각기 여러 개체로 구성된 두 집단 중 한 집단에는 시행하고(X=1) 다른 집단에는 시행하지 않은 후(X=0), 두 집단의 결과(Y)에 평균적으로 어떤 차이가 있는지 평균적인 효과(average treatment effect)를 확인한다. 즉, $E[Y_i(1)]-E[Y_i(0)]\gtreqless 0$.[19] 그 예는 다음과 같다.

- 미소금융(microcredit)의 효과를 확인하기 위해, 인도의 하이버라바드 지역에서 빈곤한 마을 104개 중 무작위로 선정한 52개 마을에 특정 미소금융기관이 2006년에 진입하여 여성을 대상으로 활동한 결과를 이 기관의 진입을 유예한 나머지 52개 마을의 상황과 비교하였다.[20] 그 결과 비공식적인 금융에 대한 의존은 5.2% 줄어든 반면 미소금융을 수용하는 비율이 8.4% 늘었고, 소기업의 투자와 이윤이 증가하였다. 그렇지만 소비는 별로 늘지 않았고, 교육 혹은 여성의 역량 증강에는 큰 변화가 없었다. 현장에서 무작위로 선정해 해당 집단과 통제 집단을 구분해 정책적인 개입의 인과적인 효과를 검증하였다는 점에서

18 Falk and Heckman(2009), p. 536; Angrist(2022), pp. 2533~2534; Card(2022).
19 Rubin(1974).
20 Banerjee et al.(2015).

이것은 현장의 실험 혹은 준실험에 의존한 RCT이다.

- 멕시코의 7개 빈곤 지역에 있는 505개 마을 중에서 320개를 무작위로 골라 '조건부로 현금을 지급하는 정책'을 1998년부터 2년 동안 시행하고, 정책을 유예한 185개 마을의 상황과 비교하였다.[21] 여기서 조건이란 부모가 자녀를 성실히 돌보고, 예방주사를 맞히고, 보건 교육에 참여하는 것 등 보건과 관련된 것과 자녀의 등교 등이다. 그 결과 3세 이하 영유아의 질병 발생률이 통제 집단과 비교해 20% 이상 낮게 나타났고, 빈혈은 25% 적었으며, 키는 거의 1cm 더 컸다. PROGRESA로 불리는 이 계획은 그 이후 확산되어 30개국에서 실시되고 있다. 이 역시 무작위로 두 집단을 구분해서 현장 실험을 실시한 RCT이다.

인과적인 효과를 확인하는 데 있어서 관건은 두 집단에서 나타나는 결과의 차이가 오로지 정책의 시행 여부에서 기인하도록 교란요인들을 통제하는 것이다. 이것을 정책의 내적인 유효성(internal validity)이라고 부른다. 그런데 진정으로 정책의 효과를 보이려면 원래 지역과 상황뿐만 아니라 다른 지역과 상황에서 정책의 효과가 재현된다는 것도 확인해야 한다. 이것이 정책의 외적인 유효성(external validity)이다.

그런데 RCT는 내적인 유효성보다 외적인 유효성에서 취약하다는 지적이 많다. 우선 RCT는 (외견상) 이론이나 가정 없이 마치 사냥하듯이 경제와 사회의 특정 부위를 잘라내 인과적인 효과를 찾아낸다.[22] 이같이 함수 형태, 이분산성, 자기상관 등에 개의하지 않고 국지적인 인과관계에 집중하므로 RCT를 사용하는 데 수반되는 부담이 적다.[23] 그렇지만 오로지 원인과 결과에 집착하면

21 Gertler(2004).

22 구조방정식에 근거한 전통적인 접근과 달리 비모수적으로 이론과 무관하게 자료에 접근한다는 점에서 무작위 통제 실험은 시계열 분석과 비슷하다. 그리고 무작위 실험이 인과를 수색한다는 것은 이론과 무관하게 인과관계를 찾는다는 점에서 시계열 자료에 근거한 그레인저 인과(Granger causality)와 비슷하다.

23 Angrist and Pischke(2010).

서 RCT는 인과의 경로나 결과가 나온 이유를 경시하는 경향이 있다.

정책의 효과를 일반화하려면 정책의 효과에 기계적으로 집착하기보다 정책이 왜 그리고 이렇게 작동하는지, 즉 인과관계의 작동장치(mechanism) 혹은 경로를 파악해야 한다. 그리고 작동장치를 파악하려면 시장과 경제 전체를 파악하기 위해 경제 이론과 제도 등에 대한 사회과학적인 지식을 갖추어야 하고, 역사·문화적인 맥락과 구조를 파악해야 한다.[24]

구체적으로 두 요인이 보이는 인과관계($X \rightarrow Y$)의 중간고리($X \rightarrow R \rightarrow Y$)나 관계의 전후 고리들을 전체적으로($V \rightarrow X \rightarrow Y \rightarrow W$) 파악해야 한다. 그렇지 않으면 다른 상황에서 시행되었을 때 해당 정책이 무용하거나 예상치 못한 부작용을 가져올 수 있다. 이것이 RCT가 외적인 유효성에 취약한 이유이다.

가령, 조세의 인상이 미치는 영향을 따지려면 이것이 가격이나 소득에 미치는 단기적인 영향과 장기적인 영향을 구분해야 한다. 또한 비료의 사용법이 생산성을 증가시키는 경우, 이것이 공급량과 가격에 미칠 영향도 고려해야 한다. 나아가 특정 사회에서 조세나 정부에 대한 관념이나 농업이 지니는 의미나 가치도 이해할 필요가 있다.

일반적으로 자료는 스스로를 대변할 수 없으므로 관념이나 관점 혹은 사전적인 지식 없이는 경험 연구가 가능하지 않다. 이 때문에 RCT를 활용하더라도 모종의 지식과 상황에 대한 판단은 불가결하다. 또한 제대로 된 RCT는 실제로 이론을 활용하고 있다.[25] 그런데 여기서 필요한 이론이 반드시 신고전학파 이론이어야 할 이유가 없다. 실제로 RCT는 신고전학파 이론보다 행동경제

24 Deaton(2010), pp. 429, 447, 449; Deaton and Cartwright(2018); Heckman and Smith(1995), p. 95.

25 Banerjee and Duflo(2009).

학이나 제도에 관한 사회과학 지식, 그리고 상식이거나 직관에 의존한다.

1950년대 이후로 40년 동안 경제학의 경험 연구는 선택, 적정화, 균형에 근거한 신고전학파 이론을 기반으로 구조방정식(structural equation)에 의존해 진행되었다.[26] 여기서 '구조'는 사회학이 강조하는 경제·사회 구조가 아니라 신고전학파의 관점에 따라 개인 차원의 선호와 선택 등 행위를 나타내는 방정식의 구조이다. 그런데 RCT를 위시한 2000년 이후의 경험 연구는 이런 구조에서 벗어나고 있다.

RCT로 노벨상을 받은 바네르지(A. Banerjee)와 뒤플로(E. Duflo)는 경제발전과 관련해 각국의 구체성과 개별성을 중시하면서 합리성과 가격에 대한 반응을 전제하는 표준이론에 속박될 이유가 없다고 주장하였다.[27] 함께 노벨상을 수상한 크레이머(M. Kremer)도 기존 경제학의 유효성이 제한되어 있음을 지적하였다. 이들에 의하면, 적어도 경제발전과 관련해 RCT는 기존 경제학보다 행동경제학과 상호 보완적이다.

가령, RCT를 통해 ① 특정 교육정책으로 학생들의 학업능력과 생산성이 증가해 이들의 임금이 상승하리라고 예상할 수 있다. 그런데 이 경우 ② 많은 학생의 능력과 생산성이 향상되면 노동시장에서 양질의 노동력이 늘어나 경쟁이 일어나면서 임금이 오르지 않을 수 있다. 그런데 ②는 균형이나 일반균형의 통상적인 결과라기보다 개인의 합리성과 사회의 합리성 혹은 체계성 사이의 괴리에 가깝다. 이것은 인간행위의 의도되지 않은 결과로 스미스나 마르크스에 가깝고 기존 경제학보다 사회학의 논리에 가깝다. 이로부터 오로지 인간의 합리성에 집착해 온 경제학 이론의 적용 범위가 제한적이라는 것을 확인할 수 있다.

---

26 신고전학파의 경험 연구는 콜스 커미션(Cowles Commission)의 계량경제학 모형, 시카고학파의 예측모형, 레온티에프(W. Leontief)의 투입산출표의 세 갈래인데, 모두 신고전학파 이론을 기반으로 삼고 있다. Biddle and Hamermesh(2017).

27 Banerjee(2020), Kremer et al.(2019).

헤크먼은 인과성을 중시하면서도 계량경제학적인 방법을 우선시하면서 (실험에 대해서는 긍정적이지만) 준실험에 대해서는 부정적이다. 토지나 농산물에 대한 실험이 아니라 사람에 대한 실험, 즉 의학 실험, 그리고 특히 정책 등과 관련된 사회적 실험(social experiment)에서는 실험 자체가 피실험자들의 행위에 영향을 미치기 때문이다. 가령, 피실험자들이 눈을 피해 복용할 약품을 복용하지 않거나 받을 교육을 게을리할 수 있다.

무엇보다 외견과 달리 RCT도 여러 가정이나 이론을 피할 수 없고, 통제된 실험을 통해 결과를 얻었더라도 인과적인 경로를 해명할 수 없는 경우가 많다.[28] 역시 정책과 결과에 집중해 중간 과정을 무지의 영역으로 취급하는 것이 RCT의 문제이다. 경제이론을 우선시하는 헤크먼이지만 이 문제를 해결하려면 사회과학적인 지식이 필요하다는 점을 인정하였다.[29]

요약하면 RCT도 관점을 배제할 수 없고 이론을 적극적으로 활용해야 한다. 이것은 흄이나 프리드먼보다 선험성(*a priori*)을 수용하는 칸트나 포퍼에 부합된다(프롤로그 1절). 또한 이런 관점이나 이론은 신고전학파에 갇히지 않고 폭넓게 역사·사회적 조건을 반영하는 사회과학에 의존해야 한다. 예를 들어, 행동경제학(2장)이 경제발전과 관련해 주장하는 사고방식(mental model)이 이에 가까울 것으로 보인다.

이와 별개의 문제로 RCT는 좁은 범위의 인과관계를 다루고 있다. '원인→과정→결과'로 구성되는 인과관계에서 어디에 중점을 두느냐에 따라 인과적 추론의 성격이 달라진다. 먼저 동일한 인과관계($X \rightarrow Y$)에 대해 원인(X)을 알면서 결과(Y)를 확인하는 전방(forward) 추론($X \Rightarrow Y$)과 거꾸로 결과(Y)를 알면서

28 Keane(2010a; 2010b).
29 Heckman and Smith(1995), pp. 94~95.

원인(X)을 추적하는 후방(reverse) 추론($Y \Rightarrow X$)이 구분된다. 또한 행위자 등 개별 단위의 인과와 경제나 사회 등 체제 수준의 인과를 구분해야 한다.[30]

RCT는 특정 정책이나 법의 원인과 결과를 중시하고, 이미 원인에 해당되는 정책이나 법을 알고 있으므로 그것의 인과적 효과, 즉 결과와 결과에 대한 측정에 집중해 전방 추론($X \Rightarrow Y$)에 속한다. 결과에 집중하기 때문에 인과관계에서 중간 과정이나 기제, 그리고 이론을 경시하게 된다. 결과에 집중하면 공리주의와 가까워지고, 과정을 경시하면 행태주의에 가까워진다. 공리주의와 행태주의는 경제학의 철학적인 근거이므로 RCT는 신고전학파에 부합되는 인과적 추론을 전개한다고 판단할 수 있다.

물론 이것이 강점이 될 수도 있다. 의학에서 치료는 먼저 효과를 지향한다. 그래서 인과의 경로나 이론적인 근거를 몰라도 효과가 있어 오랫동안 사용된 치료법이 수없이 많다. 서양 의학보다 한의학에서는 이런 경향이 더욱 강하다. 그렇지만 RCT가 자부하는 과학성은 반감된다.

또한 RCT는 개인, 마을, 지역, 기업, 산업 등 개별 단위들의 상호 작용이나 체제 수준의 인과가 아니라 서로 분리된 개별 단위 수준의 인과를 중시한다. 그리고 원인을 치료, 정책, 법과 같은 인간의 개입에 국한하는 경향도 있다. 이 역시 개인이나 집단 등 인간의 행위에 집중해 제도나 구조의 힘을 도외시하는 경제학의 경향에 부합된다.

이에 비해 경제·사회 현상과 관련해 후방 추론이 필요한 경우도 많다. 의학에서 특정 치료가 질병에 효과가 있는지를 묻는 것이 아니라 질병의 원인이 무엇인지 묻는 것은 후방 추론이다. 경제현상으로 왜 1929년의 대공황이나

30 Gelman(2011).

2007~2008년의 대침체가 발생하였는지를 묻는 것은 후방 추론이다.

역사경제학(4장)도 인과를 추구하지만 현대에서 경제발전의 차이(Y)를 낳은 원인(X)을 규명하므로 후방 추론($Y \rightarrow X$)에 가깝다. 그리고 이 접근법은 과정이나 경로를 중시한다. 예를 들어, (3절에서 예시할) 과거시험에 대한 연구는 X와 Y 사이의 장기적인 인과의 경로로 과거 문화의 전승, 교육 기반 확충, 사회적 자본, 정치적 엘리트 형성을 지적한다.

또한 천체나 신체의 움직임 등 자연현상뿐만 아니라 경제·사회 현상에도 인간의 개입이 일차적인 원인을 제공하지 않으면서도 인과관계를 낳는 경우가 많다. 대공황이나 대침체는 체제 수준의 인과 문제이다. 과거시험에 대한 연구도 정책 등 현존하는 인간의 개입이 아니라 과거로부터 이어받은 문화와 제도에 근거해 체제 수준의 인과관계를 다룬다. 이렇게 보면 RCT가 다루는 인과관계는 제한적이다.

3. 인과적인 추론을 위한 다른 기법들

인과적인 추론을 위해 기존의 계량적인 방법 중에서도 몇 가지가 활용되는데, 도구변수, 불연속적인 회귀, 이중차이방법 등이 대표적이다.

1) 도구변수

자연 실험이나 준실험에 도구변수(instrumental variable, IV)가 함께 활용되기도 한다. 일반적으로 IV는 예상하였던 인과관계 [설명변수(X)→피설명변수

(Y)]에 역인과(reverse causality)나 변수의 누락(omitted variable)이 우려되는 경우 X의 설명력을 확인하는 데 활용된다. 역인과는 [$X \to Y$]가 아니라 이와 반대인 [$Y \to X$]를 말하고, 변수의 누락은 [$X \to Y$]가 아니라 [$U \to X$, $U \to Y$]로 '허위상관'(spurious correlation)을 초래하는 상황을 말한다. 이렇게 되면 X와 오차항이 독립적이지 않으므로 다른 변수(Z)를 IV로 사용해 Y에 대한 X의 설명력을 보여 주게 된다.[31]

도구변수 Z는 X를 대신할 수 있어야 하므로 X와 상관관계를 지니면서도, X와 달리 다른 변수의 영향을 받지 않아서 무작위적이거나 외생적이어야 한다. 이같이 IV는 X의 내생성(endogeneity)을 회피하고 외생성(exogeneity)을 확보하는 데 봉사한다(〈그림 3-5〉 참조). 이에 따라 회귀분석에서 IV를 활용하려면 먼저 외생적인 Z의 정보만을 담고 있는 X의 추정치를 구한 후, 다시 이 X의 추정치에 근거해 Y를 추정한다. 이에 따라 2단계 최소자승법(2SLS)이 동원된다.

IV는 동시방정식 체계나 측정상의 오류 등에도 활용되지만, 좁은 범위의 인과관계를 설정하는 경우에는 주로 변수의 누락을 해결하는 데 활용된다. IV가 인과관계를 규명하는 데 활용되면서 자연 실험이나 준실험과 연결된다. 여기서 믿을 만한 IV를 찾는 데 정해진 규칙이 없지만 경제의 작동원리와 제도에 대한 지식이 필요하다.[32] 이 점에서 누락변수에 대처하기 위한 IV의 활용은 준실험과 같은 상황 속에 놓여 있다.

군복무가 소득에 미치는 영향을 파악하기 위해 1970년대 초 베트남전에 파병된 미국인들의 군복무(X)가 퇴역 후 이들의 평생소득(Y)에 미친 영향을 연구한 논문이 있다. 여기서는 소득에 영향을 미칠 만한 다른 요인(U)을 통제하고

31 Imbens(2020).

32 Angrist and Krueger(2001), pp. 72~77.

| 그림 3-5 | 도구변수의 위치

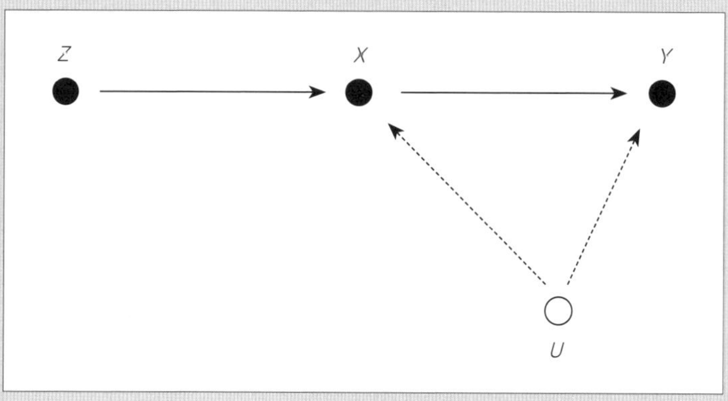

자료: Imbens(2020), p. 1137.

파병이 미친 영향만을 골라내야 한다.[33] 다른 요인이란 원래부터 민간 부문에서 기회가 적었던 사람이 파병된 경우라면 이들의 향후 소득이 낮은 이유는 군복무가 아니기 때문이다.

이를 통제하기 위해 생년월일(Z)을 도구변수로 활용하였다. 당시 파병의 기준은 주로 19세에서 20세에 해당되는 청년 중 일정 비율을 추첨으로 선정하는 것으로 자연 실험에 가까웠다. 이 상황에서 1950~1953년이라는 생년월일은 다른 변수의 영향을 받지 않으면서도 파병 여부에 영향을 미치므로 도구변수로 선택되었다. 이로부터 파병이 소득을 16% 감소시켰다는 결과를 얻었다.

RCT의 근거로 이해되고 있는 루빈-네이먼 인과모형(Rubin-Neyman causal model)은 통계학에서 출발하면서도 상관관계에 만족하지 않고 인과관계를 탐

33 Angrist(1990).

색하며, 실험 여부에 구애받지 않는다.[34] 이 모형은 누락된 변수가 미칠 수 있는 영향을 분리시켜 가능한 성과(potential outcome)를 측정함으로써 초점이 되는 프로그램의 인과적인 효과를 추적한다.[35]

가령, 교육 기간(*X*)이 소득(*Y*)에 미치는 영향을 파악하려는 경우 가정의 사회적 계층이나 학업동기(*U*) 등이 추가로 끼어들어 혼란을 초래할 수 있다. 이 경우 계층 등의 영향을 배제하고 교육 기간이 미친 영향만을 걸러 내기 위해 입학 당시의 생년월일과 졸업일자(*Z*)를 도구변수로 활용할 수 있다.[36]

여기서 생년월일과 졸업일자는 기계적으로 적용되어 같은 학년의 학생들에게 교육 기간의 차이를 낳으면서도 사회계층이나 교육에 대한 동기와 무관하다. 이 도구변수를 활용하면 계층이나 동기의 영향을 배제해 결과적으로 동일한 사람이나 집단이 교육을 더 받은 상황과 덜 받은 상황을 비교한 것과 비슷해진다. 이것을 국지적인 평균효과(local average treatment effect)라고 부른다.

전반적으로 경험 연구가 늘어나고 역사경제학(4장)에서 인과적인 추론이 중요해지면서 IV의 역할이 증가하고 있다.[37] 이런 경우 대개 독립변수가 하나여서 회귀방정식 자체는 간단한 반면 통제변수가 여럿이다. 그리고 시계열 자료에서 시차변수를 IV로 사용할 때보다 여기서 도구변수를 찾는 일이 더 어려운 과제가 된다.

---

34 도구변수 등에 근거한 계량경제학, RCT의 근거로 해석될 수 있는 루빈-네이먼 인과모형, 그리고 화살표로 인과관계를 식별하는 펄의 일방인과그래프(Directed Acyclic Graph, DAG)가 인과관계에 대한 최근의 세 가지 접근방법이다. 그런데 DAG는 질병의 역학(疫學), 컴퓨터 과학, 기후학 등에서 활용되고 있으나 경제학에서는 현재까지 별로 활용되지 않고 있다. Heckman and Pinto(2022); Pearl and MacKenzie(2018), p. 350; Imbens(2020).

35 Rubin(1974), Holland(1986), Angrist et al.(1996).

36 Angrist and Krueger(2001).

37 Deaton(2007).

과거 명·청 시대에 중국에서 과거시험에 급제한 사람의 숫자(X)가 278개 지역마다 다른데, 이 차이가 현대 중국에서 해당 지역의 교육연수(Y)와 교육열의 차이를 설명한다는 최근의 지속성 연구를 보자.[38] 과거 급제자의 숫자가 누락된 요인들(U)로부터 영향을 받으므로, 내생성을 해결하기 위해 과거 급제에 대한 IV를 찾아 2SLS를 시행하였고 원하는 결과($\tilde{\beta}_1 > \beta_1$)를 얻었다. 이 경우 IV는 당시 수송로인 강을 통한 해당 지역과 송죽 산지 사이의 최단거리(Z)인데 그 근거가 복잡하다.

과거시험의 교재가 사서삼경이고, 그것의 재료가 종이와 먹이며, 종이와 먹은 소나무(松)와 대나무(竹)로 만들고, 인쇄소의 재료인 송죽(松竹)과 생산물인 책은 강을 통해 수송되었고, 인쇄소는 산지 가까이에 설립되어 있었다. 나아가 송죽의 산지는 자연적으로 주어져 외생적이라고 판단할 수 있다. 이런 상황에서 특정 지역과 송죽 산지 사이의 강을 통한 최단거리(Z)가 과거 급제(X)에는 영향을 미치면서도 다른 요인(U)의 영향을 받지 않는다고 해석하였다.[39]

2) 회귀 불연속 설계

통상적인 회귀분석에는 독립변수와 종속변수가 모두 연속적이다. 회귀 불연속 설계(regression discontinuity design, RDD)는 연속적인 독립변수가 임계치(cutoff

38 Chen et al.(2020).

39 $Y = \beta_0 + \beta_1 X + \beta_2 U + \epsilon$

여기서, Y: 종속변수(지역별 교육연수)

X: 독립변수(지역별 과거시험 대과 급제자의 숫자)

U: 교란요인으로 통제될 변수(경제 번영 농업 적합성 지리 야간조명)

$\tilde{X} = \delta_0 + \delta_1 Z + v \qquad \tilde{Y} = \tilde{\beta}_0 + \tilde{\beta}_1 \tilde{X} + \tilde{\beta}_2 U + r$

여기서, Z: 도구변수(강을 통한 최단거리)

threshold)의 상하로 불연속적으로 바뀌는 경우 이것을 활용해 종속변수에 미치는 인과적인 효과를 찾아낸다.[40] 이 경우 다른 변수들의 변동은 연속적이라고 전제한다. RDD에서는 연속적이던 (설명)변수가 불연속적으로 변해 근접해 있는 자료를 양분할 수 있으므로 통상적인 회귀분석과 달리 처치를 받은 집단과 통제된 집단으로 나누는 것과 비슷하다(〈그림 3-6〉 참조).

가령, 90점을 임계치로 삼아 90점 이상은 장학금을 주고, 89점까지는 장학금을 주지 않는 상황을 생각하자. 이 경우 임계치(c)의 상하로 부근에 있던 학생들의 이후 성적이나 성과에 차이가 생기는 경우 장학금 수여 여부가 그 원인이라고 판단하는 것이다. 이것은 좌측 극한치($x\downarrow c$)와 우측 극한치($x\uparrow c$)가 달라지는 상황이기도 하다.

이스라엘에서 학급의 크기가 학업 성과에 미치는 영향을 규명한 연구를 보자.[41] 이 경우 40명까지는 하나의 학급이 되고, 41명부터는 두 학급으로 나뉘므로, 40, 80, 120의 부근에서 불연속이 생기게 된다. 가정환경 등 누락된 요인들이 이같이 급격하게 변하지 않을 것이므로, 이 불연속성을 이용해 누락된 변수들을 통제할 수 있다. 따라서 해당 학급들의 성적에 차이가 나타나면 이것은 오로지 학급의 크기에 기인한다고 판정할 수 있다. 여기서 40명이라는 임계치가 도구변수와 같은 역할을 발휘한다.

한국의 입시나 입사시험. 고시, 경연대회나 골프, 연령 등에 따른 투표권이나 참여권 등과 관련해 임계치를 두고 가부를 구분하는 경우가 이에 해당된다. 이런 상황은 연속적인 시장의 가격변수나 행정적인 재량이 아니라 사전적으로 정해진 법이나 규정에 부합된다.

---

40 Thistlethwaite and Campbell(1960), Imbens and Lemieux(2008).
41 Angrist and Lavy(1999).

| 그림 3-6 | 불연속의 모습

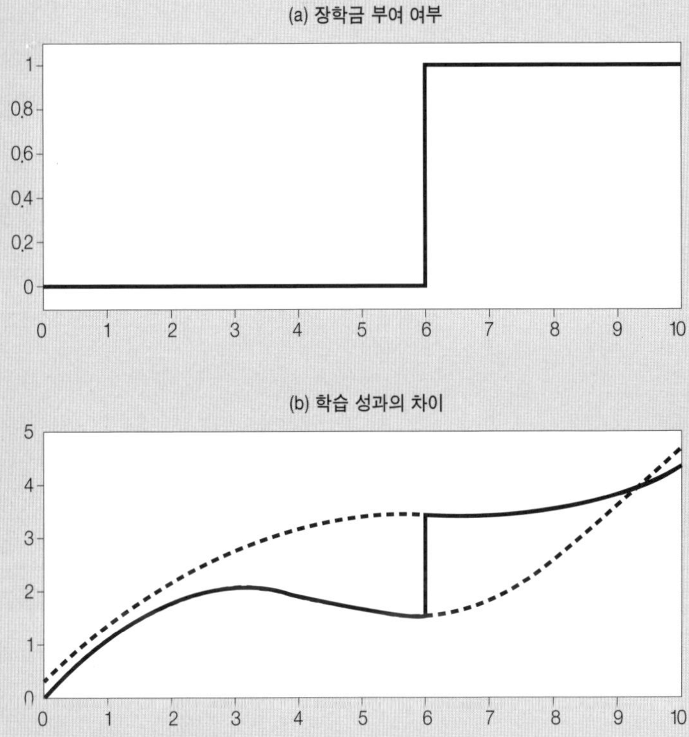

자료: Imbens and Lemieux(2008), p. 617.

최근에는 과거 1573~1812년 사이에 페루와 볼리비아에서 자행된 광산의 강제노역을 위한 징집이 현재의 생활 수준에 미친 영향을 규명하는 지속성 연구에 RDD가 활용되었다.[42] 당시 해당 지역의 성인 남자 1/7이 강제로 동원되었는데, 인접 지역에서는 전혀 동원되지 않았다는 불연속성을 활용하였다. 그 결과

42 Dell(2010).

2000년 이후 해당 지역의 가계소비가 인접 지역에 비해 25% 낮았고, 영양실조로 인한 아동의 성장장애가 6% 높은 것으로 나타났다.

그리고 이런 영향이 발생한 경로로 토지소유의 소규모화와 교육 수준의 저하를 제시하였다. 강제노역이 자행된 시기는 몇백 년 전인데 그 영향이 현재까지 지속된 것이다. 따라서 이것을 역사적인 실험으로 간주할 수도 있다. RDD는 심리학자들이 이미 1960년대에 착안하였지만 그동안 잠자고 있다가 경제학자들이 1990년대 후반부터 활용하면서 부활하였다. 자연 실험 등 경험적인 연구를 통해 인과관계가 중요해지면서 이렇게 된 것으로 추정할 수 있다.

3) 이중차이방법

이중차이방법(differences in differences, DID)은 비슷한 조건을 지닌 두 집단 사이에 법이나 정책의 인과적인 효과를 확인하는 데 활용된다. 한 집단에는 새로운 법이나 정책이 시행되고 다른 집단에는 시행되지 않은 경우 각 집단을 시행 전의 상황과 시행 후의 상황이라는 시점으로 비교한 후, 다시 이런 시점들 사이의 차이들로부터 두 집단 사이의 차이를 구해 유의미한지 확인한다.

대표적인 예로 1989년에 미국 뉴저지주는 최저임금을 올렸는데, 펜실베이니아주는 올리지 않았다. 이런 차이를 활용해 버거킹이나 KFC 등 패스트푸드 식당 140곳을 대상으로 최저임금 인상이 고용에 미친 영향을 비교 연구하였다.[43] 이것은 인위적인 실험이 아니라 자연 실험에 해당된다.

구체적으로 뉴저지에서 최저임금이 인상되기 이전의 고용 수준(E_{11})과 인상

43 Card and Krueger(1994).

된 이후의 고용 수준(E_{12})의 변동($E_{11}-E_{12}$)을 계산한다. 즉, $D_1=E_{11}-E_{12}$. 그리고 최저임금을 인상하지 않은 펜실베이니아의 경우에도 동일한 두 시점의 고용 수준의 변동($E_{21}-E_{22}$)을 계산한다. 즉, $D_2=E_{21}-E_{22}$. 이어서 뉴저지의 고용 변동과 펜실베이니아의 고용 변동 사이에 차이가 있는지, 그리고 차이가 있으면 그 차이가 유의미한지를 확인한다. 즉, $D_1-D_2 \geq 0$. 그런데 이 경우 $D_1-D_2=0$으로 두 주 사이에 유의미한 차이가 나타나지 않아서 최저임금의 인상이 고용을 줄이지 않았다는 결론을 얻었다.

두 주의 고용 변동이 모두 차이인데, 이 차이들의 차이를 다시 구해서 검토하므로 차이의 차이가 된다. 최저임금이 인상되지 않은 집단의 시점 간 차이(D_2)는 거시경제의 변동과 같이 임금 인상과 무관하게 두 집단 모두에 미친 영향으로 간주할 수 있다. 따라서 최저임금이 인상된 집단의 시점 간 차이(D_1)에서 D_2를 빼면 최저임금의 인상으로 인한 변동만을 골라내는 것이 된다. 또한 뉴저지와 펜실베이니아는 인접해 있어 비교적 동질적이더라도 시점 간 차이를 구해 해당 주에 고유한 추세나 고정효과를 제거할 수 있다. 이런 식으로 DID는 법이나 정책의 인과적인 효과를 규명하는 데 쓰인다.[44]

한국의 1980년대 초에 실시된 졸업정원제는 자연 실험의 또 다른 예이다. 이 경우에도 실험을 실시할 의도는 없었지만 실질적으로 실험과 비슷하게 된 것이다. 졸업정원제가 노동생산성과 임금에 미친 영향을 확인하려면 여타 변수들을 통제하기 위해 DID를 활용할 수 있다.

미국에서 사형제도가 살인을 억제하는지 인과적으로 규명하기 위해 1960년부터 2000년까지 주별로 살인율의 변동을 조사하였다. 사형제도가 시행된 적

44 Bertrand et al.(2004), p. 249.

| 그림 3-7 | 사형제도와 살인건수

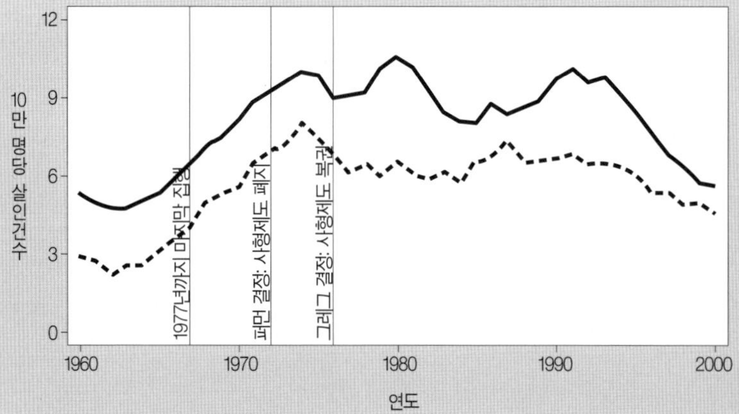

자료: Donohue and Wolfers(2005), p. 801.

이 없는 6개 주가 통제 집단이 되고, 사형제도가 없었다가 다시 생긴 여타 주들이 처치를 받은 집단이 된다. DID를 사용해 살인율 변동이 이들 사이에 차이가 없었음을 확인하고, 이로부터 사형제도가 살인율을 억제하는 데 도움이 되지 않는다는 결론을 끌어냈다(〈그림 3-7〉 참조).[45]

4. 실험경제학의 함의

전체 논의를 정리하면 현재 경제학은 다양한 방법을 통해 인과적인 추론

45 Donohue and Wolfers(2005).

을 위한 경험적인 연구를 추구하고 있다. 그중에서도 실험과 준실험은 이미 자리를 잡았다. 준실험에 대해 논란이 있지만 원래 방법과 자료는 한 가지를 고집할 이유가 없다. 따라서 인과적인 추론을 목표로 삼는다는 전제하에서 실험, 준실험, 도구변수 등 여러 방법에 개방적일 필요가 있다.

물론 어떤 방법이든 절대적일 수 없으므로 각 방법이 지닌 약점을 분명히 인식해야 한다. 더구나 어떤 방법도 모종의 관점이나 사회과학적인 지식으로부터 자유로울 수 없다는 점을 인식해야 한다. 따라서 각자의 관점이나 이론에 의존하면서 특정 방법을 활용해야 한다. 결과적으로 여러 방법을 활용하되, 기존의 경제이론에 국한하지 않고 폭넓게 사회과학적인 지식에 의존한다면, 경제사회를 규명하는 데 도움이 될 것이다.

참고문헌

Angrist, J. D., "Lifetime Earnings and the Vietnam Era Draft Lottery: Evidence from Social Security Administrative Records," *American Economic Review*, 80(3), 1990, pp. 313~336.

Angrist, J. D., G. W. Imbens, and B. M. Rubin, "Identification of causal effects using instrumental variable," *Journal of the American Statistical Association*, 91(434), 1993, pp. 444~455.

Angrist, J. D. and V. Lavy, "Using Maimonides' Rule to Estimate the Effect of Class Size on Scholastic Achievement," *Quarterly Journal of Economics*, 114(2), 1999, pp. 533~575.

Angrist, Joshua and Alan B. Krueger, "Instrumental Variables and the Scientific Search for Identification: From Supply and Demand to Natural Experiments," *Journal of Economic Perspectives*, 15(4), 2001, pp. 69~85.

Angrist, J. and J.-S. Pischke, "The Credibility Revolution in Empirical Economics: How Better Research Design Is Taking the Con out of Econometrics," *Journal of Economic Perspectives*, 24(2), 2010, pp. 3~30.

Angrist, J., P. Azoulay, G. Ellison, R. Hill, and S. F. Lu, "Economic Research Evolves: Fields and Styles," *American Economic Review*, 107(5), 2017, pp. 293~297.

Aumann, R. J. and J. H. Drèze, "Rational Expectations in Games," *American Economic Review*, 98(1), 2008, pp. 72~86.

Banerjee, A. V., "Field Experiments and the Practice of Economics," *American Economic Review*, 110(7), 2020, pp. 1937~1951.

Banerjee, A. V. and E. Duflo, "The Experimental Approach to Development Economics," *Annual Review of Economics*, 1, 2009, pp. 151~178.

Banerjee, A., E. Duflo, R. Glennerster, and C. Kinnan, "The Miracle of Microfinance? Evidence from a Randomized Evaluation," *American Economic Journal: Applied Economics*, 7(1), 2015, pp. 22~53.

Bertrand, M., S. Mullainathan, and E. Shafir, "A Behavioral Economics View of Poverty," *American Economic Review*, 94(2), 2004, pp. 419~423.

Biddle, J. E. and D. S. Hamermesh, "Theory and Measurement: Emergence, Consolidation, and Erosion of a Consensus," *History of Political Economy (Supplement)*, 49, 2017, pp. 34~57.

Card, D. and A. Krueger, "Minimum Wages and Employment: A Case Study of the Fast-Food Industry in New Jersey and Pennsylvania," *American Economic Review*, 84(4), 1994, pp. 772~793.

Chen, T., J. K. Kung, and C. Ma, "Long Live KEJU, The Persistent Effects of China's Civil Examination System," *Economic Journal*, 130(631), 2020, pp. 2030~2064.

Deaton, A., "Letter from America: Random Walks by Young Economists," *RES Newsletter*, 2007 April(www.res.org.uk/view/art1Apr07Corresp.html).

______, "Instruments, Randomization, and Learning about Development," *Journal of Economic Literature*, 48(2), 2010, pp. 424~455.

Deaton, A. and N. Cartwright, "Understanding and misunderstanding randomized controlled trials," *Social Science and Medicine*, 210, 2018, pp. 2~21.

Dell, M., "The Persistent Effects of Peru's Mining 'Mita'," *Econometrica*, 78(6), 2010, pp. 1863~1903.

Donohue, J. J. and J. Wolfers, "Uses and Abuses of Empirical Evidence in the Death Penalty Debate," *Stanford Law Review*, 58, 2005, pp. 791~845.

Falk, A. and J. Heckman, "Lab Experiments Are a Major Source of Knowledge in the Social Sciences," *Science*, 326(5952), 2009, pp. 535~538.

Gelman, A., "Causality and statistical learning," *American Journal of Sociology*, 117(3), 2011, pp. 955~966.

Gertler, P., "Do Conditional Cash Transfers Improve Child Health? Evidence from PROGRESA's Control Randomized Experiment," *American Economic Review*, 94(2), 2004, pp. 336~341.

Gneezy, U. and A. Rustichini, "A Fine is a Price," *Journal of Legal Studies*, 29(1), 2000, pp. 1~15.

Gode, D. K. and S. Sunder, "Allocative Efficiency of Markets with Zero Intelligence Traders: a Market as a Partial Substitute for Individual Rationality," *Journal of Political Economy*, 101(1), 1993, pp. 119~137.

Hajikhameneh, A. and E. O. Kimbrough, "Individualism, Collectivism, and Trade," *Experimental Economics*, 22, 2019, pp. 294~324.

Heckman, J., "Causal Parameters and Policy Analysis in Economics: A Twentieth Century Retrospective," *Quarterly Journal of Economics*, 115(1), 2000, pp. 45~97.

Heckman, J. and J. Smith, "The Case for Social Experiments," *Journal of Economic Perspectives*, 9(2), 1995, pp. 85~110.

Heckman, J. and R. Pinto, "Causal Analysis after Haavelmo," *Econometric Theory*, 31(1), 2015, pp. 115~151.

______, "The Econometric Model for Causal Policy Analysis," *Annual Review of Economics*, 14, 2022, pp. 893~923.

Holland, P., "Statistics and Causal Inference," *Journal of the American Statistical Association*, 81(396), 1986, pp. 945~960.

Imbens, G. W., "Potential Outcome and Directed Acyclic Graph Approaches to Causality: Relevance for Empirical Practice in Economics," *Journal of Economic Literature*, 58(4), 2020, pp. 1129~1179.

Imbens, G. W. and T. Lemieux, "Regression discontinuity designs: A guide to practice," *Journal of Econometrics*, 142(2), 2008, pp. 615~635.

Inoua, S. M. and V. L. Smith, "Neoclassical Supply and Demand, Experiments, and the Classical Theory of Price Formation," *History of Political Economy*, 54(1), 2022, pp. 37~73.

Keane, M. P., "A Structural Perspective on the Experimentalist School," *Journal of Economic Perspectives*, 24(2), 2010a, pp. 47~58.

______, "Structural vs. Atheoretic Approaches to Econometrics," *Journal of Econometrics*, 156(1), 2010b, pp. 3~20.

Kremer, M., G. Rao, and F. Schilbach, "Behavioral development economics," Chapter 5, *Handbook of Behavioral Economics: Applications and Fioundations*, Vol. 2, 2019, pp. 345~458.

Panhans, M. T. and J. D. Singleton, "The Empirical Economist's Toolkit: From Models to Methods," *History of Political Economy* (*Supplement*), 49, 2017, pp. 127~157.

Pearl, J. and D. MacKenzie, *The Book of Why*, New York: Basic Books, 2018.

Roth, A. E., V. Prasnikar, M. Okuno-Fujiwara, and S. Zamir, "Bargaining and Market Behavior in Jerusalem, Ljubljana, Pittsburgh, and Tokyo: An Experimental Study," *American Economic Review*, 81(5), 1991, pp. 1068~1095.

Rubin, D., "Estimating Causal Effects of Treatments in Randomized and Nonrandomized Studies," *Journal of Educational Psychology*, 66(5), 1974, pp. 688~701.

Smith, V. L., "Markets as Economizers of Information: Experimental Examination of the Hayek Hypothesis," *Economic Inquiry*, 20(2), 1982, pp. 165~179.

______, "Method in Experiment: Rhetoric and Reality," *Experimental Economics*, 5, 2002, pp. 91~110.

______, "Experimental Methods in Economics," Chapter, *Behavioral and Experimental Economics* (*Encyclopedia of Cognitive Science*), 2006, pp. 120~136.

______, "Causal versus Consequential Motives in Mental Models of Agent Social and Economic Action: Experiments, and the Neoclassical Diversion in Economics," *Kyklos*, 73(3), 2020, pp. 341~370.

Thistlethwaite, D. L. and D. T. Campbell, "Regression-Discontinuity Analysis: An Alternative to the Ex Post Facto Experiment," *Journal of Educational Psychology*, 51(6), 1960, pp. 309~317.

Worrall, J., "Evidence in Medicine and Evidence-Based Medicine," *Philosophy Compass*, 2(6), 2007, pp. 981~1022.

Zhou, X., T. Alysandratos, and M. Naef, "Rice Farming and the Origins of Cooperative Behavior," *Economic Journal*, 133(654), 2023, pp. 2504~2532.

chapter 04

역사경제학

1. 역사경제학의 특성
2. 역사경제학의 등장: 경제모형의 역사 도입과 자연 실험의 발달
3. 역사경제학의 의의와 가능성
4. 역사경제학의 한계와 전망

오늘날의 세계 각 지역의 경제발전 수준은 인류 역사 이전 호모사피엔스가 서아프리카로부터 다른 지역으로 이주하였던 거리에 의해 결정되었다.[1]

오늘날 이탈리아 정치의 양극화는 제2차 세계대전 당시 독일 점령 기간 동안 파시스트와 레지스탕스 운동의 대립에서 역사적 기원을 찾을 수 있다.[2]

기원전 1,000년의 기술이 오늘날의 기술을 좌우하고 있다.[3]

청·명 시대의 700여 년을 이어온 과거제도는 오늘날 중국의 인적자본 축적에 지속적인 인과적 영향을 미치고 있다.[4]

식민지 시대 유럽 지배자들이 어떠한 제도를 이식하였는가에 의해 오늘날 후진국의 경제발전이 좌우되고 있다.[5]

위는 지난 20여 년 전부터 쏟아져 나오기 시작한 이른바 역사경제학(historical economics)의 범주에 속하는 몇몇 논문들의 주요 결론이다. 경제사학이나 역사학이 역사적 사실과 사건의 원인과 결과, 그리고 그것의 현재적 의미에 대해 탐구하는 것과 달리 역사경제학은 오늘날의 사회, 정지 및 경제 현상과 성과를 장구한 역사 속에서 그 원인을 찾고, 정교한 계량기법을 통해 인과관계를 탐구하고 있다. 경제사가 점점 위축되어 가는 추세[6]와 달리 역사경제학의 영향력은

1 Galor and Ashraf(2013).
2 Fontana et al.(2023).
3 Comin et al.(2010).
4 Chen et al.(2020).
5 Acemoglu and Robinson(2001).
6 테민(P. Temin)은 MIT의 사례를 통해 경제학과에서 경제사의 지위가 어떻게 변화하고 있는지 잘 보여 주고 있다. 경제이론, 계량경제, 경제사가 학과의 3개 기둥이었으며, 경제사는 1970년대에 전성기를 맞이하지만 계속 쇠퇴하고 오늘날 경제학과에서는 거의 붕괴되었다고 한탄하고 있다(Temin, 2013).

날로 커가고 있다.[7]

역사경제학이 주목받는 이유는, 첫째 경제학의 몰역사적(ahistoric) 속성 때문에 그동안 역사(경제사)와 경제모형(economic model)은 각자 분리된 상태로 각자의 길을 걸어왔다. 그런데 역사경제학은 경제 모델에 역사를 들여놓았기 때문이다. 둘째, 경제성장론에서는 실물 및 인적자본 축적, 기술진보를 경제성장의 요소로 간주하고 있었는데, 역사경제학은 거기서 더 나아가 자본축적과 기술진보에 영향을 미치는 궁극적 요인이 무엇인지를 구명하고 있다. 셋째, 역사경제학에서는 현재의 경제성과 및 정치 현상에 지속적으로 영향을 미치는 제도, 문화, 그리고 역사적 사건들을 고려할 수 있게 되었을 뿐 아니라 자연 실험의 계량기법을 통해 명확하게 인과적 효과를 살필 수 있게 되었다. 넷째, 역사경제학에서는 과거에는 상상할 수 없었던 방대한 범위의 데이터를 사용할 수 있게 되었다. 인류학 자료부터 인종과 종교, 기후, 지리 데이터에 이르기까지 거의 모든 분야의 데이터를 디지털화해서 사용하게 되었다.

이 글은 역사경제학을 이해하고 평가하기 위해 역사경제학이 어떤 특징을 갖고 있는지, 그것이 부상하게 된 경제이론사적 배경과 주목받는 이유를 설명한다. 그리고 역사경제학이 갖는 한계가 무엇인지, 전망은 어떻게 될 것인지 살핀다.

---

7 역사경제학자라 할 수 있는 델(M. Dell)이 2021년 40세 이하의 유망 경제학자에게 수여하는 John Bates Clark 메달 수상자가 된 것이나, 2000년 이후 가장 인용빈도가 높은 논문의 저자가 역사경제학의 물꼬를 튼 아세모글루(D. Acemoglu)라는 점이 그 위상을 상징적으로 보여 준다.

1. 역사경제학의 특징

역사경제학(historical economics)이란 용어는 *Handbook of Historical Economics*에서 본격적으로 사용되고 있지만 아직 표준화된 용어가 아니다. 역사의 자연실험(historical natural experiments)[8] 혹은 역사적 계량경제학(historical econometrics)[9]이라고도 불린다. 이 글에서는 역사경제학에서 큰 비중을 차지하고 있는 지속성 연구(persistence studies)에 초점을 맞춘다. 따라서 이 글은 역사경제학의 지속성 연구에 대한 것이며, 편의상 '역사경제학'이라 부를 것이다.

역사경제학의 특징을 요약하면 다음과 같다.

첫째, 표준경제학의 많은 경제모형에서는 역사가 들어설 자리가 없었고, 역사를 고려하지 않고 있었다. 따라서 경제학은 경제이론과 경제사가 분리된 상태로 공존하고 있었다. 그러나 역사경제학의 모형에서는 역사를 고려하게 되었다.

둘째, 역사경제학은 역사적 사건을 분석 대상으로 한다는 점에서는 경제사 혹은 계량경제사와 유사하다. 그렇지만 경제사와 계량경제사가 역사적 사건을 그 자체의 해석에 초점을 맞추는 데 비해 역사경제학은 과거의 역사적 사건 혹은 역사적으로 지속적인 특징(=제도, 문화, 지리, 유전적 특징)이 현재의 경제, 사회 및 정치적 성과(outcome)에 미치는 인과효과를 분석한다.[10]

셋째, 인과관계를 식별하고 그 영향을 추정하기 위해 도구변수(instrumental variable) 추정, 회귀불연속설계(regression discontunity design), 이중차이방법(difference in difference)과 같은 계량기법을 동원하고 있다.[11]

---

8 CantonI and Yuchtman(2021).
9 Valencia(2020).
10 Bisin and Federico(2021).
11 이들 기법에 대한 소개는 3장을 참조.

| 그림 4-1 | 역사경제학에서의 처치(treatment)와 성과(outcome)의 기본 틀

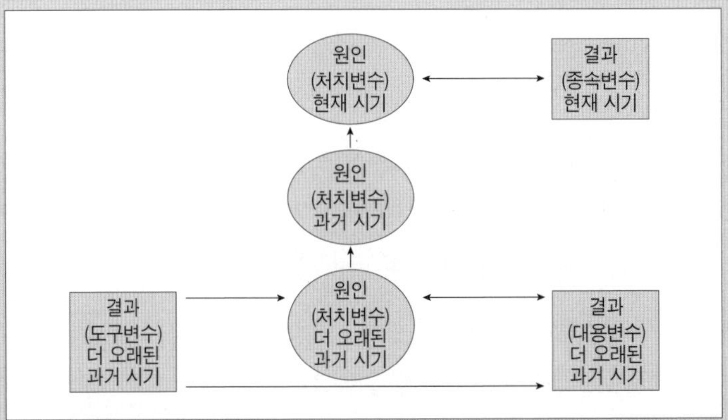

자료: Bisin and Moro(2021), p. 272를 수정.

넷째, 역사경제학은 경제학에서 다루는 주제를 뛰어넘어 정치, 사회, 문화, 종교, 언어, 고고인류학에서 다루고 있는 주제로 그 영역을 확장하고 있다. 즉, 거의 모든 영역으로 분석 대상을 확장하고 있다.

다섯째, 경제학은 경제학적 개념과 이론을 기반으로 경제모형을 만들고, 그에 기반한 가설을 테스트하는 형식을 취한다. 그러나 역사경제학에서는 경제 이론에 얽매이지 않고 사회, 정치, 고고인류, 역사의 모든 영역에서 연구자가 자유롭게 가설을 만들고 증명할 수 있게 되었다.[12]

〈그림 4-1〉은 역사경제학의 분석 틀을 잘 보여 주고 있다. 처치변수(treatment variable)는 원인, 관심 대상 혹은 독립변수를 의미하며, 결과(outcome)는 성과 혹은 종속변수를 의미한다. 과거의 원인(처치변수)과 더 오래된 과거의 원인(처치변

12 Voth(2021).

수)는 관찰할 수 없는 경우가 많으며, 일방 화살은 인과 방향, 쌍방 화살은 내생성(endogeneity) 때문에 인과 방향을 알 수 없는 관계를 보여 준다.

더 오래된 과거의 원인을 직접 관찰하여 객관적 데이터로 보기 어렵기 때문에 대용변수(proxy)를 대신 사용하게 된다. 어떤 국가나 사회의 풍요로움은 객관적 데이터로 보이기 힘드므로 그것을 대신해서 1인당 국민소득을 대용변수로 사용하는 것이 그 예이다. 그런데 문제는 원인이 되는 대용변수가 결과에 의해 영향을 받을 수 있다. 교육 수준이 높으면 연봉이 높을 수 있겠지만 거꾸로 소득 수준이 높은 가정의 자녀는 더 많은 교육 혜택을 받을 수 있을 것이다. 이처럼 결과변수가 원인변수에 영향을 미칠 수 있게 되는 것을 내생성이라 부르고 내생성의 문제를 극복하기 위해 경제학에서는 도구변수기법을 사용한다.

역사경제학의 분석 틀을 이해하기 위해 대표적인 몇몇 연구 사례를 요약하고 예를 살펴보자.

(1) 사례 1: 500년 전의 제도가 오늘날의 경제성과에 미치는 영향[13]

경제성장의 궁극적 요인이 무엇인가에 대한 논쟁이 있었다. 경제성장의 궁극적 원인으로서 기후와 지리적 요소,[14] 문화적 요소,[15] 그리고 제도적 요인,[16] 이 궁극적 요인으로 거론되고 있다. 오늘날 풍요로움의 궁극적 원인이 먼 과거의 제도로부터 비롯되었다는 견해의 대표적 연구를 소개하면 다음과 같다.

유럽인들이 16세기 이후 전 세계를 대상으로 하여 식민지 개척과 지배를 하게 되는데, 풍토병 사망률이 높은 지역은 현지의 식민지 정착이 어려웠기 때문

13 Acemoglu and Robinson(2001).
14 Sachs et al.(1999).
15 Glaeser et al.(2004).
16 Acemoglu and Robinson(2001).

에 유럽인의 대규모 식민지 이주와 정착이 없었다. 대신 이들은 일시적으로 거주하면서 최대한 짧은 기간에 원주민을 착취하고 예속시키는 제도를 확립하였다. 반면 풍토병 사망률이 낮은 지역은 유럽인들이 거주하기 좋은 여건 때문에 대규모로 장기 정착하며 유럽으로부터 좋은 제도를 이식하였다. 전자는 착취적 제도로서 오늘날까지 그 지역의 경제성장을 가로막고 있으며, 후자는 포용적 제도로서 오늘날 풍요로움의 원천이 되었다.

16세기 유럽인이 식민지에 정주하지 않으면서 착취에 골몰하였는지, 아니면 정주하면서 유럽의 제도를 이식시켰는지에 따라 식민지의 오늘날 경제성장이 결정되었음을 실증적으로 보여 주고 있다. 실증분석에서 제도에 대한 대용변수와 현재 1인당 GDP 사이의 내생성 문제를 극복하기 위해 도구변수 추정을 한다. 이때 도구변수는 유럽인의 식민지 정착 사망률을 사용하고 있다. 이 논문은 경제학 논문 중에서도 최고 많이 인용되는 대표적 논문 중 하나로 역사경제학을 꽃 피우는 데 결정적 역할을 하였다.

(2) 사례 2: 과거시험의 역사가 현재의 인적자본 투자에 미치는 영향

명·청 시대에 존속하였던 과거시험 제도(1368~1905년)는 폐지된 지 100년이 넘었지만 아직까지도 중국인들의 교육에 대한 투자와 태도에 지속적 영향을 미치고 있음을 보여 주고 있다.[17] 과거시험의 최고 등급인 진시[18] 합격은 돈, 권력, 명예를 한꺼번에 움켜줄 수 있는 자격증이다. 시험 합격을 위해 각 가정에서 부모와 젊은이들은 공부에 사활을 건다. 진시에 합격하면 돈, 명예, 권력을 움켜

17 Chen et al.(2020).

18 진시, 회시, 향시 중에서 가장 높은 등급의 시험이 진시이고, 향시, 그리고 회시에 합격해야 진시 응시의 자격이 생긴다.

쥐게 된다. 시험 합격을 위해 중국인들은 공부에 전력을 다하게 되며, 이러한 태도가 후손들에게 계승되고 과거시험이 폐지된 오늘날까지 이어진 것이다.

〈그림 4-1〉에서 제시된 역사경제학의 기본 틀에 따라 600년 동안의 과거시험 제도(원인)→오늘날의 교육열(결과)을 증명하기 위해 600년이라는 기간 동안 278개 각 행정구역에 인구 10만 명당 진시 합격률, 그리고 현재 각 행정구역의 인적자본 투자 관련 지표(=초중등학교 등록률, 학부모의 교육에 대한 태도)를 주요한 데이터로 사용하여 입증하고 있다. 처치변수(원인)인 명·청 시대의 과거시험 제도를 직접 관찰할 수 없으므로 대용변수로 인구 10만 명당 진시 합격률이라는 역사적 데이터를 이용한다. 즉, 인구 10만 명당 진시 합격률(=원인의 대리변수)→교육열 혹은 인적자본 투자(=결과변수)의 인과관계를 증명하는 셈이다.

그런데 명·청 시대에 교육열이 높으면 진시 합격률이 높아지는 것은 당연하다. 즉, 교육열(원인)→진시 합격률(결과)이라는 반대의 인과관계도 성립될 수 있다. 따라서 이러한 문제를 극복하기 위한 대책으로 도구변수추정법이라는 계량기법을 사용하는 것이다.

도구변수 추정을 위해 사용하는 도구변수는 소나무, 대나무 산지로부터 각 행정구역 항구까지의 거리이다.

명·청 시대 과거시험 공부를 위해 기본적으로 필요한 것은 책(유교 경전)과 종이, 먹 등의 공부 재료이다. 인쇄술과 서적 유통망이 체계적으로 발달하지 못하였기 때문에 책, 종이, 먹의 산지 근처와 그것을 다른 지역으로 운반하는 항구지역에 가야 시험공부의 재료를 구할 수 있었다. 책, 종이와 먹은 소나무와 대나무를 가지고 만들기 때문에 이들 산지와의 거리는 과거시험 공부 여건을 잘 나타내고 있다. 과거시험 공부하기가 얼마나 좋은지(=소·대나무 산지와의 거리)에 의해 진시 합격률이 영향을 받는다. 젊은이들은 거주 지역의 진시 합격률이 높으면 합격 가능성을 높게 예측하고 더 열심히 공부한다.

[소·대나무 산지 거리→진시 합격률→교육투자]와 같은 단선 방향의 인과관계 여부를 보여 주는 것이 바로 도구변수추정법이다.

위 두 사례에서 유럽인의 식민지 정착 사망률이나 소·대나무 산지까지의 거리는 도구변수이다. 즉, 식민지 각 지역의 기후, 자연적 여건과 그에 따른 각 지역의 정착민 사망률은 신(god)이 내려준 운명적인 것이듯이, 중국 각 지역의 소·대나무 산지의 항구까지의 거리도 마찬가지이다. 이러한 속성을 갖는 변수가 있을 때 도구변수를 이용한 추정이 가능해진다.

2. 역사경제학의 등장: 경제모형의 역사 도입과 자연 실험의 발달

다른 학문의 발전과 마찬가지로 역사경제학도 거인의 어깨를 딛고 출발하였다. 1990년대부터 경제학계에서는 역사적 배경(=초기 조건)의 중요성에 주목하게 되고, 초기 조건이 다르면 여러 개의 다른 길이 존재할 수 있음(이를 복수균형(multiple equilibria)이라 부른다)의 존재를 인정하게 되었으며, 인과효과를 명확히 보여 줄 수 있는 자연 실험이 발달하게 된다. 이러한 여러 흐름이 역사경제학이 등장할 수 있는 배경이 되었다.

1) 경제모형의 역사 도입

과거는 현재에 묻어 있고, 그것이 오늘날 취하게 될 행동에 영향을 미친다.

현재의 경제 상황은 과거로부터 만들어진 법규, 제도, 규제, 문화와 관행에 의해 영향을 받는 개인, 가계, 기업과 정부의 행동에 의해 결정된다. 오늘날 존재하는 기술은 과거에 이루어진 기술 변화와 과거 의사 결정의 결과이며, 현재 시점에서 생산에 투입되는 자본도 과거에 만들어진 것이고, 기업 활동이 이루어지는 환경도 과거로부터 만들어진 것이다. 현재를 분석할 때 과거와 역사를 고려해야 함이 당연한 것인데, 경제학에서는 논리적 시간(logical time)만 있을 뿐 역사 혹은 역사적 시간은 없다는 비판[19]을 끊임없이 받아 왔다.

이와 달리 비주류 경제학에서는 이미 오래전부터 역사를 고려해 왔었다. 역사에 의해 현재의 낙후된 경제 상황이 규정되고, 현재의 낙후된 경제 상황에 따라 저발전의 미래 경로가 규정된다는 누적적 인과관계 가설,[20] 선진국과 역사적 조건이 크게 다른 후진국이 경제발전을 하기 위해서는 역사적 초기 조건의 틀을 전면 부수어야 하며 그러기 위해 모든 산업에 동시적이고 대대적인 지원이 필요하다는 빅 푸시 이론,[21] 식민지 역사를 가진 제3세계 국가들의 저개발의 원인은 식민지 시대부터 현재까지 지속되는 착취라고 보는 종속이론은 역사를 현재의 경제 상황과 연결 짓고 있다.[22]

주류 경제학에서도 경제이론과 모형에 역사를 고려하자는 논의는 1985년부터 본격화한다. 데이비드(P. David)[23]는 간단한 PC 자판의 역사적 사례를 통해 역사의 초기 조건이 미래로 나아가는 과정을 규정하게 됨을 보여 주고 있다.

인체공학적으로 훨씬 효율적인 드보락(Dvorak) 컴퓨터 자판이 그것보다

19 Robinson(1978), Kaldor(1972).
20 Myrdal(1944).
21 Rosenstein Rodan(1943).
22 Frank(1966).
23 David(1985).

열등한 쿼티(QWERTY) 자판에 밀려서 찾아볼 수 없다. 쿼티 자판이 컴퓨터 자판 시장을 압도한 이유는 타자기 시대의 역사에서 이미 많은 사람들이 쿼티 자판구조에 익숙해져 있기 때문이었다. PC의 등장에도 불구하고 타자기 역사가 묻어 있는 초기 조건 때문에 열등한 쿼티 자판이 대세가 된 것이다. 즉, PC 시대가 도래하였던 시점에서 똑같이 등장한 드보락 자판과 쿼티 자판 사이의 시장경쟁은 역사적 조건을 빼고는 생각할 수 없음을 보여 주고 있다. 또 역사적 조건에 따라 드보락 자판이 대세가 될 수도 있을 것이고, 또 다른 상황에서는 두 종류의 자판이 팽팽하게 비슷하게 시장을 나누어서 경쟁하고 있었을 것이다.

그러면 왜 주류 표준경제학의 세계에서는 당연히 고려해야 하는 역사적 조건을 애써 무시하였을까? 경제학의 토대라고 할 수 있는 일반균형모형에서는 유일한 균형의 존재[24]만을 상정하고 그것만을 인정하였기 때문이다. 역사적 조건이 달라짐에 따라 여러 개의 균형(=복수균형)이 생길 수 있지만, 일반균형모형에서는 유일한 균형을 주장하기 위해 복수균형의 논리를 부정하였다.

그러나 1985년 전후부터 서서히 국제경제학, 지리경제학, 게임이론, 산업조직론, 거시 및 금융경제학 등 경제학 구석구석에서 복수균형의 존재가 명시적으로 인정받게 된다. 복수균형을 인정하는 발판이 표준경제학에서 마련되었기에 역사를 고려할 수 있게 되었고, 역사경제학의 등장이 가능하게 된 것이다.

24 특정 지역의 특정 시점에서 똑같은 물건에 대한 가격은 하나뿐이며, 그것을 하나의 균형가격이라 한다. 똑같은 물건에 대한 가격이 여러 개 형성된다면 싼 곳에서 물건을 사서 비싼 곳에 내다 파는 차익(arbitrage) 거래가 발생하고, 이로 인해 결국은 하나의 가격으로 수렴해 갈 것이다.

2) 신뢰성 혁명과 자연 실험

경제학에서 인과관계를 구명하기 위한 노력은 1990년대 준실험 혹은 자연 실험을 통해 꽃을 피우게 된다. 자연과학에서의 실험과 동등한 조건을 실험을 통해 인과관계를 구명하려는 시도 중 하나는 인위적 실험이다. 그런데 인위적 실험은 인과관계 규명을 위해 연구자가 실험 환경을 완벽하게 통제하는 경우이다. 그런데 경제학 등 사회과학에서는 윤리적, 법적, 경제적 문제 때문에 인위적 실험이 불가능하다. 아동에 대한 교육투자가 미래의 경제적 수입에 어떤 인과적 영향을 미치는지 연구하기 위해 비교 집단인 아동에 대해 교육의 기회를 주지 않는 인위적 실험을 하는 것은 법적으로 가능하지도 않고 비윤리적이다. 자연 실험은 인위적 실험의 대안으로 등장하였다. 자연 실험이란 연구자가 인위적인 무작위 배정 실험을 하는 것이 아니라 법, 제도, 정책과 역사 속에서 무작위 배정되는 사례를 발굴하는 것이다. 역사 속에서의 무작위 배정 상황을 통해 인과관계를 구명하는 것이 자연 실험이고, 인간들 혹은 정책적 개입이 고려된 실험을 준실험(3장 참조)이라 부른다.

1990년대 초반부터 시작된 경제학에서의 자연 실험은 노동경제학, 응용미시, 도시경제, 경제발전, 국제경제학 등 각 분야에서 시도되고 표준적인 실증분석 방법으로 자리매김하게 되었다. 이러한 성과와 영향력을 배경으로 자연 실험의 선구자 3인방인 카드(D. Card), 앵그리스트(J. Angrist), 임번스(G. Imbens)가 2021년 노벨 경제학상을 수상하게 된다. 노벨 수상위원회에서는[25] 자연 실험을 통해 인과적 질문에 대해 답할 수 있도록 하였다는 점이 이들 세 사람의 기여

25 https://www.nobelprize.org/prizes/economic-sciences/2021/press-release/.

라고 지적하였다.

이들이 사용한 자연 실험의 방법은 도구변수 추정, 회귀불연속설계, 이중차이방법이며, 이들 방법을 통해 추정 절차와 결과의 신뢰도가 크게 높아져서 신뢰성 혁명이라고 불리게 되었다. 역사에는 무작위 배정의 사례가 도처에 널려 있기 때문에 자연 실험을 하기에 최적의 장소이다.[26] 자연 실험을 발판으로 역사경제학이 꽃을 피우게 된다.

3. 역사경제학의 의의와 가능성

1) 역사를 자연실험장으로 삼고 있는 역사경제학

역사경제학에서 자연 실험이 어떻게 이루어지고 있는지 간단히 예를 들어 보자.

역사 속에서 자연 실험을 하기 위해서는 처치변수와 그것의 도구변수가 무작위 배정된 완전히 외생적인 속성을 가져야 한다. 인간에 의해 의도적으로 만들어지거나 영향을 받지 않는 완전히 외생적인 것을 찾자니 대부분 지리와 자연적인 것들이 처치변수와 도구변수로 사용되는 경우가 많은 것이다.

베스트셀러였던 다이아몬드(J. Diamond)[27]의 『총, 균, 쇠』에서 인류의 역사는 거대한 역사적 자연 실험 대상이었다. 이 책에서는 오늘날 지구촌 여러 지역의 융성함 혹은 피폐함의 궁극적 요인이 무엇인가에 대해 질문을 던졌다. 신석기 이전, 지구의 각 지리적 공간에 각 인종이 임의로 배치되었고, 또 작물화와 가

26 Cioni et al.(2021).
27 Diamond(1997).

축화가 가능한 종(species)들이 무작위하게 배치되었으며, 각 지역 간 지리적 연결이 무작위하게 배정되었다. 이처럼 무작위 배정된 것을 통해 수천 년 동안 각 지역발전 경로에 대한 가설을 실험할 수 있었다. 비록 정교하게 인과효과의 추정을 하지 않았지만 풍부한 서술을 통해 자연 실험의 가설을 던진 셈이다. 『총, 균, 쇠』를 계승한 역사경제학에서의 자연 실험 사례를 살펴보자.

(1) 사례 1: 노예무역이 오늘날의 경제성장에 미친 영향[28]

이 사례에서는 아프리카 각 지역의 면적당 노예 수출 규모를 처치변수로 사용하여 그것이 오늘날 경제성장에 미친 인과적 영향을 분석하고 있다. 각 지역의 노예무역 규모는, 첫째 각 지역의 내부 분쟁 여부와 그 지역의 인구밀집도에 의해 영향을 받고, 둘째 각 지역의 바다 인접도와 유럽 국가와의 거리 등 외부적 요인에 의해 영향을 받는다. 그런데 첫 번째는 노예무역 당시의 내부적 사회정치적 조건임에 비해 두 번째는 각 지역의 사회, 정치 및 경제조건과는 무관한 순전히 외적 조건에 의해 영향을 받는다.

노예무역이 오늘날의 경제발전에 미치는 인과적 영향을 추출하기 위해서는, 첫째 요인(=내부적 요인)을 제거하고 둘째 요인(=외부 환경요인)만을 가지고 살피는 것이 좋다. 그 이유는 바다와의 인접도라던가 유럽과의 거리와 같은 외부 환경요인(=둘째 요인)은 무작위로 배정된 것이기 때문이다.

(2) 사례 2: 나폴레옹 정복이 경제성과에 미친 영향[29]

1792~1815년 나폴레옹(Napoleon Ⅰ) 정복이 앙시앵 레짐의 붕괴와 1860년 이

28 Nunn(2008).
29 Acemoglu et al.(2011).

후 유럽 각 지역의 도시화에 미친 인과적 영향을 자연 실험을 통해 살필 수 있다. 이를 위해 나폴레옹 군대가 점령하였던 독일 지역(=처치 집단)과 그렇지 않은 독일 지역(=비교 집단)을 비교한다. 그리고 점령 여부가 두 집단의 앙시앵 레짐 붕괴와 도시화를 통해 경제발전의 궤적에 미친 영향을 살핀다. 두 지역의 비교가 무작위 배정이라는 자연 실험의 요소를 갖춘 이유는 다음과 같다.

나폴레옹이 독일 지역 점령을 결정할 당시, 50년 세월이 지난 후 도시화가 더 진행될 것이라는 선견지명을 갖고 침공하지는 않았을 것이고, 침공 당시의 군사적 이익, 왕실의 경제적 이익, 지리적 이유를 근거로 지역을 선택하였을 것이다. 그런데 당시 나폴레옹이 침공하였던 독일 지역의 도시화율은 그렇지 않은 지역에 비해 낙후되었다는 역사적 증거를 통해 침공 지역에 대한 군사적 전략은 미래의 도시화율에 영향을 미치지 않는 무작위 배정방식의 일환으로 보아도 무방할 것이다.

2) 역사를 경제모형에 끌어들인 역사경제학

역사를 경제이론에 명시적으로 고려하기까지 경제학에서 중첩세대모형(overlapping generation model, OG)과 게임이론의 발달, 그리고 복수균형 존재의 시민권 획득이라는 조건이 성숙되어야 하였다. 중첩세대모형의 역사는 그 훨씬 이전으로 거슬러 올라가지만 역사를 경제모형에 고려하기 위해 본격적으로 중첩세대모형을 이용한 대표적인 예로는 아세모글루(D. Acemoglu)[30]와 갈로(O. Galor)와 모아브(O. Moav)[31]를 들 수 있다.

30 Acemoglu(1995).
31 Galo and Moav(2002).

중첩세대모형이란 무엇인가? 주변에서 쉽게 찾아볼 수 있는 중첩세대모형의 예는 국민연금제도이다. 신세대는 월급 중 일정 부분을 소비하지 않고 연금으로 저축하고, 구세대는 적립된 연금으로 소비생활을 이어 가는 것이다.

중첩세대모형의 가장 단순한 형태의 사례는 다음 특징을 갖는다. ① 경제주체는 현재 활동하고 있는 구세대와 새로 태어나는 신세대로 구성된다. ② 각 세대의 수명은 유한하다. ③ 매 시기 새로운 세대가 탄생하고, 수명을 다한 세대는 사라진다. ④ 한 시점에서 두 세대의 사람들이 중첩하여 살고 있다. ⑤ 구세대의 소비, 노동, 투자 및 금융에 관한 의사 결정은 신세대에게 영향을 미친다. ⑥ 각 세대는 나이, 성별, 인종적 특성은 고려되지 않고, 신세대가 구세대와 혈연관계를 형성하는 것이 아니며, 단지 이미 존재하고 있던 세대와의 경제관계를 계산하기 위함이다.

이는 하나의 중첩세대모형에 불과하고 연구자들의 분석 목적에 따라 아주 다양한 형태의 모형이 존재할 수 있다. 중요한 점은 중첩세대모형을 통해 역사를 고려할 수 있게 되었다는 것이다. 즉, 아세모글루, 갈로와 모아브가 제시한 중첩세대모형을 통해 역사가 어떻게 제도 속에 들어가 현재와 미래의 경제에 영향을 미치는지 고려할 수 있게 되었다. 그리고 이들의 기본 모형을 바탕으로 다양한 형태의 확장된 모형이 등장하게 된다.

과거시험 제도가 지배한 중국의 역사에 대한 연구[32]도 확장된 중첩세대모형이라고 할 수 있다. 서기 1380년의 과거시험 제도에 의해 그 당대의 중국 젊은이들의 경전 공부에 몰입하는 태도가 결정되고, 그 당시 진사 합격자의 부귀영화를 누리는 모습을 보게 되어 그다음 세대의 젊은이들은 더욱 더 경전 학습

32 Chen et al.(2020).

에 몰입한다. 더 많은 사람들이 과거시험을 준비할수록 점점 더 과거시험 경쟁률은 치열해지고 다른 활동보다 진시 합격에 따른 부귀영화의 상대적인 크기가 더 커지며, 이것이 세대와 세대를 통해 확산된다. 이처럼 역사를 고려한 대부분의 경제모형은 역사적 조건이 미래의 향배를 결정지우는 구조로 되어 있기 때문에 운명론적이다.

경제학에서 제도란 게임의 규칙이라고 정의하고 있다. 경제모형에서 게임의 규칙으로서의 제도는 주어진 것으로 간주한다. 개인, 기업, 정부 등 경제 주체들은 특정 시점에서 주어진 게임의 규칙에 따라 행동에 대한 의사 결정을 하고, 그 결과에 따라 소비, 투자, 혹은 생산 수준의 균형이 결정된다. 이를 조금 더 확장하여 사회 구성원들의 경제적 이익, 비경제적 대가와 이념을 추가적으로 고려하고, 구성원들 간의 타협과 갈등의 여러 가능성을 상정하게 되면 어떠한 제도가 내생적으로 만들어지고 진화하는가를 묘사할 수 있다.[33]

역사경제학에서 제도는 역사를 담고 있는 담지자(carrier)[34]와 같은 것이다. 하나의 역사 시대는 하나의 제도 안에 담기고, 만약 시간의 흐름에도 불구하고 제도가 변화하지 않으면 그냥 하나의 역사적 시대로 간주된다. 사회 구성원들과 사회계층 간 타협과 갈등에 따라 제도가 변화하기도 하지만 외부적 충격(=국제적 사건, 자연재해, 경제위기)에 의해서도 제도는 바뀔 수 있으며, 어떤 경우 제도가 통째로 바뀌는 경우도 있다.[35]

1998년 외환위기는 많은 사람들의 삶을 바꾸어 놓았다. 외환위기 이후 기

33 Acemoglu et al.(2021).
34 이 표현은 David(1994)의 논문 제목 "Why are the Institutions the Carriers of History"로부터 빌린 것이다.
35 이처럼 급격한 제도적 변화가 이루어지는 시기를 결정적 국면(critical juncture)이라 부른다. 역사경제학에서는 결정적 국면에서 시작하는 지속성에 초점을 맞춘다.

업부채 구조, 기업의 채용 관행, 외국인 지분, 노동시장 구조, 평생고용의 관행, 회계 관행, 대졸자들의 취업 패턴 등 거의 모든 것이 바뀌었다. 즉, 한국 사회에서 외환위기라는 역사적 사건은 그 이후 사회의 여러 제도들(이른바 제도들의 묶음, 혹은 제도 클러스터)을 바꾸었고, 사회 구성원들의 행동 패턴도 바꾸었다. 즉, 크고 작은 게임의 규칙이 변한 것이다. 외환위기 이전의 제도와 그것의 구성요소인 여러 가지 제도들의 묶음과 이후의 제도와 제도들의 묶음을 비교해 보면 역사가 어떻게 변화하였고, 역사의 변화가 경제에 어떻게 영향을 미치고 있는지 알 수 있게 된다.

제도뿐 아니라 문화도 역사를 담고 있는 담지자이다. 넓은 의미의 제도는 공식적 제도(formal institution)와 비공식적 제도(informal institution)로 구분된다. 공식적 제도는 사회와 구성원들이 공식적으로 받아들이는 법, 규정, 절차와 같은 것을 지칭하며, 비공식 제도는 사회 구성원들이 암묵적으로 공유하는 사회적 규범과 가치체계로서 문화가 여기에 속한다. 공식적 제도와 같은 강제력은 없고 부모와 조상으로부터 계승되거나 주변의 사회관계를 통해 만들어진다. 부모와 조상으로부터 역사적으로 계승되기 때문에 문화도 역사의 게리어가 될 수 있다.

3) 궁극적 원인을 탐구하는 역사경제학

어떤 사회의 경제적 풍요로움 혹은 경제적 웰빙을 측정하고 비교하는 데 있어서 매우 불완전하고 약점이 많지만 1인당 국내총생산(GDP)을 가지고 가늠하는 것이 표준적인 룰이 되었다. 더 좋은 기술, 더 많은 실물 및 인적자본에 대한 투자를 위한 더 많은 저축을 통해 부유한 국가가 될 수 있다는 것, 즉 저축과 투자를 통해 1인당 GDP의 성장을 일으킬 수 있다는 것이 경제성장론의 기초이다. 오랜 세월 동안 경제학에서는 기술진보를 하늘에서 떨어지는 외생적인 것으로 간주하고 있었는데, 점차 기술진보의 다이내믹스와 메커니즘을 구명하게 되었다. 그러나 여전히 실물과 인적자본 축적, 기술진보가 어떤 궁극적 요인에 의해 좌우되는지에 대해서는 답을 찾지 못하고 있었다.

경제성장론에서는 소말리아가 스위스와 비교하였을 때 고급 인력이 왜 부족한지, 첨단기술에 대한 연구개발 투자가 왜 열악한지, 정교한 기계 및 장치 산업의 공장 시설이 왜 부족한지를 설명해 주지 못하고 있다. 즉, 두 국가의 경제성장 차이를 단지 실물자본, 인적자본, 기술혁신의 차이로만 돌리고 이들의 차이가 어디에서 연유하였는지는 설명하지 않고 있었다.

그동안 많은 연구자들이 경제성장론에서 사용하고 있는 주요 경제변수 이외에 대내외 정치변수, 문화와 사회구조, 지리 및 기후 변수들을 동원하여 소말리아와 스위스와 같은 후진국과 선진국의 경제 격차의 원인을 설명하려고 노력하였지만 인과관계를 명확히 파악하기에는 부족하다. 역사경제학에서는 실물 및 인적 자본 축적과 기술진보를 촉진시켜 주는 궁극적 요인을 정치·경제 제도, 사회구조 그리고 문화적 요인에서 찾고 이들이 경제성장에 인과적 영향을 미치고 있음을 보여 주고 있다.

갈로와 아슈라프(Q. Ashraf)[36]에 따르면, 기원전 15000년 전 서아프리카에서 세계 각 지역으로 이주하여 정착한 호모사피엔스들의 후손인 지구촌 각국 구성원들의 유전적 특질의 다양성[37]이 정치·경제 제도를 결정지우는 궁극적 요인

36 Galor and Ashraf(2013).

37 기원전 15000년 전 호모사피엔스가 서아프리카를 떠나 세계 각 지역으로 이주하여 정착한 지역과 호모사피엔스의 고향인 서아프리카 지역과의 거리가 유전적 특질의 다양성과 밀접한 관계가 있다.

이다. 그는 이러한 자신의 연구를 경제성장론의 통일장이론(unified growth theory)이라 부르고 있다. 인류 역사로부터 오늘날에 이르기까지의 경제성장의 거대한 그림이 통일장이론으로 그려질 수 있다는 것이다. 이처럼 역사경제학은 경제성장론의 시야를 호모사피엔스 시대까지 확대한 것이다.

4) 모든 담론을 다루는 역사경제학

역사경제학의 등장으로 거의 모든 역사적, 사회적, 정치적, 문화·종교적 담론들을 체계적으로 다룰 수 있게 되었다. 짧게는 수십 년 전, 길게는 수백 년 전부터 존재해 왔던 도로와 철도망, 교육제도, 학벌에 대한 관념, 부모와 자식 간 관계의 문화, 사회관계의 관습과 규범, 식민지 억압의 경험, 같은 국가 내 다른 파벌 혹은 인종 사이의 내전의 역사, 이러한 과거의 것들이 지속적으로 현재의 경제 활동과 정치·경제의 성과에 영향을 미치고 있음을 보여 주고 있다. 역사경제학의 흥미로운 몇 가지 연구 사례를 들어 보자.

(1) 사례 1: 종교는 유럽의 근대화에 어떤 영향을 미쳤는가?

유럽의 근대화와 경제발전에서 종교, 즉 기독교는 긍정적 역할을 하였다고 생각하는 것이 통념이다. 과연 그런가? 종교는 유럽 역사에서 경제발전에 기여하였는가? 이 질문에 대해 벤첸(J. Bentzen)과 안데르센(L. H. Andersen)[38]은 종교가 경제발전에 부정적 역할을 하였음을 보이기 위해 지난 700년 동안 유럽의 912개 도시의 50만 명의 이름(성씨) 데이터를 분석한다. 이름은 종교의 정체성을 나

38 Bentzen and Andersen(2022).

타내는 것이고, 부모의 종교 정체성을 반영한다고 보고 각 시대의 이름을 통해서 평균적으로 종교 성향이 얼마나 강하는지를 추론한다. 종교적 인물의 이름을 붙인 사람이 나중에 성직자 혹은 종교인이 될 확률이 높았다. 이들은 엔지니어와 과학자가 될 확률이 낮았다. 실제로 경제성장과 관련해서 종교적 이름을 가진 사람들의 비율이 높은 도시일수록 경제성장률이 낮았다. 근대에 들어 과학과 지식의 중요성이 점차 커짐에 따라 종교의 부정적 효과는 커진다.

(2) 사례 2: 지리적 입지에 따른 산업적 속성은 얼마나 지속적인가?

지리적 입지와 그곳에서의 산업적 전통은 얼마나 지속성을 갖는가를 보여주기 위해 프리취(M. Fritsch) 등[39]은 칼리닌그라드(Kaliningrad) 자영업자들의 패턴을 분석하고 있다. 이 지역은 독일 영토 내에 위치한 작은 러시아 땅으로서 예전에 독일 영토 당시에는 코니그스베르크(Konigsberg)라고 불렸다. 1925년과 2010년 데이터를 비교한 결과 1925년 독일 국가였을 때의 자영업 패턴과 2010년 러시아 국가일 때의 자영업 패턴이 거의 유사하였다. 코니그스베르크와 그 주변은 제2차 세계대전 때 폭격당해 주택과 산업시설이 파괴되었음을 고려한다면 아주 이례적이다. 왜 그럴까?

모든 것이 파괴되었지만 역사적 경험을 통해 그 지역 특유 산업과 기술에 대한 기업가 정신이 세대를 통해 전승되었으며, 소련의 폭격과 점령, 그리고 소련 붕괴 후 러시아 영역이 되었음에도 불구하고 과거 독일형 산업과 기술이 지속되었음을 보여 준다.

39 Fritsch et al.(2019).

(3) 사례 3: 역사적 상처는 언제 정치적 증오로 나타나는가?

2005년 튀르키예의 EU 가입 문제가 이슈가 되자 오스트리아, 독일 등 여러 지역의 극우정당이 반대 선전캠페인을 전개하였다. 왜 이렇게 되었나? 이에 대한 답을 오쉬너(C. Ochsner)와 뢰젤(F. Roesel)[40]은 역사에서 찾고 있다. 튀르키예는 16, 17세기 유럽의 중심부로 진격하였고, 오토만제국은 무기, 강간, 약탈을 통해 오스트리아 등 유럽 중심지를 정복하였다. 오늘날까지 많은 도시와 지역에서는 튀르키예 정복의 아픔을 기억하는 기념물들이 존재한다. 튀르키예의 빈 진격에 의해 영향을 받은 많은 도시와 마을은 20세기 들어서서 우파에 경도되지 않았지만 잠재의식에 증오의 불을 당긴 것이 극우정치가들이었다.

(4) 사례 4: 국경의 임의적(강제적) 확정이 사회, 경제발전에 미친 영향

아프리카 각 국가의 영토는 기이하리만큼 수직선과 수평선으로 구분된다. 그리고 아프리카의 대부분 국가는 다인종으로 이루어져 있고, 과거로부터 현재까지 끊임없는 인종, 종족 간 분쟁으로 점철되어 왔다. 아프리카의 저발전의 원인을 인종과 영토의 괴리에서 찾고자 하는 시도가 미카로폴로스(S. Michalopoulos)와 파파이오누(E. Papaioannou)[41]에 의해 이루어졌다. 1870년대 베를린 회의를 통한 유럽 제국주의자들에 의한 아프리카 각 지역의 임의적인 국경 분할과 그에 따라 반강제적으로 각 인종들이 여러 국경으로 편입되어 오늘날 아프리카 각 지역의 발전과 저발전의 원인이 되었다는 것(여러 국경에 걸쳐 찢겨진 종족과 하나의 국경 내에서 생활하는 종족들 간의 경제성과는 큰 차이를 보이는데, 그 원인이 강제적 국경 분할에 따른 인종 분할이라는 것)을 지리적 회귀불연속설계를 이

40 Ochsner and Roesel(2017).

41 Michalopoulos and Papaioannou(2014; 2016).

용하여 보여 주고 있다.

(5) 사례 5: 동독 시절의 공산 통치가 독일 동부 지역인들의 재분배 성향에 미친 영향

독일이 통일된 지 30년이 지나고 있는데, 아직까지 동·서독 각 지역 주민들의 재분배정책과 경제에 대한 정부 개입에 대한 선호와 태도가 크게 다르다고 한다. 알레시나(A. Alesina)와 훅스-슌데른(N. Fuchs-Schündeln)[42]에 따르면, 이러한 차이의 원인은 제2차 세계대전 후 50년 동안 분단 때문에 상이한 재분배와 정부 개입 체제하에 살아왔기 때문이라는 것이다.

(6) 사례 6: 프롤레타리아 혁명의 위협은 어떤 조건하에서 복지 체제 혹은 파시즘 체제로 나아가게 만드는가?

아세모글루 등[43]은 20세기 초 프롤레타리아 혁명의 위협에 직면하였던 노르웨이와 이탈리아의 사례를 통해 어떤 국가는 파시즘 체제의 길로 들어섰고 또 어떤 나라는 사회민주주의의 길로 나아가는지 분석하고 있다. 이렇게 상이한 두 가지 길로 들어서게 되는 궁극적 원인은 무엇이었나? 노르웨이와 같은 북유럽 국가에서는 혁명으로 전복될지도 모른다는 위협이 기득권 엘리트들로 하여금 사회민주주의를 받아들이게끔 만들었다. 이러한 흐름과는 반대로 이탈리아에서는 공산주의 혁명의 위협이 파시스트 정치를 부상하게 만들었다. 당시 파시스트 정당은 일관된 프로그램 결여로 선거에 효과적으로 대처하지 못하였지만 체제 전복의 두려움 때문에 각 지역의 엘리트와 중산층은 파시스트 정당

42 Alesina and Fuchs-Schündeln(2007).
43 Acemoglu et al.(2020).

을 지지하게 되었다.

(7) 시례 7: 이탈리아의 정치 양극화의 역사적 기원

오늘날 이탈리아는 극우세력이 주요 정치세력으로 부상하였다. 그런데 아직도 공산주의 계열의 좌파 정치세력도 만만치 않으며, 지역 간 정치적 양극화는 심각하다. 폰타나(N. Fontana)등의 연구[44]에 따르면 이러한 이탈리아의 정치적 양극화는 1940년대 기간 동안 나치 점령 지역과 그렇지 않은 지역에서의 파르티잔 운동과 파시즘 운동 간 갈등으로부터 기인한다.

나치 점령 지역과 연합군 지역 간 치열한 격전이 이루어졌는데 그 경계선을 고딕 라인(Gothic line)이라고 부른다. 대체로 피렌체, 피사 등 유명 지역이 그 경계 근방이다. 고딕 라인 북쪽이 나치 점령 지역으로 무솔리니의 파시스트 정당이 권력을 장악하였고, 남쪽 지역은 공산주의자들이 지도하는 파르티잔이 강한 반나치 성향을 보였다. 그런데 제2차 세계대전이 끝난 이후에도 이들 정치세력은 남과 북에서 정치력을 장악하면서 오늘날 이탈리아 정치 양극화의 기원을 형성하였다.

(8) 사례 8: 개인의 경제적 고통 경험이 정책선호에 미친 영향

줄리아노(P. Giuliano)와 스필림베르고(A. Spilimbergo)의 연구[45]에 따르면, 성장기에 극심한 경기침체를 경험한 사람들과 그렇지 않은 사람들을 비교해 보았을 때, 전자 그룹은 재분배에 대해 강한 믿음과 선호를 갖게 되며, 그러한 사람들의 비율이 높은 지역은 후한 재분배정책이 지지받을 가능성이 높다는 것이다.

44 Fontana et al.(2023).
45 Giuliano and Spilimbergo(2014).

(9) 사례 9: 교육에 대한 태도는 얼마나 지속적으로 영향을 미치는가?

알레시나(A. Alesina) 등의 연구[46]에 따르면, 중국공산당의 지위와 부의 세습을 제거하려고 노력하였음에도 불구하고 중국혁명 이전 엘리트의 후손들이 중국 평균인들에 비해 높은 교육 수준과 높은 소득을 보이고 있다. 이것이 시사하는 바는 공산주의 체제와 제도에도 불구하고 문화(교육에 대한 태도)가 수직적으로 부모와 자식 사이에 이전됨을 보여 준다.

(10) 사례 10: 성불평등의 기원인 농경 사회의 쟁기 사용

남성과 여성 간의 성불평등의 기원이 농경 사회에서의 쟁기 사용 여부와 관련이 있다고 한다.[47] 쟁기는 상체 근력을 많이 사용하는 것으로서 그것을 사용하는 남성들은 가정에서 교섭력이 커지게 되었고, 그로 인해 남성과 여성 간의 성불평등이 커지게 되었다. 더 나아가 남성이 여성에 비해 교육, 법적 지위에서 우월하게 되어 사회적 지위가 높게 되었다. 전근대 농업에서 쟁기 사용은 오늘날의 낮은 여성의 노동 참여와 상관관계가 높았는데, 고용에서 농업의 역할이 오래전부터 그 중요성이 지극히 낮아졌음에도 그렇다.

(11) 사례 11: 오늘날의 정치 체제에 영향을 미친 과거의 곡물 경작방식

감자, 고구마, 토란과 같은 덩이줄기 식물들을 괴경식물이라 부르는데, 괴경식물을 경작하는 지역의 정치제도는 좀처럼 발전하지 못하였지만, 쌀, 보리, 밀과 같은 곡물경작 지역의 정치제도는 발전하였다는 것이다. 괴경과 곡물의 경작방식의 차이가 중요한 이유는 밀의 경우 1년에 1~2번 수확하여 건조시킨

46 Alesina et al.(2020).
47 Alesina et al.(2013).

다. 그리고 오랜 시간 저장하고 쉽게 운송이 가능(=즉, 도적질도 가능)하다. 그러나 괴경은 무겁고, 수분이 많으며 잘 썩기 때문에 보관이 어렵다. 밀과 보리는 도적질이 쉬웠기 때문에 보리와 밀 생산 지역은 수확 후 그것을 도적으로부터 보호하기 위한 추가적인 노력이 필요하였다. 즉, 사회적 차원에서 그것을 지키기 위해 군과 경찰계급(경호원)을 두게 되고, 군과 경찰을 유지하기 위해 조세 수납제도를 설치하는 등 사회는 점차 고도로 복잡한 시스템을 구축할 수 있게 되었다. 반면 썩지 않는 괴경작물 지역은 고도로 복잡한 사회질서 시스템의 필요성이 없었기에 정치·경제의 발전이 늦었다는 것을 전 세계 주요 지역의 1,500년 이전의 데이터를 가지고 분석하였다.[48]

5) 거의 모든 데이터를 활용하는 역사경제학

역사경제학의 발전 배경에는 거의 모든 자료와 데이터가 디지털화되고 있다는 점, 그리고 방대한 디지털 데이터를 계량분석할 수 있는 프로그램이 개발되고 있음을 지적할 수 있다.

넌(N. Nunn)은 노예무역이 경제발전에 미친 영향을 분석하기 위해 1450~1900년 기간의 노예무역 데이터를 긁이모았다.[49] 그리기 위해 위 기간 동안 3만 4,548번의 대서양 항해를 기록한 노예무역 데이터베이스를 기본으로 하여 세계 각 지역의 노예 매매, 노예의 인종별 그룹, 대농장 목록, 노예등록부, 탈주 노예 게시물, 노예 관련 법정 기록물 및 죄수 기록, 결혼 및 사망 증명서, 공증기록, 노예 인터뷰 등 입체적 자료를 이용하고 있다. 그러다 보니 논문의 절반 정도의 분량

48 Mayshar et al.(2022).
49 Nunn(2008).

을 데이터에 대한 설명에 할애하고 있다.

첸(T. Chen) 등은 600년 동안 278개 행정구역에서 배출한 진시 합격자 목록을 가지고, 이들을 성씨별로 분류하였다.[50] 600년 동안 46,908명의 진시 합격자에 대한 지역별-성씨 데이터를 2010년에 실시된 인구센서스 설문 원자료에 나와 있는 각 가구의 지역별-성씨와 매칭시킨다. 이러한 매칭 작업에는 46,908명 진시 합격자 각각의 족보를 통해 그 후손이 어느 지역에 거주하는 누구인지를 확인하는 작업이 필요하다.

역사경제학은 다른 경제학 분과도 그렇지만 데이터가 중요하다. 그런데 역사경제학이 거의 모든 영역으로 분석 대상을 확장할 수 있기까지에는 거의 모든 영역에서 수량 데이터뿐 아니라 디지털화가 가능한 고문서와 신문 텍스트, 그림과 지도 및 지리와 기후 데이터가 널려 있다는 점이 중요하다. 근래에는 인공위성을 이용한 세계 각 지역의 각종 농수산물 및 동식물 수확 데이터, 천연자원 매장 데이터, 원유와 곡물의 재고 데이터, 야간의 불빛 데이터도 사용되고 있다.

4. 역사경제학의 한계와 전망

1) 지속성의 빈곤

표준경제학에서 역사가 빠져 있는 것처럼 역사경제학에서는 지속성이 빠져

50 Chen et al.(2020).

있다. 지속성이 무엇인지, 지속성이 발현되기 이전 역사의 지속성에 대해서 외면하고 있다. 예를 들어 보자. 역사경제학의 지속성 논리에 따르면 과거의 식민지 시배가 오늘날의 경세성장에 지속적으로 영향을 비쳤다고 주장하는 경우, 식민지 이전의 체제는 식민지 성립에 영향을 미치지 못하였고, 나아가 식민지 이전의 체제는 오늘날의 경제성장에 아무런 영향을 미치지 못하였음을 의미하게 된다.

오늘날의 성과에 지속적으로 영향을 미치는 과거에 주목하는 바람에, 그보다 더 먼 과거 시기가 과거에 미치는 영향을 삭제해 버리고, 또 더 먼 과거 시기가 현재에 미치는 영향도 무시한다.

지속성이 발휘되는 기간을 전부 동질적이고 연속적인 것으로 간주한다는 점이다.

역사경제학은 과거의 역사적 사건을 현재와 연결지우며, 모두 동질적이라고 간주한다. 작년과 올해 1년 동안은 크게 바뀌는 것이 없이 동질성이 유지되기 쉽지만, 조선말부터 현재까지의 동질성이 유지된다고 기대하기는 어렵고, 삼한 시대로부터 현재까지의 동질성은 상상하기도 힘들 것이다. 개별 국가나 사회를 분석 대상으로 하는 연구에서는 이처럼 지속성이 발휘되는 기간이 모두 동질적이다.

여러 국가들 연구(cross country analysis)하는 경우, 관찰 대상은 전부 동질적인 것으로 간주되고 있다.

그런데 지속성의 기간이 길수록 지속성의 중단과 변경을 초래하는 충격이 존재하였을 가능성이 크므로 장기 지속성에 대한 인과관계는 신빙성이 낮아진다.[51]

---

51 Cantoni and Yuchtman(2020).

(1) 사례 1: 식민지 지배가 오늘날의 경제성과에 미친 영향

아세모글루와 로빈슨(J. Robinson)은 식민지 피지배의 역사를 안고 있는 62개 국가를 분석하고 있다.[52] 세계사에서 유럽의 식민지 지배는 15세기로부터 제2차 세계대전 이후까지 굉장히 긴 기간 동안, 아프리카, 아시아, 아메리카, 오세아니아 등 광대한 범위에서 이루어졌다. 1400년대 유럽 각국의 아프리카 노예무역과 적도 지역 지배, 1500년대 포르투갈과 스페인의 식민지 지배정책, 1700년대 영국의 북미와 오세아니아 지배, 1850년 벨기에의 콩고 지배정책, 네덜란드의 인도네시아 지배와 정책은 각각 독특한 시대적 배경과 조건, 그리고 지배세력의 속성과 피지배 식민지의 환경을 달리한다. 그렇지만 이들을 모두 하나로 묶어 동질적인 것으로 가정하고 있다.

(2) 사례 2: 과거시험 제도의 역사가 현재의 인적자본 투자에 미친 영향

첸 등[53]에서는 명·청 시대(1368~1905년) 600년의 기간을 모두 동질적이라고 볼 뿐 아니라 청 왕조의 몰락 이후 현재까지 100여 년 동안 (사라진) 과거시험 제도가 미치는 영향도 동질적이라고 본다. 즉, 700년의 세월에도 불구하고 과거제도는 동질적이었고, 그것에 영향을 미치는 사회·정치 및 경제 요소들도 변함이 없고, 과거제도가 개인과 정치·사회에 미치는 영향도 그대로라는 것이다.

과연 700년이란 세월이 한결같았을까? 역사는 전혀 그렇지 않음을 보여주고 있다. 명 왕조 시기와 달리 1600년 이후의 청 왕조 시기는 소수족인 만족과 몽골족의 연합이 다수족인 한족을 지배하는 시기였다. 이들은 팔기군을 통해 군사와 행정 기능을 통제하였으며, 만족연합이 전체 인구의 3%에 불과하였

52 Acemoglu and Robinson(2001).
53 Chen et al.(2020).

지만 최고위직인 50% 이상을 차지하였다. 청 왕조 말기에 부패가 심화되고 수많은 농민반란이 있었으며, 태평천국의 난, 아편전쟁이 있었고, 청 왕조가 몰락하게 된다. 신해혁명, 중국 내전과 공산당 집권, 문화혁명, 대약진운동, 덩샤오핑의 개방개혁, 그리고 WTO 가입 등 일련의 역사적 충격이 있었지만, 이들 일련의 역사적 사건들은 과거시험 제도라는 역사의 담지자(carrier)에 전혀 영향을 주지 못하는 것으로 간주한다. 그러기에 과거시험 제도는 700년 동안의 온전한 형태로 오늘날 중국인들의 교육 태도에 과거에 그랬던 것과 똑같이 영향을 미치고 있다는 것이다.

2) 명확히 규정되지 못한 처치변수들[54]

원인이 무엇인지를 명확히 해야 인과관계를 명확하게 밝힐 수 있다. 결과(성과)가 무엇인지도 명확해야겠지만 처치변수인 원인을 명확히 하는 작업은 실증분석의 첫걸음이다. 실증분석 결과가 명확한 함의를 갖기 위해서는 사용하는 개념이 명확해야 한다. 그러나 불행하게도 경제학은 물리학, 화학 등 자연과학보다 모호한 개념을 가지고 연구해야 하고, 역사학은 경제학보다 훨씬 더 모호한 개념이 많다.[55]

그러나 자연 실험을 적극 이용하고 있는 역사경제학에서 처치변수들은 대체적으로 역사적 사건, 제도, 문화 관련 변수들이며, 이들 변수들은 조작적으로 잘 정의되기 어렵고, 여러 의미와 속성을 복합적으로 내포하는 경우가 많다.

'식민지 지배가 오늘날의 경제성과에 지속적인 영향을 미치고 있다'고 할

54 처치변수란 인과분석에 있어서 원인에 해당하는 변수를 지칭한다.
55 Diamond and Robinson(2011), p. 269.

때, 식민지 지배라는 처치를 어떻게 규정할지에 대해서는 많은 방법이 있을 것이고, 연구자는 자신이 원하는 결과가 나오게끔 식민지 지배의 특정 측면을 변수화시켜 분석할 수도 있다.

처치변수로서의 제도가 얼마나 구체적으로 규정하기 힘든지 예를 들어 보자. 아세모글루 등[56]에 따르면, "제도는 제도 클러스터(=제도의 여러 요소들)로서 이루어진다"고 하지만 아세모글루와 로빈슨[57]에서 처치변수로 사용하는 제도는 여러 제도[58]의 요소 중에서 수탈에 대한 보호제도(protection against expropriation risk), 권력에 대한 견제(constraint on executive)만을 이용하였다. 이 지표가 통계적으로 자격을 갖춘 훌륭한 지표이고, 또 원하는 결론을 이끌어 냈다는 점은 분명하지만 하나의 지표로 포용적, 착취적 제도를 응축시킬 수는 없을 것이다.

제도뿐 아니라 문화의 경우에도 마찬가지이다. 600년 동안 지속된 과거제도가 역사 속의 중국인뿐 아니라 오늘날의 중국인들에게 대대손손 교육에 대한 태도, 즉 교육에 대한 문화 규범을 계승시켜 주었다는 것이다.

그렇다면 '후손에게 전승되는 문화 혹은 문화적 속성'은 무엇일까? 교육 혹은 시험을 중시하는 믿음과 태도인지, 과거시험 과목인 유교 경전에서 교시하는 주군과 타인에 대한 태도인지, 아니면 부, 명예와 권력을 거머쥐기 위해 수단과 방법을 가리지 않고 합격해야 한다는 믿음인지가 불분명하다.

처치변수 개념의 모호함 때문에 분석 결과는 다양한 해석이 가능해지고 해석을 둘러싼 논쟁을 유발한다. 아세모글루와 로빈슨[59]에서는 유럽인들이 식민

56 Acemoglu et al.(2012).

57 Acemoglu and Robinson(2001).

58 POLITY5(1800~2018년), Varieties of Democracy(1789~)는 수십 개의 정치제도 요소를 정량적으로 측정한 지표들로 이루어진 패널 데이터이다.

59 Acemoglu and Robinson(2001).

지에 정착함에 따라 유럽의 (좋은)제도를 이식하였다고 보는데, 이와 동일한 역사현상을 글레이저(E. Glaeser) 등[60]은 유럽인들이 식민지에 이식한 것은 제도라기보다는 그들 자신의 인적자본 혹은 그들 자신에 체화되어 있는 유럽의 문화였다는 것이다. 이렇게 다른 해석은 제도와 문화 개념의 모호성 때문에 불가피하다고 볼 수 있다.

3) 역사적 맥락의 결여

"지속성 연구는 깔끔한 가설을 제시하고 결론내리기 위해 역사의 상세한 것들은 접어 두고 카펫 뒤에 숨긴다."[61] 즉, 처치와 결과를 둘러싼 역사적 맥락을 배제시키거나 처치가 결과를 초래하는 메커니즘을 제시하지 않는다. 역사적 맥락을 고려하지 않은 세 가지 사례를 들어보자.

(1) 사례 1: 노예무역이 미친 영향에 대한 사례

노예무역이 경제발전에 미친 영향에 대한 연구[62]에서 자산으로서의 노예에 대한 유럽 등 각 지역의 수요가 어떻게 변하였고, 무엇이 수요에 영향을 주는지, 아프리카 각 지역의 공급 여건이 400년 동안 어떻게 변하였는지에 대한 분석은 거의 없다. 또 노예공급의 분석 단위로서 오늘날의 국가 단위를 사용하고 있는데, 이러한 국가 단위가 인위적으로 만들어진 것은 베를린 회의(1885년)의 결과이고, 그 이전 아프리카의 대부분 지역은 크고 작은 인종과 부족 단위

60 Glaeser et al.(2004).
61 Abad and Maurer(2023).
62 Nunn(2008).

의 정치체로 이루어졌었다. 수백 년 동안 인종과 부족 단위에서 벌어지고 있었던 일들을 국가 단위로 분석하는 것은 역사적 맥락을 무시하는 것이다.[63] 역사경제학 연구 중 다국가를 대상으로 하는 연구(cross-country analysis)는 일반화를 시도하다 보니 각 국가들의 구체적인 역사적 맥락을 고려하지 못하고 있다.

(2) 사례 2: 제국주의 정책이 미친 영향의 사례

역사경제학에서 가장 인용빈도가 높고 영향력이 있는 아세모글루와 로빈슨 연구[64]의 경우 거대한 가설과 가설의 계량적 실증을 34쪽 분량의 논문에 담고 있는데, 1400년부터 1900년까지 스페인, 포르투갈, 벨기에, 네덜란드, 영국, 프랑스, 독일 등 각 국가들의 시대별 제국주의 정책이 어떻게 변모하였는지, 국가별로 식민지 지배정책에 어떠한 차이가 있는지는 단 한 줄도 나오지 않는다. 식민지 피지배 국가들의 침탈 과정과 지배국의 착취 재생산 과정에 대한 것 역시 1/2쪽 미만으로 할애하고 있다.

(3) 사례 3: 과거시험 제도가 인적자본 투자에 미친 영향의 사례

첸 등[65]은 과거시험 제도가 중국의 인적자본 투자에 긍정적 영향을 미쳤음을 보여 주려 하고 있다. 그러나 중국의 역사적 맥락을 고려한다면 이러한 평가는 매우 잘못된 것이다. 천 년 동안 중국의 무수히 많은 젊은이들은 시험 합격을 위해 오로지 (천 년 동안 콘텐츠가 거의 변함없는) 유교 경전과 멋있게 글씨

63 회귀불연속설계를 이용해 아프리카에서 인위적 국경을 통해 인위적 국가가 등장하기 이전 시기 인종과 부족 단위의 정치체와 국가 단위의 정치체의 경제발전을 비교한 연구로는 Michalopoulos and Papaioannou(2014; 2016).

64 Acemoglu and Robinson(2001).

65 Chen et al.(2020).

쓰는 연습을 끊임없이 반복하였다. 이들은 사회 전체에 이로움을 주는 신기술을 개발하지도 못하였고, 새로운 생산방식을 시도하지도 않았고, 신대륙 개척의 모험도 하지 않은 채 오로지 진시 합격으로 누리게 될 부귀영화에만 몰두하였다. 이러한 형태의 높은 자리 차지하기 경쟁은 전형적인 지대추구활동의 일환이며,[66] 이러한 지대추구 활동이 지배적인 사회는 생산성이 정체될 수밖에 없음은 이론과 역사가 보여 준다.[67] 유럽에서는 18세기 초부터 생물학, 지리학, 광물학, 기계학, 물리학 등 각종 서적이 봇물처럼 쏟아져 나왔고, 훔볼트(A. Humbolt)와 같은 지식인들은 전 세계의 구석구석을 누비면서 과학과 기술의 발달에 기초를 제공하였다. 그러는 동안에도 중국 젊은이가 유교 경전의 세계에 갇혀서 진시 합격에만 몰두하였다. 이처럼 역사적 맥락을 거세하게 되면 카펫 뒤에 숨겨 있는 중요한 진실을 놓치게 된다.

4) 역사결정론에 함몰

'1,000년 전의 기술진보 여건이 오늘날의 기술진보를 좌우한다', '호모사피엔스의 서아프리카 이주거리가 오늘날 경제발전 수준에 영향을 미친다', '유럽인들이 성주하였는지 여부에 따라 오늘날 경제발전 수준이 좌우된다', '감자와 같은 괴경작물 지역은 정치적으로 후진성을 면치 못한다'. 역사경제학 연구에서는 대체적으로 강한 결론을 제시하고 있다. 그리고 이들 결론은 희망보다는 좌절을 안겨다 준다. 아프리카 많은 지역의 어린이들은 25% 이상 굶주림에 시달리며, 높은 기술의 제조업 산업단지는 거의 찾아보기 어렵다. 남미의 여러 나

66 Baumol(1990).

67 Acemoglu(1995), Murphy, Shleifer and Vishny(1993), Voth(2021).

라에서 군·경찰 공권력보다 마약 카르텔 범죄조직의 권위가 영향력이 있다. 이 같이 비참한 지경에 이른 정치와 경제 제도의 취약함과 저발전의 원인이 유전자 이질성이라면, 낮은 기술 수준 여건이 1,000년 전의 기술 수준 때문이라면, 오늘날 이들 지역의 저개발 극복을 위해 할 수 있는 일은 대체 무엇이 있는가? 역사경제학의 이런 속성 때문에 '역사를 감옥에 가두고 있다'는 비판을 듣고 있다. "정밀하게 연구가 진전될수록 역사의 족쇄는 더욱더 현실을 강하게 옥죄고 희망은 그만큼 사라져 버린다."[68]

5) 계량경제학적 문제들

다음의 사례는 분석 기간의 시점 설정에 따라 다른 결과가 도출될 수 있음을 보여 준다. 즉, 연구자는 자신이 원하는 결과를 가지고 오는 그러한 분석 기간을 임의로 선택하였다는 혐의에서 자유롭지 못함을 보여 주고 있다.

(1) 사례 1: 노예무역이 오늘날의 경제성장에 미친 영향

넌[69]에 따르면, 오늘날 아프리카 저발전의 근본 원인은 식민지 지배도 중요하지만 더 중요한 것은 노예무역이었음을 보이고 있으며, 그 메커니즘은 다음과 같다.

노예무역 → 인종적 균열(fragmentation) → 저발전

노예무역 → 취약한 국가 혹은 국가의 실패 → 저발전

68 Voth(2021).
69 Nunn(2008).

| 그림 4-2 | 1950년대 이전보다 확대되는 1인당 GDP 격차

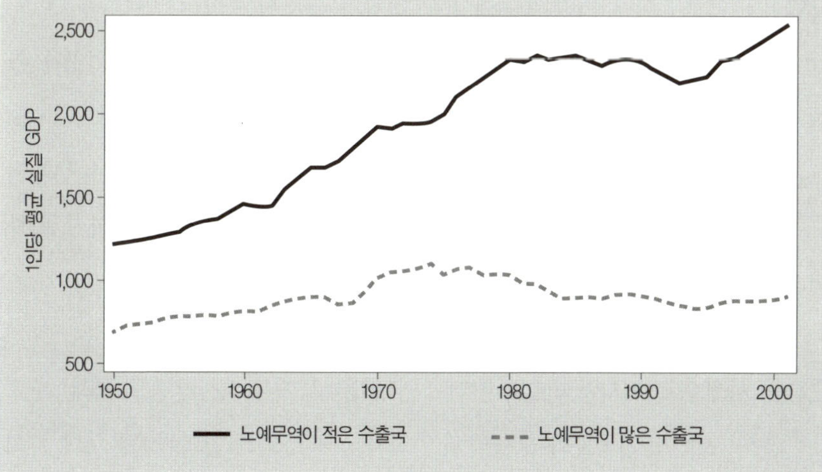

자료: Nunn(2008), Fig viii.

아바드(L. Abad)와 마우러(N. Maurer)[70]는 역사경제학에서 중요한 논문 중 하나인 넌의 노예무역 연구를 집중적으로 비판한다. 비판점 중 하나는 분석 기간을 임의로 설정함으로써 필자가 원하는 결론을 도출하는 방식을 사용하고 있다는 것이다.

현재 시점은 2000년인데, 분석 대상 시점을 1950년, 1960년으로 잡으면 과거의 (노예수출/지역면적)과 1인당 GDP(*t*)의 상관계수가 비유의적으로 바뀌어 가장 기본적인 관계에서 문제가 발생한다. 오늘날의 경제성장률을 (1973~1995년)의 기간으로 설정하면 유의적이지만, (1950~1973년)의 기간으로 설정하면 비유의적이 된다.

70 Abad and Maurer(2021).

〈그림 4-2〉만 보더라도 2000년에서 1950년으로 과거로 갈수록 노예무역이 많았던 지역과 그렇지 않은 지역의 소득 격차가 축소됨을 알 수 있다.

두 번째 문제점은 역사경제학에서 많이 사용하는 도구변수 추정기법과 관련된 것이다. 도구변수 추정을 제대로 하기 위해서는 국지적 평균처치효과(local average treatment effect, LATE)를 고려해야 하는데, 역사경제학의 대부분 논문들이 도구변수 추정을 이용함에도 불구하고 국지적 평균처치효과를 고려하지 못하고 있다는 것이다.[71]

(2) 사례 2: 과거시험 제도가 현재의 인적자본 투자에 미친 영향의 사례

명·청 시대 과거제도와 오늘날의 인적자본 투자와의 인과관계를 실증분석하고 있는 첸 등의 연구[72]에서도 국지적 평균처치효과가 제대로 고려되지 못하고 있다. 이 논문에서는 소나무, 대나무 산지로부터 각 지역 포구(항구)의 거리(distance)가 진시 합격률의 도구변수로 사용되고 있다. 소·대나무가 풍부한 산지는 책·먹의 생산에 종사하겠지만(이를 complier라고 부른다), 소·대나무가 풍부하지 않아 다른 수익 높은 대체산업 때문에 책·먹을 생산하지 않을 수도 있으며, 소·대나무가 산지라고 불리기에 부족하지만 다른 수익산업과 함께 책·먹을 극소량이나마 생산하는 지역도 있을 것이다. 그런데 도구변수의 처치효과는 이들 중 컴파일러(complier)의 효과만 추린 것이기 때문에 나머지는 제외된다. 만약 나머지의 비중이 어느 정도 크다면 인과적 영향은 컴파일러의 영향을 너무 과대하게 반영한 것이 되고, 나머지를 무시함으로써 편의(bias)를 초래한다. 국지적 평균처치효과의 문제는 여러 연구에서 지적되고 있지만 대부분의 역사

71 Bisin and Moro(2021).
72 Chen et al.(2020).

경제학에서는 무시하고 있다. 역사경제학 연구에서 컴파일러의 비중은 아무도 모르고, 알기도 힘들다. 그러나 도구변수 추정을 주요한 추정방법으로 사용하고 있는 역사경제학의 연구에서는 이 문제로부터 자유로울 수 없다.

6) 역사경제학의 전망

우리가 사용하는 일상의 언어, 매일 이용하는 도로와 철도망, 학교에서 이루어지는 교육, 우리가 섭취하는 음식과 먹거리 재료, 우리의 일상 그 자체가 모두 과거 수년 전, 수십 년 전 혹은 수백 년 전에 이루어진 결정과 관련된 것들이다. 모든 것은 역사성과 지속성을 갖기 때문에 자연 실험이라는 정교한 방법으로 역사의 인과관계를 구명하는 역사경제학은 주목할 만하다.

그러나 역사경제학이 안고 있는 과제 또한 만만치 않다. 역사숙명론, 지속성의 문제, 그리고 역사적 맥락과 메커니즘의 배제가 바로 그것이다. 그런데 최근 이를 극복하고자 하는 여러 시도가 있다. 줄리아노와 넌[73]은 어떤 자연기후환경의 조건하에서 문화의 지속성이 안정적인지, 또 어떤 환경의 조건하에서 문화의 변동성이 증폭되는지를 검토하고 있다.

이세모글루 등[74]도 제도를 고정적인 것으로 간주하는 제도의 지속성에 대해 비판을 가하고 있다. 기득권 계급과 대중과의 정치권력과 경제적 이익을 둘러싼 끊임없는 갈등과 타협 속에서 제도는 변화한다. 여러 계급들 사이의 상호관계 속에서 제도가 어떻게 변화하는가는 여러 조건에 의해 좌우되기 때문에

73 Giuliano and Nunn(2021).
74 Acemoglu et al.(2021).

많은 경우의 수가 있을 수 있음을 체계적으로 보여 주고 있다.[75]

만약 역사학자, 인류학자, 그리고 여러 사회과학자들이 제공한 풍부한 내러티브가 없었더라면 경제학자들은 어디서 시작해야 할지 모르고 헤매었을 것이다. 이들이 공급한 인류의 사회, 정치, 경제, 문화, 제도에 대한 풍부한 내러티브를 기반으로 하여 계량분석 기법과 분석모형으로 무장한 경제학은 역사적 사건과 그것의 인과적 영향을 체계적으로 이해할 수 있도록 보완해 주고 있다. 다른 인접 학문 연구자들의 연구를 무시하는 것이 아니라 서로의 다양성을 포용하는 자세가 필요하다.[76]

---

75 제도변화의 경우의 수와 변화를 야기하는 조건에 대한 국가별 역사적 사례분석은 Acemoglu and Robinson(2012; 2019)에 상세히 제시되고 있다.

76 Rodrik(2021).

참고문헌

Abad, Leticia Arroyo and Noel Maurer, "History Never Really Says Goodbye: A Critical Review of the Persistence Literature," *Journal of Historical Political Economy*, 1(1), 2013, pp. 31~68.

Acemoglu, Daron, "Reward Structures and the Allocation of Talent," *European Economic Review*, 39(1), 1995, pp. 17~33.

Acemoglu, Daron and James Robinson, "The Colonial Origins of Comparative Development: An Empirical Investigation," *American Economic Review*, 91(5), 2001, pp. 1369~1401.

Acemoglu, Daron, Davide Cantoni, Simon Johnson, and James A. Robinson, "The Consequences of Radical Reform: The French Revolution," *American Economic Review*, 101(7), 2011, pp. 3286~3307.

Acemoglu, Daron, Tuomas Pekkarinen, Kjell G. Salvanes, and Matti Sarvimäki, "The Making of Social Democracy, The Economic and Electoral Consequences of Norway's 1936 Folk School Reform," NBER Working Paper Series No. 29095, National Bureau of Economic Research, Cambridge, Mass., 2020.

Acemoglu, Daron, Georgy Egorov, and Konstantin Sonin, "Institutional change and institutional persistence," in Bisin, Alberto and Giovanni Federico, eds., *The Handbook of Historical Economics*, Elsevier Science, 2021.

Acemlogu, Daron, Peppe De Feo, Giacomo De Luca, and Gianluca Russo, "War, Socialism, and the Rise of Fascism: an Empirical Exploration," *The Quarterly Journal of Economics*, 137(2), 2022, pp. 1233~1296.

Alesina, Alberto and Nicola Fuchs-Schündeln, "Good-bye Lenin (or Not?): The Effect of Communism on People's Preferences," *American Economic Review*, Vol. 97, No. 4, 2007, pp. 1507~1528.

Alesina, Alberto, Paola Giuliano, and Nathan Nunn, "On the Origins of Gender Roles: Women and the Plough," The Quarterly Journal of Economics, 128(2), 2013, pp. 469~530.

Alesina, Alberto, Marlon Seror, David Y. Yang, Yang You, and Weihong Zeng, "Persistence through Revolutions," NBER Working Paper Series, No. 27053, National Bureau of Economic Research, Cambridge, Mass., 2020.

Baulmol, William, "Entrepreneurship: Productive, Unproductive, and Destructive," *Journal of Political Economy*, 98(5), 1990, pp. 893~921.

Bentzen, Jeanet and Lars Harhoff Andersen, "In the Name of God! Religiosity and the Transition to Modern Growth," *CEPR Discussion paper DP16938*, 2022.

Bisin, Alberto and Andrea Moro, "LATE for history," in Alberto Bisin and Giovanni Federico, eds., *The Handbook of Historical Economics*, Elsevier Science, 2021.

Bisin, Alberto and Giovanni Federico, "Merger or acquisition? An introduction to The Handbook of Historical Economics," in Alberto Bisin and Giovanni Federico, eds., *The Handbook of Historical Economics*, Elsevier Science, 2021.

______, eds., *The Handbook of Historical Economics,* Elsevier Science, 2021.

Cantoni, David and Noam Yuchtman, "Historical contingencies, econometric problems: the analysis of natural experiments in economic history," Working Paper, University of Munich, 2020.

______, "Historical natural experiments," in Bisin, Alberto and Giovanni Federico, eds., *The Handbook of Historical Economics*, Elsevier Science, 2021.

Chen, Ting James, Kai-sing Kung, and Chicheng Ma(2020), "Long Live Keju! The Persistent Effects of China's Civil Examination System," *The Economic Journal*, 130(631), 2020, pp. 2030~2064.

Cioni, Martina, Giovanni Federico, and Michelangelo Vasta, "The two revolutions in economic history," in Alberto Bisin and Giovanni Federico, eds., *The Handbook of Historical Economics*, Elsevier Science, 2021.

Comin, Diego, Bill Easterly, and Erick Gong, "Was the Wealth of Nations Determined in 1000 BC?," *American Economic Journal: Macroeconomics*, 2(3), 2010, pp. 65~97.

David, Paul, "Clio and the Economics of QWERTY," *American Economic Review*, 75(2), 1985, pp. 332~337.

______, "Why are the Institutions the Carriers of History," *Structural Change and Economic Dynamics*, 5(2), 1994, pp. 205~220.

Diamond, Jared, *Guns, Germs, and Steel*, W. W. Norton, 1997(김진준 역, 『총, 균, 쇠』, 문화사상사, 2005).

Diamond, Jared and James Robinson, eds., *Natural Experiments of History*, Harvard University Press, 2011.

Fontana, Nicola, Tommaso Nannicini, and Guido Tabellini, "Historical Roots of Political Extremism: The Effects of Nazi Occupation of Italy," *Journal of Comparative Economics*, 51(3), 2023, pp. 723~743.

Frank, Anrea, *The Development of Underdevelopment*, Monthly Review Press, 1966.

Fritsch, Michael, Alina Sorgne, Michael Wyrwich, and Evguenii Zazdravnykh, "Historical shocks and persistence of economic activity: evidence on self-employment from a unique natural experiment," *Regional Studies*, 53(6), 2018, pp. 790~802.

Fuchs-Schundeln, Nicola and Alberto Alesina, "Good-bye Lenin (or Not?): The Effect of Communism on People's Preferences," *American Economic Review*, 97(4), 2007, pp. 1507~1528.

Galor, Oded and Moav Omer, "Natural selection and the origin of economic growth," *The Quarterly Journal of Economics*, 117(4), 2002, pp. 1133~1191.

Galor, Oded and Quamrul Ashraf, "The out of Africa Hypothesis, Human Genetic diversity and comparative economic development," *American Economic Review*, 103(1), 2013, pp. 1~46.

Giuliano, Paola and Antonio Spilimbergo, "Retracted: Growing up in a Recession," *The Review of Economic Studies*, 81(2), 2014, pp. 787~817.

Giuliano, Paola and Nathan Nunn, "Understanding Cultural Persistence and Change," *The Review of Economic Studies*, 88(4), 2021, pp. 1541~1581.

Glaeser, Eaward, Rafael La Porta, Florencio Lopez-de-Silanes, and Andrei Shleifer, "Do Institutions Cause Growth?," *Journal of Economic Growth*, 9(3), 2004, pp. 271~303.

Kaldor, Nicholas, "The irrelevance of equilibrium economics," *Economic Journal*, 82, 1972, pp. 1237~1255.

Mayshar, Joram, Omer Moav, and Luigi Pascali, "The Origin of the State: Land Productivity or Appropriability?," *Journal of Political Economy*, 130(4), 2022, pp. 1091~1144.

Michalopoulos, Stelios and Elias Papaioannou, "National institutions and subnational development in Africa," *The Quarterly Journal of Economics*, 129(1), 2014, pp. 151~213.

______, "The long-run effects of the scramble for Africa," *American Economic Review*, 106(7), 2016, pp. 1802~1848.

Murphy, Kevin, Andrei Shleifer, and Robert Vishny, "Why Is Rent-Seeking So Costly to Growth?," *American Economic Review*, 83(2), 1993, pp. 409~414.

Myrdal, Gunnar, *An American Dilemma: The Negro Problem and Modern Democracy*, Harper & Brothers, 1944.

Nunn, Nathan, "The Long-Term Effects of Africa's Slave Trades," *The Quarterly Journal of Economics*, 123(1), 2008, pp. 139~176.

Ochsner, Christian and Felix Roesel, "Activated History-the Case of the Turkish Sieges of Vienna," CESifo Working Paper Series 6586, 2017.

Robinson, Joan, *Contributions to Modern Economics*, Academic Press, 1978.

Rodrik, Dani, "Economics Has Another Diversity Problem," Project Syndicate, Aug. 9, 2021.

Rosenstein-Rodan, P., "Problems of Industrialisation of Eastern and South-Eastern Europe," *The Economic Journal*, 53(210/211), 1943, pp. 202~211.

Sachs, Jeffrey, John Luke Gallup, and Andrew D. Mellinger, "Geography and Economic Development," *International Regional Science Review*, 22(2), 1999, pp. 179~232.

Temin, Peter, "The Rise and Fall of Economic History at MIT," MIT Department of Economics Working Paper Series 13-11, 2013.

Valencia Caicedo, Felipe, "Historical Econometrics: Instrumental Variables and Regression Discontinuity Designs," CEPR Discussion Papers 15208, 2020.

Voth, Hans-Joachim, "Persistence; Myth and Reality," in Alberto Bisin and Giovanni Federico, eds., *The Handbook of Historical Economics*, Elsevier Science, 2021.

chapter 05

진화경제학

1. 진화경제학의 세 가지 흐름
2. 진화경제학의 영역들
3. 진화경제학의 함의

진화경제학(evolutionary economics)은 진화이론과 경제학이 결합된 분야이다. 주로 생물학의 진화이론을 활용하여 경제현상을 분석한다. 경제학은 근대 물리학에 친화적이라고 알려져 있지만, 생물학 또는 진화이론과도 밀접한 관계를 맺어 왔다. 물리학은 균형 개념, 생물학은 변화 개념이 중요한 것으로 알려져 있는데, 근대경제학의 역사에서 초기에 등장한 고전파 경제학은 경제를 분석할 때 기본적으로 변화 개념을 중시하였다. 고전파 경제학자인 맬서스(T. R. Malthus, 1766~1834)의 자원과 인구 증가에 대한 연구는 다윈 이론의 토대를 확립하는 데 기여하였다고 알려져 있다. 마르크스(K. Marx, 1818~1883)도 자본주의의 변화와 역동성을 강조하여 진화 개념과 친화적이라고 평가받는다. 현대경제학의 기초를 마련한 것으로 평가받는 경제학자 마셜(A. Marshall, 1842~1924)도 경제생물학이라는 용어를 사용하였을 정도로 경제학과 생물학의 연관성을 인식하고 있었다. 이하에서는 경제학에서 진화 개념을 도입하여 분석하는 흐름을 세 가지로 구분하여 정리하고, 진화경제학에서 중요하게 다루는 다양한 주제들을 각각 간략히 소개하고자 한다.

1. 진화경제학의 세 가지 흐름

진화경제학에 큰 영향을 미친 경제학자로는 2명이 손꼽힌다. 첫째, 미국 제도학파의 선구자 베블런(T. Veblen, 1857~1929)은 당시 과학계에서 한참 진행 중인 다윈주의 혁명의 영향을 받아서, 다윈의 이론을 기반으로 경제를 분석해야 한다고 주장하며, 진화경제학이라는 용어를 도입하였다.[1] 또 다른 중요한 인

1 Veblen(1898; 1899).

물은 슘페터(J. Schumpeter, 1898~1952)이다. 그는 자본주의 경제를 진화 시스템으로 간주하고 혁신을 통해 자본주의 시스템이 어떻게 작동하고 변화하는지 설명하고자 하였다.[2] 이 두 학자의 영향으로 이후 진화경제학은 발전할 수 있었다. 이러한 진화경제학 또는 진화적 시각을 도입한 경제학은 신슘페터주의(neo-Schumpetrian), 보편적 다윈주의(universal Darwinism), 그리고 진화생물학의 적용, 이렇게 세 가지 흐름으로 구분할 수 있다. 아래에서 이 세 가지 흐름에 대해 각각 정리하여 소개하고자 한다.

1) 신슘페터주의 경제학

신슘페터주의 경제학은 슘페터 이론을 바탕으로 알치언[3]부터 넬슨과 윈터[4]의 기업과 제도 분석으로 이어지는 흐름을 말한다. 이 흐름에서는 경제현상을 분석할 때 자연 선택과 같은 진화이론의 개념들을 비유적으로 활용하고, 경제를 진화하는 시스템으로 간주해야 한다고 주장한다. 또한 슘페터의 창조적 파괴(creative destruction) 개념을 재정의하고 확장하여 산업에서의 혁신에 초점을 맞춘다. 전통적으로 진화경제학은 이 흐름을 지칭한다.[5]

신슘페터주의 진화경제학은 기존의 주류 경제학인 신고전파 경제학과 다른 특징들을 지니는데, 크게 두 가지 특징으로 설명할 수 있다. 첫째, 신고전파 경제학은 균형 상태를 중심으로 경제현상을 이해한다. 예를 들어, 현실에서 나

2 Schumpeter(1934; 1942).
3 Alchian(1950).
4 Nelson and Winter(1982).
5 신슘페터주의 진화경제학의 최근 동향에 대해서는 Nelson et al.(2018)과 Nelson(2020)을 참조할 수 있다.

타나는 시장가격은 수요와 공급이 만나는 균형 상태에서 결정된다고 설명한다. 하지만 진화경제학은 이러한 시각과는 달리 경제를 시간이 지남에 따라 변화하고 발전하는 것으로 이해한다. 특히, 기술진보와 혁신을 경제의 주요 원동력으로 이해한다. 변화하는 현상에는 균형이라는 개념이 별 소용이 없다. 둘째, 주류 경제학은 방법론적 개인주의에 입각한 합리적 행위자 모델에 기반한다. 방법론적 개인주의에 따라서 경제현상을 개인의 의사 결정들이 모여 나타나는 것으로 파악한다. 또한 합리적 행위자 모델에 따라서 개인이 의사 결정을 할 때 목적을 가지고 합리적으로 판단한다고 가정한다. 따라서 주류 경제학에 따르면, 어떤 상품의 전체 소비량은 개인 소비자들의 소비량의 합으로 나타나며, 개인 소비자는 소비할 때의 만족감을 극대화하기 위해 자신의 예산제약하에서 상품을 구입한다. 반면 진화경제학은 개인을 중심으로 경제현상을 파악하지 않고 전체 또는 집단을 중심으로 분석한다. 개인의 의사 결정과 행동들의 총합과 집단의 의사 결정과 행동은 다르다는 것이다. 또한 개인이 의사 결정을 할 때 꼭 합리적으로 최적의 결정을 한다고 가정하지 않는다. 특히, 문화와 제도 등이 개인의 행동에 미치는 영향을 중요시한다. 이렇게 신슘페터주의 경제학은 변화를 중시하며, 개인보다는 전체를 중심으로 경제를 파악하고 개인의 합리성에 얽매이지 않는데, 물론 다른 유형의 진화경제학도 이러한 관심을 공유한다.

2) 보편적 다윈주의

진화생물학자 도킨스(R. Dawkins)가 주창한 보편적 다윈주의는 진화이론의 철학을 다양한 학문 분야에 적용하려는 시도이다.[6] 이는 다윈이 주장한 변이,

선별, 유전 메커니즘을 이용하여 자연과 사회, 모든 영역을 진화 과정으로 설명하려는 것이다. 진화경제학과 제도경제학, 양 분야에 영향을 미친 경제학자 호지슨(G. Hodgson)이 이러한 흐름의 최전선에 있다. 호지슨은 경제의 진화와 자연의 진화는 유사하기 때문에 보편적 다윈주의는 정당하다고 주장한다.[7] 호지슨은 베블런의 제도경제학의 영향을 많이 받았는데, 이에 따라 호지슨의 이론을 중심으로 한 이 흐름을 제도진화경제학 또는 진화제도경제학이라는 명칭으로 부르기도 한다.[8]

호지슨은 특히 윌슨(D. S. Wilson) 등이 주장한 다수준선택(multilevel selection) 이론을 강조한다. 진화생물학에서는 환경에 적합한 개체가 선택되어 생존한다고 설명하였다. 반면 다수준선택이론은 생존에 유리한 개체가 선택되는 것과 마찬가지로 생존에 유리한 집단도 선택될 수 있다고 주장한다. 즉, 집단도 선택의 단위가 될 수 있다는 것을 의미한다.[9] 이 경우 집단 내에서 생존에 적합한 개인이 선택되는 것과 집단 간 경쟁에서 생존에 적합한 집단이 선택되는 것, 이 두 가지 과정이 모두 진행되고 그 결과로 인해 전체적인 진화 과정이 이루어진다. 예를 들어, 집단 내에서는 자신의 이익을 우선시하는 이기적인 개인들이 생존에 유리하겠지만, 집단 간 선택에서는 이타성과 같이 집단에 좋은 특성을 갖춘 개인들이 많은 집단이 생존에 유리하다. 결과적으로 개체는 이기심과 이타심을 함께 지니게 된다. 이 두 가지 상반된 힘이 작용하여 진화 과정을 결정하게 된다.

6 Dowkins(1983).
7 Hodgson(2005), Hodgson and Knudsen(2010).
8 호지슨 이론에 대한 전반적인 정리와 평가는 Gagliardi and Gindis(2019)를 참조할 수 있다.
9 Wilson(1997), Wilson and Gowdy(2013).

3) 진화생물학의 경제학적 적용

진화이론을 직접 경제 분석에 적용하는 또 다른 흐름이 있다. 앞서 살펴본 신슘페터주의는 진화생물학의 변이와 선택 등의 개념을 차용하지만 진화이론 자체를 적용하지는 않는다. 신슘페터주의에 따르면, 유전자에 의해 개체들의 행동 패턴이 자동적으로 결정되는 자연과 달리 경제 영역에서는 개인의 의도적인 의사 결정이 중요하다. 하지만 이 세 번째 진화경제학의 흐름은 진화이론을 직접적으로 적용하는 경향이 있다. 개인의 선호를 포함한 다양한 주제들을 다루면서 다윈의 자연 선택이론 등 진화생물학을 직접 적용하여 경제 또는 사회 현상들을 분석한다.

이 세 번째 흐름의 대표적인 것으로 개인의 이타적이고 친사회적인 행동을 분석하는 연구가 있다. 예를 들어, 전 세계 다양한 지역의 주민들을 대상으로 한 대규모 실험을 통해 각 지역의 이타성과 협력의 정도를 파악한 연구[10]가 유명하다. 이 연구에서는 최후통첩게임, 공공재게임, 독재자게임을 다양한 경제적, 문화적 조건을 가진 소규모 사회 주민들을 상대로 실행하였다. 그 결과에 따르면, 개인은 자신의 이익을 위해 의사 결정을 한다는 이기심 가설은 현실에 적용할 수 없으며, 사회 집단 간에 명백한 차이 또한 존재하는데, 그것은 경제조직과 사회적 상호 작용 구조의 차이에서 기인한다. 이 연구는 시장통합 정도가 높고 일상생활에서 협력에 대한 보상이 높을수록 실험 결과에서 친사회성 정도는 높아진다는 결과를 제시한다. 최근에는 신경경제학(neuroeconomics)과 유전경제학(genoeconomics) 등을 포함하여 생물학적 경제학(biological economics)이라고 불

10 Henrich et al.(2004).

리는 연구들이 존재하는데, 이러한 영역에서는 적극적으로 진화생물학을 이용하여 경제현상을 분석하고 있다.

2. 진화경제학의 영역들

진화경제학에서는 다양한 영역들을 다루고 있다. 여기서는 ① 기업과 산업, ② 개인의 선호, ③ 경제성장과 발전, ④ 경제와 지리, 이렇게 네 가지 영역들을 각각 간략히 살펴보고자 한다. 물론 이 영역들이 진화경제학의 모든 영역을 다 포괄하는 것은 아니다. 진화적 게임이론과 진화적 금융이론 등은 여기서 다루지 않지만 진화경제학에서 중요한 영역들이 꽤 존재한다. 다만 한정된 지면에서 진화경제학의 모든 영역을 다룰 수 없기에 어느 정도는 자의적으로 몇 개의 영역만을 선택하여 소개하고자 한다.

1) 기업과 산업

신슘페터주의 경제학의 대표적 두 학자인 넬슨과 윈터는 기업과 산업 생태계를 진화적 관점에서 분석한 것으로 잘 알려져 있다. 여기서 중요한 개념으로 '루틴'(routine)이 있는데, 기업 내에서 비교적 기계적으로 사용되는 업무 수행 방식을 일컫는 개념이다. 가격 설정부터 신규 인력 채용, R&D 예산 결정, 복잡한 생산작업 수행방식에 이르기까지 매우 다양한 종류의 의사 결정 과정을 포함하며, 자연에서의 유전자와 마찬가지로 기업조직의 모든 측면에서 지속적으로 영향을 미치는 존재이다. 환경에 적합한 루틴은 선택을 받아 생존하고 확장하게 된다.

진화생물학에서는 선천적이고 변하지 않는 유전자가 선택의 대상이고, 따라서 환경에 적합한 유전자가 선택된다. 이에 반해 루틴은 기업이 의도적인 의사 결정을 통해 수정해 나갈 수 있다는 점이 다르다. 즉, 경제에서의 변화는 경제 주체들이 더 나은 성과를 내고자 하는 의도에 의해 주도된다고 가정한다.

신슘페터주의 진화경제학은 루틴 등의 개념을 이용하여, 한 산업 내에서 생존에 적합한 기업이 선택되어 생존하는 과정을 분석한다. 기업 및 산업 생태계에서의 학습, 모방과 확산 과정을 묘사하며, 이를 통해 생산기술과 기업 루틴의 세대 간 전승을 설명한다. 특히, 주목하는 주제들은 산업의 변화, 혁신 주도 경쟁, 기업의 성장 과정, 기업의 역량과 행동, 기술진보와 제도, 산업의 경쟁과 역학 등이다.

궁극적으로 기술과 조직의 혁신을 분석하는데, 특히 산업에서의 혁신과 관련하여 혁신 시스템이라는 개념을 제시한다. 혁신 시스템은 혁신을 위한 노력을 지원하고 방향을 제시하는 다양한 제도와 관행으로 구성되며, 지식이 발전함에 따라 경제 주체들 사이에 지식이 확산되는 현상을 포함한다. 대부분의 혁신 시스템에서 기업과 기업가는 핵심적인 역할을 담당한다. 기업과 기업가가 혁신을 통해 이익을 얻을 수 있도록 하는 메커니즘을 만드는 것이 중요하다. 혁신은 진화이론에서의 돌연변이와 유사한데, 대부분의 돌연변이와 마찬가지로 혁신의 상당 부분은 실제로 테스트하였을 때 더 나은 방식을 만들어 내는 데 실패할 수 있다. 성공적인 혁신의 대부분은 돌연변이가 자리를 잡는 것과 같이 개선 정도가 미미할 수 있고, 기존 관행에서 급격한 변화를 수반하는 혁신은 성공하기 쉽지 않지만, 성공하게 되는 경우 기존 산업을 변화시키거나 새로운 산업을 등장시키는 역할을 한다.

보편적 다윈주의를 주장하는 호지슨의 진화적 기업이론에서는 기업의 법적 성격이 중요한 개념으로 등장한다. 법 제도의 진화는 법적 사고의 내적 논리뿐만 아니라 변화하는 경제 제도의 성격 또한 나타낸다. 또한 이 이론에서는 성 선택(sexual selection) 이론에 기반하여 상품시장에서 상품이 선택되는 과정을 설명하기도 한다. 성 선택 이론에 따르면 자연에서 개체가 생존하는 데 불필요해 보이는 특징들이 있다. 이러한 것들은 생존이 아니라 번식을 위해서 존재하는 것이다. 대표적인 예로 수컷 공작의 깃털이 있는데, 화려한 깃털은 포식자의 눈에 띄기 때문에 생존에 불리하지만 암컷의 눈에도 띄기 때문에 번식에는 유리하다. 이러한 논리로 시장에서 상품이 선택되는 과정을 설명할 수 있는데, 눈에 띄는 소비가 이성에게 자신의 매력을 높이는 신호로 작용한다면 최적의 번식전략이 될 수 있다.[11] 하지만 이 과정에서 비효율적인 상품이 선택될 수 있고, 기업의 수익성 관점에서 낭비적인 특성이 초래될 가능성도 존재한다.

2) 개인의 선호와 진화적 행동경제학

기존의 주류 경제학에서 개인의 의사 결정은 그 개인의 선호체계에 의해 결정된다. 여기서 선호체계, 즉 개인이 어떤 대상을 선호하는지는 이미 개인의 마음속에 내장되어 있으므로 선천적으로 주어진 것이고, 따라서 변하지 않으며 고정된 것으로 간주한다. 주류 경제학에서는 선호체계에 대한 분석이 경제학의 영역이 아니며 다른 연구 분야에서 해야 한다고 생각하는 경향이 있다. 하지만 개인의 선호체계가 고정된 것이 아니라 개인이 속한 경제환경과 상호 작용하여 변화하는 것이라면 경제학에서 이에 대한 분석이 필요할 것이다. 따라서 진화 이론을 이용해 개인의 선호가 어떤 과정을 거쳐서 현재의 모습으로 나타나는지

11 De Fraja(2009).

분석하는 작업들이 광범위하게 이루어지고 있다.

경제학에서 선호의 진화적 토대를 분석한 초기 연구로는 베커(G. Becker)와 허슐라이퍼(J. Hirshleifer)가 있다.[12] 베커는 더 높은 적합성을 가진 선호가 선택된다고 가정하면서 이타적 선호의 존재 가능성을 설명한다. 이타주의 성향은 본인이 희생하여 타 개체의 생존을 돕기 때문에 자신의 생존 가능성은 낮을 수밖에 없다. 하지만 이타주의 성향의 개체가 본인이 대가를 치루더라도 사회에 해를 끼치는 개체를 막는다면, 이러한 이타적 선호의 생존 가능성은 높아질 수 있다는 것이다. 다만 베커는 이타적 선호가 어떻게 진화하는지 설명하지는 않는다. 허슐라이퍼는 생물학이 선호의 진화를 설명하여 경제 분야의 교환과 분업을 이해하고 경제 시스템의 진화를 분석하는 데 유용하다고 주장한다.

개인의 선호를 진화적으로 해석하는 이론은 진화적 행동경제학(evolutionary behavioral economics)으로 불리기도 한다. 행동경제학에서는 기존 신고전파 경제학의 합리성 모델에서 설명하지 못하는 행동들, 즉 비합리적으로 보이는 행동들에 주목하는데, 이러한 행동들을 진화적 관점에 근거하여 이해하려는 시도들이 있다. 이러한 시도로서 대표적인 것이 보울스(S. Bowles)와 긴티스(H. Gintis) 등의 학자들이 주장하는 사회적 선호(social preference)이론이다.[13] 사회적 선호이론에 따르면, 사람들은 친사회적 행동, 예를 들어 동질적인 사람들과 협력하거나 집단 내 배신자를 처벌할 때 즐거움을 느끼고, 이와 반대로 타인으로부터 제재를 받으면 수치심을 느낀다. 이러한 감정이 사회적 선호인데, 이러한 본능으로 인해 인류 사회에서 자주 보는 이타적이거나 협력하는 행동이 나타난다.

사회적 선호의 발생은 초기 인류의 환경에서 기인한 것으로 설명할 수 있

12 Becker(1976), Hirshleifer(1977).
13 Bowles and Gintis(2011), Choi and Bowles(2007).

다. 예를 들어, 홍적세 후기 인류는 대형 포유류가 풍부한 아프리카 사바나에서 살았는데, 함께 협력하여 사냥을 해서 식량을 확보해야 하는 환경이었다. 자연스럽게 협력이 사회적 규범으로 자리를 잡은 것이다. 또한 긴 육아 기간으로 인해 이웃의 협력도 필요한 환경이었다. 따라서 구성원 간 협력이 잘 이루어지는 집단이 생존에 유리하였다. 이후에도 시장교환과 분업, 규모의 경제가 존재하는 생산 시스템, 전쟁 상황 등 협력이 필요한 사회적 환경은 지속되었다. 인류는 협력적 구성원을 보호하기 위해 무임승차자나 규범 위반자를 처벌하는 방안을 고안하고, 사회화 시스템을 통해 협력을 유도하는 규범을 내면화하였다. 그 결과 협력적 구성원이 많은 집단은 자원과 생존을 위한 집단 간 경쟁에서 우월한 위치를 차지하였고, 문화적 전파를 통해 협력적 행동을 확산시키게 되었다. 이러한 과정을 통해 집단 내 협력을 선호하고 외부자를 적대시하는 성향을 인류의 본성으로 유지하게 된 것이다.

또한 사회적 선호이론은 '강한 상호성'(strong reciprocity)과 '지역적 이타주의'(parochial altruism) 개념으로 이타성을 설명한다. 강한 상호성은 개인들의 상호작용에서 서로 협력하지만, 이 규범을 위반하는 사람을 보면 본인에게 손해가 되더라도 처벌하려는 성향을 의미하고, 지역적 이타주의는 집단 내에서는 서로 협력하지만 집단 외부의 다른 집단과는 경쟁하는 것을 말한다. 이러한 사회적 성향들은 개인의 의도적 선택이 아니라 진화 과정의 산물로서 이해된다.

3) 경제성장과 발전

진화생물학에서 성장은 생명체의 필수 특성으로서 매우 중요한 주제이다. 전통적인 경제학에서 성장은 국가를 분석 단위로 하고, 주로 국내총생산(GDP)

의 증가로 정의된다. 1인당 성장률을 관찰하면 정형화된 사실이 발견되는데, 19세기까지 성장률은 굉장히 낮은 수준이었지만, 제2차 세계대전 이후 부유한 국가들을 중심으로 높은 성장률이 나타난다. 경제학에서 이러한 사실을 설명하려는 시도들이 있었는데, 총생산량(Y)을 여러 생산요소, 특히 자본(K) 또는 노동(L)과 연관시키는 총생산함수($Y=f(L, K)$)는 이러한 설명을 시도하기 위한 기본 개념이다.

신슘페터주의 성장 모델에서는 수익성이 높은 기업은 생산능력을 확장하고, 그렇지 않은 다른 기업들은 수익성이 높은 기업의 기술을 학습하고 채택한다. 또 다른 일부 기업들은 혁신을 통해 새로운 기술을 도입한다. 이 모델은 생산적인 신기술이 경제에 도입된 후 그 사용이 증가하고, 이후 더 우수한 기술이 등장하여 산업구조가 변화하는 형태를 묘사한다. 이 모델에서는 후발국의 경제발전과 관련하여 선진국을 따라잡는 추격(catch-up) 과정 또한 주요 설명 대상이다. 주로 제도와 기술의 상호 작용을 강조하는데, 기술의 성격에 중대한 변화가 일어나면 이를 뒷받침하는 제도의 구조도 마찬가지로 변화하는 한편, 새로운 제도가 기술발전의 방식을 변화시키기도 한다. 이렇게 기술과 제도가 상호 작용하여 함께 진화한다는 설명은 산업혁명에 대한 분석에도 적용되는데, 영국에서 산업혁명이 촉발된 이유는 영국이 새로운 기술을 효과적으로 사용하고 발전시키는 데 필요한 경제조직 형태와 제도를 갖추었기 때문이라고 설명한다.

경제성장에 대해 진화적 분석을 수행한 한 연구[14]에서는 모델을 제시하는데, 이 모델은 하나의 사회를 배경으로 하고 있고, 그 사회는 유전적으로 다른 두 가지 유형의 사람들로 구성되어 있다. 한 쪽은 자녀의 질에 상대적으로 비

14 Galor and Moav(2002).

중을 두고, 다른 쪽은 자녀의 양에 비중을 두는 유형이다. 전자는 자녀 교육에 많은 투자를 하고, 후자는 많은 수의 자녀를 선호한다. 어느 그룹이 더 유리한지는 경제발전 단계에 따라 다르다. 경제성장 초기에는 교육의 수익성이 높지 않지만 기술발전에 따라 수익률이 꾸준히 증가하여 질적 선호 유형이 증가한다. 이에 따라 평균 교육 수준이 높아지면 이는 다시 기술진보와 경제발전으로 이어진다. 이 모델의 시뮬레이션 연구[15]에 따르면 이 모델은 유럽의 산업혁명 시기에 관찰된 현실을 반영하는데, 시뮬레이션 결과 질적 선호 유형의 출산율 감소가 나타나고, 이것은 실제 영국 부유층의 출산율 감소와 일치한다. 이와 유사한 한 연구[16]는 위험추구 성향에 초점을 맞추는데, 이들에 따르면 경제성장 초기에는 위험을 감수하는 유형이 진화적으로 유리하다. 이러한 위험추구 유형이 늘어나면서 도전적인 기업가 활동을 통해 기술발전이 나타나고 궁극적으로 경제성장을 촉발한다. 경제성장이 어느 정도 이루어진 이후에는 위험회피형 개인의 생존 적합도가 더 높아진다.

또 다른 진화적 관점의 연구[17]에서는 국가별 데이터를 이용하여 다양한 생태적, 역사적 요인들이 경제발전에 미치는 경로를 분석한다. 예를 들어, 생태적 요인에 의해 농업발전과 유럽 식민지 형성 패턴이 나타나고 경제발전에 영향을 미치며, 사회적 규범과 제도에 대한 영향을 통해 경제성장을 가능하게 만드는 문화적 진화 과정이 전개된다. 이것은 문화진화이론에 근거하여 경제발전과 성장을 분석하는 방식이다. 여기서는 경제성장에 미치는 요인을 현 사회의 특징과 현 사회를 형성한 과거의 특징으로 구분한다. 진화적 관점에서 경제 시스템

15 Collins et al.(2014).
16 Galor and Michalopoulos(2012).
17 Flitton and Currie(2022).

을 분석하는데, 경제 시스템이 생태환경적 요인에 반응하여 진화하는 방식을 분석한다. 나아가, 경제성장을 이끄는 사회문화적 특성은 변이, 선택, 유전의 진화 과정을 통해 형성되는 것으로 파악한다.[18]

최근에는 유전학을 활용하여 경제발전의 국가 간 차이를 설명하는 연구가 활발하게 이루어지고 있다. 이것은 인구 집단 간 유전자 분포를 비교할 수 있는 게놈 데이터를 이전보다 쉽게 접근할 수 있기에 가능해졌는데, 유전적 요인이 소득 차이를 유발할 수 있다는 가설에 기반한다. 두 집단을 비교하여 공통 조상으로부터 현재까지의 기간을 측정하여 이를 유전적 거리라고 부르는데, 한 연구[19]에 따르면 유전적 거리는 소득 수준의 차이를 설명할 수 있다. 선진국 유전 데이터 분석을 통해 유전적 거리는 소득 수준과 음(-)의 상관관계가 있다는 것을 발견하였다. 하지만 분자 수준에서의 차이가 반드시 소득이나 생산성에 영향을 미친다고 해석하는 것에는 거리를 둔다. 다만 유전적 거리가 기술 확산과 경제발전의 장벽을 파악하는 데 유용할 수 있다고 주장한다. 또 다른 연구[20]는 유전적 다양성이 경제발전을 촉진한다는 가설을 제시한다. 유전적 다양성은 새로운 기술을 발전시키고 구현할 수 있는 다양한 형질을 의미하는데, 유전적 다양성이 경제발전에 영향을 미친다고 주장한다. 반면 유전적 다양성이 사회 내 갈등의 가능성을 높이기 때문에 경제발전을 저해할 가능성도 존재한다고 지적한다. 두 가지 서로 상충하는 힘에 의해 유전적 다양성과 경제발전 사이에는 역U자 형태의 관계, 즉 유전적 다양성이 강해질수록 경제발전이 촉진되지만 지나친 다양성은 오히려 경제발전을 방해하는 상황이 가능하다. 53개 민족으로

18 Currie et al.(2020), Mesoudi, Whiten, and Laland(2004).
19 Spolaore and Wacziarg(2009).
20 Ashraf and Galor(2013).

구성된 게놈 데이터를 조사하고 1500년 전후 인구밀도를 경제발전의 척도로 사용하여 분석한 연구 결과에 따르면 역U자 가설은 설득력이 있다.

4) 경제와 지리

경제학에는 경제와 지리의 관계를 다루는 경제지리학이라는 분야가 존재한다. 기존의 경제지리학은 경제학과 지리학이 중첩되는 분야인데, 주로 공간과 지역의 관점에서 경제 활동의 불균등한 분포를 다룬다. 경제지리학은 제도적 경제지리학과 신고전파 경제지리학으로 구분할 수 있다. 전자는 지역적 특수성과 제도의 역할을 중시하고 지리학이 기반인 경우가 많다. 후자는 신고전파 경제학자들이 개별 행위자의 효용 극대화 행동으로부터 경제 활동의 지리적 패턴을 설명하고, 경제 활동의 공간적 분포를 생산요소의 이동과 정착 과정으로 바라본다. 1980년대 경제지리학은 전통적인 경제 분석에서 벗어나 사회, 문화 및 정치 이론을 사용하여 보다 학제적인 접근방식으로 변모하였고, 이러한 흐름을 경제지리학의 제도적 또는 문화적 전환이라고 부르는데, 앞서 말한 제도적 경제지리학이 이에 속한다. 1990년대 주류 경제학에 기반한 경제지리학은 새로운 경제지리학 또는 지리적 경제학이라고 불리며 경제지리학의 한 영역을 차지하게 되는데, 이는 앞에서 언급한 신고전파 경제지리학을 말한다.

진화적 경제지리학(evolutionary economic geography)은 경제지리학의 세 번째 접근법으로 볼 수 있는데, 기본적으로 경제 영역을 시공간에서 펼쳐지는 진화 과정으로 해석하고 경로의존성에 초점을 맞춘다. 진화적 경제지리학은 진화생물학, 경제학, 지리학 등 여러 학문이 융합된 분야로서, 앞서 언급한 진화경제학의 첫 번째 흐름, 즉 넬슨과 윈터의 이론을 출발점으로 삼고 있다. 2007년 『경제지리학회지』(*Journal of Economic Geography*) 특집호는 경제지리학에 진화적 틀을 적용하는 문제를 심도 있게 다루었고, 『응용진화경제학과 경제지리학』(*Applied Evolutionary Economics and Economic Geography*)[21]은 진화적 경제지리학의 실증방법론에 초점을 맞추어 설명하고 있다. 2009년에는 학술지 『경제지리학』(*Economic Geography*)에서 진화적 경제지리학의 개념, 경계, 방법에 대한 논쟁을 다루었다. 이후 여러 대형 컨퍼런스를 통해 진화적 경제지리학에 대한 논의가 이어지고 있고, 관련 논문과 책의 출간이 지속적으로 증가하고 있다.

진화적 경제지리학은 다양한 지역에서 불균등하게 나타나는 기술, 산업, 네트워크의 흥망성쇠를 슘페터의 창조적 파괴 과정으로 이해한다. 따라서 기업과 산업의 역학, 네트워크와 공간 시스템이 주된 분석 내용이 된다. 이러한 분석 내용을 기업-산업-네트워크-공간 순으로 차례대로 살펴보면 아래와 같다.

첫째, 경쟁, 혁신, 선택에 기반한 기업 생태계의 진화 과정에서 새로운 경제활동의 공간적 패턴이 생겨나는 것을 분석한다. 기업 생태계의 변화 양태를 공간적 이질성과 결합하여 이해하는데, 예를 들어 혁신과 모방, 전파 등의 과정을 지리적 근접성과 지역적 차이의 관점으로 분석한다. 또한 기업의 입지 결정에서 영향을 미치는 경로의존성의 역할에 주목한다. 예를 들어, 자회사는 모회사 근처에 위치하는 경향이 있는데, 이를 통해 기업의 입지 결정은 과거의 결정에 의해 크게 영향을 받는다는 패턴을 발견할 수 있다.

둘째, 기업 수준을 넘어서 산업 수준에서도 지역, 공간은 중요한 차원인데, 특히 산업의 공간적 집중화는 많은 관심을 받는 주제이다. 대표적인 것인 아서(W. B. Arthur)의 진화적 산업입지 모델인데, 이 모델은 기업의 분사 과정 또는

21 Frenken(2007).

창업 과정을 통해 산업이 탄생하는 현상을 설명하고 있으며, 여러 연구들을 통해 미국 디트로이트의 자동차산업, 실리콘밸리의 ICT, 영국 케임브리지의 생명공학 분야, 버밍엄-코번트리 지역의 자동차산업 등과 같은 사례가 제시되고 있다.[22] 나아가 더 중요한 것은 진화적 맥락에서 공간적 집중이 산업 진화 과정의 결과일 뿐만 아니라 이후 추가 진화에도 영향을 미친다는 것이다.

산업 활동이 특정 지역에 집중되는 현상은 그 자체가 결과이기도 하지만 이후 신규 기업의 진입에 긍정적인 피드백을 생성하는 출발점이기도 하다. 즉, 기존 기업들의 집중이 더 많은 진입을 촉발하는, 일종의 자기 강화 과정을 통해 산업이 더 공간적으로 집중화되는 동태적 과정이 나타나는 것이다. 반면 이러한 지리적 집중은 기업 간 경쟁 수준을 높여서 오히려 진입 가능성을 막는 결과로 이어질 수도 있다. 긍정적 피드백과 부정적 피드백은 산업의 유형에 따라 다른 시점에 나타날 수 있다. 알려진 바로는 수요가 국지적이고 지식은 전반적으로 파급되는 경우 부정적 피드백이 빠르게 나타날 수 있다.

셋째, 진화적 경제지리학의 또 다른 분석 단위로서 네트워크는 지식 확산의 매개체로서 주목을 받는다. 보통 소셜 네트워크 분석방법을 통해 네트워크 구조의 진화를 파악한다. 주로 첨단기술 기업들 사이에서 네트워크의 역할이 중요한데, 지리적으로 클러스터가 형성되면서 지리적 근접성이 네트워크 형성을 촉진하는지가 연구자들의 관심사 중 하나이다. 또한 소비행위에도 네트워크 분석이 적용되는데, 소비 결정을 할 때 제한된 합리성으로 인해 개인 네트워크에 의존하는 경향이 있기 때문이다. 중심 행위자의 결정이 네트워크를 통해 전파되어 많은 소비자의 소비 결정을 이끌어 낼 수 있다. 진화적 관점에 따르면, 네트워크의 공

22 Arthur(1994).

간적 진화를 이해하는 것이 중요하다. 한 연구[23]의 모델에서는 네트워크에 새로운 행위자(노드)가 연결되면서 네트워크가 성장하는 과정을 설명한다. 이에 따르면, 초기 진입자가 후기 진입자보다 중심 노드가 될 확률이 훨씬 높다. 이 모델이 네트워크의 공간적 진화에도 적용되어 다양한 연구가 이루어지고 있다.

넷째, 기업, 산업과 네트워크를 거시적 수준의 공간 시스템으로 통합하면 지역의 성장과 구조적 변화를 분석할 수 있게 된다. 새로운 산업을 창출하는 지역은 성장을 경험하고, 성숙한 라이프 사이클을 가진 지역은 결국 쇠퇴하게 된다. 지역이 성공적으로 재탄생하도록 보장하는 메커니즘이 존재하지 않으면 성장한 이후 기득권의 존재, 제도적 경직성, 매몰비용 등으로 인해 쇠퇴하게 된다는 것이다. 또한 기업 네트워크를 확대하여 지역 네트워크로 개념화하면 공간 시스템의 진화 분석은 용이해진다. 네트워크 도시 모델에서는 네트워크의 연결성이 도시 경제 성장과 도시 불평등 모두에 영향을 미친다. 이 모델은 다국적 기업의 본사와 자회사 네트워크, 교통 네트워크, IT 인프라 네트워크 등의 연구에 적용된다. 또한 지식의 개발과 확산에서 중심 허브 역할을 하는 지역은 네트워크의 중심이 되고, 지역 성장을 촉진하게 된다. 이에 따라 공간 시스템의 진화 연구에서는 네트워크 구조 변화의 결정요인을 파악하는 것이 중요한 주제가 된다. 예를 들어, 역사적으로 나타난 도시의 흥망성쇠를 지식, 기술 및 인프라를 둘러싼 글로벌 네트워크에서 도시의 지위 변화와 연결시킬 수 있다.

진화적 경제지리학은 공간구조를 역사적 과정의 결과로 보며, 또한 경제행동을 조절하는 역할을 하지만 그렇다고 완전히 결정하지는 않는 것으로 간주한다. 진화적 분석을 위해 기술, 기업, 산업, 네트워크, 도시 또는 지역 등에 대

23 Barabasi and Albert(1999).

한 시계열 데이터를 수집하여 계량경제학적 분석도 수행되고 있다. 서면 자료와 구술 자료를 결합한 사례 연구도 효과적으로 사용된다. 진화적 경제지리학은 경로의존적 역학의 진화적 결과로서 다양한 공간 규모에서 중심-주변 패턴에 대한 새로운 이해를 제공할 수 있다. 이에 따라 경제 활동의 불균등한 분포의 진화를 설명하게 된다.

3. 진화경제학의 함의

앞서 살펴보았듯이 진화경제학으로 포함시킬 수 있는 경제학 분야는 세 가지, 즉 신슘페터주의, 보편적 다윈주의, 진화생물학의 적용으로 구분할 수 있다. 이 세 가지 흐름은 세부적인 특성이 서로 다르지만 진화이론을 기반으로 경제 분석을 수행한다는 측면에서 공통점을 가지고 있으며, 기존 주류경제학의 한계를 극복하며 새로운 대안을 제시하고 있다는 평가를 받는다. 이제는 경제학의 다양한 영역에서 진화적 접근이 많이 사용되고 있다. 이 장에서 설명한 기업과 산업 분석, 개인의 선호와 의사 결정, 경제 성장과 발전, 경제지리학뿐만 아니라 금융이론 등에서도 진화이론을 상당한 영향을 미치고 있다.

주류 경제학이 정태적인 균형 개념에 의존하기 때문에 변화하는 사회현상을 잘 설명하지 못한다는 비판이 존재하는데, 진화경제학은 이러한 측면에서 대안적인 패러다임으로 작용할 수 있다. 진화경제학은 과정을 중시하고 결과를 열어 놓아 경쟁이 진행되는 시장도 동태적이고 불확실하다고 생각한다.[24]

24 진화경제학의 최근 동향에 대해 전반적으로 알기를 원하는 독자는 논문 Collins et al.(2016)과 책 André et al.(2022)을 참조할 수 있다.

참고문헌

Alchian, A. A., "Uncertainty, Evolution, and Economic Theory," *Journal of Political Economy*, 58(3), 1950, pp. 211~221.

André, J., M. Cozic, S. de Monte, J. Gayon, P. Huneman, J. Martens, and B. Walliser, *From Evolutionary Biology to Economics and Back: Parallels and Crossings between Economics and Evolution*, Springer, 2022.

Arthur, W. B., *Increasing Returns and Path Dependence in the Economy*, University of Michigan Press, 1994.

Ashraf, Q. and O. Galor, "The 'Out of Africa' Hypothesis, Human Genetic Diversity, and Comparative Economic Development," *American Economic Review*, 103(1), 2013, pp. 1~46.

Barabasi, A. and R. Albert, "Emergence of Scaling in Random Networks," *Science*, 286(5439), 1999, pp. 509~512.

Becker, G. S., *The Economic Approach to Human Behavior*, University of Chicago Press, 1976.

Bowles, S. and H. Gintis, *A cooperative species: Human reciprocity and its evolution*, Princeton University Press, 2011.

Choi, J.-K. and S. Bowles, "The Coevolution of Parochial Altruism and War," *Science*, 318(5850), 2007, pp. 636~640.

Collins, J., B. Baer, and E. J. Weber, "Economic Growth and Evolution: Parental Preference for Quality and Quantity of Offspring," *Macroeconomic Dynamics*, 18(8), 2014, pp. 1773~1796.

______, "Evolutionary Biology in Economics: A Review," *Economic Record*, 92(297), 2016, pp. 291~312.

Currie, T. E., P. Turchin, E. Turner, and S. Gavrilets, "Duration of agriculture and distance from the steppe predict the evolution of large-scale human societies in Afro-Eurasia," *Palgrave Communications*, 7(1), 2020, pp. 1~8.

Dawkins, R., "Universal Darwinism," in D. S. Bendall, ed., *Evolution from molecules to man*, Cambridge University Press, 1983.

De Fraja, G., “The origin of utility: Sexual selection and conspicuous consumption,” *Journal of Economic Behavior & Organization*, 72(1), 2009, pp. 51~69.

Dowling, B. F., *Evolutionary Finance*, Springer, 2005.

Flitton, A. and T. E. Currie, “Assessing different historical pathways in the cultural evolution of economic development,” *Evolution and Human Behavior*, 43(1), 2022, pp. 71~82.

Frenken, K., ed., *Applied Evolutionary Economics and Economic Geography*, Edward Elgar Publishing, 2007.

Gagliardi, F. and D. Gindis, eds., *Institutions and Evolution of Capitalism: Essays in Honour of Geoffrey M. Hodgson*, Edward Elgar Publishing, 2019.

Galor, O. and O. Moav, “Natural Selection and the Origin of Economic Growth,” *Quarterly Journal of Economics*, 117(4), 2002, pp. 1133~1191.

Galor, O. and S. Michalopoulos, “Evolution and the Growth Process: Natural Selection of Entrepreneurial Traits,” *Journal of Economic Theory*, 147(2), 2012, pp. 759~780.

Henrich, J. P., R. Boyd, S. Bowles, C. Camerer, E. Fehr, and H. Gintis, eds., *Foundations of human sociality: Economic experiments and ethnographic evidence from fifteen small-scale societies*, Oxford University Press, 2004.

Hirshleifer, J., “Economics from a Biological Viewpoint,” *Journal of Law and Economics*, 20(1), 1977, pp. 1~52.

Hodgson, G. M., “Generalizing Darwinism to social evolution: Some early attempts,” *Journal of Economic Issues*, 39(4), 2005, pp. 899~914.

Hodgson, G. M. and T. Knudsen, *Darwin's Conjecture: The Search for General Principles of Social and Economic Evolution*, University of Chicago Press, 2010.

Mesoudi, A., A. Whiten, and K. N. Laland, “Perspective: Is Human Cultural Evolution Darwinian? Evidence Reviewed from the Perspective of ‘The Origin of Species’,” *Evolution*, 58(1), 2004, pp. 1~11.

Nelson, R. R., “A perspective on the evolution of evolutionary economics,” *Industrial and Corporate Change*, 29(5), 2020, pp. 1101~1118.

Nelson, R. R. and S. G. Winter, *An Evolutionary Theory of Economic Change*, Harvard University Press, 1982.

Nelson, R. R., G. Dosi, C. E. Helfat, A. Pyka, P. P. Saviotti, K. Lee, K. Dopfer, F. Malerba, and S. G. Winter, *Modern Evolutionary Economics An Overview,* Cambridge University Press, 2018.

Schumpeter, J. A., *The theory of economic development: an inquiry into profits, capital, credit, interest, and the business cycle,* Transaction Books, 1934.

______, *Capitalism, Socialism and Democracy,* Harper & Brothers, 1942.

Spolaore, E. and R. Wacziarg, "The Diffusion of Development," *Quarterly Journal of Economics,* 124(2), 2009, pp. 469~529.

Veblen, T., "Why is Economics not an Evolutionary Science?," *Quarterly Journal of Economics,* 12(4), 1898, pp. 373~397.

______, *The Theory of the Leisure Class,* Macmillan, 1899.

Wilson, D. S., "Human groups as units of selection," *Science,* 276(1), 1997, pp. 816~817.

Wilson, D. S. and J. Gowdy, "Evolution as a general theoretical framework for economics and public policy," *Journal of Economic Behavior & Organization* 90(S), 2013, pp. S3~S10.

chapter 06

신경경제학

1. 신경경제학이란?
2. 신경경제학의 발전 과정과 배경
3. 신경경제학의 영역들: 개인적 의사 결정과 사회적 의사 결정
4. 신경경제학에 대한 평가

신경경제학(neuroeconomics)은 신경과학과 경제학이 결합된 분야이다. 신경경제학은 신경과학과 경제학, 두 분야가 결합한 것이기에 어느 분야를 중심으로 보느냐에 따라 두 가지 흐름으로 구분할 수 있다. 하나는 신경과학의 입장에서 경제학을 도입하는 연구로 보는 것이다. 이러한 흐름에서는 경제학 모델을 사용하여 신경세포 활동을 분석하는 방식을 사용한다. 예를 들어, 표준적인 주류 경제학에서 사용하는 기대효용이론과 게임이론 등을 사용하여 의사 결정에 연관되는 뇌 영역의 신경 활동을 분석하는 것이다. 또 다른 하나는 경제학의 입장에서 신경과학을 이용하는 것이다. 이 흐름은 경제학, 특히 행동경제학의 입장에서 신경과학의 연구 방법과 결과를 이용하여 개인의 의사 결정과 같은 경제 행동을 분석하는 것이다. 이 흐름에서는 신경과학의 분석기법을 활용하면 경제현상들을 더 잘 해석할 수 있고 기존 경제이론의 개선에 도움이 될 수 있다고 생각한다. 신경과학이 중심이 되는 전자의 흐름은 신경세포경제학(neurocellular economics), 경제학이 중심인 후자는 스캐너의 행동경제학(behavioural economics in the scanner)이라고 불리기도 한다. 최근에는 이 두 가지 흐름이 수렴하는 추세이기 때문에 여기에서는 이 두 가지 흐름을 구분하지 않고 설명한다.

1. 신경경제학이란?

신경경제학은 인간이 의사 결정을 할 때 인간의 뇌에서 일어나는 신경 메커니즘을 연구하여 경제 영역에서의 선택 과정을 분석한다. 주류 경제학인 신고전파 경제학에서는 인간이 본인에게 가장 이득이 되는 방향으로 최적의 의사 결정을 한다고 가정한다. 따라서 의사결정자의 마음속에서 어떻게 의사 결정이 일어나는지는 경제학에서 탐구할 영역이 아닌 것으로 간주한다. 즉, 마음속의 작동 메커니즘은 경제적 분석 대상에서 벗어난, 일종의 블랙박스로 취급한다. 신경경제학은 이러한 블랙박스에 대한 탐구라고 할 수 있다. 다양한 유형의 결정을 내릴 때 뇌의 신경 메커니즘은 어떻게 작동하는지, 뇌가 고려하는 변수는 무엇인지, 또 이러한 변수를 어떻게 계산하는가를 분석한다. 신경과학이 인간의 인지와 행위에 근원적인 설명을 제공하기 때문에 의학뿐만 아니라 경제학, 정치학, 심리학 등 제 학문에 확산되고 있다. 신경과학의 일환으로 경제행위에 중점을 두는 신경경제학은 인간의 사고와 감정을 직접 관찰할 수 있게 해주므로 선택과 수요 등 기본적인 경제행위나 현상에 대해 보다 확고한 근거를 제공한다. 이러한 신경경제학은 최근 신경과학의 발전과 함께 급속히 성장하고 있다.

여기에서는 신경경제학의 전반적인 동향과 그에 대한 평가를 소개한다. 먼저 ① 신경경제학의 발전 과정과 배경에 대해 살펴보고, ② 최근까지 신경경제학에서 연구되어 온 주제들을 소개하며, ③ 신경경제학의 다양한 활용방식과 비판적 평가들에 대해 정리한다.[1]

1 신경경제학에 대해 보다 더 자세히 파악하고 싶은 경우 참조할 수 있는 책과 논문들은 다음과 같다. Glimcher and Fehr(2014)와 Reuter and Montag(2016)는 신경경제학의 다양한 주제들을 각각 다룬 글들을 모아 편집한 책으로 신경경제학을 광범위하게 파악하기에 용이하다. Smith and Huettel(2010)은 의사 결정을 주제로 다룬 신경과학을 중심으로 조사한 논문이고 이후 업데이트된 내용을 추가한 후속 논문이 Dennison et al.(2022)이다. Konovalov and Krajbich(2019)와 Serra(2021), 두 서베이 논문은 신경경제학의 현황과 과제 등을 일목요연하게 정리하였고, Koshovets and Varkhotov(2019)는 신경경제학을 비판적으로 평가한 논문이다. 신경과학을 전반적으로 정리하여 비판적으로 평가한 책으로는 Rose and Rose(2016)가 있고, 분석 기법에 대한 평가는 Ruff and Huettel(2014)과 Genon et al.(2018)을 참조할 수 있다.

2. 신경경제학의 발전 과정과 배경

2005년 신경경제학회가 설립되면서 신경경제학이라는 학문 분야는 공식적으로 확립되었다고 할 수 있다. 그 이전에도 신경경제학 연구라고 할 수 있는 연구 작업들이 존재하였지만, 2005년 이후에 보다 다양한 연구 프로그램들이 확립되어 이때부터 본격적으로 성장하였다. 인간의 의사 결정과 행동에서 뇌의 역할과 작동방식을 분석한다는 아이디어는 이미 신경경제학 이전에 다른 학문 영역에 존재하였다. 심리학에서는 인지 및 감정 과정을 조사하기 위해 뇌파 검사(electroencephalography, EEG)를 이미 사용해 왔다. 1929년 독일의 한 정신과 의사가 두뇌 내부를 직접 확인하지 않고 두피로부터 두뇌 활동을 확인할 수 있다는 것을 발견한 이후, 뇌파 검사(EEG)는 의사 결정과 같은 복잡한 정신 기능이 뇌에서 어떻게 이루어지는지에 관심을 갖고 있는 수많은 학자들을 매료시켜 왔다.

경제학에서 뇌의 신경 활동을 분석하여 경제 분석에 활용한다는 아이디어가 발전한 것에는 2000년대 이전에 있었던 두 가지 계기가 큰 역할을 하였다. 하나는 1980년대 행동경제학과 실험경제학의 등장으로 표현할 수 있는 경제학 내부에서의 변화이고, 또 다른 하나는 1990년대 신경과학에서의 기술적 발전이다. 이후 1990년대 후반부터 신경과학과 심리학, 경제학을 융합하려는 시도들이 주목을 받게 되었고, 이러한 환경 속에서 개인의 의사 결정 문제를 다루는 새로운 분야, 신경경제학의 기반이 마련되었다. 많은 학자들이 학제 간 협력 가능성에 주목하게 되었고, 신경경제학 초기 연구가 시작되었다. 아래에서 이 두 가지 계기를 각각 간략히 살펴본다.

1) 1980년대 행동경제학과 실험경제학

1980년대 행동경제학과 실험경제학의 도약은 초기 신경경제학 연구의 발전에 도움을 주었다. 특히 실험경제학은 신경경제학 연구의 방법론에 영향을 미쳤다. 신경경제학 연구는 인간이나 동물에게 실험을 하면서 신경 활동 과정을 관찰하는 방식으로 이루어진다. 주로 실험 대상에게 두 가지 이상의 대안 중에서 하나를 선택하도록 하고, 선택이 이루어지기 이전과 선택 과정, 그리고 선택 이후에 뇌에서 나타나는 다양한 생리학적 또는 생화학적 변수를 관찰하거나, 연구자들이 화학적 또는 전자기적으로 직접 실험 대상의 뇌 기능을 자극한 후 이전과 이후 상황을 비교하여 분석한다. 실험경제학에서 다양한 실험 설계방식이 발달하였고, 이는 신경경제학의 실험 과정에 적용되어 연구를 보다 정교하게 만드는 데 공헌하였다.

행동경제학은 개인의 의사 결정 문제를 다루기 위한 현실적인 이론 틀을 제공함으로써 신경경제학의 등장을 촉진하였다. 기존 주류 경제학의 아이디어, 즉 신고전파 경제학의 합리적 선택이론은 행동경제학에 의해 반박되면서 설득력이 약화되었다. 행동경제학에 따르면, 인간은 합리성을 바탕으로 최적의 선택을 하는 것이 아니라, 여러 가지 편견에 영향을 받거나 경험에 의해 형성되는 휴리스틱(어림짐작으로 수행하는 방식)에 의존해서 의사 결정을 하고, 이러한 의사 결정에서는 공정성과 신뢰 등과 같은 개념이 중요한 역할을 한다. 신경경제학은 이러한 편견과 휴리스틱, 공정성과 신뢰 등의 개념에 대한 신경학적 토대를 조사하면서 발달하였다.

행동경제학의 이론들에 대한 신경과학적 접근은 신경경제학으로 가는 길을 열어 주었다. 예를 들어, 행동경제학자 카너먼(D. Kahneman)과 트버스키(A.

Tversky)의 전망이론(prospect theory)은 신경과학의 주요 연구 대상이었다. 전망이론은 주류 경제학의 효용극대화 모델에 반론을 제기한다. 소비행위에 대한 신고전파 경제학의 대표적인 모델인 효용 극대화 모델에 따르면, 사람들은 소비결정을 할 때 소비를 통해 얻는 만족, 즉 효용을 극대화하는 선택을 한다. 그러나 전망이론에 따르면 사람들은 단순히 효용을 극대화하는 선택을 하는 것이 아니다. 마음속에 기준점이 존재하고, 기준점보다 높은지 낮은지에 따라 가치를 다르게 부여하고, 이에 따라 선택을 결정한다. 특히, 전망이론은 사람들이 이익보다 손실에 더 많은 가중치를 부여하는 현상에 주목하며, 이를 손실회피(loss aversion)라는 개념으로 설명한다. 인간은 이익으로부터 오는 기쁨보다 손실에서 기인하는 슬픔을 더 크게 느끼기 때문에, 이익과 손실에 대한 가치를 평가한다면 손실에 대한 비용은 동등한 크기의 이득보다 더 큰 것으로 평가된다. 이러한 손실회피가 뇌에서 실제로 작동하는지는 초기 신경과학의 주요 연구 대상이었다.

2) 1990년대 신경과학의 기술적 발전

신경과학은 크게 분자신경과학(molecular neuroscience)과 인지신경과학(cognitive neuroscience), 이렇게 두 분야로 구분할 수 있다. 전자는 신경계를 구성하는 세포인 뉴런(neuron)을 분석해서 신경계를 파악하는 반면, 후자는 정신 활동의 신경 메커니즘을 분석해서 마음과 행동의 관계를 연구한다. 신경경제학은 주로 인지신경과학과 밀접한 관련이 있는데, 1990년대 신경과학의 발달에 힘입어 1990년대 후반부터 인지신경과학 연구가 폭넓게 확산되었고, 이에 따라 2000년대 초반부터 신경경제학은 빠르게 성장할 수 있었다.

| 그림 6-1 | 기능적 자기공명영상

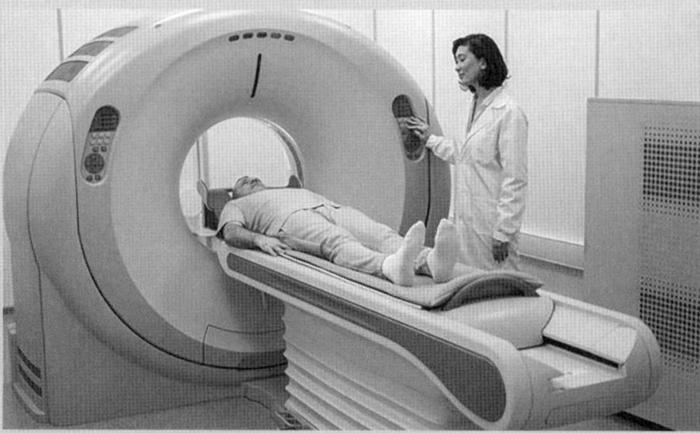

자료: Designed by Freepik.

미국의 경우 1960년대 MIT에서 신경과학 연구 프로그램이 시작되고 1969년 신경과학회가 설립되면서 하나의 연구 분야로서 신경과학이 본격적으로 확립되기 시작하였다. 이후 1990년대 들어 기능적 자기공명영상(functional magnetic resonance imaging, fMRI)과 같은 정교한 관측 도구가 등장하여 뇌의 내부 활동을 시각화하여 분석할 수 있게 되었다. 이러한 기술적 발전을 통해 신경과학은 또 하나의 도약을 하게 된다. 1990년대 미국과 유럽 모두 '뇌의 10년'(Decade of the Brain)을 선포하고, 신경과학에 대한 지원이 대폭 늘면서 대규모 신경과학 프로젝트들이 출범하였다.

신경과학 초기에는 뇌의 활동을 측정하기 위해 신체 내부로 도구가 직접 진입하는 침습적(invasive) 방식을 사용하였다. 이 방식은 통증이 발생할 수 있기에 동물에게 주로 사용하였는데, 특히 인간과 유사한 영장류에게 적용하였다. 하지만 인간과 영장류는 실험환경과 과정에서 차이가 존재한다. 예를 들어, 인간이 대상이 되는 실험 상황에서는 참가자가 금전적 보상과 관련하여 실험 시나리오에 대한 전체 정보를 제공받으며, 다른 참가자와의 의사소통이 금지되는 등의 규칙이 제시된다. 반면 영장류의 경우 실험에서 음료를 보상으로 받고, 수천 번의 훈련을 통해 학습된 후 결정을 하게 된다. 실험조건의 차이 때문인지는 확실하지 않으나 인간과 영장류 실험 결과에서 종종 큰 차이가 나타나기 때문에 동물 실험 결과를 인간의 경우에 적용하기는 어렵다. 따라서 침습적 방식은 한계가 존재하고 신경과학 자체의 한계로 이어졌다. 이런 상황에서 fMRI를 통해 비침습적인 방식으로 인간의 뇌 활동을 관측할 수 있게 되면서 동물 실험 모델의 제약에서 벗어날 수 있게 되었다.

자기공명영상법(magnetic resonance imaging, MRI)은 분석 대상자를 강한 자기장 속에 넣고 스캔하는 방법인데, 이 자기장이 몸속에 수분 형태로 있는 수소 원자를 활성화되도록 만들고, 이 원자들이 발산하는 무선 신호를 검출기가 잡아내는 방식이다. fMRI는 MRI를 통해 얻는 정적인 영상을 활동 중인 뇌의 동영상으로 변화시킬 수 있는 도구이다. 뇌는 신체의 산소를 엄청나게 많이 소비하는데, 이 산소는 혈액에 의해 운반되고, 산소 역시 자기장에 의해 무선 주파수 신호를 방출한다. fMRI는 뇌의 혈류 속 산소 수준을 측정하는데, 그 산소 수준을 뇌 활동의 척도로 간주하는 것이다. 특정 부위에 혈류가 많아지면 해당 부위의 활동이 높은 것으로 해석하는 것이다. 물론 fMRI는 뇌의 작동 속도에 비해 너무 느린 촬영 속도와 낮은 해상도라는 약점이 있었다. 하지만, 기술의 지속적 발전으로 최근에는 개별 뉴런이 언제 활성화되는지 관측하는 것까지 가능해졌다. fMRI와 같은 정교한 뇌 영상 촬영 장치의 등장과 그 결과물을 분석할 수 있는 고성능 컴퓨터의 발달로 1990년대에 신경과학은 급속히 성장하였다. 이에 따라 경제학, 특히 행동경제학과 신경과학 간의 융합 연구도 이전보다 더 용이하게 되었다.

3. 신경경제학의 영역들: 개인적 의사 결정과 사회적 의사 결정

1990년대 이후 신경경제학은 다양한 연구 영역들을 다루면서 급속히 성장하였다. 이러한 연구들의 공통된 문제의식은 이성과 감정이라는 이분법에서 탈피하는 것이었다. 주류 경제학에서는 의사 결정 과정에서 이성적인 존재로서의 인간을 상정하고 합리적 선택을 하는 상황을 다루었지만, 현실에서는 감정에 기반한 선택이 큰 비중을 차지한다. 주류 경제학에 비판적인 행동경제학에 따르면, 감정은 개인의 의사 결정에 깊은 영향을 미친다. 예를 들어, 손실회피 편향에 따르면 뇌는 이득보다 손실에 더 크게 반응한다. 그러나 의사 결정 과정에서 최적의 선택을 하는 이성과 충동적이며 최적의 선택을 방해하는 감정이라는 이분법적 생각은 신경경제학에서는 영향력을 상실하고 있다. 과거에는 뇌의 전두엽(frontal lobe)이 이성을, 변연계(limbic system)가 감정을 담당하는 것으로 추정하였으나, 현대 신경과학에서는 해부학적, 생리적, 신경심리학적 관찰을 통해 뇌에서 감정을 처리하는 영역과 인지적 기능을 담당하는 영역이 독립적이거나 대립적이라기보다 밀접하게 상호 작용하며 나아가 상호 보완적이라는 것이 밝혀지고 있다. 예를 들어, 대뇌의 행동 조절에 있어 감정 시스템과 인지 시스템 간의 조정이 필요하다는 사실이 여러 신경경제학 연구들에서 보고되었다.

이성과 감정의 상호 작용을 다루는 신경경제학의 연구 영역들은 개인의 독립적 의사 결정과 사회적 의사 결정, 두 가지 영역으로 분류할 수 있다. 전자는 가치와 학습, 위험과 불확실성, 시점 간 선택, 소비와 투자 등의 주제들을 포함하고, 후자에는 사회적 선호, 즉, 공정성, 이타성, 상호성, 신뢰와 공감 등이 속한다. 아래에서는 이 주제들에 대해 각각 살펴볼 것이다.

1) 가치와 학습

개인의 의사 결정은 많은 경우 여러 대안들 중 하나를 선택하는 것이다. 여러 대안들이 있는 경우 그중에서 하나를 선택하기 위해서는 그 대안들 각각의 가치를 파악하여야 한다. 이 가치는 개인이 의사 결정을 하는 데 필요한 가치이므로 의사결정자의 주관적인 시각에서 평가한 가치이다. 따라서 각 대안들에 대해 개인이 가치를 부여하고 비교해야 한다. 신경경제학에서 의사 결정은 지각적 의사 결정과 가치 기반 의사 결정, 두 가지로 구분되는데, 전자는 자극에 대해 반응하여 의사 결정하는 것이고 후자는 의사 결정 주체의 고유한 선호도에 따라 결정하는 것을 의미한다. 여러 대안들 중에서 선택하는 의사 결정은 후자, 즉 가치 기반 의사 결정에 속한다. 이와 관련하여 신경경제학은 신경 메커니즘을 분석하여 가치를 어떻게 확인하고 학습하는지 밝히기 위한 연구를 수행하고 있고, 이러한 연구들을 통해 가치라는 개념을 뇌의 신경 활동 속에서 직접 포착하고자 한다.

가치 기반 의사 결정의 기본 요소는 학습이다. 학습을 통해 특정 대안의 가치를 파악한다는 아이디어를 말한다. 간단한 동물 실험의 경우, 원숭이에게 자극을 준 뒤 과일 주스와 같은 보상을 제공한다. 처음에 원숭이는 보상을 받을 때 뇌의 특정 뉴런 활동이 증가한다. 하지만, 이 실험이 반복되면 나중에는 자극이 보상으로 연결된다는 사실을 인식하게 되고, 이에 따라 자극이 주어질 때 뉴런 활동이 증가하며 보상을 받을 때 나타나는 뉴런 활동은 감소한다. 자극이 주어질 때 뇌의 활동 정도는 보상에 대한 예측 정도를 나타낸다. 이러한 예상 결과와 실제 주어진 보상 결과의 차이를 보상예측오류(reward prediction error, RPE)라고 한다. 수많은 동물 실험에서 뇌의 뉴런이 활성화되는 정도, 즉 발화율을 측정하고, 발화율의 변화를 추적해서 이러한 보상예측오류를 측정하려는 시도가 존재하였다. 이러한 연구를 통해 학습을 통한 가치 평가라는 주제를 탐구해 오고 있다.

2) 위험과 불확실성

일상적인 의사 결정 상황에서는 선택에 따른 결과를 미리 알 수 없는 상황이 많다. 경제적 맥락에서는 미래에 주어질 보상의 시기, 내용, 가치에 대한 정보가 불완전한 상황을 주로 고려한다. 이 경우 각 결과가 나타날 확률을 알 수 있는 경우를 위험(risk)이라는 개념으로 표현하고, 알 수 없는 경우를 불확실성(uncertainty) 또는 모호성(ambiguity)으로 표현한다. 신경경제학에서는 위험과 불확실성이 있는 경우 의사 결정이 어떻게 이루어지는지 분석하는데, 주로 위험에 대한 선호도, 위험과 손실에 대한 혐오 정도, 불완전한 정보가 신경계에 어떻게 반영되는지 주목한다.

위험과 불확실성 연구에서 사용하는 실험의 잘 알려진 시나리오는 다음과 같다. 2개의 항아리가 있고, 각각 100개의 공이 들어 있다. 왼쪽 항아리에는 50개의 빨간 공과 50개의 파란 공이 있는 반면, 오른쪽 항아리에는 분포가 알려져 있지 않다. 특정 색상의 공을 꺼내면 상금을 받게 된다. 참가자는 왼쪽과 오른쪽 중 하나의 항아리를 선택해서 공을 꺼낸다. 즉, 이 경우 왼쪽 항아리는 위험,

오른쪽 항아리는 불확실성을 대표하게 되고, 위험과 불확실성, 두 가지 중 하나를 선택하게 되는 셈이다. 일반적으로 사람은 확률을 알 수 없는 불확실성보다 확률이 알려진 위험을 선호한다고 알려져 있다. 신경경제학에서는 이러한 실험을 진행하면서 실험 참가자들의 뇌에서 작동하는 신경 메커니즘을 분석하고, 위험을 선택하는 경우와 불확실성을 선택하는 경우 각각 서로 다른 별개의 신경 메커니즘이 작동하는지 등도 파악한다. 여러 신경경제학 연구들의 결과에 따르면 위험과 불확실성을 처리하는 데 관련된 뇌 영역들이 파악되고 있다.

3) 시점 간 선택

시점 간 선택은 어떤 행동의 결과가 각각 다른 시점에 나타나는 상황에서의 선택을 말한다. 일반적으로 동일한 보상이라면 미래에 받는 것보다 지금 받는 것을 선호한다. 100만 원을 받는 경우 1년 후에 받는 것보다 지금 당장 받는 것을 선호하는 것은 당연하다고 생각할 것이다. 미래에 받는 보상을 지금 시점에 평가한다면 보상의 가치는 동일한 액수를 현재 받는 것보다 낮게 평가된다. 얼마나 낮게 평가하는지는 개인이 미래에 비해 현재를 얼마나 소중하게 여기는지, 즉 개인의 시간할인율에 의해 결정된다는 것이 경제학의 표준적인 설명이다.

신경경제학 연구에서는 fMRI를 사용하여 시점 간 선택을 하는 실험에서 실험 참가자의 신경 활동을 조사한다. 시점 간 선택은 즉각적 보상과 지연된 보상 사이의 선택을 의미하는데, 뇌의 영역 중에서 변연계(limbic system)는 즉각적 보상에 의해 활성화되는 한편, 전전두피질(prefrontal cortex, PFC)은 지연된 보상을 선택할 때 더 많이 반응하는 것으로 알려져 있다. 최근 많은 신경경제학 연구의 결과들에서는 시점 간 선택이 서로 다른 두뇌 영역 사이의 상호 작용에 의해 결정되는 것으로 드러나고 있다.

4) 소비와 투자 결정

신경경제학은 추상적인 상황뿐만 아니라, 소비 결정 또는 투자 결정과 같이 실제 상황에서의 의사 결정 과정에서 작동하는 신경 메커니즘도 분석한다. 신경경제학 실험 결과들에 따르면 소비자의 구매 결정 과정에서 다양한 신경계 영역이 활성화된다. 한 연구[2]에서는 실험 참가자가 구매를 결정하는 동안 fMRI를 이용하여 뇌를 관찰하였다. 이 연구에서는 다음과 같이 구매 과정을 3단계로 구분한다: ① 제품 관찰, ② 가격 확인, ③ 구매 여부 결정. 연구 결과에 따르면, 제품을 관찰하는 1단계에서 뇌의 측좌핵(nucleus accumbens)이 활성화되는데, 이 영역의 활성화가 강할수록 제품 구매 욕구는 강해진다. 2단계에서는 서로 다른 두 개의 신경 영역이 반응하는데, 가격이 과도한 경우는 부정적 감정과 연관된 섬엽(insula)이 활성화되고, 가격이 저렴할수록 전전두엽피질(mesial PFC)이 강하게 활성화된다. 이 연구에 따르면, 구매 과정에서 뇌의 여러 영역이 다양하게 반응하여 구매 결정에 영향을 미친다. 또한 신경경제학은 소비 결정의 분석에서 다양한 제품과 광고 메시지에 대한 신경 반응을 관찰하여 소비자의 구매 결정을 이해한다. 음원 판매와 관련한 한 실험에서 참가자들의 복측선조체(ventral striatum, vSTR)의 활성화 상태는 3년 동안 해당 노래의 총판매량과 상관관계가 있었지만, 각 노래에 대한 참가자들의 평가와는 관계가 없었다.

2 Knutson et al.(2008).

이러한 연구들을 통하여 소비 결정을 하는 과정에서 뇌의 활동이 어떤 방식으로 진행되는지 파악하고자 하였다.

투자 결정 또한 신경경제학의 주요 연구 주제로서, 감정을 담당하는 뇌의 특정 영역과 투자 판단은 밀접한 관련이 있다.[3] 투자 결정과 관련하여 장기적으로 주식 수익률이 더 높음에도 불구하고 대부분의 사람들은 안전한 채권에 투자하는 것을 선호한다. 이성적인 개인이 합리적으로 판단한다면 장기적으로 수익률이 높은 주식에 투자해야 한다. 경제학자들은 이를 '주식 프리미엄의 퍼즐'이라고 부르는데, 사람들이 투자 결정을 할 때 일반적으로 단기적 이득과 손실만 고려하는 경향이 있기 때문이라고 설명한다. 이를 근시적 손실회피(myopic loss aversion)라 부른다. 뇌에서 감정을 담당하는 영역이 손상된 경우, 위험을 회피하여 안전한 자산을 선호하는 성향이 줄어들어 근시적 손실회피 현상은 보이지 않게 된다. 이에 따라 투자 결정에서 높은 수익률을 얻는 결과가 나타나기도 한다. 예를 들어, 뇌의 복내측 전전두피질(ventromedial PFC, vmPFC)이 손상된 환자는 감정 정보를 처리하는 능력이 부족하기에 투자 결정을 할 때 적극적으로 위험을 감수하는 결정을 한다. 따라서 투자 결정에서 온전한 감정 회로를 가진 정상적인 사람에 비해 장기적으로는 더 이득을 얻게 된다.

5) 사회적 의사 결정과 공정성

의사 결정은 개인이 독립적으로 선택하기보다 타인과의 상호 작용이 있는 사회적 상황에서 이루어지는 경우가 많다. 이러한 사회적 의사 결정을 설명하

3 Kuhnen and Knutson(2005), Shiv et al.(2005).

는 방법 중 하나는 사회적 보상이라는 개념을 활용하는 것이다. 사람들은 사회적 상호 작용을 통해 무형의 보상을 획득하고, 이것은 개인의 의사 결정에 영향을 미친다. 신경경제학에서의 사회적 의사 결정 연구는 다수의 참가자가 상호 작용하는 실험에서 참가자들이 의사 결정을 하는 동안 나타나는 신경 활동을 관찰하여 이루어진다.

공정성은 사회적 의사 결정에 대한 신경경제학 연구에서 주요 주제 중 하나이다. 이와 관련한 실험에서 최후통첩게임(ultimatum game) 실험은 자주 활용되고 있다. 최후통첩게임은 제안자와 응답자가 상호 작용하는 게임이다. 제안자는 일정 액수의 돈을 받고 응답자에게 얼마를 나누어 줄지 결정해서 제안한다. 응답자가 그 제안을 받아들이면 그 제안의 내용대로 돈을 나누어 갖게 되지만 거절하면 제안자와 응답자 둘 다 한 푼도 받지 못하게 된다. 응답자는 아주 작은 액수를 제안받더라도 거절하는 것보다 그 제안을 받아들이는 것이 이득이지만 실제 실험에서는 불공정하다고 생각되는 적은 액수를 제안받는 경우 응답자는 거절하는 경우가 많다. 이러한 실험 결과는 사람들이 금전적 이득보다 공정성에 기반해서 의사 결정한다는 것을 보여 주는 것으로 종종 해석된다.

신경경제학 연구에서는 실험 참가자들이 최후통첩게임을 수행하는 동안 참가자들의 뇌에서 벌어지는 신경 활동을 관찰한다. 실험 결과에 따르면 불공정한 제안을 받은 경우 응답자는 우측 배외측 전전두피질(dorsolateral PFC, dlPFC)과 전대상피질(anterior cingulate cortex, ACC)의 활성화 정도가 증가하는데, 활성화 정도가 강할수록 거절률이 올라간다. 이 두 영역은 공정성에 대한 성향과 연관된 뇌의 영역이라고 할 수 있을 것이다. 실제로 우측 dlPFC의 활동을 일시적으로 억제하면 불공정한 제안에 대한 거부가 감소하는 결과가 보고되었다. 또한 경제적 합리성과 연관된다고 알려진 복측 전전두피질의 활성화 정도는 거절률과 반비례 관계라는 연구 결과도 있다. 즉, 공정성은 경제적 합리성과 반비례 관계로 볼 수 있다는 것이다.

6) 공감

사회적 상호 작용과 의사 결정에서 공감, 즉 타인의 생각과 감정을 이해하고 공유하는 능력은 중요하다. 신경경제학에 따르면, 복내측 전전두피질은 내가 보상을 받는 경우와 타인이 보상을 받는 경우 모두 활성화된다. 이것은 이 영역에서 공감 기능이 처리될 수 있음을 시사한다. 실제로 복내측 전전두피질이 손상된 환자의 경우 고통받는 이들에 대한 기부액이 줄어든다는 실험 결과가 있다. 공감은 타인의 감정이나 느낌을 유추하는 정서적 공감과 타인의 입장을 생각하는 인지적 공감으로 구분할 수 있으며, 이러한 구분은 신경경제학 연구 결과에서도 확인된다. 신경경제학에 따르면, 정서적 공감은 전대상피질과 관련이 있는 한편, 인지적 공감은 측두정엽 접합부(temporoparietal junction, TPJ)와 관련이 있어서 두 가지 개별 메커니즘이 있음을 시사한다.

심리학의 '마음이론'(theory of mind) 또는 '정신화'(mentalizing) 개념은 공감과 밀접한 관련이 있다. 마음이론은 자신의 정신 상태를 타인의 정신 상태와 구별하는 인지능력을 말한다. 이와 유사한 개념이 정신화인데, 이는 타인의 행동을 통해 그 사람의 정신을 이해하는 능력이다. 신경경제학에 따르면, 마음이론 또는 정신화와 관련된 신경 네트워크는 주로 전전두피질 영역과 전두측두엽(frontotemporal lobar) 영역, 이 2개의 영역으로 구성된다. 이와 관련하여 '거울 뉴런'(mirror neuron)이라는 신경세포도 관심의 대상이다. 거울 뉴런은 동일한 신경세포가 타인의 행동을 관찰할 때와 본인이 행동할 때 모두 활성화되는 것을 말하는데, 타인의 행동을 거울처럼 반영하여 자신의 행동처럼 느끼는 것을 의미한다. 거울 뉴런은 원숭이에 대한 전기 생리학적 연구를 통해 발견된 후, fMRI 등을 사용하여 인간 신경구조에서도 확인되었다. 거울 뉴런은 진화 과정에서 인간의 정교한 사회성과 도덕성이 드러난 생물학적 특질로 간주된다.

7) 이타성과 협력

사람들은 왜 자신과 무관한 타인을 돕는가? 주류 경제학에는 사람들이 자신의 이익을 위해 행동을 한다는 암묵적 가정이 존재하는데, 이러한 점을 고려한다면 이타성은 쉽게 설명하기 어려운 개념이다. 사회과학의 다양한 분야에서는 이타성을 설명하고자 다양한 가설을 제시한다.

인간 사회에서 나타나는 이타적 행동을 설명하는 가설 중 하나가 평판 모델이다. 다른 사람들로부터 인정을 받는, 즉 좋은 평판을 획득하는 것은 일종의 보상으로 받아들여진다. 따라서 좋은 평판이라는 보상을 받기 위해 사람들은 이타적 행동을 한다는 것이다. 신경경제학 연구에 따르면, 금전적 보상을 받을 때 활성화되는 뇌의 영역들이 좋은 평판과 같은 사회적 보상을 받을 때도 반응한다. 한 연구에 따르면 우측 배측 전전두피질(right lateral PFC, rlPFC)이 손상되면 호의적인 평판을 형성하는 능력이 감소한다.[4] 이것은 왜 전전두피질이 덜 발달된 다른 종에서 평판 형성이 두드러지지 않는 이유를 설명하는 데 도움이 된다.

동물 사회와 다르게 인간 사회는 대규모 협력이 일상적으로 일어난다. 이

4 Knoch et al.(2009).

러한 현상은 인간의 두뇌가 복잡한 형태의 사회적 상호 작용을 해석할 수 있는 능력을 지니고 있기에 가능한 것인데, 따라서 협력이 일어나는 과정에서의 신경망의 작동방식은 신경경제학의 주된 관심사이다. 평판과 마찬가지로 협력 그 자체가 보상이 된다는 가설이 제시된다. 여러 실험들에 따르면 실험 참가자들이 협력할 때 보상과 관련된 신경계 영역이 활성화되었다는 결과를 얻었다. 이것은 금전적 이득뿐만 아니라 협력을 통해 얻는 정신적 보상에 의해서 동기부여가 된다는 것을 시사한다. 또한 다른 사람과 협력할 때 활성화되는 보상 담당 영역이 컴퓨터와 상호 작용할 때는 활성화되지 않는다는 결과도 보고되었는데, 이것은 사회적 상황에서 협력할 때 활성화되는 보상 시스템이 따로 존재함을 의미한다.

4. 신경경제학에 대한 평가

신경경제학은 자연과학과 사회과학의 융합 분야의 대표 주자로서 찬사를 받기도 하지만 다양한 비판 또한 존재한다. 기술적 측면에서의 결함에 대한 지적부터 연구 방향에 대한 근본적인 비판까지 다양한 평가가 존재한다. 이와 관련하여 인과관계, 생태학적 타당성, 신자유주의와 경제학 제국주의라는 주제에 대해 간략히 소개하고자 한다.

1) 인과관계

신경 영상 및 기타 신경과학 기술은 신경 메커니즘을 연구하는 데 유용한 수단을 제공하지만, 그 자체로는 특정 행동을 유발하는 원인과 동기에 대해 알려주지는 않는다. 특정 뇌 영역 *X*가 행동 결과 *Y*와 상관관계가 있다고 해도 이것이 *X*와 *Y* 사이의 인과적 연관성을 의미하지는 않기 때문이다. 즉, 상관관계는 파악할 수 있지만 인과관계로서 해석할 수 있는지는 아직 미지수이다.

사회적 상호 작용에 대한 신경경제학 연구에서 이타적 처벌은 관심의 대상이다. 사람들은 자신이 비용을 감수하더라도 사회 전체적으로 문제를 일으키는 사람을 처벌하고자 한다. 이러한 처벌은 사회 전체적으로 이득을 가져오기 때문에 이타적 처벌이라고 부른다. 이타적 처벌을 실행하는 동안 활성화되는 특정 뇌 영역이나 신경 네트워크의 활동을 확인하는 연구들에서 아직은 간접적으로만 그 행동의 동기를 암시할 수 있을 뿐이다. 보상을 기대할 때 활성화되었던 뇌 영역 *X*가 이타적 처벌 시에도 활성화된다면, 이타적 처벌이 보상 기대와 관련이 있다고 추론할 수는 있지만 이에 대해 확신을 하기는 어렵다.

이러한 약점은 신경경제학 연구에서 현재 가장 많이 사용하고 있는 fMRI 연구의 한계이기도 하다. 초기의 fMRI 연구는 이전 연구 결과를 바탕으로 뇌 영역들이 각각 하나의 기능만을 담당한다고 가정하였다. 시간이 지남에 따라 점점 하나의 동일한 뇌 영역이 다양한 작업에서 사용되는 것으로 밝혀지면서 이러한 가정은 설득력을 잃게 되었다. 보상에 대한 기대가 *X*의 활동과 연관된 유일한 과정인지 확인이 되지 않는다면, 다목적 장치로 기능하는 뇌의 신경 활동이 보상 처리와 같은 복잡한 과정에서 나타나는 현상으로 명확한 결론을 도출하기는 어렵다. 이것이 소위 역추론의 위험성이다.

인과관계에 대한 본질적인 해결책은 아니지만 기술적 발전을 통해 인과관계 분석의 문제를 우회적으로 해결하고자 하는 시도들이 있다. 대표적인 것이 경두개자기자극(transcranial magnetic stimulation, TMS)과 같은 기술을 활용하는 것인데, 자기 또는 전기를 이용하여 뇌의 특정 영역에 자극을 주어 직접 조작하는 것이다. 이를 통해 행동 변화를 유도함으로써 뇌의 특정 영역과 개인의 행동 간의 인과관계를 직접적으로 추론해 내는 방식이다. 뇌의 특정 영역(*X*)이 특정 행동(Y)을 유발한다고 가정하자. 경두개자기자극 기술은 일시적으로 *X* 영역을 억제 또는 자극할 수 있다. 만약 이것이 행동 *Y*를 축소 또는 강화한다면, 실제로 *X* 영역이 행동 *Y*를 처리할 가능성이 높다고 해석할 수 있다. 경두개자기자극과 비슷한 또 다른 기술인 경두개직류자극(transcranial direct current stimulation, tDCS)은 연구자가 전류 흐름의 극성에 따라 뇌의 특정 영역의 흥분도를 증가시키거나 감소시킬 수 있다. 실제로 최후통첩게임을 사용한 실험에서 전두피질에 경두개자기자극을 적용한 결과 공정성 판단이 약화되는 결과를 얻었고, 경두개직류자극을 통해 우측 배외측 전전두피질의 활동을 축소시켜서 이타적 처벌이 감소하는 결과를 얻었다. 뇌의 신경 활동에 직접 개입함으로써 fMRI를 이용한 상관관계 분석보다 인과관계 분석에 한 걸음 다가갈 수 있다.

2) 생태학적 타당성과 예측 모델

생태학적 타당성(ecological validity)은 어떤 하나의 연구를 통해 획득한 지식 또는 사실이 그 연구 외부에 존재하는 대상에게 적용될 수 있는지를 지칭하는 용어이다. 신경경제학 연구에 대한 진지한 비판 중 하나는 연구에서 생태학적 타당성이 부족하다는 것이다. 움직임이 극도로 제한되고 사회적 상호 작용이 기계를 통해 이루어지는 환경에서 fMRI에 의해 관찰된 인간의 신경 활동이 현실 사회와 개인에게 적용되기 힘들 수 있다. 신경과학에서 사용하는 도구들은 현실에서 관찰되는 상황을 분석하기 위한 도구들이 아니고, 실험실 환경에서 특정한 조건이 만족되는 실험에서 사용되는 도구들이다. 따라서 인간의 의사 결정과 행동에 대한 시사점을 주는 역할을 할 수는 있지만 현실 분석에서 어느 정도의 설득력을 갖출지는 미지수이다.

신경경제학에서 인과관계를 추론하기 어렵다는 문제와 생태학적 타당성이 의심스럽다는 이슈 등이 제기됨에 따라 최근에는 방법론적으로 회귀분석과 같은 상관관계 기법에서 표본 또는 실험 대상 밖의 상황에 대한 예측으로 연구의 초점이 옮겨가고 있다. 최근 많은 연구에서 다변량 머신러닝 기법, 특히 신경 활동의 패턴에 대한 분류기법을 기반으로 실험 이후의 의사 결정과 행동을 예측할 수 있는지에 관심이 집중되고 있다. 예를 들어, *N*-1번의 실험에서 특정 뇌 영역 활동의 선택 결과에 대해서 로지스틱 회귀분석과 같은 통계적 분석을 실행한 다음, 해당 통계 모델을 사용하여 남은 한 번, 즉 *N*번째 실험에서의 선택을 예측해 볼 수 있다. 이 절차를 반복하여 전체 예측률을 산출할 수 있는데, 이것은 머신러닝 분야에서는 잘 알려진 절차이다.

3) 신자유주의와 경제학 제국주의

신경경제학에 대해 보다 근본적인 비판이 존재한다. 신경경제학의 많은 연구들은 학술 마케팅에 지나지 않고, 이 연구 결과들은 아직 임시적인 결론에 불과하다는 주장[5]이 존재한다. 또한 신경과학은 사람들의 정체성과 정신 활동을 집단이 아닌 개인 뇌의 신경 활동으로 환원시키는 경향이 있기 때문에 이는 신자유주의 이데올로기를 강화시킨다는 주장[6]도 존재한다.

5 Harrison(2008).
6 Rose and Rose(2016).

또한 경제학 제국주의의 일종으로서 신경경제학을 바라보는 시각도 있다. 경제학 제국주의는 역사적으로 사회과학에 속하지 않았던 대상을 경제 모델과 개념을 통해 재해석하려는 시도이다. 이러한 관점에서 신경경제학은 뇌의 신경 활동으로 표현되는 생물학적 메커니즘을 경제적 메커니즘으로 대체하여 이해하려는 시도로 이해된다. 이전에는 선택의 과정에서 개인의 두뇌가 작동하는 방식은 심리학 또는 신경과학의 연구 대상이었고 표준 경제이론에서는 선험적으로 제시되는 가정이나 공리로 간주되어 왔다. 신경경제학은 이러한 주제를 경제학의 분석 대상으로 가져온 것이며, 심리학과 생물학 일부에 주류 경제학의 합리적 선택 모델을 도입하려는 것으로 이해될 수 있다. 초기에는 행동경제학의 문제의식을 바탕으로 신경경제학이 발전해 왔다. 즉, 합리적 선택이론이라는 표준적 경제 모델에서 설명하지 못하는 인간의 다양한 선택을 설명하기 위해 심리학의 개념과 실험방법을 경제학으로 도입한 행동경제학이 신경경제학의 기반이었다. 하지만 최근 신경경제학의 많은 연구들이 합리적 선택 모델을 신경 활동과 과정을 분석하는 데 사용하고 그 범위가 늘어가고 있는 추세이기에 경제학 제국주의의 발현이라는 비판이 나타난 것이다. 따라서 앞으로 신경경제학이 어떤 방향으로 발전하느냐에 따라 주류 경제학을 극복하는 대안적인 경제학 분야로 발전할 수 있는지 또는 단순히 주류 경제학의 단점을 반복하는지 결정될 것이다.

참고문헌

Dennison J. B., D. Sazhin, and D. V. Smith, "Decision neuroscience and neuroeconomics: Recent progress and ongoing challenges," *Wiley Interdisciplinary Reviews Cognitive Science*, 13(3), 2022, e1589.

Genon, S., A. Reid, R. Langner, K. Amunts, and S. B. Eickhoff, "How to Characterize the Function of a Brain Region," *Trends in Cognitive Sciences*, 22(4), 2018, pp. 350~364.

Glimcher, P. W. and E. Fehr, eds., *Neuroeconomics: Decision making and the brain*, 2nd ed., Elsevier Academic Press, 2014.

Knoch D., F. Schneider, D. Schunk, and E. Fehr, "Disrupting the prefrontal cortex diminishes the human ability to build a good reputation," *PNAS*, 106(49), 2009, pp. 20895~20899.

Knutson, B., S. Rick, G. E. Wimmer, D. Prelec, and G. Loewenstein, "Neural predictors of purchases," *Neuron*, 53(1), 2008, pp. 147~156.

Konovalov, A. and I. Krajbich, "Over a Decade of Neuroeconomics: What Have We Learned?," *Organizational Research Methods*, 22(1), 2019, pp. 148~173.

Koshovets, O. and T. Varkhotov, "Neuroeconomics: New Heart for Economics or New Face of Economic Imperialism," *Journal of Institutional Studies*, 11(1), 2019, pp. 6~19.

Kuhnen, C. M. and B. Knutson, "The neural basis of financial risk taking," *Neuron*, 47(5), 2005, pp. 763~770.

Reuter, M. and C. Montag, eds., *Neuroeconomics*, Springer-Verlag Publishing, 2016.

Rose, H. and S. Rose, *Can Neuroscience Change Our Minds?*, Cambridge: Polity Press, 2016.

Ruff, C. C. and S. A. Huettel, "Experimental Methods in Cognitive Neuroscience," in P. Glimcher and E. Fehr, *Neuroeconomics: Decision Making and the Brain*, Elsevier Academic Press, 2014, pp. 77~108.

Serra, D., "Decision-making: from neuroscience to neuroeconomics – an overview," *Theory and Decision*, 91, 2021, pp. 1~80.

Shiv, B., G. Loewenstein, A. Bechara, H. Damasio, and A. R. Damasio, "Investment behavior and the negative side of emotion," *Psychological Science*, 16(6), 2005, pp. 435~439.

Smith, D. V. and S. A. Huettel, "Decision neuroscience: neuroeconomics," *Wiley Interdisciplinary Reviews Cognitive Science*, 1(6), 2010, pp. 854~871.

chapter 07

유전경제학

1. 유전경제학이란?
2. 유전경제학의 등장 배경과 발전: 유전학의 영향
3. 유전경제학의 주제들
4. 유전경제학의 기여: 실증분석과 정책
5. 유전경제학의 이슈들

유전경제학(genoeconomics)은 명칭에서 알 수 있듯이 유전자를 분석하는 유전학과 경제학이 결합한 분야이다. 유전경제학을 소개하기 위해서는 게놈, 염색체, DNA, 염기쌍, 유전자 등 유전학에서 자주 등장하는 용어들이 무엇을 지칭하는지 정도는 알 필요가 있다. 게놈(Genome)이란 유전자(gene)와 염색체(chromosome)를 결합한 용어로서 한 개체의 유전 정보를 의미한다. 게놈은 유전체라고 부르기도 하는데, 이를 과학적으로 분석하는 것은 무척 어려운 일이다. 인간의 게놈 지도는 2003년도에 와서 완성되었다. 인간의 게놈은 23쌍의 염색체로 구성되어 있는데, 각 염색체 쌍 중 하나는 어머니로부터, 다른 하나는 아버지로부터 물려받는다.

염색체는 이중 나선 모양으로 서로 얽힌 두 가닥의 디옥시리보핵산(DNA)으로 구성된다. DNA 각 가닥은 일련의 뉴클레오타이드(nucleotide) 분자로 구

| 그림 7-1 | 이중 나선 모양

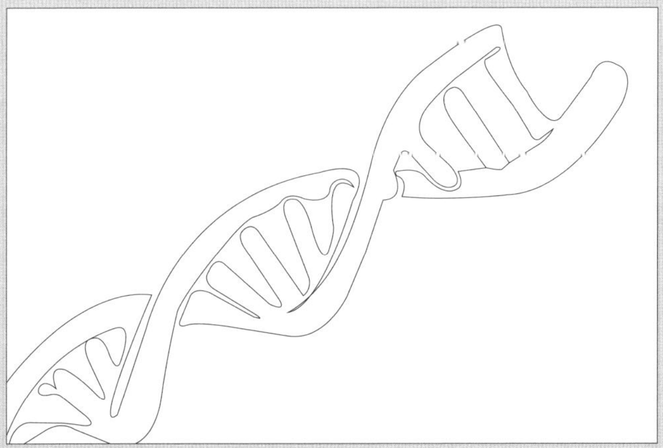

자료: Designed by Freepik.

성된다. 뉴클레오타이드는 아데닌(adenine, A), 사이토신(cytosine, C), 티민(thymine, T), 구아닌(guanine, G), 이 네 가지 염기 중 하나를 포함한다. 이는 항상 쌍으로 구성되는데, 아데닌과 티민(AT), 사이토신과 구아닌(CG)이 쌍을 이룬다. 이러한 조합을 염기쌍이라고 한다. 인간의 게놈은 약 30억 개의 염기쌍으로 구성된다고 현재 알려져 있다. 단백질을 암호화하는 DNA의 염기쌍이 늘어선 부분을 유전자라고 하는데, 유전의 기본 단위가 된다. 유전학의 기본 용어들을 이해하였다면 이제 굉장히 낯선 분야인 유전경제학에 대해 소개하고자 한다.

1. 유전경제학이란?

유전경제학은 경제적 특성의 유전적 기초를 연구하는 학문 분야로서 2007년에 그 명칭이 처음 등장하였다, 기본적으로 유전적 요인이 경제현상에 영향을 미친다는 생각에 기반한다. 유전자가 개인의 특성에 영향을 미쳐서 개인의 경제적 의사 결정에 영향을 미치고, 유전자에 영향을 받은 개인의 행동이 사회제도 또는 환경과 상호 작용하여 여러 경제현상을 일으킨다고 생각한다. 이를 생물학 용어로 표현하면 유전자형(genotype)이 표현형(phenotype)에 영향을 미친다는 것이다. 유전자형은 유전적 특성을 말하고, 표현형은 개체가 환경과 상호 작용하여 겉으로 드러나는 형질을 의미한다. 즉, 유전적 특성으로 인해 외적인 특질이 결정된다.[1]

유전경제학의 등장은 유전학 자체의 발전과 밀접한 관련이 있다. 유전경제

1 유전경제학에 대한 전반적인 소개는 Benjamin et al.(2007), Benjamin et al.(2012), Fletcher(2018)를 참조할 수 있다.

학과 관련 있는 유전학 분야는 행동유전학과 분자유전학이다. 분자유전학은 DNA의 구조와 기능을 연구하는 분야로서 유전자가 개체의 특성에 미치는 영향을 직접 추정하는 반면, 행동유전학은 유전적 특질의 영향에 대해 간접적으로 추론한다. 인간의 다양한 행동과 특성이 유전자에 의해 결정된다는 생각은 행동유전학에 의해 정립되었는데, 이는 유전경제학이 탄생할 수 있는 배경이 되었다. 또한 유전경제학은 분자유전학에서 사용하는 데이터와 분석방법을 경제 분석에 접목하여 새로운 연구 분야로 발전하였다. 2000년대 초반 인간 게놈 프로젝트(Human Genome project, HGP)를 통해 게놈에 대한 분석 기술이 발달하면서 유전경제학은 체계적인 연구 프로그램으로 자리 잡을 수 있었다. 즉, 행동유전학은 유전경제학의 기본 아이디어에 영향을 미쳤고, 분자유전학은 데이터 분석방법의 발달을 통해 유전경제학의 발전을 촉진하였다고 할 수 있다.

2. 유전경제학의 등장 배경과 발전: 유전학의 영향

여기서는 유전경제학의 등장과 발전을 촉진한 행동유전학과 분자유전학의 영향에 대해 각각 순서대로 설명한다.

1) 행동유전학

유전자형과 표현형(주로 개인의 특성 또는 행동)의 관계를 분석하는 것은 유전학의 중요한 주제이다. 이를 위해 유전 가능성(heritability)이라는 개념이 사용되는데, 유전 가능성은 유전적 차이로 인한 특성 차이의 비율을 나타내는 기술적 용어이다. 0과 1 사이 비율로 표현되는데, 수치가 높을수록 유전의 영향이 크다는 것을 의미한다. 유전 가능성에서 중요한 과제는 개인의 특성이 환경에서 비롯된 것인지, 유전에 의해 결정된 것인지 파악하는 것이다.

환경의 영향과 유전자의 영향을 통계적으로 분리하기 위해 행동유전학에서는 주로 가족이나 쌍둥이를 대상으로 연구를 수행한다. 유전적 특성이 인간 행동과 특성에 미치는 영향을 분석할 때 가족 또는 쌍둥이는 매우 적합한 대상이다. 한 가정에 친자식과 입양된 자녀가 있다면 그들은 동일한 양육환경하에 있지만 서로 다른 DNA를 보유하고 있다. 따라서 이 경우 동일한 환경을 공유하지만 유전적 요인이 다른 경우 어떤 결과가 나오는지 확인할 수 있다. 또한 쌍둥이의 경우 일란성 쌍둥이와 이란성 쌍둥이를 비교하면 유전자의 영향과 환경의 영향을 분리하여 분석할 수 있다. 일란성 쌍둥이의 경우는 모든 DNA를 공유하지만, 이란성 쌍둥이는 절반의 DNA만 공유한다. 한 가정에서 함께 자란 쌍둥이는 환경의 영향이 동일하다고 가정할 수 있기에 유전이 각 개인 특성의 차이에 미친 영향을 파악할 수 있다.

1970년대 중반부터 행동유전학에서는 경제학자들이 관심을 갖는 소득에 대해 유전적 요인의 비중을 분석하였다. 쌍둥이에 관한 초기의 연구[2]에서는 2,500명의 쌍둥이 데이터를 분석하여 소득의 유전 가능성을 18%에서 41%까지로 추정하였다. 이런 분석을 통해 개인의 특성에 대한 유전적 요인의 영향을 확인하거나 유전과 환경의 상대적 영향력을 측정하였다. 일반적으로 행동유전학의 가족 및 쌍둥이 연구들을 통해 개인의 특성과 행동에서 유전의 영향은 상당한 것으로 나타났다. 이후 행동유전학은 유전적 기질이 경제적 행동, 결과 및 선호도에 영향

2 Taubman(1976).

을 미친다는 증거를 지속적으로 제시하였다. 경제행동과 특성의 많은 부분이 유전된다는 행동유전학의 발견은 유전경제학의 기본 아이디어로 이어지게 된다.

2) 분자유전학과 데이터 분석

(1) 분자유전학의 기술적 발전

분자유전학의 발전은 유전경제학의 탄생과 성장으로 이어졌다. 특히, 1990년에 시작해 2003년에 완료된 인간 게놈 프로젝트를 통해 인간 게놈의 염기서열이 밝혀진 이후 경제학을 포함한 사회과학에서 유전자 데이터 이용이 가능해짐에 따라 유전학과 경제학을 결합한 연구는 활발해질 수 있었다. 또한 최근 시퀀싱(sequencing), 즉 염기서열 분석법이 기술적으로 대폭 발달함에 따라 유전자 분석에 소요되는 시간과 비용이 현저히 감소하였다. 이에 따라 대규모 인구 기반 샘플에서 수집된 유전 정보를 포함하는 유전자 빅데이터 수집과 분석이 가능해졌고, 이것은 유전경제학의 발전을 촉진하게 되었다.

유전학은 기본적으로 개인 간의 유전적 차이에 관심을 가진다. 인간은 DNA의 약 99%를 공유하고 있지만, 피부색이나 질병 가능성 등에서 개인 간의 차이는 분명히 존재한다. 또한 겉으로 드러나는 표현형에서 명확한 차이가 없더라도 염기가 나열되어 있는 염기서열에서 차이가 존재할 수 있다. 이를 유전적 다형성(genetic polymorphism)이라 부르는데, 이 중 가장 흔한 것이 단일염기다형성(single-nucleotide polymorphism, SNP)이다. SNP는 DNA의 특정 위치에 있는 염기 하나가 다른 것을 말한다. 2개의 서로 다른 염기서열을 해당 SNP에 대한 대립유전자(allelic gene)라고 부른다. 유전학 연구자들은 개인 간의 DNA 차이 또는 집단 간의 유전적 차이를 분석할 때 주로 SNP에 주목한다. 유전경제학자들이 연구 대상으로 삼는 유전자 데이터에서 SNP 수는 종종 수천 또는 수십만 개에 이른다.

행동 특성에 대한 유전자의 영향을 파악하는 방법은 여러 가지가 있는데, 그중 대표적인 방식은 특정 SNP가 어떤 특성에 미치는 영향을 회귀분석과 같은 통계적 분석방법을 통해 확인하는 것이다. 이 방식에는 두 가지 주요 방법이 있는데, 하나는 후보 유전자 접근법(candidate gene approach)이고, 또 다른 하나는 전장유전체 연관분석(genome-wide association study, GWAS)이다.

(2) 후보 유전자 접근법, 전장유전체 연관분석, 다유전자 점수

후보 유전자 접근법은 먼저 특정 행동 또는 특성과 관련 있다고 생각하는 유전자를 후보 유전자로 정한다. 즉, A 유전자가 A 행동과 관련 있다고 가설을 세우는 것이다. 이러한 가설을 검증하기 위해 각 후보 유전자에 대해 회귀분석을 수행한다. 이것은 가설을 설정하고 검증하는 고전적인 통계분석 방식이며, 따라서 결과에 대한 해석이 간단하고 명료하다. 하지만 이 방식에는 여러 단점이 존재한다. 먼저 실제 연구에서 표본 크기가 작기 때문에 정확도가 높지 않다. 정확한 통계분석을 하기 위해서는 가능한 많은 수의 표본 데이터가 필요하다. 하지만 충분히 많은 후보 유전자 샘플을 구하는 것은 현실적으로 어려움이 있다. 또한 가설 자체도 대개 정확하지 않다. 유전자 자체에 대한 기존 지식이 아직 완전한 것이 아니기 때문에, 특정 유전자와 행동을 서로 연결시키는 가설은 근거가 부족한 경우가 많다. 유전자 데이터에는 수많은 행동 특성들과 수많은 SNP가 포함되어 있기 때문에 어떤 것을 포함시킬지는 결국 연구자의 자의적인 선택에 의해 결정될 수밖에 없다.

이러한 후보 유전자 접근법의 단점으로 인해 최근에는 전장유전체 연관분석(GWAS)이 널리 사용되고 있다. GWAS는 사전에 가설을 정하지 않고 모든 SNP들과 특성 간의 연관성을 찾는 방법이다. 모든 SNP에 대해 하나씩 통계적으로 분석하는 것이다. 여기에는 단순 회귀분석이 사용되며, 이를 실행하기 위해 일반적으로 GWAS 방식은 수백만 번의 통계분석을 반복 수행한다. 일반적으로 개별 SNP의 효과는 그 크기가 매우 작기에 의미 있는 발견을 위해서는 아주 큰 샘플이 필요하다. 최근 게놈 데이터 분석비용이 저렴해지고 대규모 데이터를 수집하는 것이 가능해지면서 GWAS 방식이 등장할 수 있었다. GWAS의 샘플 크기는 수만 개에서 수백만 개로 증가하였으며, 다양한 행동과 관련된 수천 개의 유전적 변이가 보고되고 있다.

GWAS는 가설을 설정하지 않기 때문에 유전자에 대한 사전 지식이 그다지 필요하지 않다. 이 특성은 장점이기도 하지만 단점이 되기도 한다. 생물학적 기능이 아직 알려지지 않았거나 불분명한 SNP도 분석하게 되는데, SNP와 특성 사이의 경로를 이해하기 위해 추가 분석을 거쳐야 한다는 단점이 대표적이다. 하지만 GWAS는 이용 가능한 모든 게놈 데이터를 탐색하는 방식으로 분석하기에 때로는 예상치 못한 결과를 도출해서 새로운 지식을 산출하기도 한다. 따라서 GWAS 방식의 연구를 통해 인간 행동의 생물학적 메커니즘에 대한 새로운 가설을 도출할 수도 있다. 인간 행동의 생물학적 기초에 대한 새로운 통찰은 유전자와 개인 특성 사이의 예상치 못한 연관성에서 비롯될 수 있다. 실제로 GWAS 연구에서는 아직 잘 이해되지 않은 유전자 변이와 특정 특성 사이의 연관성이 종종 발견된다.

GWAS 방법을 사용한 연구에서 공통적으로 보고되는 것 중 하나는 개별 SNP의 유전적 효과가 매우 작다는 것이다. 일반적으로 개별 SNP는 개인 행동과 특성의 차이를 0.02% 미만으로 설명한다. 통계 용어를 사용하자면, 이것은 80% 검정력으로 전체 게놈 수준에서 SNP를 식별하려면 최소한 약 20만 명의 개인 샘플이 필요하다는 것이다. 이렇게 작은 영향을 미치는 수많은 유전자를 식별하려면 엄격한 통계적 방법과 매우 큰 표본이 필요하다. 행동 특성에 대한 유전자 연구에서 표본 크기가 작은 경우 인간 행동의 변화를 설명할 수 있을 만큼 영향을 미치는 유전자 변이를 포착하기 어렵다. 또한 유전자와 경제적 행동 사이에 관련이 있다는 결과가 나와도 잘못된 분석에 의한 결과일 수 있는데, 즉 유전자와 행동 사이의 추정 연관성이 '오탐'이라는 의혹을 불러일으킬 수 있다. 최근에 대규모 표본을 확보할 수 있게 되기 이전에는 적절한 통계적 검정력을 보장하기에는 표본 크기가 너무 작다고 비판을 받아 왔고, 이로 인해 역사적으로 초기 유전학 연구 결과가 후속 재현 연구로 인해 반박되는 사례가 꽤 존재한다. 이를 통계적 용어로 위양성(false positives)이라 하는데, 실제로 관련이 없는데도 관련이 있다는 분석 결과가 나오는 경우이다.

개별 유전자 분석은 실증 연구에서 실질적인 의미를 갖기 어렵다고 비판하는 학자들도 있다. 인간 행동은 유전적으로 복잡하고 다면적인 과정에 의해 결정된다. 즉, 인간 행동은 몇 개의 유전자에 의해 영향을 받는 것이 아니라, 아주 작은 영향을 가진 수많은 유전자에 의해 통합적으로 영향을 받는다. 이러한 통합적 영향을 파악하기 위해서는 수많은 SNP를 조사해야 하고, 또 수많은 SNP가 동시에 특정 특성과 연관될 수 있기에 분석 결과를 해석하는 데 상당한 어려움도 존재한다. 한 SNP는 종종 주변 SNP와 높은 상관관계가 있으며, 이에 따라 특정 결과에서 어떤 SNP가 원인인지 파악하기 어렵다.

개별 유전자는 효과가 매우 작기에 연구자들은 개별 유전자 변이를 통합하여 하나의 숫자로 표현하는 방법을 개발하였다. 즉, 개별 유전자를 분석한 것보다 더 큰 설명력을 갖춘 지수 형태로 요약하는 방법인데, 이것이 바로 다

유전자 점수(polygenic score, PGS)이다. PGS는 개인의 특성이나 행동에 대한 유전적 성향을 요약하는 지수인데, 개인 또는 집단 간의 DNA 차이인 유전적 변이들의 정도를 적절히 집계하여 계산한다. PGS는 계산하기 쉽고 일반적으로 10,000개 정도의 작은 표본으로도 가능하다. GWAS가 샘플 집단 전체의 유전적 영향을 보여 주면, 집단에서 발견된 결과와 연관된 유전적 패턴을 요약하여 개인에게 PGS를 부여할 수 있다. 하나의 유전자로 모든 것을 예측할 수는 없지만 전체 게놈을 기반으로 한 총체적인 측정치인 PGS는 다양한 결과를 비교적 정확하게 예측할 수 있게 한다. 예를 들어, 최근 연구[3]에 따르면 교육 수준에 대한 PGS는 유전 가능성의 9.4%를 설명한다. 이에 따라 PGS는 유전경제학의 확대에 기여하였다. 하지만 PGS를 경제 모델에 적용하는 과정에서 발생하는 단점도 존재한다. PGS를 이용하여 경제 모델을 제시한 연구에서 보고된 바에 따르면 샘플에 따라 PGS의 예측력이 달라진다.[4] 또한 PGS는 여러 가지 가중치를 설정하여 계산하게 되는데, 한 연구에서는 대규모 GWAS에서 파생된 PGS 점수 가중치가 PGS의 측정 편향을 초래한다고 보고한다.[5]

3. 유전경제학의 주제들

유전학에서는 질병과 건강 요인들을 이해하기 위한 연구들이 많이 수행된다. 따라서 초기 유전경제학은 유전학과 보건경제학(health economics)이 결합된

3 Lee et al.(2018).
4 Mostafavi et al.(2020).
5 Becker et al.(2021).

연구가 많이 나타났다. 특히, 유전자에 의해 결정되는 개인의 행동과 사회제도가 건강에 미치는 영향에 관심을 가졌다.

주류 경제학의 소비이론에서 개인은 소득 수준이라는 제약조건이 있는 상태에서 자신의 선호체계에 따라 소비 결정을 한다고 설명한다. 이러한 소비이론은 소득과 선호라는 두 가지 주요 요소를 단순히 주어진 것으로 가정하고 이 요소들에 대한 분석을 하지는 않는다. 유전경제학은 이 두 요소들을 결정하는 요인으로서 유전자를 설정하고 유전자 데이터를 분석하여 소득과 선호에 대해 직접적으로 연구한다. 소득과 관련해서는 영구소득과 부의 유전 가능성에 대한 분석이 존재한다. 선호와 관련하여 다양한 주제들이 다루어졌는데, 이익과 손실, 시간과 위험에 대한 태도, 사회적 선호, 불확실성하에서의 의사 결정, 금융 분야에서의 의사 결정 등과 같은 요인들을 설명하려는 연구들이 존재한다.

교육은 건강과 관련이 있다고 알려져 있기에 일반적으로 질병과 관련된 문제를 분석하기 위해 만들어진 데이터베이스에는 교육에 대한 데이터가 포함되어 있다. 따라서 이러한 데이터에 대해 GWAS 방법을 사용한 연구들에서 교육이 중요한 소재로 다루어지곤 한다. 한 연구[6]에서는 GWAS를 사용하여 교육 성취도와 관련된 몇 가지 특정 유전자 위치를 밝혀냈다. 101,069명의 표본에서 3개의 SNP가 개별 효과는 작지만 게놈 전체에 걸쳐 교육 성취도에 유의미한 영향을 미친다는 사실을 보여 주었다. GWAS 방법을 적용한 또 다른 연구[7]에서는 교육 받은 기간과 관련된 수많은 SNP를 발견하였으며, 관련된 유전자의 대부분이 뉴런 간 통신에 관련된 유전자이며, 유전자 특성이 교육 결과의 11%를 설명한다는 사실을 발견하였다. 이 밖에도 교육에 관련된 다양한 유전경제

6 Rietveld et al.(2013).

7 Lee et al.(2018).

학 연구들이 존재한다.

기업가 정신과 유전적 요인의 연관성도 유전경제학에서 주요 연구 대상 중 하나이다. 한 연구[8]에서는 새로운 사업 창출에 관여하는 성인 인구를 정량화하여 한 사회의 기업가 활동을 측정하는 지표인 초기 단계 기업가 활동(TEA)을 사용하였다. 이 지표를 통해 기업가 정신과 유전적 요인 간의 관계를 분석하였다. 도파민은 기업가적 기질과 연관이 있는 것으로 알려져 있는데, 이 연구의 통계분석에서는 도파민 생성과 관련된 DRD4 유전자에 의해 발현되는 변이를 변수로 사용하였다. 이 연구에서는 97개국의 데이터를 사용하여 통계분석을 수행하였는데, 기업가 정신이 유전적 특성에 영향을 받는다는 결과를 보고하였으며, 유전적 요인과 환경적 요인, 두 요소 모두에 영향을 받는다는 시사점을 제시하였다.

경제발전의 결정요인을 밝혀내는 것은 근대경제학부터 시작된, 경제학의 오래된 관심사이다. 경제발전에 대한 연구에서도 유전경제학은 유용한 역할을 한다. 한 국가 국민의 유전적 기반은 국가 간 성장률이 왜 다른지, 또는 경제성장을 지연시키는 요인이 무엇인지에 대해 시사점을 제시할 수 있다. 경제발전은 한순간 이루어지는 것이 아니라 오랜 세월에 걸친 변화 과정이 누적된 결과라고 볼 수 있기 때문이다. 기본적으로 인류는 공통의 유전적 기원을 가지고 있다. 하지만 오랜 세월에 걸쳐 전 세계에 흩어져 사는 과정 속에서 국가 집단의 유전적 구조는 서로 이질화되었다. 오랜 세월에 걸쳐 진화한 유전적 기반은 유전적 다양성을 가져왔으며, 이러한 유전적 이질성은 각 국가의 경제발전과 밀접한 관련을 가진다고 할 수 있다. 한 연구[9]는 유전적 다양성이 경제발전에 영

8 Krammer and Gören(2021).
9 Spolaore and Wacziarg(2009).

향을 미친다는 가설을 제시하였다. 기술 확산을 통해 유전적 다양성은 경제발전의 다양성으로 이어지고, 또한 국가 간 문화적 차이를 유발하여 궁극적으로는 경제발전 수준에 영향을 미친다는 주장이다. 이 연구에서는 유전적 거리라는 개념을 제시하는데, 두 인구 집단의 마지막 공통 조상으로부터 경과한 시간을 의미한다. 통계적으로 또한 실제적으로 유전적 거리가 국가 간 소득 차이에 영향을 미친다는 결과를 보고하였다.

또 다른 연구[10]에서는 국가 내의 '유전적 다양성'과 '경제적 성공' 사이의 연관성을 발견하였다고 주장하여 학계의 큰 주목을 받았다. 이 연구는 집단 내 유전적 다양성이 경제발전에 상반된 영향을 미칠 수 있다는 생각에 기반한다. 사회 구성원 간의 유전적 차이는 불협화음과 불신이라는 사회적 비용을 초래하는 반면, 다양한 지식 축적이라는 사회적 편익도 가져온다. 유전적 다양성은 경제발전에 대해 장단점이 모두 존재하기에 이 두 상반된 영향을 모두 포함한 가설을 제시하는데, 유전적 다양성과 경제발전 사이의 역U자 형태의 관계가 존재한다는 주장이다. 이 주장은 학술지에 발표된 이후 격렬한 논쟁을 불러왔다. 이 연구에 대한 비판은 여러 분야의 학자들에게서 제기되었다. 특히, 유전학 연구자들과 고인류학자들이 이 연구에 대한 비판을 제기하였다. 비판의 내용은 이 연구가 핵심 과학 개념에 대해 오해하였으며, 변수는 잘못 설정되었고, 기존 연구 결과를 무시한다는 것이었고, 따라서 문제가 많은 연구라는 것이었다.[11] 이 격렬한 논쟁은 경제발전과 유전의 관계에 대한 관심과 함께 유전경제학 방법론에 대한 의미 있는 논의를 이끌어 내기도 하였다.

---

10 Ashraf and Galor(2013).

11 Guedes et al.(2013), Conley, Fletcher, and Dawes(2014).

4. 유전경제학의 기여: 실증분석과 정책

유전경제학이 경제학 전반에 미치는 영향은 아직 미미하다. 유전경제학의 짧은 역사를 고려하면 당연하다고 할 수 있다. 하지만 유전경제학이 보다 더 발전하고 다양한 연구 분야가 확립된다면 경제학 또는 사회과학 전반에 기여하는 바가 명시적으로 드러날 것이다. 다만 현재 유전경제학 내에서 단기적으로 기대하는 학술적 공헌으로 두 가지를 제시할 수 있다. 하나는 통계적 분석 방법을 사용하는 실증분석에 도움을 주는 측면이고, 또 다른 하나는 정책적 측면에서의 기여이다.

1) 실증분석

전통적으로 주류 경제학에서는 개인의 선호와 능력은 외생적으로 주어진 것이며, 이를 측정하거나 관측하는 것이 불가능하다고 간주한다. 하지만 유전경제학에서는 분자유전학의 발전과 함께 기술적으로 개인의 선호와 능력을 직접 측정할 수 있게 되었다. 이에 따라 데이터를 분석하는 실증 연구에서 개인의 선호와 같은 요인을 변수로 도입할 수 있게 되었다. 예를 들어, 유전자 정보를 사용하여 개인이 위험을 회피할 가능성이 있는지, 또는 특정 능력을 가지고 있는지를 측정할 수 있다. 일반적인 학술 연구에서 개인의 위험 선호도는 실제 금전적 보상을 주는 실험을 통해 확인한다. 하지만 이러한 실험을 수행하는 것은 많은 비용이 수반되기 때문에 용이한 방법은 아니다. 만약 위험 선호도의 유전적 특성이 알려져 있다면 유전자 데이터를 사용하여 실험 참가자의 위험 선호도를 미리 파악할 수 있다. 이러한 방식을 이용하면 실제 실험을 수행하지 않고도 실증분석에서 위험 선호도 변수를 사용할 수 있다.

실증분석은 데이터를 분석하여 변수들 간의 관계를 파악하는 것이다. 경제학에서 실증분석을 하는 전형적인 경우는 특정 경제현상이나 결과를 목적변수로 설정하고, 이것에 영향을 끼치는 요인들을 설명변수로 설정한 뒤, 데이터를 수집하고 분석하여 목적변수와 설명변수 간의 관계를 통계적 방식으로 파악한다. 여기서 제기되는 문제점 중 하나는 경제에 영향을 미치는 요인은 헤아릴 수 없이 많다는 것이다. 다른 경제적 요인뿐만 아니라 문화적, 역사적, 제도적, 생물학적 요인들도 모두 경제에 영향을 미친다. 유전적 요인을 측정하여 이러한 비경제적 요인들을 종합적으로 대표하는 변수로 사용할 수 있다면 보다 더 설득력 있는 실증분석이 가능해진다.

유전경제학의 내용을 이용한 실증분석은 실험 연구의 어려움을 해결하는 데 도움을 줄 수 있다. 실험 연구에서 참가자들에 대한 무작위 배정이 어렵거나 비윤리적인 경우 실험은 불가능하게 된다. 이 경우 유전자를 변수로 사용한다면 이러한 연구를 수행할 수 있게 된다. 예를 들어, 교육이 평생 소득에 미치는 영향에 대한 연구를 생각해 보자. 실험 참가자를 두 집단으로 나누고, 한 집단은 교육을 받도록 하고, 다른 집단은 교육을 못 받도록 하는 실험을 생각해 보자. 이 실험을 통하여 교육이 소득에 미치는 영향을 확인할 수는 있을 것이다. 그러나 이렇게 특정 개인에게 교육을 받을 수 없도록 하는 실험방식은 분명 비윤리적이다. 하지만 교육 성취도와 관련된 유전자를 변수로 사용하여 교육이 누군가의 연봉에 영향을 미치는지 조사할 수 있다면 이러한 연구는 윤리적으로 가능하다. 유전자 분포는 무작위 배정이기에 교육에 대한 유전적 정도가 높은 개인과 낮은 개인 간에 상당한 급여 차이가 확인된다면 교육과 소득의 관계에 대한 분석이 가능하다. 이런 방식으로 유전적 요소를 변수로 사용하는 연구방식은 건강이 교육 성과에 미치는 영향에 대한 연구에서 종종 사용된다. 이러한 연구에서 건강에 대한 유전 인자를 사용하여 건강과 교육 모두와 관련 있는 제3의 요소를 동세분석에 포함한다면 보다 더 정교한 분석이 가능할 것이다.

2) 정책

유전경제학은 정책분석과 제안에 도움을 줄 수 있다. 만약 특정 유전자가 교육 성과에 부정적 영향을 줄 수 있다는 것이 밝혀진다면, 그러한 유전자를 보유한 개인들에게 특수한 맞춤 교육을 정책적으로 제공할 수 있을 것이다. 유전자 검사를 통해 난독증을 예측할 수 있다면 난독증에 취약한 유전자를 가진 아동이 또래에 비해 읽기에 어려움을 겪는 것을 줄이기 위해 학교에서 일찍부터 특별한 주의를 기울이는 것을 생각해 볼 수 있다. 난독증 유전자를 지닌 자녀의 부모는 난독증 진단을 받기 전에 자녀를 맞춤형 독서 프로그램에 등록시킬 수 있을 것이다. 즉, 부모가 자녀에 대한 유전자 정보를 바탕으로 자녀의 능력을 키울 수 있는 환경 조성에 힘쓸 수 있다.

5. 유전경제학의 이슈들

1) 윤리 문제

자녀의 유전경제학적 정보를 부모에게 제공함으로써 양육과 교육에서 긍정적 효과를 기대할 수 있지만, 이러한 방법 자체에는 상당한 윤리적 문제가 얽혀 있다. 예를 들어, 부모에게 태아의 유전 정보를 제공하는 경우 선별적 낙태의 가능성이 존재한다는 것은 널리 알려져 있다. 또한 착상 전 유전자 진단(Preimplantation Genetic Diagnosis, PGD)과 같은 방법을 통해 배아에 대해 유전적 예측을 하게 되면 미래 자녀의 형질을 선택할 가능성도 존재한다. 2009년 『월스트리트저널』(2009. 2. 12)의 기사에 따르면, 로스앤젤레스 불임연구소의 제프리 스타인버그 박사는 고객에게 시험관 아기의 성별, 눈 색깔, 머리 색깔, 피부색을 미리 선택하고 잠재적으로 치명적인 질병을 검사할 수 있는 기회를 제공하겠다고 약속하였다. 이러한 서비스는 착상 전 유전자 진단(PGD)에 속하는데, 당시에는 이러한 서비스에 대해 거의 규제가 없었다.

유전자 정보의 사용을 제한하는 주요 법안 중 하나는 2008년 제정된 유전자 정보 차별 금지법(Genetic Information Non-discrimination Act, GINA)이다. 이 법은 보험사와 고용주가 보험 가입이나 고용을 결정할 때 유전자 정보를 사용하는 것을 불법으로 규정하고 있다. 하지만 이 법의 대상이 협소하다는 비판이 있는데, 예를 들어 PGS를 활용하여 예측을 하는 경우는 규제 대상이 아니다. 이에 따라 PGS는 광범위한 차별의 기회를 허용할 것으로 예측할 수 있다. 최근 점점 더 많은 데이터에 적용되는 예측 알고리즘의 발전으로 기업에서 유전자 프로파일링의 유용성과 현실성이 크게 높아지고 있다. 기술은 규제보다 빠르게 발전하기 때문에 이런 분야에서의 법적 규제에는 항상 미비한 점이 발견될 수밖에 없다. 따라서 유전자에 어떤 예측력이 있는지 공개하는 것은 많은 윤리적 문제를 포함한다.

정책적 제안이라는 측면에서 유전경제학이 기여할 수 있는 방식은 다양하게 존재한다. 하지만 유전과 행동 사이의 연관성을 조사하는 연구는 차별을 정당화하기 위해 악용될 수 있다는 우려에 직면한다. 인류를 유전적으로 개선할 것을 주창한 우생학은 나치에 의한 유대인 대학살을 계기로 몰락하게 되었다. 우생학 사례에서 알 수 있듯이 유전경제학에 대한 윤리적 우려에는 충분한 역사적 근거가 있다. 사실 특정 집단에 대해서 유전적 기질에 근거하여 차별이 이루어질 수 있다는 비판은 유전경제학 연구자들 스스로 지적하는 부분이다.

2) 유전자와 환경: 본성인가 양육인가(Nature or Nurture)?

인간 행동을 결정하는 것은 선천적인 본성인가 아니면 후천적으로 영향을 미치는 양육 환경인가? 여러 학문 분야에서 이 질문은 오랫동안 끝나지 않은 논쟁의 대상이었다. 유전경제학에 기본 아이디어를 제공한 행동유전학은 인간 행동에서 중요한 것은 타고난 유전적 성향이라는 점을 강조한다. 하지만 많은 관련 연구에서 이러한 주장에 대해 다른 의견을 제시하고 있는데, 예를 들어 학습과 환경 경험이 뇌의 구조 자체를 바꾼다는 주장도 있다. 유전경제학은 기본적으로 경제적 특성과 행동에 대한 유전자의 영향을 주된 분석 대상으로 삼기 때문에 '본성 대 양육' 논쟁과 관련하여 환경요인의 중요성을 충분히 고려하지 않는다는 비판을 받기도 한다. 본성 대 양육(또는 유전 대 환경) 논쟁은 여전히 진행 중인데, 한 쪽을 시사하는 학자도 두 요인 모두 중요한 결정요인이라는 점을 부정하지는 않는다. 많은 경우 인간 행동과 특성에 대한 유전자와 환경의 영향은 서로 독립적이지 않다. 환경도 개인의 유전적 구성에 의한 영향을 받고, 개인은 선천적인 유전적 특성에 기초하여 자신의 환경을 선택할 수 있다. 반사회적 성격과 음주 문제에 대한 연구[12]에 따르면, 유전적 영향은 가정 및 학

12 Jang et al.(2000).

교 환경의 다양한 측면과 상관관계가 있다. 그리고 많은 유전자-환경 관련 연구에 따르면 환경에 대한 유전 가능성은 상당 부분 존재한다.

유전자와 환경은 상호 작용을 통해 인간 행동과 특성에서 다양한 결과를 가져올 수 있다. 하지만 유전경제학의 초기 연구는 대부분 단일 유전자 변이 또는 소수의 유전자 변이를 대상으로 하였기에 유전자와 환경의 상호 작용을 고려하는 데 한계가 있었다. 그러나 본성 대 양육 논쟁이 진전됨과 함께 유전자(G)와 환경(E)의 상호 작용(GxE)의 중요성을 점점 더 인식하게 되면서 이후 연구들에서는 GxE를 고려하는 것이 중요한 흐름이 되었다. 흡연행위에 대한 한 연구에 따르면, 유전적 요인과 환경적 요인, 두 가지 요인 모두 흡연행위를 결정한다.[13] 이와 관련하여 유전경제학은 담배 시장과 같은 사회적 환경과 유전자가 어떻게 상호 작용하여 개인의 건강에 영향을 미치는지 분석한다. 한 연구[14]는 담배세율의 영향을 추정하기 위해 주별 세율의 차이를 사용하는 대규모 자료를 활용하여 단일 니코틴 수용체와 주별 담배세의 상호 작용을 조사하였다. 이를 기반으로 흡연을 예측하였는데, 유전자와 제도환경이 상호 작용한다는 증거를 발견하였다.

GxE에 대한 이러한 연구 흐름은 GxE의 E에 대한 연구 설계를 활용하여 유전경제학을 더욱 발전시켰다. 최근 연구에서는 유전적 요소와 환경적 요소 사이의 전통적인 이분법이 시대에 뒤떨어지고 부정확하다고 판단하며, 유전자와 환경이 인간 행동과 특성의 형성에 상호 작용하는 모델을 주로 사용한다. 이런 의미에서 유전경제학은 개인의 유전적 변이가 사회환경과 어떻게 상호 작용하여 경제적 특성에 영향을 미치는지 연구하는 분야라고도 할 수 있을 것이다.

13 Cutler and Glaeser(2005).
14 Fletcher(2012).

참고문헌

Ashraf, Q. and O. Galor, "The 'Out of Africa' Hypothesis, Human Genetic Diversity, and Comparative Economic Development," *American Economic Review*, 103(1), 2013, pp. 1~46.

Becker, J. et al., "Resource profile and user guide of the Polygenic Index Repository," *Nature Human Behavior*, 5(12), 2021, pp. 1744~1758.

Benjamin, D. J. et al., "Genoeconomics," in M. Weinstein et al., eds., *Biosocial Surveys*, National Academies Press, 2007.

______, "The Promises and Pitfalls of Genoeconomics," *Annual Review of Economics*, 4, 2012, pp. 627~662.

Conley, D., J. Fletcher, and C. Dawes, "The Emergence of Socio-Genomics," *Contemporary Sociology: A Journal of Reviews*, 43(4), 2014, pp. 458~467.

Cutler, D. M. and E. Glaeser, "What Explains Differences in Smoking, Drinking, and Other Health-Related Behaviors?," *American Economic Review*, 95(2), 2005, pp. 238~242.

Fletcher, J. M., "Why have tobacco control policies stalled? Using genetic moderation to examine policy impacts," *PloS One*, 7(12), 2012, e50576.

______, *Economics and Genetics*, Oxford Research Encyclopedias, 2018.

Guedes, J. A., "Is Poverty in Our Genes?: A Critique of Ashraf and Galor, "The 'Out of Africa' Hypothesis, Human Genetic Diversity, and Comparative Economic Development," *American Economic Review* (Forthcoming)," *Current Anthropology*, 54(1), 2013, pp. 71~79.

Jang, K. L., P. A. Vernon, and W. J. Livesley, "Personality disorder traits, family environment, and alcohol misuse: A multivariate behavioural genetic analysis," *Addiction*, 95(6), 2000, pp. 873~888.

Krammer, S. M. S. and E. Gören, "Wired in? Genetic traits and entrepreneurship around the world," *Technological Forecasting and Social Change*, 168, 2021, 120788.

Lee, J. J. et al., "Gene discovery and polygenic prediction from a genome-wide association study of educational attainment in 1.1 million individuals," *Nature Genetics*, 50,

2018, pp. 1112~1121.

Mostafavi, H., A. Harpak, I. Agarwal, D. Conley, J. K. Pritchard, and M. Przeworski, "Variable prediction accuracy of polygenic scores within an ancestry group," *eLife*, 9, 2020, e48376.

Rietveld, C. A. et al., "GWAS of 126,559 Individuals Identifies Genetic Variants Associated with Educational Attainment," *Science*, 340(6139), 2013, pp. 1467~1471.

Spolaore, E. and R. Wacziarg, "The Diffusion of Development," *Quarterly Journal of Economics*, 124(2), 2009, pp. 469~529.

Taubman, P., "Earnings, Education, Genetics, and Environment," *Journal of Human Resources*, 11(4), 1976, pp. 447~461.

chapter 08

행복경제학

1. 행복경제학의 등장 배경
2. 행복경제학의 방법과 특징
3. 행복경제학의 발견
4.. 행복경제학의 제안
5. 행복경제학에 대한 비판
6. 행복경제학을 넘어서: '좋은 삶' 전통의 행복 연구

1. 행복경제학의 등장 배경

1) 경제학사에 나타난 행복

19세기 전후로 인간과 사회를 연구하는 학자들의 일차적 관심은 물질적 부가 아니라 행복에 맞추어졌다. 반면, 경제학의 아버지인 애덤 스미스(A. Smith, 1723~1790)는 책의 제목에서부터 행복이 아닌 부에 대한 탐구가 연구의 목표임을 분명히 드러내고 있다.[1] 후속 세대의 고전학파 경제학자 맬서스(T. R. Malthus, 1766~1834)는 『인구론』 초판에서 행복에 중요한 역할을 부여하였고, 제2판에서는 제목에 행복을 포함시켰다. 맬서스는 행복이 부보다 더 중요하고 흥미로운 연구 대상이라고 생각하였으며, 스미스의 경우 행복과 부 사이의 관계가 복잡하고 이들 관계 자체에 대해 탐구할 가치가 있다는 점을 충분히 인식하지 못하였다고 보았다. 하지만 1820년에 출간된 『정치경제학원리』에서는 스미스와 마찬가지로 연구 대상은 부로 한정되었다. 그는 친구와의 즐거운 대화나 여가가 개인의 후생을 구성하는 요소이고 부를 우월하게 사용하는 방식이라는 점을 인식하고 있었다. 하지만 이처럼 비물질적이고 사회적인 요소는 객관적인 정의나 측정이 어렵다는 판단 위에, 노동가치나 소득 분배와 같은 객관적 요소를 경제학의 주요한 분석 대상으로 설정하였다.

행복과 부를 구분할 필요성을 느꼈음에도 부를 분석 대상으로 선택하고

1 『국부론』의 원제는 '국가의 부의 본성 및 원인에 관한 연구'(An Inquiry into the Nature and Causes of the Wealth of Nations)이다. 한편, 당시에는 재물이나 풍요를 나타내는 riches라는 단어도 많이 사용되고 있었는데, 이 단어 대신 wealth라는 단어가 선택된 것에 주목해, 『국부론』에는 재물을 단순히 보유하는 것을 넘어서서 잘 사는 것(well-being)을 다룬다는 문제의식이 깃들어 있다고 해석할 수도 있다(Bruni, 2015).

행복은 간접적으로만 다루는 이러한 방법은 마셜(A. Marshall, 1842~1924)과 피구(A. C. Pigou, 1877~1959) 그리고 케인스(J. M. Keynes, 1883~1946)로 계승되었다. 마셜은 1890년 발간한 『경제학원리』의 서문을 통해, 경제학이 행복, 곧 '안녕'(well-being)이 아니라, 그것의 '물질적 필요조건'을 다루는 학문임을 분명히 하였다. 스미스로부터 시작해 맬서스를 거쳐 마셜과 피구 그리고 케인스로 이어지는 영국 고전학파 전통의 핵심 특징은 이처럼 부를 행복의 '물질적 필요조건'과 직결시키는 시각이다. 그런데 마셜은 행복이 종교 그리고 가족의 사랑이나 친구와의 우정과 같이 비경제적 요인들의 영향을 받는다는 점도 인정한다. 하지만 마셜의 관점에서 특히 중요한 것은 빈곤으로, 빈곤은 물질적이고 객관적인 조건을 악화시킴으로써 행복에 결정적인 '삶의 수준'이나 인간관계를 발전시키기 어렵게 만든다. 따라서 부를 늘리거나 빈곤을 줄이는 방법을 연구하는 것은 삶의 수준을 높이고 인간관계를 고양시킬 물질적, 객관적 조건을 제공한다는 점에서 의의가 크다.[2]

마셜의 관점은 피구와 케인스에게 계승되었다. 피구는 '후생'(welfare) 개념을 새롭게 제시하였고, 전체 후생 중 '경제적 후생', 즉 화폐 단위에 의해 직간접적으로 측정되는 후생이 연구 대상인 '후생경제학'을 발전시켰다. 이때 피구는 개인 및 사회 전체의 후생과 관련해 '외부성'(externality)의 영향을 분석하는 데 특히 주력하였다. 케인스는 1930년 발표된 「우리 손주세대의 경제적 가능성」에서 인간의 욕구를 '절대적 욕구'와 '상대적 욕구'로 나누고 앞으로 100년 후에는 기술혁신과 자본축적으로 충분한 수준의 물질적 부를 확보함으로써 절대적 욕구와 관련된 기본적인 경제적 문제가 해결될 것이며, 인류는 이로부터 얻게 된

2 Marshal(1890).

자원과 시간을 진정한 행복을 위해 자유롭고 슬기롭게 사용할 것이라는 비전을 제시하였다.[3]

한편, 경제학의 역사에는 행복의 문제를 스미스로부터 케인스까지 이어지는 전통과 차별화되는 방식으로 다룬 상이한 흐름이 있다. 그것은 벤담(J. Bentham, 1748~1832)에서 본격화된 공리주의, 쾌락주의 전통으로, 19세기 말 이래 주류 경제학의 행복 연구는 이 전통에 기반하고 있다. 벤담은 1789년 발간된 『도덕과 입법의 원리 서문』을 통해 인간의 삶이 고통과 쾌락의 원리에 지배되며, 행복을 달성하기 위해서는 고통과 쾌락의 작용을 과학적으로 이해해야 한다고 주장하였다. 이때 벤담의 행복관은 심리적 쾌락주의로서 행복의 개인적 특성이 강조되며, 사회의 행복은 개인들이 느끼는 쾌락의 총합으로 상정된다. 벤담의 또 다른 키워드는 '효용'으로, '효용'은 인간의 사유와 행동에 대한 분석의 기초로 상정된다. 벤담에게 행복, 쾌락, 효용은 사실상 동일한 것들로, 공리주의의 핵심 개념을 다른 방식으로 표현하는 장치들이다. 벤담의 경우에는 목적(행복)과 수단(부) 사이의 구분이 사라지고, 쾌락, 곧 행복은 경제적 행동의 직접적인 목적이 된다.[4] 벤담의 공리주의 철학은 신고전학파 경제학에 의해 구현되었다. 특히 제번스(W. S. Jevons, 1835~1882)는 경제학을 '효용의 과학', '쾌락과 고통의 미적분학'으로 정의하였는데, 이때부터 경제학의 대상은 '부'가 아니라 '쾌락' 또는 행복이 되었다. 고전학파 경제학자들이 행복의 물질적 필요조건, 곧 객관적이고 외적인 측면을 다루고자 하였다면, 제번스 등으로 대표되는 벤담의 후예들은 주관적 측면으로 돌아섰으며, 경제학은 인간의 마음 내부를 영역으로 삼게 되었다.

---

3 Keynes(1930).

4 Bentham(1789).

그런데 20세기에 들어서서 사회과학 전반에 감각적인 경험과 실증적인 검증을 중시하는 흐름이 본격화되면서 효용과 관련한 경제학자들의 작업방식이 크게 변화하기 시작하였다. 효용이란 측정될 수도 없고, 측정할 필요도 없다는 인식이 로빈스(L. Robbins)나 힉스(J. Hicks)와 같은 학자들에 의해 제기되었고, 이러한 입장에 근거한 효용이론과 소비자선택 이론이 미시경제학의 토대가 되었다. 새로운 표준적인 경제이론은 사람들 사이의 효용을 구체적 크기로 직접 비교하지 않으면서도 실증적인 수요이론을 전개할 수 있게 되었다. 이들은 개인의 효용이 재화와 서비스 그리고 여가에 의존한다는 전제 위에, 개인의 선택에 대한 관찰에 근거해 사람들의 행동이나 드러난 선호로부터 효용을 추론하고, 이를 통해 선택행위를 설명한다. 20세기 경제학자들의 이러한 연구방식은 효용을 직접 측정하고 비교할 수 있다고 믿었던 19세기의 공리주의 이론과는 큰 차이가 있다. 그러나 이들은 부를 행복의 물질적 필요조건으로 상정하고 부의 창출 및 분배를 주된 분석 대상으로 설정하였던 고전학파 경제학의 방법을 버리고 효용 극대화를 개인적, 사회적 선택의 가장 중요한 목표로 상정한다는 점에서는 고전적 공리주의와 문제의식을 공유한다. 이 과정에서 더 많은 부가 더 적은 행복으로 이어질 위험에 대한 문제의식이나 행복의 사회적 성격에 대한 고려도 사라지게 되었다.

2) 이스털린의 역설과 행복경제학의 등장

행복경제학(economics of happines 또는 happiness economics)이 등장하게 된 결정적인 출발점은 인구경제학자였던 이스털린(R. Easterlin)이 1974년에 발표한 「경제성장은 인간의 운명을 개선하는가? 몇 가지 경험적 증거」라는 논문이었다. 그는 행복에 관한 사람들의 응답에 기반한 설문조사 자료를 가지고 소득과 행복의 관계를 다각도로 검토하였다. 연구 결과는 셋으로 요약된다. 첫째, 특정 시점의 횡단면 자료를 보면 소득이 높은 사람들이 소득이 낮은 사람들보다 행복도가 높았다. 둘째, 수십 년 동안의 장기 시계열 자료를 보면 소득은 크게 증가하였지만 행복에는 큰 변화가 없었다. 셋째, 여러 나라를 비교한 횡단면 자료에서 소득이 높은 국가의 국민이 소득이 낮은 국가의 국민보다 더 행복하다는 확실한 증거는 찾지 못하였다. 이스털린의 이러한 발견은 '경제성장이 행복을 약속하는 것은 아니다'라거나 '돈이 행복을 살 수는 없다'거나 '행복은 어떤 임계점까지는 소득이나 부에 영향을 받지만 그 지점을 넘게 되면 부와는 무관하다'는 것을 보여 주는 것으로 해석되었고, "소득과 행복 사이에 (+)의 상관관계가 존재한다"는 동일한 명제가 횡단면에서는 성립하는 반면 시계열에서는 성립하지 않는 모순적 상황도 주목을 받았다. 이러한 현상은 '행복의 역설' 또는 '이스털린의 역설'로 지칭되면서 1990년대 전후 '행복경제학'을 등장시킨 결정적인 계기가 되었다.

그런데 이스털린의 발견은 오랫동안 간과되다가[5] 노동경제학자들에 의해 주목을 받았으나, 마침내 행복경제학으로 발전할 수 있었다. 노동경제학에서는 사람들의 직무 만족을 다루기 때문에 이스털린의 방식에 거부감이 덜하였고, 이 분야의 전공자들 중에는 직무 만족에서 한 걸음 더 나아가 삶에 대한 만족, 곧 행복을 연구 대상으로 수용하는 학자들도 등장하였는데, 런던정경대학교 소속의 레이어드(R. Layard), 영국 워릭 대학의 노동경제학자 오즈월드(A. Oswald)가 대표적인 학자이다. 한편, 네덜란드와 스위스에서는 미국과 영국의 행복 연구와

5 객관적, 경험적 데이터가 아니라 설문지에 기초한 주관적인 자가보고에 근거하였으므로 과학성이 의심스럽고, 소득이 행복을 높이지 않는다는 발견은 경제학의 원리에 반하는 것이기에 데이터나 방법론에 문제가 있을 것이 분명하다는 식의 부정적 평가가 지배적이었다 (Easterlin, 2021).

는 별개로 행복 연구가 펼쳐졌다. 네덜란드의 경제학자인 판 프라흐(B. van Praag)는 1970년대에 개인 후생함수 모델을 수립하고, 대규모 설문조사를 통해 개인의 주관적 효용을 측정하였으며 주관적 효용과 소득의 관계를 구체적으로 분석하였다. 판 프라흐가 동료들과 수행한 연구는 1990년대 행복경제학의 발전에 크게 기여하였는데, 이들은 1970년대에 판 프라흐가 재직하였던 대학의 이름을 본떠 '라이덴학파'(Leyden school)라고 지칭되었다. 스위스의 취리히 대학에서 연구자 집단을 형성해 행복 연구를 심화시킨 프레이(B. Frey)도 주목할 만한 학자이다. 그는 1990년대 이후 본격적으로 축적되기 시작한 경제학자들의 행복 연구들을 체계적으로 정리한 서베이 논문을 2002년 *Journal of Economic Literature*에 발표하였다.[6] 이 논문은 경제학의 행복 연구를 동료 경제학자들에게 소개하는 대표적인 문헌이 되었다. 프레이는 행복에 미치는 다양한 비물질적, 사회적 요인들의 중요성을 강조하였고 민주주의와 연방제 등 정치제도와 행복의 관계에 대해 연구하였다.

행복경제학이 발전하는 데는 사회학이나 심리학과 같은 인접 학문의 도움도 컸다. 네덜란드의 사회학자인 벤호벤(R. Veenhoven)은 에라스무스 대학교에서 인간 행복의 사회적 조건을 연구하면서 세계행복데이터베이스(the World Database of Happiness)를 만들었는데, 이 데이터베이스는 전 세계의 행복 관련 연구 문헌들을 망라해 그 요약본을 제공하고 설문조사 결과도 수집·분류·평가함으로써 경제학자들의 행복 연구를 도왔다. 심리학자로는 행복을 심리학의 중요한 연구 주제로 격상시킨 일리노이 대학의 디너(E. Diener)가 있다. 그는 동료 학자들과 함께 사람들의 정신 건강에 도움이 되는 요인들을 이해하는 데

6 Frey and Stutzer(2002).

주력하는 '긍정심리학'(positive psychology)을 발전시켰으며, 주관적 행복에 대한 설문조사를 바탕으로 응답자들이 스스로 보고하는 데이터의 신뢰성과 타당성을 입증함으로써 행복경제학의 발전에 크게 기여하였다.

한편, 행복경제학은 행복의 원인과 영향을 해명하기 위해 사람들의 의사결정 분석에 크게 의존하는데, 이 점에서 사람들의 진술에 관심을 기울이고 의사 결정 및 선택의 구체적 메커니즘을 밝혀내는 행동경제학에 빚진 바가 크다. 저명한 행동경제학자인 카너먼(D. Kahneman)에 의한 주도된 연구가 행복경제학의 흐름 중 하나로 거론되는 것도 이러한 맥락에서 이해될 수 있다. 그는 기존 경제학의 효용 개념을 의사결정효용, 경험효용, 예측효용 등으로 정교하게 발전시킴으로써 행복경제학이 쾌락주의의 토대 위에서 발전하는 데 큰 영향을 미쳤으며, 사람들의 행복이 소득이나 소비뿐 아니라 과정이나 절차에도 영향을 받거나 사람들의 기대가 체계적으로 왜곡되는 메커니즘을 정교하게 제시함으로써 행복경제학의 설명력을 크게 높였다.

3) 경제학의 혁신으로서의 행복경제학

1990년대 후반부터는 행복의 측정기법에 대한 관심이 커졌고, 이스털린의 역설도 해명하려는 시도들도 본격화되었으며, 여러 국가를 대상으로 행복의 결정요인들에 관한 광범위한 경험 연구들이 학술지를 통해 발표되기 시작하였다. 그리고 각국 정부와 국제기구 차원에서 행복을 주요한 정책 목표로 수립하자는 목소리가 커졌고 실행에 옮겨지기도 하였다.[7] 이 과정에서 사람들의 행복을

7 Stiglitz et al.(2009), Helliwell et al.(2013).

체계적이고도 일관되게 해명하려는 연구 흐름은 '행복경제학'이라는 명칭으로 수렴되었다.

행복경제학의 일차적 목적은 개인과 사회의 행복을 결정하는데 어떤 조건들이 어떻게 영향을 주는지를 밝혀내는 것이다. 행복경제학은 행복에 미치는 물질적, 경제적 요인들의 영향은 물론 비물질적, 비경제적 요인들의 영향에도 적극적 관심을 기울이고 있다는 점에서 혁신적 성격을 띤다. 이때, 유전적, 성격적, 사회인구적, 경제적, 문화적, 정치적 요인들의 상대적 중요성을 수량화하는 방향으로 나아가고 있다는 점에서 공리주의적, 쾌락주의적 전통을 계승하고 있다는 평가도 가능하다.[8] 행복경제학의 공리주의적, 쾌락주의적 성격은 행복을 사람들이 느끼는 효용 또는 주관적 안녕감(subjective Well-being, SWB)으로 규정하는 방법론에서도 확인되는데, 이들은 주관적 안녕감이라는 척도를 통해 사람들이 경험하는 효용을 측정함으로써 표준적인 경제이론의 한계를 뛰어넘을 수 있다고 믿는다. 행복경제학은 사람들이 의도적으로 자신의 효용을 극대화하는지, 효용을 극대화하려는 시도가 반드시 좋은 것인지, 결과와는 별개로 과정 자체로부터 효용을 얻는지, 미래의 효용 수준을 성공적으로 예측할 수 있는지 등을 질문하고 이에 대한 답을 얻고자 하는데, 이는 행복경제학이 표준적인 경제이론의 좁은 시야나 한계를 뛰어넘어 경제이론, 특히 효용이론을 혁신하려 한다는 것을 의미한다.

행복경제학은 이처럼 혁신적인 효용이론에 토대를 두고, 방대한 데이터와 개선된 분석방법까지 확보함으로써, 표준화된 경제이론으로 설명하기 어려운 경험적 사실을 설득력 있게 해명할 수 있게 된다. 이스털린의 역설, 실업의 심리적 비

8 Layard(2005).

용과 사회적 규범의 중요성, 자영업이나 자원봉사의 가치, 환경 문제 등이 대표적 분석 대상이다. 이 과정에서 표준적 경제학을 통해 축적된 지식들은 행복 연구를 통해 교정되기도 하고 정교화되기도 한다. 이때의 핵심적 특징으로는 비경제적 변수들이 행복에 매우 큰 영향을 준다는 점을 들 수 있다. 이를 통해 절차적 공정성, 신뢰, 좋은 제도의 필요성에 대한 사회적 요구가 경제학에 의해서도 이론적 근거를 확보할 수 있게 된다. 행복경제학은 경제정책의 실효성을 높이고 사람들의 행복을 효과적으로 제고할 구체적 정책을 모색하는 데도 관심이 많은데, 표준적 경제학의 처방과는 그 방향이나 성격이 다른 정책들도 적지 않다.[9]

2. 행복경제학의 방법과 특징

1) 행복의 측정

20세기의 표준적 경제학은 효용은 본성상 측정할 수 없고, 관찰된 행위들만으로 경제현상에 대한 설명이 가능하기에 측정할 필요도 없다는 이론적 전제 위에 인간의 행복을 측정하는 내리변수로 소득이나 소비를 채택해 왔다. 반면, 행복경제학은 소득이나 소비가 행복의 척도가 될 수 없다며, 행복에 대한 직접적인 측정을 시도한다. 행복경제학은 벤담 등 공리주의의 전통에 따라 행복(happiness), 삶의 만족(life satisfaction), 주관적 안녕감을 사실상 같은 것으로 보고, 주관적 안녕감을 행복 측정의 대표적 변수로 놓는다.[10]

9 Frey(2008).

10 행복 개념에는 쾌락, 삶의 만족, 좋은 삶이라는 세 차원이 혼재한다. 첫째, 행복은 심리학

이 입장에 따르면, 사람들은 자신의 행복과 삶의 만족에 관한 나름의 생각을 가지고 있으며 삶의 전반적인 질에 관한 최상의 판단자는 당사자 자신이므로, 진정한 행복을 측정하려면 효용이나 안녕감에 관한 당사자들의 견해가 설문조사 등을 통해 최대한 드러나도록 하는 것이 중요하다. 이때 설문조사에는 정서적, 심리적 상태에 관한 질문과 더불어 전반적인 삶의 만족감에 관한 질문도 같이 포함된다. 연구자들은 응답자들이 표시한 점수를 종합함으로써 그 사람이 전반적인 삶의 질을 얼마나 긍정적으로 판단하는지 알 수 있는데, 이런 측정치들을 개념적으로 포괄해 표현한 용어가 주관적 안녕감이다. 주관적 안녕감은 질문을 통해 삶의 포괄적이고 전반적인 만족도를 미리 설정된 숫자로 응답하게 하고, 이것들을 취합해 측정하는 것이 일반적이다. 세계적으로 잘 알려진 행복도 조사인 세계가치조사(World Vaules Survey)나 유럽지표조사(Euro-Barometer Survey)도 이 방법을 채택한다.

행복의 측정에는 다른 기법들도 사용된다. 개인들에게 무선호출기와 같은 장비를 주고 임의의 시점에 긍정적, 부정적 정서와 관련된 질문들에 곧바로 응답하게 하고, 이러한 진술들을 집계함으로써 쾌락으로서의 행복을 계산하는 경험표본추출법(experience sampling method, ESM), 하루 동안의 활동을 세분하고 응답자가 각 활동들에서 느끼는 정서를 재구성함으로써 행복을 한층 정교하게 측정하는 일상재구성법(day reconstruction method, DRM), 자기공명영상을 통해

에서 긍정적 정서나 부정적 정서로 논의되는 순간적인 기쁨이나 쾌락과 같은 기분을 뜻하는데, 이러한 즐겁고 유쾌한 기분이 흔히 '쾌락주의적 행복'(hedonistic happiness)이라고 불린다. 둘째, 행복은 삶에 대한 전반적인 충족감을 뜻하는데, 이는 흔히 '삶의 만족'으로 불린다. 셋째, 행복은 각자의 잠재능력을 발전시키고 충족시킴으로써 달성하는 양질의 삶이 있는데, 이는 에우다이모니아(eudaimonia) 또는 '좋은 삶'으로 불린다. 행복경제학에서 사용하는 '주관적 안녕감'은 쾌락으로서의 행복과 삶의 만족으로서의 행복을 포괄해 측정하는 지표라고 할 수 있다.

사람들의 뇌가 어떤 활동일 때 활성화되는지를 확인함으로써 응답의 자의성을 극복하려는 뇌촬영기법(brain imaging) 등이 대표적이다. 행복경제학에 따르면, 주관적인 안녕감에 대한 여러 측정치들은 높은 상관관계를 보이는데, 이는 행복에 관한 주관적 평가가 자의적이지 않고 사람들의 행복감을 일관성 있게 드러내는 신뢰할 만한 지표임을 시사한다.[11]

2) 자료와 계량모형, 인과성 검증

행복경제학은 이렇게 획득한 행복 관련 데이터를 토대로 계량모형을 구축하고 회귀분석을 수행함으로써 행복의 결정요인을 식별하고 행복의 특성을 파악하는 연구를 펼친다. 가장 많이 사용하는 데이터로는 세계가치조사, 독일사회경제패널조사(German Socio-Economic Panel Survey), 영국 가계패널조사(British Household Panel Survey), 스위스 가계패널조사(Swiss Household Panel Survey) 등이 있다. 세계가치조사는 삶의 만족도에 관한 국제 비교를 가능하게 하는 가장 양질의 자료이며, 비슷한 성격의 자료로는 갤럽세계조사(Gallup World Poll)와 유럽사회조사도 있다. 이들은 개인의 다양한 특성과 함께 삶의 만족도에 대한 응답을 수집함으로써 행복 연구의 가장 기초적인 자료라고 할 수 있다.

패널조사는 동일한 응답자들을 대상으로 장기에 걸쳐 소득, 근로, 개인적 특성, 사회경제적 변수들을 수집하는 방법으로, 행복에 영향을 미치는 요인과 행복의 본질에 관한 양질의 정보를 제공할 수 있다. 이때 사용되는 패널 데이터는 주관적 행복의 원인과 결과를 이해하는 데 특히 유용한데, 시간에 걸쳐 변

11 Frey(2008).

화하지 않거나 관찰되지 않는 개별적 변수를 제거하고 행복과의 상관관계를 식별할 수 있게 해준다. 패널 데이터는 동일한 개인의 특성을 오랜 기간에 걸쳐 관찰할 수 있도록 함으로써 소득, 실업, 결혼 상태, 자원봉사 등 다양한 사회적, 경제적 사건이 오랜 시간에 걸쳐 개인의 행복에 어떤 영향을 미치는지 정확하게 파악할 수 있게도 해준다.

행복을 연구하는 경제학자들은 이러한 자료들을 바탕으로 '행복함수'($W_{it}=a+\beta X_{it}+\varepsilon_{it}$)를 설정해 삶의 만족 또는 주관적인 안녕감을 모형화한다. 이때 $X=x_1, x_2, \cdots, x_n$는 행복에 영향을 미칠 것으로 기대되는 다양한 변수들을 포괄하는데, 여기에는 개인 i가 t 시점에 갖는 인구적, 경제적, 사회적, 심리적 특성들은 물론 개인에게 부과된 제도적인 제약들이 포함된다. 관찰되지 않은 특징들이나 측정상의 오차는 오차항 ε에 잡히도록 한다. 이것들은 추정상의 편향을 낳는 원천들이지만, 사람들의 답변 과정에서 발생하는 착오는 대부분 임의적이어서 서로 상쇄되므로 추정 결과의 편향은 미미해진다. 행복경제학에서는 이 모형에 근거해 주관적인 안녕감과 상관관계를 가진 다양한 요인들을 분석하고, 나아가 다양한 계량경제 기법을 활용해 인과분석도 수행하게 된다.

3. 행복경제학의 발견

1) 소득과 행복의 관계

행복경제학의 가장 대표적인 연구 대상은 소득과 행복의 관계이다. 이 문제는 행복경제학의 모태라고 할 수 있는 1974년 이스털린 논문의 주제였으며,

행복의 역설 또는 이스털린의 역설이라는 이름으로 다루어진 주제이기도 하다. 이스털린의 역설은 주어진 한 시점에서는 소득과 행복 사이에 상관관계가 나타나지만, 장기적으로는 소득의 증가가 행복의 증가를 수반하지 않는 상황이나, 소득과 행복 사이에 나타나는 횡단면적 관계와 시계열적 관계의 불일치를 뜻한다. 이와 관련해 소득과 행복의 관계에 대한 연구는 '한 시점에서 부자는 빈자보다 더 행복한가', '시간에 걸친 소득의 증가는 행복을 증대시키는가', '부유한 나라 사람들은 가난한 나라 사람들보다 행복한가'라는 세 물음을 중심으로 나누어 볼 필요가 있다.

(1) 한 시점에서의 소득과 행복의 관계

소득 수준이 높은 사람은 자신이 원하는 것을 누릴 더 많은 기회를 가지고 있다. 전 세계를 대상으로 한 여러 실증 연구들을 보면, 여러 요인들을 통제한 다변량 회귀방정식에서 소득과 행복 사이에 통계적으로 유의미한 상관관계가 나타났다는 점에서, 부유한 사람은 가난한 사람에 비해 평균적으로 더 높은 주관적 안녕감을 나타낸다는 것이 확고한 사실로 확인되었다. 미국을 대상으로 한 대표적인 연구는 블랜치플라워(D. Blanchflower)와 오즈월드에 의해,[12] 유럽연합 국가들을 대상으로 한 연구는 디 텔라(R. Di Tella) 등에 의해 수행되었다.[13] 이때 회귀방정식에서 소득과 행복 사이의 상관계수 값은 낮았는데, 이는 소득이 행복에 미치는 영향은 크지 않다는 것을 의미한다. 이러한 결과는 행복이 실업과 같은 소득 이외의 경제적 요인이나 건강이나 인간관계와 같은 비경제적인 요인에 더 많이 좌우된다는 것을 시사한다.

---

12 Blanchflower and Osward(2004).
13 Di Tella et al.(2001).

이때 상관관계가 인과관계를 의미하지는 않는다는 점에도 주목할 필요가 있다. 더 높은 소득이 사람들을 더 행복하게 만들 수도 있지만, 더 행복한 사람이 더 열심히 일을 해서 소득이 더 높을 수도 있기 때문이다. 이러한 인과성 문제는 노력과 무관한 소득의 변동을 통해 검증할 수 있는데, 복권 당첨자나 유산 상속자의 경우 주관적 안녕감이 더 커지는 것으로 나타났다. 이 결과는 소득이 사람들을 행복하게 만드는 원인임을 확인시켜 준다.[14]

한편, 카너먼과 디턴(A. Deaton)은 소득이 행복에 미치는 영향을 보다 입체적으로 분석한다. 이들은 행복을 의미하는 주관적 안녕감을 다시 삶을 즐겁거나 불쾌하게 만드는 기쁨, 스트레스, 슬픔, 분노, 애정 경험의 빈도와 강도를 측정하는 정서적 안녕감(emotional well-being)과 사람들이 자신의 삶에 대해 전반적으로 회고·평가하게 하는 삶의 평가(life evaluation)로 나누었다. 그들은 또한 갤럽이 미국 거주자 1,000명을 대상으로 매일 실시하는 갤럽-헬스웨이즈 웰빙지수(Gallup-Healthways Well-Being Index) 설문조사에 대한 45만 건 이상의 응답을 분석해, 정서적 안녕감(어제 경험한 감정적 경험에 대한 질문으로 측정)과 삶의 평가(캔트릴 고정척도로 측정)를 측정하였다. 이들의 연구에 따르면, 소득은 삶의 평가로 측정된 행복과 더 밀접한 반면, 일상의 희노애락과 같은 정서적 안녕감으로 측정된 행복은 건강, 돌봄, 외로움, 흡연과 더 밀접하였다. 삶의 평가는 소득에 비례해 꾸준히 상승하였다. 반면, 정서적 안녕감은 소득에 비례해 상승하였지만, 연소득 7만 5,000달러 초과 구간에서는 상승하지 않았다. 낮은 소득은 이혼, 건강 악화, 외로움과 같은 불행과 관련된 정서적 고통을 악화시킨다. 높은 소득의 경우 삶의 만족도를 높여주지만 정서적 행복을 가져다주지는 못하

14 Gardner and Oswald(2001).

며, 낮은 소득의 경우 삶의 만족도와 정서적 행복 양쪽 모두를 방해함을 시사한다.[15]

(2) 국가들 사이의 소득과 행복 차이

국가들을 대상으로 한 비교 연구에 따르면, 부유한 국가의 국민이 가난한 국가의 국민보다 평균적으로 더 행복하다는 결과를 확인할 수 있다. 2000년 초 세계가치조사 자료를 활용해 63개국을 대상으로 1인당 소득과 평균적인 삶의 만족도 사이의 관계를 조사한 연구를 보면, 평균 소득이 높은 나라일수록 평균 행복도도 더 높았다. 그러나 똑같이 가난한 나라들 사이에서도 주관적인 안녕감이 큰 차이를 보였으며, 1인당 소득이 어떤 임계점을 넘게 되면 1인당 소득과 주관적 안녕감 사이에는 양의 상관관계가 약한 형태로만 존재하였다. 이는 국가들 사이에서 나타나는 행복의 차이를 설명하는 데 다른 요인들이 더 중요하다는 점, 그리고 가난한 나라의 사람들이 물질문명의 혜택을 누리지는 못하지만 자연과 함께 소박하게 살아가기 때문에 더 행복할 것이라는 믿음 또한 사실이 아닐 가능성이 높다는 점을 시사한다.[16]

헬리웰(J. Helliwell)과 왕(S. Wang)은 갤럽세계조사 데이터를 분석해 국가별 행복 순위를 세시하였는데, 상위권에는 OECD 국가들이, 하위권에는 아프리카의 빈국들이 소재하였다.[17] 일본과 한국은 OECD 국가임에도 불구하고 상위권이 아니어서 주목을 받았다. 레이어드 등에 따르면, 1인당 GDP는 갤럽세계조사에 기초한 국가별 행복도 비교에서 국가 간 차이의 65%를 설명한다. 그리고

15 Kahneman and Deaton(2010).
16 Frey(2008).
17 Helliwell and Wang(2012).

| 그림 8-1 | 삶의 만족도와 1인당 소득: 1958~1991 일본

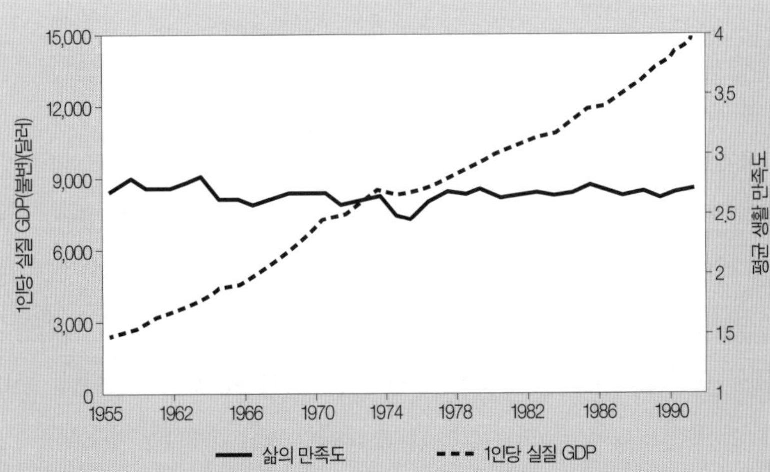

자료: 펜세계테이블; 세계행복데이터베이스. Frey and Stutzer(2002)에서 재인용.

가난한 국가에서는 절대소득이 중요하지만 부유한 국가에서는 상대소득이 중요하다는 점 그리고 사회적 신뢰, 일자리의 질, 선택의 자유와 정치 참여 등 다른 많은 변수가 행복에 더 강력한 영향을 미친다는 점도 밝혀졌다.[18]

(3) 소득과 행복의 장기적 관계

행복경제학의 연구들을 보면, 일본·미국 등 많은 국가에서 1인당 소득이 지난 몇십 년 동안 크게 상승하였음에도 평균적인 행복 수준은 거의 그대로 있거나 하락하는 결과가 나타났다. 일본의 경우 1958년부터 1991년 사이에 1인당 소득이 여섯 배 증가하였다. 반면, 평균적인 삶의 만족도는 4점 만점으로 볼

18 Layard et al.(2012).

때 1958년 2.7점이었으며, 1991년에도 여전히 2.7을 기록하였다(〈그림 8-1〉 참조). 미국에서도 비슷한 결과가 도출되었다. 1972~1974년과 1994~1996년의 기간 동인 표본의 전반적인 평균 실질 소득은 1만 7,434달러에서 2만 767달러로 19% 증가하였지만, 평균적인 행복지수는 오히려 2.21에서 2.17로 약간 하락한 것으로 나타났다. 이때 여기에서 말하는 1인당 소득은 응답자 각자의 소득이 아니라 그가 속한 국가에서 살아가는 국민들의 평균적인 소득으로서의 집계변수라는 점에 주목할 필요가 있다.[19]

소득과 행복이 장기간에 걸쳐 '나란히' 움직이지 않았다는 사실은 '쾌락 적응'과 '사회적 비교'에 의해 설명될 수 있다. 여러 설명들이 있지만, 기본 원리는 대동소이하므로, '이스털린의 역설'을 제기하였던 이스털린 자신이 노년에 접어들어 제시하였던 설명방식을 살펴본다. 사람들은 소득이 증가하고 소비할 수 있는 재화와 서비스가 늘어나면 처음에는 더 큰 쾌락을 얻지만, 곧 적응을 하게 된다. 즉, 사람들이 더욱 높은 수준의 쾌락을 열망하게 되며 현재 상태에 대한 만족감은 떨어지게 된다.[20] 이러한 쾌락 적응 현상에 타인과의 사회적 비교가 더해짐으로써 더욱 증폭된다. 물질적인 것에 관한 한, 삶의 만족도는 객관적인 조건에도 영향을 받지만, 적정 수준에 대한 주관적 규범(subjective norm)이나 준거 기준(reference level)에도 영향을 받는데, 이 규범은 주변 사람들의 평균적인 생활 수준에 크게 좌우된다는 점에서 사회적 비교의 결과물이다.[21] 나의

19 Frey(2008).

20 이때 적응은 그 대상이 돈이나 재화와 같이 물질적인 것인지, 아니면 건강이나 우정과 같이 비물질적인 것인지에 따라 원래 수준으로 회귀하는 정도가 크게 다르다. 전자의 경우에는 일정한 시간이 지나면 새로운 상황에 완전하게 적응함으로써 더 높은 열망을 부채질하는 반면, 후자의 경우에는 일정한 시간이 지나더라도 완전하게 적응이 되지 않음으로써 어느 정도의 만족감을 계속 유지할 수 있다(Frederick and Loewenstein, 1999).

21 사람들이 소득, 소비, 지위와 관련해 자신을 타인과 비교한다는 점은 과거에도 여러 경

소득이 증가하면 처음에는 만족도가 높지만, 시간이 지나면서 1인당 GDP가 늘어나고 주변 사람들의 소득이 늘어나게 되면 적정 생활 수준에 대한 규범 또는 준거 기준도 함께 상승함에 따라 나의 만족도는 떨어지게 된다.[22]

이스털린에 따르면, "장기적으로 소득은 행복에 영향을 미치지 못한다"는 명제는 "경제성장은 행복과 무관하다"는 명제와 사실상 동의어이다. 그는 경제성장이 행복과 무관하다는 것은 일본이나 미국 등 부국뿐 아니라 모든 나라에서 관철되는 보편적 현상이며, 빈국의 장기시계열에서 실제로도 확인된다고 주장한다. 그는 중국이나 인도의 시계열 자료를 근거로 이들 국가에서 소득이 가파르게 증가하더라도 행복 수준은 이에 따라 증가하지 않았다며, 그러한 결과가 발생한 원인을 부국에서와 마찬가지로 적응과 사회적 비교에서 찾는다.[23]

2) 기타 경제적 변수들과 행복의 관계

(1) 인플레이션

행복경제학에 따르면, 인플레이션은 사람들이 주관적 행복을 체계적으로 떨어뜨린다. 시계열 자료와 횡단면 자료를 결합하면 인플레이션이 시간에 걸쳐 어떤 방식으로 나타나는가를 분석할 수 있다. 1975~1991년 기간 중 유럽 12개국을 대상으로 한 디 텔라 등[24]의 연구에 따르면, 인플레이션율이 5% 포인트

제학자들에 의해 주목을 받았다. 베블런(T. Veblen)의 '과시적 소비' 개념이나 듀젠베리(J. Duesenberry)의 '상대소득가설'이 대표적이다.

22 Easterlin(2021).

23 Easterlin(2021).

24 Di Tella et al.(2001).

상승할 경우, 주관적 안녕감 수준은 0.05단위 하락하는 것으로 나타났다. 이는 전체 인구 중 5%의 만족 수준이 한 단계(가령, '매우 만족'에서 '어느 정도 만족') 떨어진다는 것을 의미한다.

(2) 실업

행복경제학은 주관적 안녕감에 관한 자료를 명시적으로 고려함으로써 개인적 실업이 사람들의 후생에 미치는 직접적인 효과는 물론 국민경제 전체 차원에서의 실업이 미치는 효과를 세밀하게 분석하는 연구도 수행하였다. 개인적 차원에서 보자면, 실업은 소득과 함께 행복에 영향을 끼치는 가장 중요한 개별적 특성으로 주목을 받았다. 실업이 행복에 체계적으로 부정적인 영향을 미친다는 것은 클라크(A. Clark)와 오즈월드 그리고 레이어드 등[25]의 여러 연구를 통해 확인되었다. 이때 개인적인 차원에서의 실업이 행복을 떨어뜨린다는 점은 고용 상태에 있는 사람과 실업 상태에 있는 사람을 비교한 횡단면 분석과, 같은 사람을 오랜 기간에 걸쳐 관찰하는 패널 자료에서 확인되었다. 클라크와 오즈월드에 따르면, 실업은 이혼이나 별거 등을 포함한 다른 어떤 단일한 특성보다도 안녕감에 더 부정적인 영향을 미쳤다.[26] 1975년부터 1992년 중 유럽 12개 국가를 대상으로 실업이 행복에 미치는 영향을 연구한 디 텔라 등은 실업자들이 경험한 주관적 안녕감의 손실분이 4점 만점 만족 척도 중 0.33에 이르는 것으로 보고하였다.[27] 이러한 결과는 모두 개인적 실업에 수반하는 소득의 손실이나 그 밖의 간접적 효과를 통제한 것이다. 즉, 실업자의 행복감이 취업자보다

25 Clark and Oswald(1994), Layard et al.(2012).
26 Clark and Oswald(1994).
27 Di Tella et al.(2003).

훨씬 떨어진다는 것은 실업으로 줄어든 소득 부분을 보정하더라도 유효한데, 이는 심리적 비용과 사회적 규범이 중요하다는 것을 뜻한다.

한편, 실업률이 높은 사회에서는 실업 상태에 놓여 있지 않은 사람들까지도 행복 전반에 어려움을 겪는다. 사람들은 그 자신이 실업자가 아니더라도 실업과 관련해 불행감을 느낄 수 있다. 디 텔라 등에 따르면, 다른 요인을 통제한 상태에서 국민경제 전체의 실업률만 1% 포인트 상승할 경우 4점 척도로 진술된 삶의 만족도는 0.028점 줄어들었다.[28] 이는 전체 인구 중 2% 이상이 삶의 만족도를 한 단계 낮추게 된다는 것을 뜻한다. 이것은 사람들이 실업자의 불행을 안타까워하거나, 향후 자신도 그러한 불행을 겪을 것을 두려워하거나, 경기침체나 세금 증가를 우려하는 등 다양한 심리적 요인에 따른 결과이다.

(3) 인플레이션과 실업 사이의 선택 또는 경제적 고통지수

인플레이션율 상승이 행복에 미치는 영향과 실업률 상승이 행복에 미치는 영향을 연결시킴으로써 인플레이션과 실업 사이의 상충관계를 실증적으로 연구할 수 있게 될 뿐 아니라 인플레이션과 실업이라는 두 가지의 경제적 해악 중 어느 쪽이 더 기피되는지도 알 수 있다. 디 텔라 등의 연구에 따르면, 사람들의 심리적 판단 속에서 실업률 1% 포인트 상승은 인플레이션율 1.7% 포인트 하락과 같았다. 이는 실업률이 3%에서 8%로 5% 포인트 상승할 경우 인플레이션율은 가령 10%에서 1.5%로 8.5% 포인트 하락해야만 사람들의 행복 수준이 변하지 않는다는 것을 뜻한다.[29]

한 나라의 거시경제가 얼마나 건강한지는 실업률과 인플레이션율이 총합

28 Di Tella et al.(2003).
29 Di Tella et al.(2001).

으로 정의되는 경제적 고통지수에 의해 일반적으로 측정된다. 경제학자 오쿤(A. Okun)에 의해 제안된 이 지표는 실업과 인플레이션의 해악이 동일하다는 가정에 기반한다. 그러나 디 텔라 등의 결과에 따르면, 실업률 1%는 인플레이션율 1%에 비해 주관적 행복에 두 배 가까운 영향을 끼치는데, 이는 실업에 대해 훨씬 큰 가중치를 부여해 거시경제정책의 지침으로 삼아야 함을 뜻한다.[30]

(4) 고용 형태

일자리를 가지고 있느냐 여부는 이처럼 사람들의 행복에 아주 커다란 영향을 미친다. 여기에 더해 고용 형태도 행복에 영향을 미칠 수 있는데, 자영업자와 피용자의 주관적 안녕감을 비교한 연구가 대표적이다. 자영업자는 회사에 고용되어 있지 않으므로 상급자의 명령과 지휘를 받지 않으며, 높은 수준의 자유와 자기 결정이 가능한 환경에 놓여 있다. 사람들이 자영업을 통해 추가로 얻는 효용 프리미엄은 이 점에서 크게 위계로부터의 독립으로 인한 것과 절차적 효용으로 인한 것으로 나눌 수 있다. 블랜치플라워와 오즈월드는 자영업자들의 경우, 자영업이 경제적으로는 취업에 비해 이득이 되지 못함에도 불구하고 자영업을 선택하였고 그들의 직업에 만족하고 있다는 연구 결과를 제출하였다. 이 결과는 자영업이 더 큰 행복을 주는 이유가 위계로부터의 독립에 있음을 시사한다.[31] 반면, 프레이와 벤츠(M. Bentz)는, 자기 결정이 유능감(competence), 자율감(autonomy), 유대감(relatedness)에 대한 욕구를 충족시킨다는 라이언(R. Ryan)과 데시(E. Deci)에 주목해, 자영업자들의 행복이 절차적 효용[32]을 반영한 결과인지

30 Di Tella et al.(2001).

31 Blanchflower and Osward(1998).

32 행복경제학은 '절차적 효용'(procedural utility)에도 주목한다. 절차적 효용은 사람들이 결과를 중시할 뿐 아니라 결과를 낳는 조건과 과정들에도 가치를 부여하는 것과 관련이 깊

여부를 확인하였다.[33] 패널 데이터를 활용해 같은 사람이 피용자에서 자영업자로 바뀔 경우 직무만족도가 높아졌다는 사실을 발견함으로써 높은 만족이 근로 활동의 절차적 편익에서 비롯된 것이라는 점이 입증되었다.

(5) 불평등

행복은 각자의 소득과 1인당 GDP의 영향을 받지만, 소득 분배의 영향도 받는다. 불평등과 행복의 관계에 대한 여러 연구들을 망라한 클라크와 담브로시오(C. D'Ambrosio)의 서베이 논문에 따르면, 30개 논문들 중 절반 정도만이 불평등과 행복 사이에서 (-)관계를 발견하였는데, 이는 불평등과 행복의 관계가 복잡하다는 것을 암시한다. 사람들이 불평등을 미래에 더 큰 몫을 얻게 될 기회라거나 사람들의 능력 차이를 반영하는 합리적인 결과라고 판단한다면 불평등을 선호할 수 있고, 불평등에 대한 인식이 행복에 부정적인 영향을 미치지 않을 수 있기 때문이다.[34]

소득 불평등이 행복에 미치는 영향은 미국과 유럽 사이에 상당한 차이가 존재한다. 소득 불평등은 지니계수로, 행복은 유로지표조사 자료 및 미국 일반사회조사 자료를 활용한 알레시나(A. Alesina) 등의 연구에 따르면, 유럽인들은 불평등을 매우 싫어하는 반면 미국에서는 소득 불평등도와 행복 사이에 상관관계가 없는 것으로 나타났는데, 이러한 결과는 사회적 이동성에 대한 인식과 관련이 있다. 미국인들은 유럽인들에 비해 사회적 신분이나 소득 수준이 상승

다. 절차적 효용은 비도구적인 과정 그 자체의 즐거움이나 불쾌함과 관련된다. 절차적 효용은 결과보다는 과정을 중시한다는 점에서 뒤에서 살펴볼 '에우다이모니아' 전통과 관련이 깊다(Frey et al., 2004).

33 Frey and Bentz(2008), Ryan and Deci(2000).

34 Clark and D'Ambrosio(2015).

할 가능성을 긍정적으로 평가한다는 것이다.[35]

3) 경제 외적 요인들과 행복의 관계

행복경제학은 경제학에서 경시되었던 경제 외적 요인들이 행복에 미치는 영향에 대해서도 연구를 수행하였는데, 대표적인 주제로는 자원봉사 등 친사회적 행위, 결혼, TV 시청 등이 있다.

(1) 친사회적 행위

경제학에서는 전통적으로 인간은 자기 이익을 추구하는 존재라는 가정 위에 인간의 다양한 경제적 행위를 분석하는 데 주력하였다. 하지만 최근에는 인간의 다양한 이타적 행위 또는 친사회적 행위(pro-social)가 관찰됨에 따라 경제학에서도 이러한 행위를 분석하기 시작하였으며, 행복경제학도 이 흐름에 동참해 자원봉사나 기부 등이 개인의 행복에 미치는 영향을 연구하고 있다. 이때 친사회적 행위가 개인의 안녕감에 긍정적인 영향을 미치는 경로는 크게 타인을 돕는다는 사실 '그 자체'로부터 기쁨을 얻는 내재적 경로와 타인을 돕는 과정에서 얻게 되는 사회적 인정이나 평판 제고와 같은 무형의 보상에 따른 외재적 경로로 구분될 수 있다.

마이어(S. Meier)와 스투처(A. Stutzer)는 1985~1999년 기간 독일 사회경제패널에 기반해 자원봉사 빈도와 삶의 만족도 사이의 상관관계 및 인과관계를 분석하였다. 사회경제적, 인구통계학적 변수들을 통제한 상태에서 자원봉사가 주관적

35 Alesina et al.(2004).

행복을 높여 준다는 점이 확인되었고, 삶의 만족도가 높은 사람일수록 자원봉사를 많이 하는, '거짓 인과관계' 문제를 통제하는 보다 정교한 다변량 회귀분석 모델에서도 같은 결과가 확인되었다.[36] 자원봉사 이외의 다른 친사회적 행위에서도 사람들의 주관적 안녕감이 높아진다는 결과가 제시되었다.[37]

(2) 결혼

행복경제학은 결혼이 주관적 안녕감에 미치는 영향은 물론 사람들이 어떤 동기로 결혼을 하는지를 해명하는 데에도 관심이 많다. 결혼의 동기와 관련해서는 크게 경제학적 접근과 사회학적 접근이 있다. 경제학적 접근에서는 결혼이 각자 비교우위 분야로의 전문화를 가능하게 함으로써 안녕감을 높여 줄 가능성이 주목한다. 사회학적 접근에서는 결혼이 교육, 가치관 등과 관련해 비슷한 특성을 공유하는 사람들끼리 이루어질 가능성에 주목한다.

결혼이 개인의 행복에 미치는 영향에 대한 연구들에 따르면, 결혼 상태에 있는 사람들은 결혼 경험이 없거나, 이혼, 별거, 사별을 한 사람들보다 주관적 안녕감 수준이 높다.[38] 결혼과 행복 사이의 인과관계와 관련해서는 결혼이 행복을 늘린다는 결과와 더 행복한 사람이 결혼을 더 선택한다는 결과가 함께 도출되었다. 그리고 결혼 기간이 늘어남에 따라 행복은 점차 줄어들지만, 그렇다고 해서 결혼 이전 수준으로까지 감소하지는 않는다는 점에서, 결혼이 주는 행복감은 지속적인 것으로 나타났다.[39] 스투처와 프레이는 1981~2000년 동안의 독일 사회경제패널조사 자료를 통해 상대적 임금 격차가 큰 집단이 그렇

36 Meier and Stutzer(2008).
37 Aknin et al.(2013).
38 Diener et al.(2000).
39 Stutzer and Frey(2006).

지 않은 집단보다 결혼 이후 늘어난 행복감이 크다는 점을 확인하였는데, 이는 결혼이 전문화의 이득에 따른 결과임을 시사한다. 교육 기간의 상대적 격차가 큰 집단은 그렇지 않은 집단보다 결혼 이후 행복감이 더 높았으며, 두 집단 간 행복감의 차이는 7년 이후에도 계속 유지되었는데, 이는 결혼의 동기와 관련해 전문화 가설보다는 동질혼 가설의 설명력이 더 높을 가능성을 시사한다.[40]

(3) TV 시청과 자기 통제가 어려운 습관

신고전학파 경제이론은 개인의 행동이 합리적 선택에 기초한다는 가정 위에 세워져 있다. 사람들의 행동을 관찰하는 것만으로 그들이 느끼는 효용을 추정할 수 있다는 현시선호이론을 성립시키는 것도 이 가정이다. 그러나 사람들이 자신의 이익을 극대화하는 방향으로만 행동하지는 않는다는 점은 사회선택이론이나 행동경제학 등에 의해 광범위하게 확인되었다.[41]

사람들이 자신의 이익을 극대화하지 않는 방향으로 행동하는 대표적인 사례 중 하나가 장시간에 걸친 TV 시청이다. 신고전학파 경제이론에 따르면, 사람들이 TV를 장시간 시청하는 것은 자신에게 높은 만족감을 주기 때문이며, 그렇기에 합리적 행동이라고 할 수 있다. 프레이 등은 2002년과 2003년에 22개 EU 국가들에서 실시된 유럽사회조사 자료를 사용해 TV 시청 시간이 늘어날수록 삶의 만족도가 떨어진다는 결과를 얻었다. 그리고 TV 시청을 통해 얻는 효용 수준이 다른 활동을 통해 얻을 수 있는 수준보다 낮다는 점도 확인되었다. 이러한 경험적 연구 결과는 사람들이 예측 실패 및 자기 통제의 문제를 안

40 Easterlin(2021)은 소득의 경우에는 개인 간 비교가 준거 기준을 지배하고 타인의 소득이 늘어나면 준거 기준도 쉽게 변동하는 반면, 결혼 등 가정생활이나 건강의 경우에는 개인 내 비교가 준거 기준을 지배하므로 그 기준이 덜 변한다는 점에 주목한다.

41 Sen(1995), Thaler(1992).

고 있음을 보여 주는 것으로 해석될 수 있으며, 술, 담배, 마약, 도박 등 자기 통제의 문제가 수반되는 다른 유형의 활동들에도 적용될 수 있다.[42]

4) 주관적 행복의 결과

이제까지의 논의는 행복이 어떠한 요인들에 어느 정도의 영향을 어떻게 받느냐에 관한 것이었다. 행복 연구에서는 자기 보고에 기초한 주관적인 행복 데이터를 근거로 행복이 어떤 결과를 낳는지, 행복한 사람들은 어떤 행동을 하는지에 대해서도 관심을 기울였다. 대표적인 내용들을 살펴보면, 소득이 행복을 살 수 있는지 여부에 관한 질문을 뒤집어 행복한 사람의 소득이 더 많은지와 관련해서는 여러 연구가 진행되었다. 행복은 생산성을 늘리는 것으로 알려졌다는 연구, 자기 삶에 대한 높은 만족감은 미래 소득을 예측할 수 있도록 돕거나, 삶의 만족 수준이 낮을수록 미래에 이혼이나 별거할 가능성이 높았다는 연구가 대표적이다.[43]

행복이 당사자에게 이로움을 준다는 연구에 더해, 행복은 주변의 다른 사람들에게도 좋은 영향을 미친다는 연구도 있다. 주관적 안녕감이 높은 개인은 기부를 더 많이 하는 등 더 관대하게 행동한다는 연구, 행복한 개인이 자원봉사에도 더 적극적이라는 연구, 삶의 만족도가 높을수록 집권당에 대한 정치적 지지가 높다거나 삶의 만족도가 경제성장, 실업, 인플레이션보다도 집권당의 승리를 더 잘 예측하는 지표라는 연구가 대표적이다.[44]

42 Frey et al.(2007).
43 Oswald et al.(2015), Clark et al.(2008).
44 Aknin et al.(2013), Thoits and Hewitt(2001), Liberini et al.(2017).

4. 행복경제학의 제안

1) 개인적인 차원

스키델스키 부자(Skidelsky and Skidelsky)에 따르면, 행복경제학은 사람들이 불행한 이유를 개인적 차원과 집단적 비합리성의 차원에서 찾는다고 평가한다. 개인적 차원의 불행은 사람들이 소비재로부터 얻는 장기적 행복을 과대평가하고, 여가, 교육, 우정 등 여타 무형의 재화들로부터 얻는 장기적 행복을 과소평가하는 것에서 비롯된다. 집단적 비합리성 차원의 문제는 사람들이 타인과 끊임없이 비교하면서 서열의 위쪽 사다리로 올라가려 하지만 지위 경쟁 또는 위치적 외부성으로 인해 그 갈망을 이룰 수 있는 사람은 극소수로 제한될 수 없는 구조적 한계에서 비롯된다.[45]

이스털린은 대부분의 사람들이 돈을 버는 데 할애하는 시간을 줄이고 건강, 가정생활, 친교, 봉사 등과 관련한 비금전적 목표에 더 많은 시간을 사용함으로써 행복을 증진시킬 수 있다고 주장한다.[46] 레이어드도 행복을 위해서는 '쾌락'의 쳇바퀴에서 빠져나오고, 더 성공한 사람과 비교하기를 멈추며, 타인에게 친절하고, 공동선을 위해 서로 협력하는 것이 필요하다고 주장한다. 그리고 일의 중요성을 강조하면서, 너무 높은 목표도 안녕감을 떨어뜨리지만 지나치게 낮은 목표로 인한 지루함도 불행의 원천이라며, 능력을 충분히 발휘할 수 있는 범위로 목표를 잡되 너무 높이는 잡지 말자고 주장한다.[47]

45 Skidelsky and Skidelsky(2012).
46 Easterlin(2015).
47 Layard(2005).

2) 정책적 차원

사람들은 외재적 속성을 띤 재화나 활동보다는 내재적 속성을 띤 재화나 활동으로부터 얻는 만족감이 더 크거나 더 오래 지속된다. 그럼에도 불구하고 사회적 비교나 적응 등의 이유로 인해 보다 큰 행복을 주는 재화나 활동의 선택 기회를 스스로 포기한다. 행복경제학에 따르면, 이 문제는 정부의 적절한 개입을 통해 해결될 수 있다. 적응이나 사회적 비교는 인간이 생명체의 일종으로서 살아남기 위해 자신의 유전자 속에 각인시킨 일종의 본능이기 때문에 개인에게 맡겨서는 이러한 체계적 오류가 해소될 수 없는 것이다. 이들의 선택에는, 개인의 자발적인 선택이기는 하지만 개인적으로나 사회적으로나 더 나은 선택지가 희생되는 나쁜 균형이라는 점에서 사회적 차원의 대응이 필요한데, 그것이 바로 정부정책이다.

레이어드는 이러한 문제의식 위에 개인적으로나 사회적으로나 중요한 것은 물질적 부의 생산이 아니라 행복에 있다며, '최대다수의 최대행복'을 공공정책의 명시적 목표로 설정하고, 국민총행복을 면밀하게 측정하고 분석함으로써 이를 극대화하자고 제안한다. 주요한 정책과제로는 일과 생활의 균형을 회복하고, 삶의 안정성을 유지하며, 양질의 인간관계를 누릴 수 있도록 하는 것 등이 거론된다. 사람들이 여가보다는 소득에, 생활보다는 일에 더 많은 시간을 사용하는 선택을 바꾸기 위한 대표적인 처방으로는 소득세 인상이 제시된다. 부유한 사람들에게서 가난한 사람들에게로 돈이 이동하면 가난한 사람들은 부유한 사람들이 잃는 것보다 더 큰 행복을 얻을 수 있고, 국가 전체의 평균 행복도가 높아진다는 것이다. 레이어드는 행복보다는 고통의 경우가 그 원인을 더 명확하게 알 수 있으므로, 공공정책은 행복의 증대보다는 고통의 완화에 더

효과적이라고도 주장한다.[48]

행복 증대를 위한 정책과 관련해서는 '적응'의 문제도 주요 관심사이다. 심리학자들은 대체로 각 개인의 행복 수준이 외부적 요인의 영향을 받지만 유전자에 의해 미리 설정된 특정한 수준(set point)으로 결국 되돌아온다고 믿는다.[49] 이러한 흐름에 입각해 의료 서비스 개선이나 고용 기회 확대 등 개인의 여건이나 환경을 개선하려는 정책이 행복에 지속적인 영향을 미치지 못한다는 시각도 적지 않다. 그러나 이스털린은 건강, 의료 관련 육체적·정신적 안정성, 일자리 관련 경제적 안정성, 교육·노후·사회통합 관련 사회적 안정성을 확보하는 정책들의 효과는 장기간 지속되며 사람들의 행복에 결정적인 영향을 미친다고 주장한다. 북유럽 국가들이 높은 행복을 구가할 수 있었던 것은 경제성장 때문이 아니라 일자리 및 사회안전망 관련 정책 때문이었다는 것이다.[50]

이때 안정성에 대한 강조는 행복경제학의 공통된 인식이라고 할 수 있다. 행복경제학의 여러 연구들에 따르면, 사람들의 행복은 경제성장이나 이동성보다는 삶의 안정성으로부터 훨씬 큰 영향을 받는다. 반면, 안정성의 훼손으로 인한 비효용은 대단히 크다. 행복한 사회가 되려면 모든 사람들에게 최소한의 안정성이 보장되어야 하는데, 가족관계, 금전적 소득, 일, 공동체와 친구, 건강 영역에서의 안정이 특히 중요하게 거론된다. 행복경제학에서 과시적 소비, 지위를 둘러싼 경쟁, 이동성을 높이는 활동에 대해 누진과세를 부과하자고 제안하는 것이나, 일과 가정의 양립 및 지역 사회의 사교 활동 촉진을 위한 인프라 확대를 권유하고, 정신질환에 대한 지출 확대를 제안하는 것은 모두 이러한 맥락

48 Layard(2005).
49 Lucas(2007).
50 Easterlin(2021).

을 반영한 것이다.

한편, 프레이에 의해 주도되는 취리히 그룹에서는 정치 참여가 행복을 제고할 가능성에 주목하면서, 직접민주주의의 심화를 통해 참정권을 강화하고 지방자치를 강화하자고 제안한다. 이들은 국민발안(Initiative)이나 국민표결(Referendum)의 확대는 사회 계약의 합의적 기반을 강화하고 절차적 정당성을 높임으로써 사람들이 협소한 이기적 동기를 넘어서서 시민으로서 행동할 수 있는 강력한 동기를 부여하고, 절차적 효용과 내재적 동기를 강화함으로써 행복에 긍정적인 영향을 미친다는 점에 주목한다. 이들은 또한 정부의 다양한 기능들을 가장 적절한 규모의 관할구역, 곧 목적자치단체들(functional, overlapping competing jurisdictions, FOCJ)로 분권화함으로써 시민의 행복을 높일 수 있다고 주장한다. 정치적 의사 결정이 지방자치단체 차원에서 행해질수록 주민들의 선호에 관한 더욱 적합한 정보들에 다가갈 수 있고, 시민들의 직접적 통제라는 이상에도 근접할 수 있으며, 시민들이 공공지출의 비용과 편익 사이에 균형을 유지하도록 동기도 부여할 수 있다는 것이다.[51]

행복경제학은 행복의 제고를 위해 정부정책이 반드시 필요하지만 정부가 '자비로운 독재자'(benevolent dictator)가 되어 각 개인에게 행복해지는 방법이나 행동을 강요하는 것은 곤란하다고 믿는다. 정부는 행복의 조건을 마련하는 데 초점을 맞추어야 하며, 개인들의 결정권이 최대한 존중받는 방향으로 제도설계 및 정책집행이 이루어져야 한다는 것이다. 행복경제학이 제안하는 제도설계나 정책집행은 자유주의적 온정주의(libertarian paternalism)와 친화력이 크다.[52]

---

51 Frey(2008).

52 Frey(2008). 자유주의적 온정주의는 기관이나 계획자가 선택의 초기값이나 우선적 대안을 결정하는데 개입하되, 그 이후의 선택은 강요하지 않고 개인에게 맡기자고 주장한다(이규상·홍훈, 2009).

5. 행복경제학에 대한 비판

행복경제학은 경제성장이 반드시 소망스러운 것만은 아니며 행복을 돈으로 살 수 없다는 점을 입증하였다는 점에서 기존 경제학의 협소한 시야를 확장하였다. 그리고 사람들이 절대적 소득은 물론 상대적 소득도 중시하며, 사회적 관계나 자기 결정에 높은 가치를 부여한다는 점도 밝힌 것도 행복경제학의 기여이다. 그러나 인간의 행복을 각자의 주관적 판단이나 삶의 만족도로 이해하려는 행복경제학의 방법론은 비판의 대상이 될 수 있다. 이 점과 관련해 행복한 삶을 즐거운 심리적 상태나 욕망이 충족된 삶이 아니라 인간이 추구하는 기본적인 좋음들이 구현되는 삶이라고 이해하는 에우다이모니아(eudaimonia) 또는 '좋은 삶' 전통에 주의를 기울일 필요가 있다. '좋은 삶' 전통은 아리스토텔레스에 의해 처음 체계적으로 제시되었고 경제학자 케인스에 의해 주목을 받은 전통이다.[53]

케인스의 전기작가로 유명한 스키델스키(R. Skidelsky)는 철학자인 아들과 함께 집필한 저서에서 행복경제학에 내해 양가적 평가를 내린다. 행복경제학은 경제성장이 인간적 삶의 진정한 목적과 분리되는 사태를 포착하고 인간이 부를 위해 존재하는 것이 아니라 부가 인간을 위해 존재한다는 오랜 진리를 상기시킨다는 점에서 그 의도는 좋았다. 하지만 행복경제학은 문제를 여전히 극대화로 본다는 점에서 벤담의 그늘 아래 놓여 있다고 비판한다. 이와 관련해 스키델스키 부자는 행복경제학의 경우, 첫째 조사된 자료의 정확성을 지나치게 신뢰하였고, 둘째 행복을 단일한 차원에서 측정될 수 있는 단일한 재화로 취급

53 Carabelli and Cedrini(2011), Bruni(2012), Skidelsky and Skildelsky(2012), 김균(2013).

하였으며, 셋째 행복을 더 많이 가졌느냐 더 적게 가졌느냐는 차원에서 접근한 결과 행복의 원천이나 목적을 무시하였다고 주장한다. 그들에 의하면, 행복은 개인과 공동체의 '좋은 삶'을 추구하는 삶의 자세와 직결되는 것으로, 쾌락을 늘리고 고통을 줄이는 것으로 축소되어서는 안된다.[54]

1) 행복을 주관적으로 평가하는 측정상의 문제점

행복경제학에 대한 가장 대표적인 비판은 행복의 주관적 측정방식, 곧 설문조사 및 자기 평가로 행복을 측정하는 방법에 대한 것이다. 행복을 설문조사로 측정될 수 있다고 보는 근거는 크게 두 가지이다. 우선, 스스로 행복하다고 평가한 사람들의 두뇌를 촬영해 보면 좌측 전두엽이 활성화되고 면역체계도 더 왕성한 경향이 있다는 것이다. 그리고 스스로 행복하다고 응답한 사람들은 친구와 친척들로부터도 행복한 사람이라고 평가받으며 더 자주 웃는다는 사실도 또 다른 근거로 제시된다. 이러한 점들을 종합적으로 고려할 때, 행복에 대한 설문조사, 곧 자가보고는 신뢰할 만하다는 게 행복경제학의 기본 입장이다.[55] 그러나 사람들이 형성하는 주관적 만족감이 비합리적이고 체계적 오류를 띨 여지가 크다는 연구 성과를 고려할 경우, 설문조사나 자기 평가에 기초한 행복 측정의 방법론은 신뢰하기 어렵다는 비판이 제기되었다. 사람들은 미래보다 현재에 더 높은 가치를 부여함으로써 장기적으로 더 큰 효용을 주는 재화 대신 미래에 나쁜 결과를 초래하더라도 지금 당장 높은 효용을 주는 재화를 선호하거나, 적응이나 사회적 비교로 인해 생활 수준의 객관적 개선과 무

54 Skidelsky and Skidelsky(2012).
55 Layard(2005).

관한 변화를 추구하는 경우도 많다. 이처럼 적응이나 사회적 비교가 사람들의 판단에 영향을 미치는 정도가 크다는 현실을 감안하면, 주관적 자기 평가를 행복의 유일하거나 대표적인 기준으로 삼는 것은 문제가 많다.[56] 이러한 논의가 주관적 평가 자체의 필요성을 부인하는 것은 아니며, 주관적 평가만으로는 삶의 좋고 나쁨을 판단하는 것이 충분치 않다는 것을 의미한다. GDP가 행복의 지표로서 불충분한 것처럼, 주관적 안녕감이라는 대안적 지표 또한 전반적 행복을 측정하는 데는 부족하므로, 행복을 측정하거나 평가할 때 개인적, 사회적 차원에서 모두의 '좋은 삶'에 필요한 객관적, 시민적 차원의 가치들도 포함시켜야 할 것이다.[57]

2) 쾌락의 단일 잣대로 행복을 합산하는 것의 문제점

행복경제학에 따르면, 행복이란 "삶을 즐기는 좋은 느낌이자 각자가 느끼는 즐거운 심리적 상태" 또는 "사람들이 원하는 중요한 것들을 얻었다는 믿음이나 유쾌한 감정을 수반하는 주관적인 경험"이다.[58] 이러한 쾌락주의적 행복관은 벤담의 고전적 공리주의로 연결되었다. 벤담의 고전적 공리주의는 올바른 행동을 사회 전체의 행복이나 쾌락을 극대화하는 행동으로 규정하였는데, 이때 쾌락의 대상이나 내용보다는 수량이 중요하다. 행복경제학자들은 행복의 총합을 어떻게 측정할 수 있는가를 놓고는 의견이 다르기는 하지만, 이러한 수량들을 집계하여 행복을 잴 수 있다는 데는 의견을 같이한다. 벤담으로 소급

56 Easterlin(2006).
57 Bruni(2012).
58 Layard(2005).

될 수 있는 이 입장은 사람들의 판단을 동등하게 취급하고 별도의 사회적 가치평가를 하지 않았다는 점에서 개인적인 선택의 자유를 선호하는 이들에게 강한 호소력을 발휘하였다.[59]

이때 중요한 쟁점은 다양한 쾌락들을 하나의 단일한 잣대로 재는 것이 타당한지 여부이다. 쾌락에는 질적으로 다른 것들이 있으며, 사회가 권장하지 않는 나쁜 종류의 쾌락도 있다는 현실을 주목해 모든 종류의 쾌락을 동등한 것으로 간주하고 하나의 척도로 합산하는 것은 오류라는 비판이 있다. 그런데 모든 종류의 쾌락이 동등하지 않을 개연성은 행복경제학의 연구 성과를 통해서도 확인된다. 사람들의 주관적 만족감을 더 많이 이끌어 내는 것은 내재적 가치를 충족시키는 활동이고, 주관적 만족감이 더 오래 지속되는 것은 타인과의 비교가 불필요한 활동이라는 점이 행복경제학에 의해 확인되었는데, 이는 주관적 만족감 곧 쾌락에도 질적 차이가 존재하고 쾌락과는 별개의 중요한 판단 기준이 적용되어야 할 가능성을 시사한다.[60]

3) 행복을 효용으로 치환하는 문제점

쾌락들 사이에 질적 차이가 있는지 여부, 그리고 다양한 욕구들 사이에 우열을 매길 수 있는지 여부의 문제는 결국 진정한 행복이 무엇인가의 문제로 연결된다. 이 문제와 관련해, 행복경제학 내부에도 다양한 흐름이 존재하는데, 공리주의에 가까운 대표적 연구자인 리처드 레이어드는, 타인에 대한 가장 높은 수준의 공감과 불편타당성이라는 도덕적 원리가 확보된다면 개인의 쾌락이

59 Carabelli and Cedrini(2011).
60 Carabelli and Cedrini(2011).

나 효용에 기반한 최대다수의 최대행복이 공공정책의 올바른 지침이 될 수 있다고 주장한다.[61]

이에 대해 스키델스키 부자는 효용이라는 개념이 사용가치라는 역시도 더 깊고 바람직한 개념을 대체해 개인을 뛰어넘어 사회적인 차원에서 관철되는 가치판단을 없애버렸다는 점에 주목한다. 아리스토텔레스에 따르면, 어떤 사물의 사용가치는 '좋은 삶'에 기여하는 그 사물의 고유한 가치이다. 반면 효용은 내가 마땅히 원해야만 하는 것이 아니라 실제로 얼마나 원하는지를 나타내는 개념인데, 이 경우 그러한 욕구의 옳고 그름에 대한 판단은 사라져 버린다는 것이다.[62] 이탈리아의 시민경제학 전통을 계승해 시민 행복을 주창하는 브루니(L. Bruni)도 비슷한 문제의식 위에 소비는 개인적 선택의 외양을 띠지만 본질적으로 사회적 행위이며, 소비와 행복 사이의 관계는 동태적이며 경제학자들이 생각하는 것보다 훨씬 복잡하다고 주장한다. 즉, 행복을 소비에 따른 쾌락이나 효용으로 환원하는 것은 소비행위의 입체적, 다면적 성격을 축소시킨다는 것이다. 그에 의하면, 행복경제학은 절차적 효용이나 사회적 비교 등의 문제에 주목하고 있다는 점에서는 전통 경제학의 혁신이지만, 인간의 경제적 활동과 행복이 지니는 사회적, 관계적 측면을 총체적으로 다루지는 못하였으며, 사람들 사이의 관계에 대한 보다 심층적인 분석이 요구된다.[63]

스키델스키 부자나 브루니의 입장에서 보자면, 행복은 개인과 공동체의 '좋은 삶'을 지향하며 살아가는 삶의 자세와 직결되는 것이어야 하는데, 그러려면 각자가 자신의 행복에 대한 심판관이라는 행복경제학의 핵심 가정을 폐기

61 Layard(2005).
62 Skidelsky and Skidelsky(2012).
63 Bruni(2011).

할 필요가 있다. 우리 삶의 행복을 개인의 주관적 쾌락으로 환원하지 않고, 부분들의 행복으로 합산하지도 않는 시각은 고대 그리스 철학자들의 행복 개념에서 그 연원을 찾을 수 있다. 그리스어로 행복은 에우다이모니아, 곧 '좋은 삶'이다. 아리스토텔레스는 쾌락을 통한 만족을 짐승이나 노예의 행복으로 간주하고 에우다이모니아, 곧 진정한 행복이란 덕(virtue)을 적극적으로 표현하는 활동이라고 주장한다. 이때 덕이란 '우리 안에 있는 최상의 것, 곧 탁월함'(the best within us, or excellence)을 지칭한다. 이러한 입장에서 보자면, 행복은 마음의 심리적 상태나 자신의 삶에 만족한다는 것이 아니라, 원할 만한 가치가 있고 살아갈 만한 가치가 있으며 다들 찬양하고 바랄 만한 존재의 상태가 된다.[64]

행복의 문제를 '좋은 삶' 전통에 의해 접근해야 한다는 입장은 포스트케인지안의 관점에서 가치와 성장의 문제를 연구한 파지네티(L. Pasinetti)에 의해서도 강조된다. 그는 '행복은 인간을 위해 설계된 목적'이라고 주장한 아리스토텔레스, 덕과 절제로 행복을 얻을 수 있다고 주장한 세네카와 보에티우스, 행복은 육체적 쾌락과 재물이 아니라 신에 대한 묵상으로 구성된다고 말한 토마스 아퀴나스 등을 거론하면서, 행복은 일시적인 감정이 아니라 지속적이고 오래 지속되는 인간의 태도, 즉 윤리적 행동 및 인간 완성과 관련된 태도로 간주되어야 한다고 주장한다.[65]

4) 긍정심리학의 행복 연구에 대한 비판

행복경제학은 인접 학문인 심리학, 사회학, 정치학 등의 연구 성과로부터

64 Skidelsky and Skidelsky(2012).
65 Pasinetti(2005).

도 많은 도움을 받았는데, 그중에서도 특히 심리학의 도움이 컸다. 심리학은 특히 행복에 대한 사람들의 주관적 인식 관련 데이터를 활용하는 방법론을 발전시킴으로써 행복경제학의 발전에 크게 기여하였으며, 행동경제학자로 더 잘 알려진 카너먼의 경우에는 주관적 행복을 다룬 여러 논문을 발표하였다는 점에서 행복경제학자로 분류되어도 무방할 정도이다. 이때 행복경제학과 접촉면이 가장 넓고 연구 영역이 상당 부분 겹치기도 하는 심리학 분파로는 '긍정심리학'이 있다. 긍정심리학은 행복의 사회적 측면보다는 개인적 측면에 주목하고 사회공학적 성격이 한층 강하다는 점에서는 행복경제학과 적지 않은 차이를 보이지만, 행복의 중요성을 강조하고 각자의 주관적 인식에 주목한다는 점에서는 행복경제학과 문제의식 및 방법론의 상당 부분을 공유하고 있다. 그러므로 긍정심리학의 행복 연구에 대한 사회학 전통의 비판을 살펴볼 필요가 있다.

먼저 사회학자들은 긍정심리학이 '개념적 비일관성, 측정 문제의 무시, 과장된 주장의 근거 없는 주장' 등의 문제점을 드러내고 있으며, 파편적인 연구를 토대로 자신의 입맛에 맞거나 당연한 이야기를 전문 용어나 신경과학의 권위에 의존해 정당화한다고 비판한다.[66] 긍정심리학의 행복 연구가 표방하는 과학주의에는 체제를 정당화하고 변화를 가로막으려는 보수적 성격이 은폐되어 있다는 비판도 제기되었다. 즉, 긍정심리학은 과학에 힘입어 인류에게 행복의 길이 열렸다는 관념을 유포하였는데, 이때 과학의 이름으로 사회적 저항이나 비판적 시민행동을 인간의 건강, 부, 행복을 해치는 비과학적 행위로 규정하거나 좋은 행동이 무엇인지를 둘러싼 시민들의 논의를 중단시킬 위험이 있다는 것이다.[67] 이러한 입장에서 보자면, 행복 담론은 기존 질서가 영속되도록 돕고 기업가적

66 Simmons(2012).
67 Whitehead et al.(2011).

태도를 정당화하는 수사학적 기술로서, 논쟁적인 주제를 탈정치적으로 재구성하고 신자유주의 거버넌스를 강화하는 결과를 낳을 위험도 크다.[68]

프롤리에(A. Frawley)에 따르면, 행복 연구의 확산은 공유된 규범과 가치의 쇠퇴 그리고 '이데올로기의 종언'이라는 정서가 널리 퍼진 것과 관련이 깊다. 과거에 전통, 종교, 이데올로기에 기초하였던 집단적 차원의 의미망이 사라지면서 개인적인 차원에서 사람들을 연결할 담론으로서 행복 연구가 본격화되었다는 것이다.[69] 비슷한 문제의식 위에서 저명한 사회학자인 바우만(Z. Bauman, 1925~2017)은 행복이란 개인화된 새로운 사회를 위한 새로운 이데올로기라며 이 속에서 개인은 사회적으로 만들어진 문제를 개인적으로 해결하도록 강요받는다고 주장하였다.[70]

긍정심리학의 행복 연구에 대한 이러한 비판이 행복경제학에 모두 적용되는 것은 아니다. 긍정심리학의 경우 객관적 현실에 대한 분석에 더해 긍정적 정서의 강화라는, 사실상 답이 정해져 있는 처방을 해법으로 제시한다면, 행복경제학은 행복의 결정 요인 및 특성에 대한 사실적 지식의 생산과 해석에 관심이 훨씬 크기 때문이다. 행복경제학은 긍정심리학에 비해 훨씬 더 스펙트럼이 다양하다는 차이도 있다. 무엇보다도 행복경제학은 사회 문제를 개인의 책임으로 환원하려 하지 않으며 체제순응적 인간의 양성과도 무관하다.

---

68 Mentinis(2013).
69 Frawley(2015).
70 Bauman(2008).

6. 행복경제학을 넘어서: '좋은 삶' 전통의 행복 연구

행복경제학은 벤담의 공리주의, 쾌락주의로 대표되는 주관주의 전통에 기반한 경제학의 혁신으로 자리매김될 수 있다. 반면, 브루니와 스키델스키의 행복 연구는 아리스토텔레스-아퀴나스의 '좋은 삶'을 명시적으로 계승하고 물질적 부의 문제를 연구 대상으로 설정하였던 고전학파 경제학의 문제의식을 발전적으로 수용하려 한다는 점에서 객관주의 전통 위에 서 있다고 할 수 있다. 이들의 연구는 앞으로 주관주의 전통에 기반한 행복경제학과 함께 행복 연구의 지평을 확대하고 행복에 대한 논의를 한층 풍요롭게 만들 것으로 기대된다.

1) 시민적 삶에 기반한 공공행복으로서의 행복과 관계재의 확대

브루니에 따르면, 1776년 『국부론』의 발간 이전에 프랑스와 이탈리아에서는 '부'가 아니라 '공공행복'을 연구의 중심에 놓았던 상이한 접근법이 있었다. 특히, 제노베시(A. Genovesi, 1713~1769)로 대표되는 이탈리아 시민경제학에서는 행복을 본성상 '사회적인' 것으로 이해하는 시민적 인본주의를 발전시켰다. 애덤 스미스가 개인의 활동이 경제성장을 통해 공동선 또는 공공행복에 기여한다고 생각하였다면, 제노베시는 부를 늘리기 위한 분업보다는 시민적 덕성을 상대적으로 더 강조한 가운데 공공행복을 보다 직접적인 목표로 설정하였으며, '좋은 삶'과 공공행복을 위해서는 비도구적 인간관계가 결정적으로 중요하다고 믿었다. 시민경제학은 이러한 문제의식 위에 사람들의 행복이나 안녕에 직접적으로 영향을 미치는 사회적 삶의 차원들을 분석하려 분투하였는데, 신뢰, 시민적 덕

성, 호혜 등이 대표적이다.[71]

브루니는 신뢰, 시민적 덕성, 호혜 등에 기반한 공공행복의 핵심을 관계재에서 찾아야 한다고 제안한다. 이때 관계재란 개인적으로 소비되는 서비스가 아니라 사람들 사이의 인격적 관계에 묶여 있는 비물질적 재화 또는 상대방과의 상호 작용 속에서 가치를 얻게 되고 상호 작용의 방식이나 정도에 따라 그 가치가 달라지는 비물질적 재화를 뜻한다. 사람들 사이의 모든 상호 작용은 일종의 만남인데, 가족, 동료, 의사와 환자, 판매자와 구매자 사이의 만남 속에서 전통적인 산출물들과는 다르고 관계적 성격을 가지는 무형의 산출물이 창출되는데, 그것이 바로 관계재라는 것이다. 관계재의 구체적인 사례로는 가족들 사이의 유대나 깊은 우정, 교사와 학생 사이에 형성되는 신뢰나 상호 작용의 즐거움, 이발사와 손님 사이에 발생하는 소소한 즐거움이나 기쁨 등을 들 수 있다.[72] 이러한 관계재에서는 개인들이 서로 만나서 상호 작용을 하는 동기 자체가 중요한데, 관계재의 기본 특성들로는 내적 동기(intrinsic motivations), 동시성(simultaneity), 호혜성(reciprocity), 출현적 사실(emergent fact), 자발적 베풂(gratuitousness), 좋음(good)이 거론된다.[73]

관계재를 명시적으로 고려하면 행복의 역설이 더 잘 설명될 수 있다. 소득이 늘어나고 소비도 늘리면 효용이 증가하지만, 소득을 늘리는 과정에서 관계재가 줄어든다면 그로부터 얻을 수 있는 효용이 감소하는데, 이로 인한 효용 감소분이 소비 증가에 따른 효용 증가분을 압도한다면 행복의 역설이 발생한다는 것이다. 이때 어떤 임계 수준까지는 소득과 관계재가 보완재일 수 있지만,

71 Bruni(2015).
72 Gui(2005), Uhlaner(1989).
73 Bruni(2011).

그 수준을 넘어서면 소득과 관계재가 경합적 관계로 바뀌고, 소득이 비도구적, 자발적 베풂의 관계를 대체하게 된다는 점도 강조될 필요가 있다. 더욱이 시장경제가 발전하면서, 인간관계에 가격과 비용의 논리가 적용되고 가치가 가격으로 전환되기 시작하면 인간에게 진정한 행복을 줄 수 있는 진정하고도 의미 있는 관계가 훼손된다.[74]

이러한 문제의식 위에 브루니는 경제적 삶과 사회적 삶을 분리하는 근대의 이분법, 시장에서는 관계를 배제한 채 도구적 목적만을 추구하면서 돈을 벌고 우리의 내면을 풍요롭게 만들 유의미한 관계는 시장 바깥의 사회에서 찾겠다는 이분법을 거부하자고 제안한다. 이러한 새로운 기획은 경제적 삶의 공간인 시장 속에서 물질적, 도구적 유용성과 함께 관계재를 동시에 창출함으로써 공공행복도 함께 달성하려는 시민경제학의 이상을 새롭게 복원한다는 의미를 지닌다.[75]

2) 필요와 욕구 사이의 구분과 기본재의 제공

브루니가 시민경제학의 전통 위에서 시민적인 '좋은 삶'을 추구한다면, 스키델스키 부자는 아리스토텔레스의 가르침을 강조하고 케인스의 문제의식을 비판적으로 수용함으로써 객관주의 전통에 선 상이한 버전의 행복을 제안한다. 스키델스키 부자는 아리스토텔레스는 물론 고전학파 경제학을 포함해 근대 이전의 모든 경제적 사유에서 '필요'와 '욕구'를 구분하였다는 점에 주목한다. 이들 부자는 고전학파 경제학자들이나 마르크스가 필수품과 사치재, 교환가치와 사용가치의 개념을 고수하였던 이면에 삶의 어떤 방식이 다른 방식보다

74 Bruni(2011).
75 Bruni(2011; 2015).

더 우월하다는 전제가 깔려 있었다고 주장한다. 이때 필요(needs)는 객관적인 것으로 좋은 삶을 위해 반드시 충족되어야 하는 것인 반면, 욕구(wants)는 욕구하는 자의 '마음속'에 있는 심리적 현상으로, 양자는 서로 무관하다.[76]

스키델스키 부자는 이처럼 필요와 욕구의 구분을 전제로, 사회는 사람들이 '좋은 삶'을 살아가는 데 필요한 기본적인 재화, 곧 기본재(basic goods)를 제공해야 한다고 제안한다. 이들에 따르면, 이때의 기본재는 좋은 삶을 위한 수단도, 역량도 아니며, 그 자체가 바로 좋은 삶이다. 이는 기본재가 그것을 갖지 못한 사람은 심각한 손실이나 어려움을 겪을 수밖에 없다는 의미에서 필수불가결한 것임과 동시에 그것이 확보되면 인간적인 좋은 삶을 살아가는 데 부족함이 없다는 의미에서 충분한 것이기도 하다. 이러한 성격의 기본재에는 건강, 안전, 존중, 개성, 자연과의 조화, 우정, 여가 등이 포함된다.[77]

3) 창조적 활동의 중요성과 삶의 기술 개발의 필요성

헝가리 태생의 세계적인 경제학자 시토프스키(T. Scitovsky)가 1976년에 출간한 『기쁨 없는 경제』도 좋은 삶 전통의 행복 연구에 시사점을 줄 수 있다. 시토프스키에 따르면, 사람들은 '안락'(comfort)을 통해서도 행복을 얻지만, 미지에 대한 탐색과 자신의 역량에 대한 도전과 아이디어의 교환과 같은 '창조적 활동'을 통해서도 행복을 얻는 존재이다. 시토프스키의 이러한 논의는 사람들이 소

76 가령, 아이들에게는 약이 필요하지만 그들은 그것을 원하지 않으며, 고서 애호가는 블레이크(B. William)의 초판본을 원하지만 그게 꼭 필요한 것은 아니다. 또한 어떠한 것에 대한 필요가 있으면 그것을 제공해야 할 도덕적 의무가 있지만, 누군가가 어떤 것을 원한다고 해서 그것을 제공해야 할 도덕적 의무가 있는 것은 아니다(Skidelsky and Skidelsky, 2012).

77 Skidelsky and Skidelsky(2012).

득을 서로 비교하는 강도가 왜 다른지, 소득 이외의 원천에서 비롯되는 행복은 왜 시간의 흐름에도 감소하지 않는지에 대한 설득력 있는 설명을 제공할 수 있다. 이때 더 강렬하고 오래 지속되는 행복을 주는 것은 창조적 활동인데, 이를 위해서는 내재적 동기와 '삶의 기술'이 요구된다. 삶의 기술이란 생활에서 많은 것을 얻을 수 있도록 삶을 조직하는 데 필요한 기술, 살 만한 가치가 있게끔 삶을 의미 있게 만드는 기술, 목표를 세우고 이를 추구하는 활동을 조직하고 돕는 기술을 지칭한다.

시토프스키에 따르면, 사람들의 행복은 경제성장으로 확보한 기회를 창조적 활동을 확대하는 데 활용할 삶의 기술이 있는가에 좌우되는데, 경제성장을 가능하게 하였던 시장의 힘이 삶의 기술 개발을 방해한다. 사람들은 창조적 활동을 추구하기보다 안락을 좇으며 타인의 활동에 순응하고 지루한 삶을 기쁨 없이 영위한다는 것이다. 시토프스키의 논의는 소득이 꾸준히 증대되는 상황에서 행복이 증가하거나 일정하게 유지되거나 감소하는 다양한 이질적인 사례를 설명할 수 있으며, 이 경우 이스털린의 역설은 시토프스키 논의의 특수한 한 가지 경우로 재해석될 수 있을 것이다. 『기쁨 없는 경제』는 인간의 행복과 관련해 창조적 활동의 중요성과 삶의 기술을 계속해서 발전시킬 필요성을 촉구하며 인간의 행복과 진보에 대한 인식의 지평을 넓혀 준다.[78]

4) 도덕과학으로서의 경제학의 복원

행복경제학은 경제학이 심리학의 연구 성과를 적극적으로 수용함으로써

78 Scitovsky(1976).

출현한 이종결합 또는 돌연변이라고 볼 수도 있다. 행복경제학은 이 과정에서 사람들이 스스로의 삶을 어떻게 바라보고 평가하는지에 대한 데이터와 세련된 분석기법을 통해 행복에 대한 이해를 한층 높였다. 그러나 경제학의 행복 연구가 더 높은 차원으로 발전하는 과정에서는 좋은 삶은 무엇이고, 좋지 않은 삶은 무엇인지, 좋은 삶을 실현하려면 우리의 경제, 사회 제도에 더해 규범이나 가치관을 어떻게 변화시킬지에 관한 윤리적 상상력이 추가적으로 발휘될 것으로 기대된다. 이때 인간의 본성에 관한 심화된 이해 속에서 올바른 종류의 욕구는 무엇인지, 수단의 효율성에 못지않게 목적의 타당성을 고민하는 치열한 성찰이 예상되는데, 이러한 시도는 애덤 스미스 이래 칼 마르크스와 알프레드 마셜을 거쳐 존 메이너드 케인스로 이어졌던 도덕과학으로서의 경제학을 복원하는 과정이기도 할 것이다.

참고문헌

김 균, 「이스털린 역설과 관계재」, 『사회경제평론』, 42, 2013, pp. 19~48.

박종현, 「행복경제학과 '좋은 삶' 전통: 쾌락과 가치의 조화를 중심으로」, 『한국경제학보』, 23(1), 2016, pp. 79~102.

이규상 · 홍훈, 「자유온정주의와 자유방임주의」, 『경제학연구』, 한국경제학회, 57(3), 2009, pp. 171~193.

Aknin, L., C. Barrington-Leigh, E. Dunn, J. Helliwell, J. Burns, R. Biswas-Diener, I. Kemeza, P. Nyende, C. Ashton-James, and M. Norton, "Prosocial Spending and Well-Being: Cross-Cultural Evidence for a Psychological Universal," *Journal of Personality and Social Psychology*, 104, 2013, pp. 635~652.

Alesina, A., Rafael Di Tella, and Robert MacCulloch, "Inequality and happiness: are Europeans and Americans different?," *Journal of Public Economics*, 88(9~10), 2004, pp. 2009~2042.

Bauman, Z., "Happiness in a society of individuals," *Soundings*, 38, 2008, pp. 19~28.

Bentham, Jeremy, *An Introduction to the Principles of Morals and Legislation*, Clarendon, 1789[1996].

Blanchflower, D. and Andrew Oswald, "What Makes an Entrepreneur," *Journal of Labor Economics*, 16(1), 1998, pp. 26~60.

Bruni, L., *The Wound and the Blessing: Economics, Relationships, and Happiness*, trans. N. Michael Brennen, New City Press, 2012(강영선 외 옮김, 『콤무니타스 이코노미』, 복돋움, 2020).

______, "Econoics, wealth and happiness in historical perspective," *Rivista Internazionale Di Scienze Sociali*, 123(1), 2015, pp. 41~56.

Carabelli, A. and Mario A. Cedrini, "The Economic Problem of Happiness: Keynes on Happiness and Economics," *Forum for Social Economics*, 40, 2011, pp. 335~359.

Clark, A. E., "Adaptation and the Easterlin Paradox," in T. Tachibanaki, ed., *Advances in Happiness Research: A Comparative Perspective*, Springer, 2016, pp. 75~94.

______, "Four Decades of the Economics of Happiness: Where Next?," *Review of Income and Wealth*, 64(2), 2018, pp. 245~269.

Clark, A. E. and A. J. Oswald, "Unhappiness and Unemployment," *Economic Journal*, 104, 1994, pp. 648~659.

Clark, A. E., E. Diener, Y. Georgellis, and R. Lucas, "Lags and Leads in Life Satisfaction: A Test of the Baseline Hypothesis," *Economic Journal*, 118, 2008, pp. F222~F243.

Clark, A. E. and C. D'Ambrosio, "Attitudes to Income Inequality: Experimental and Survey Evidence," in A. Atkinson and F. Bourguignon, eds., *Handbook of Income Distribution*, Volume 2A, Elsevier, 2015, pp. 1147~1208.

Di Tella, R., R. J. MacCulloch, and A. J. Oswald, "Preferences over Inflation and Unemployment: Evidence from Surveys of Happiness," *American Economic Review*, 91, 2001, pp. 335~341.

Di Tella, Rafael, Robert MacCulloch, and Andrew Oswald, "The Macroeconomics of Happiness," *Review of Economics and Statistics*, 85(4), 2003, pp. 809~827.

Easterlin, R., "Does Economic Growth Improve the Human Lot? Some Empirical Evidence," in Paul A. David and Melvin W. Reder, eds., *Nations and Households in Economic Growth: Essays in Honor of Moses Abramovitz*, Academic Press, 1974, pp. 89~125.

______, "Building a Better Theory of Well-Being," in Luigino Bruni and Pier Luigi Porta, eds., *Economics and Happiness: Framing the Analysis*, Oxford University Press, 2006, pp. 29~64.

______, *An Economist's Lessons on Happiness: Farewell Dismal Science*, Springer, 2021(리처드 이스털린 지음, 안세민 옮김, 『지적 행복론: 97세 경제학 교수가 물질의 시대에 던지는 질문』, 윌북, 2022).

Frawley, A., "Happiness Research: A Beview of Critiques," *Sociology Compass*, 9(1), 2015, pp. 62~77.

Frederick, S. and G. Loewenstein, "Hedonic adaptation," in D. Kahneman, E. Diener, and N. Schwarz, eds., *Well-being: The foundations of hedonic psychology*, 1999, pp. 302~329.

Frey, B. S., *Happiness: A revolution in economics*, Boston Review, 2008(유정식 · 홍훈 · 박종현 옮김, 『행복, 경제학의 혁명』, 부키, 2015).

Frey, B. S. and Alois Stutzer, "What Can Economists Learn from Happiness Research?,"

Journal of Economic Literature, 40(2), 2002, 402~435.

Frey, B. S., Matthias Benz, and Alois Stutzer, "Introducing Procedural Utility: Not Only What, but Also How Matters," *Journal of Institutional and Theoretical Economics*, 160(3), 2004, pp. 377~401.

Gui, B., "From Transactions to Encounters: The Joint Generation of Relational Goods and Conventional Values," in Benedetto Gui and Robert Sugden, eds., *Economics and Social Interaction,* Cambridge University Press, 2005.

Helliwell, J. and S. Wang, "The State of World Happiness," in J. Helliwell, R. Layard, and J. Sachs, eds., *World Happiness Report,* Columbia Earth Institute, 2012, pp. 10~57.

Helliwell, J., R. Layard, and J. Sachs, *World Happiness Report 2013*, New York: UN Sustainable Development Solutions Network, 2013.

Kahneman, D. and Angus Deaton, "High income improves evaluation of life but not emotional well-being," *Proceedings of the National Academy of Sciences*, 107(38), 2010, pp. 16489~16493.

Keynes, J. M., "Economic Possibilities for Our Grandchildren," in *Essays in Persuasion*, Palgrave Macmillan, 1930, pp. 321~332.

Layard, R., *Happiness: Lessons from a new science*, 2005, Penguin Books(정은아 옮김, 『행복의 함정』, 북하이브, 2011).

Layard, R., A. E. Clark, and C. Senik, "The Causes of Happiness and Misery," in J. Helliwell, R. Layard, and J. Sachs, eds., *World Happiness Report 2012*, Columbia Earth Institute, 2012, pp. 58~89.

Liberini, F., M. Redoano, and E. Proto, "Happy Voters," *Journal of Public Economics*, 146(41), 2017, pp. 41~57.

Lucas, R. E., "Adaptation and the set-point model of subjective well-being: Does happiness change after major life events?," *Current Directions in Psychological Science*, 16(2), 2007, pp. 75~79.

Malthus, T. R., *An Essay on the Principle of Population, as it affects the Future Improvement of Society with remarks on the Speculations of Mr. Godwin, M. Condorcet, and Other Writers*, 1798.

______, *An Essay on the Principle of Population; or, a View of its Past and Present Effects on Human Happiness; with an enquiry into our Prospects respecting the Future Removal or Mitigation of the Evils which it occasions*, 1820.

Marshal, A., *Principles of Economics*, Macmillan, 1890.

Meier, S. and Alois Stutzer, "Is Volunteering Rewarding in Itself?," *Economica*, 75(297), 2008, pp. 39~59.

Mentinis, M., "The Entrepreneurial Ethic and the Spirit of Psychotherapy: Depoliticisation, Atomisation and Social Selection in the Therapeutic Culture of the 'crisis'," *European Journal of Psychotherapy & Counselling*, 15(4), 2013, pp. 361~374.

Pasinetti, Luigi, "Paradoxes of Happiness in Economics," in Luigino Bruni, and Pier Luigi Porta, eds., *Economics and Happiness: Framing the Analysis*, Oxford, 2005, pp. 336~343.

Ryan, R. M., and E. L. Deci, "Self-determination theory and the facilitation of intrinsic motivation, social development, and well-being," *American Psychologist*, 55(1), 2000, pp. 68~78.

Scitovsky, T., *The Joyless Economy: The Psychology of Human Satisfaction*, revised edition, Oxford University Press, 1976[1992].

Sen, A., "Rationality and Social Choice," *American Economic Review*, 85(1), 1995, pp. 1~24.

Simmons, J., "Positive Psychology as a Scientific Movement," *The International Journal of Science in Society*, 4(1), 2012, pp. 43~52.

Skidelsky, R. and Edward Skidelsy, *How Much is enough?*, UK: Penguin, 2012(김병화 옮김, 『얼마나 있어야 충분한가?』, 부키, 2013).

Stiglitz, J. E., A. Sen, and J.-P. Fitoussi, *Report by the Commission on the Measurement of Economic Performance and Social Progress*, 2009(www.stiglitz-sen-fitoussi.fr).

Stutzer, A. and B. S. Frey, "Does marriage make people happy, or do happy people get married?," *The Journal of Socio-Economics*, 35(2), 2006, pp. 326~347.

Thaler, R. H., *The winner's curse: Paradoxes and anomalies of economic life*, Free Press, 1992.

Thoits, P. and L. Hewitt, "Volunteer Work and Well-Being," *Journal of Health and Social Behavior*, 42, 2001, pp. 115~131.

Uhlaner, C. J., "Relational Goods and Participation: Incorporating Sociality into a Theory of Rational Action," *Public Choice*, 62, 1989, pp. 253~285.

Whitehead, M., R. Jones, and J. Pykett, "Governing Irrationality, or a More Than Rational

Government? Reflections on the Rescientisation of Decision Making in British Public Policy," *Environment and Planning A: Economy and Space*, 43(12), 2011, pp. 2819~2837.

chapter 09

언어경제학

1. 경제학과 언어
2. 행동경제학에서 언어의 중요성
3. 대명사, 손징, 성별이 경제에 미치는 영향
4. 미래시제가 경제에 미치는 영향

언어가 경제와 사회에 미치는 영향을 연구하는 언어경제학(economics of language)이 중요해지고 있다. 최근 들어 경제학자들이 문화가 경제발전에 미치는 영향에 관심을 두게 되었는데, 언어가 종교와 함께 문화의 핵심을 구성하기 때문이다. 예를 들어, '색깔' 하면 한국인은 이념을 떠올리는데, 'color' 하면 미국인은 인종을 떠올린다.

무엇보다 언어가 여타 문화나 생각을 반영할 뿐만 아니라 문화나 생각을 규정한다는 견해가 확산되고 있다. 문화와 생각이 인간의 선택과 행위에 영향을 미치는데, 언어가 이들을 규정하므로 언어가 이들을 통해 경제행위에 영향을 미친다고 볼 수 있다. 이에 따라 언어가 경제행위에 직간접적으로 미치는 영향에 주목하는 경제학자들이 늘고 있다.

이 글은 국내에서 생소한 언어경제학을 소개하는 데 목적을 두고 있다. 이를 위해 먼저 경제학이 왜 언어를 중시하게 되었는지, 그리고 언어와 경제의 관계가 어떤 것인지 논의하였다. 이어서 구체적인 연구로 대명사, 존칭, 성별, 시제 등과 경제 사이의 연관성을 살펴보았다. 끝으로 이런 연구가 우리에게 지니는 함의를 검토하였다.

1. 경제학과 언어

우리는 시장에서 물건을 사고팔 때 화폐와 함께 언어를 사용한다. 그렇지만 신고전학파 경제학은 화폐뿐만 아니라 언어에 대해 최근까지 관심이 없었다. 신고전학파의 관점에서 화폐와 언어는 모두 이름이나 베일 혹은 포장에 불과해 실질(實質, real)이 아니라 명목(名目, nominal)이기 때문이다.

우선 신고전학파에 의하면 미시적으로 소비자 등 경제행위자가 합리적이어서 재화나 자원에 대해 명실상부(名實相符)한 것과 유명무실(有名無實)한 것, 즉 '이름값을 하는 경우'와 '빛 좋은 개살구'를 가려낼 능력을 갖추고 있다. 그래서 어떤 재화의 가치는 그것의 화폐가격이 아니라 그것을 사면 포기해야 하는 다른 재화, 즉 그것의 기회비용으로 표현된다.

거시적으로도 고전적인 이분법(classical dichotomy)에 따라 화폐와 금융은 실물을 반영하는 데 불과하다. 시장에서 균형이 형성되어 미시적인 실물 여건이나 실질변수가 자원배분이나 고용 등을 결정한다고 보기 때문이다. 이같이 화폐의 중립성(neutrality of money)이 성립하면서 화폐는 자원배분이나 고용과 무관하게 물가를 결정하는 데 그친다. 결과적으로 화폐는 중요하지 않고 명목적이다.

신고전학파에서는 화폐와 비슷하게 언어도 명목적이다. 다만, 언어는 경제학의 전통적인 주제가 아니어서 화폐만큼 그것의 명목적인 성격을 별도로 지적할 필요가 없었다. 구체적으로 소비자는 제품의 가격과 품질, 그리고 자신의 소득과 선호에 따라 합리적으로 선택하므로, 제품을 어떻게 언어로 서술하거나 광고하느냐가 선택에 영향을 미치지 않는다는 것이다.

신고전학파에서 광고는 정보를 전달하는 데 그치므로 광고의 미사여구를 통해 합리적인 소비자를 유혹할 수 없다. 이런 이유로 (시장의 균형 상태에서) 기업은 광고로 '말하는' 것이 아니라 제품으로 '말한다'. 이같이 제품의 존재와 제품에 대한 선택이 언어로부터 독립적이라는 점에서 언어도 명목적이다.[1] 언어가 중요하지 않으므로 신고전학파에서 생산자는 제품이나 품질로 말하고 소비자는 선호나 선택으로 말한다.

---

1 언어와 인식이 사물에 대한 이름 짓기에서 시작된다는 홉스(T. Hobbes)의 지적은 이와 반대로 언어의 중요성을 웅변하고 있다.

우리가 일상에서 매일 만나는 것이 돈인데, 신고전학파는 이같이 미시적으로나 거시적으로나 화폐가 명목에 불과하다고 주장한다. 이와 비슷하게 교환, 거래, 흥정, 협상, 계약이 대부분 말과 글로 진행되는데, 신고전학파는 언어도 중시하지 않는다. 화폐와 언어의 명목성은 모두 경제행위자의 합리성, 완전경쟁과 시장의 균형에 대한 신고전학파의 믿음에서 나온다.

그런데 1970년대 이후로 경제학자들이 제도에 관심을 가지게 되면서 제도 중에서 화폐가 언어와 비슷하다는 견해가 생겼다. "돈이 말을 한다"(Money talks)는 서양의 속담이 이 견해를 압축하고 있다. 이 속담은 돈이면 다 해결된다는 의미를 전달하기 위해 화폐를 언어와 비슷하게 의사소통의 매개체로 간주한다. 신고전학파는 이것을 화폐가 가격 이외에 거래에 소요되는 비용인 거래비용(transaction cost)을 줄여 준다고 해석한다. 여기까지 오면 신고전학파에서도 생산자는 제품이나 품질로 말하고 소비자는 화폐로 말하기 시작한다.

최근에는 언어 자체에 대한 관심이 생겨 화폐가 언어와 비슷하다기보다(화폐→언어) 거꾸로 언어가 화폐(언어→화폐)와 비슷하다고 생각하기 시작하였다. 언어도 통역이나 번역 등의 거래비용을 줄여 준다는 점에서 화폐와 비슷하다는 것이다. 동일한 화폐를 사용하는 사람들 사이에 거래가 쉬운 것과 같이, 동일한 언어를 사용하는 사람들 사이의 거래가 언어가 다른 사람들 사이의 거래보다 쉽고 더 빈번하다. "말 한마디에 천 냥 빚을 갚는다"는 우리 속담이 이에 가깝다. 그리고 거래뿐만 아니라 통치도 언어가 하나일 때 더 쉽다.

가령, 아프리카 국가에서와 같이 언어가 통일되어 있지 않을 때 교역이나 경제가 발전하기 힘들다. 또한 201개의 국가와 1,055개 언어 집단을 대상으로 한 연구에 의하면 언어의 분단은 정부의 질을 낮추고 성장을 약화시킨다.[2] 국가들 사이에도 언어가 비슷할수록 의사소통이 쉬우므로 교역과 투자가 많아져 성장이 촉진

된다. 반대로 언어상의 거리가 멀수록 거래를 위해 번역 등으로 지출되는 비용이 크다. 더불어 언어가 비슷해 연결망이 잘 형성되어 있을수록 이민이 빈번하다.

그런데 이런 논의들은 주로 언어를 구사하는 능력이 인적자본을 형성해 효율성을 증대시킨다는 점에 초점을 맞춘다. 영어권에서는 영어 구사능력이, 불어권에서는 불어 구사능력이 효율을 증대시킨다는 것이다. 그렇지만 서로 다른 언어는 인식과 관념에 서로 다른 영향을 미쳐 보다 근원적으로 행위를 규정한다.[3] 언어는 인간이 모여 살면서 어디서나 자연스럽게 생겨난다는 점에서 인간에게 편리한 도구나 제도라는 기능을 넘어서는 근원성을 지니고 있다.

이미 40만 년 전~15만 년 전 사이에 수없이 많은 언어가 생겨나 진화하고 사라진 결과 현재 전 세계에는 7,000개의 언어가 존재한다.[4] 또한 화폐, 시장, 국가, 법, 윤리가 없어도 언어는 존재하지만, 거꾸로 언어 없이는 이런 것들이 존재할 수 없다.[5] 나아가 아기가 태어나면 도덕, 법, 돈벌이보다 먼저 배우는 것이 언어이다. 거기에다 언어는 종교와 함께 동물과 다른 인간의 특징이다.

언어는 유전자에 근거한 진화와 공진화, (개인의) 학습, 집단이 형성하는 문화라는 세 가지 적응체계가 상호 작용해서 형성된다.[6] 따라서 언어가 주어진 관념과 문화를 표현한다고 보는 단순한 모형이 아니라 언어가 문화·인지·행위를 재생산하고 변형시킨다고 보는 복잡한 모형이 현실에 부합된다(〈그림 9-1〉 참조).[7] 여기서 언어는 문화와 상호 작용하면서도 부분적으로 문화를 형성하고, 문화와 함께 인식을 규정해, 행위와 선택에 영향을 미친다. 여기에 다이아몬드

2 Alesina et al.(2003), p. 168.
3 Mavisakalyan and Weber(2018), p. 917.
4 Ginsburgh and Weber(2020).
5 Searle(2005).
6 Kirby et al.(2007), p. 5242.
7 Boroditsky(2001), Pérez and Tavits(2017), Mavisakalyan and Weber(2018).

| 그림 9-1 | 언어·관념·문화의 관계

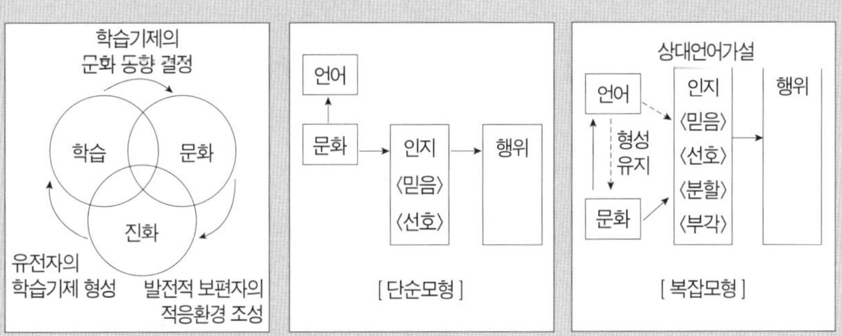

자료: Mavisakalyan and Weber(2018), p. 919.

(J. Diamond)의 주장에 따라 언어구조와 문화에 영향을 미치는 환경으로 지리생물학적인 요인이 추가되기도 한다.[8]

언어와 생각 사이의 관계에 대해서는 언어가 인간의 생각을 표현하는 데 불과하다는 보편주의와 언어가 생각에 영향을 미친다는 상대주의가 대립해 있었다. 이것은 화폐가 실물의 반영이냐 아니면 실물에 영향을 미치느냐의 대립과 비슷하다. 그런데 1990년대 이후 언어의 상대성 가설(linguistic relativity hypothesis)이 보편주의를 흡수하면서 언어가 생각이나 관념에 적극적으로 영향을 미친다는 관점이 확산되고 있다.

> 각 언어의 배경을 이루는 언어체계(다시 말해, 문법)는 단순히 관념을 말하기 위한 재현의 도구가 아니라 그 자체로 관념을 형성하는 존재이다. … 관념의 구성은 독자적인 과정이 아니라 특정 문법의 부분이고 … 문법이 달라지면서 달라진다.[9]

8 Galor et al.(2016), p. 33.

9 It was found that the background linguistic system (in other words, grammar) of each language is not merely a reproducing instrument for voicing ideas but rather is itself the shaper of ideas. ... Formulation of ideas is not an independent process, ... but is part of a particular grammar, and

결과적으로 인간이 자신의 생각과 문화에 따라 행동하는데, 언어가 생각과 문화에 영향을 미치고, 생각과 문화가 사회에 영향을 미친다.[10] 이에 따라 언어가 인간의 인식과 경제 사회의 발전에 차이를 낳는다. 물론 여러 요인이 개입되므로 경제성장이나 민주주의에 언어가 미치는 영향을 골라내는 것은 쉽지 않다. 이 때문에 언어의 영향이 진정한 의미의 인과관계인지, 공진화인지 아니면 단순히 상관관계인지에 대해서는 아직 합의가 이루어져 있지 않다.[11]

그래서 언어경제학의 연구 중 상당수는 언어가 문화나 관념을 반영하는지, 아니면 문화나 관념과 별도로 독자적인 영향을 미치는지를 깊이 파고들지 않는다. 가령, 언어와 신뢰(trust) 사이에 상관관계가 확인되면, 언어가 먼저인가 신뢰가 먼저인가를 따지지 않고, 이런 문화를 대변하는 도구변수로 언어를 활용한다(3장 3절).[12] 그리고 이런 언어와 경제의 상호 작용은 단기와 중장기, 미시와 거시를 포괄한다.[13]

2. 행동경제학에서 언어의 중요성

언어의 근원성에 부합되게 보다 적극적으로 언어를 부각시키는 것은 행동경제학이다. 행동경제학은 인간의 합리성이 제한적이라고 신고전학파를 비판하면서(2장), 화폐와 언어가 모두 명목적이지 않고 실질적이라고 주장한다. 가

differs, ... between different grammars(Whorf, 1940).

10 Boroditsky(2001), Boroditsky et al.(2011).

11 Ginsburgh and Weber(2020).

12 Tabellini(2008), pp. 272~279.

13 이 구분과 관련해 서한석 교수님의 도움을 받았다.

령, 화폐임금이 400만 원에서 2% 올라 408만 원이 되면서 물가가 오르지 않은 경우와 화폐임금이 5% 올라 420만 원이 되면서 물가가 3% 오른 경우는 실질적으로 동일하다. 그렇지만 상당수의 사람들이 화폐의 명목적인 수량에 집착해 후자를 더 좋아하였다는 것이 행동경제학의 연구 결과이다.

행동경제학의 관점에서 언어는 화폐보다 더 광범위하게 경제와 사회에 영향을 미친다. 카너먼(D. Kahneman)과 트버스키(A. Tversky)는 인간의 인지, 선택 등 행위가 언어를 통한 서술, 맥락, 규정에 따라 달라진다는 것을 보여 주었다. 또한 애컬로프(G. Akerlof)와 쉴러(R. J. Shiller)는 주식시장의 풍문, 이야기, 광고, 이념, 선전, 언론의 기능과 역기능을 부각시켰다.

언어가 행동경제학이 강조하는 맥락에 의존한다는 점은 언어학에서 주지의 사실이다. 소쉬르(F. Saussure)에 의하면 언어는 의미(意味: 뜻)와 음(音: 소리)으로 구성되어 있다. 또한 언어는 말과 글이라는 기호(記號)로 구성되며, 그 기호가 사물을 지칭해 의미를 표현한다. 그래서 기호는 '표시하는 것'(signifiant)이 되고, 사물은 '표시되는 것'(signifié)이 된다.

그런데 낱말의 의미 혹은 가치는 그 자체로 결정되는 것이 아니라 주변 낱말들의 관계나 맥락과 낱말들의 전체 체계에 의존해 결정된다. 그리고 이런 체계는 역사, 사회, 문화를 담고 있다. "인간은 빵만으로 살 수 없다"에서 'bread'는 우리 번역어인 '빵'을 넘어서 먹는 것 전체를 대표하므로, 사실 우리말의 낱말로는 '빵'이 아니라 '밥'이 이에 해당된다. 달리 말해, 맥락에 따라 '빵'과 'bread' 혹은 '밥'과 'rice'는 일치할 수도 있고 일치하지 않을 수도 있다.

이에 비해 보편적인 합리성을 내세우고 분석적인 신고전학파는 우리말의 단어와 영어의 단어를 일대일도 대응시킬 것이다. 무엇보다 사물이나 재화에 대한 표현이 이들 자체에 변동을 가져오지 않는다는 점을 강조한다. 물이 반이

차 있다고 표현하거나 반이 비어 있다고 표현하거나 마찬가지여서 판단과 선택에 변화를 가져오지 않는다는 것이 신고전학파의 입장이다. 이에 대해 행동경제학은 '차 있다'는 긍정적인 규정이 '비어 있다'는 부정적인 규정보다 선호와 선택을 낳는다.

다른 예로, 신고전학파에 의하면 전염병에 대한 정부의 대책이 주민의 90%를 살린다고 표현하든 10%를 죽인다고 표현하든 이 대책에 대한 주민의 호응도에 영향을 미치지 않는다. 이와 달리 행동경제학에 의하면 동일한 대책이지만 90%를 살린다고 긍정적으로 표현하면 10%를 죽인다고 부정적으로 표현할 때보다 정책에 대한 주민의 호응도가 더 높다.

광고가 정보를 제공하는 데 불과하다는 신고전학파에 대해 행동경제학은 기업의 광고는 단순히 정보를 전달하거나 거래의 비용을 줄여 주는 데 그치는 것이 아니라 소비자의 선호를 변화시키거나 심지어 형성한다는 것을 보여 준다. 이것은 광고를 통해 언어가 가격이나 소득과 별도로 경제행위자에게 영향을 미친다는 것을 뜻한다.

생산자가 제품으로 말하고 소비자는 화폐로 말한다는 경제학의 생각은 슈퍼마켓, 전자상거래, 무인판매기 등에서 확인할 수 있다. 무역에서도 환전으로 화폐를 바꾸는 일이 번역이나 통역을 통해 언어를 바꾸는 일을 대신할 수 있다. 교환이나 무역이 익명화되고 물화되었기 때문이다.

그렇지만 아무리 익명화되었다고 하더라도, 기업의 광고와 선전 그리고 마케팅이 난무하는 것을 보면 상품과 화폐가 자신의 언어로 스스로를 대변하는 데 어려움이 있다고 판단할 수 있다. 시장에 경쟁이 존재하는 한 광고는 계속될 것이다. 그리고 광고는 제품에 대한 것이지만 품질이나 가격을 넘어서 인간의 관념과 감성에 호소하기 위해 각 사회의 문화가 담긴 언어를 매개로 전달된다. 만약 미국의 소비자에게 보내는 광고를 기계적으로 번역해 한국의 소비자에게 내보낸다면 효과를 기대할 수 없다.

또한 만약 기업의 이름이나 상표가 명목적이라면 작명(作名)에 왜 그렇게 노력을 기울이는지 해명할 수 없다. 신고전학파의 주장대로 중국 식당에 'Casa della Luce'라는 이름을 붙이고, 이탈리아 식당에 '월광루'(月光樓)라는 이름을 붙여도 음식만 좋으면 될까? 다른 예로, 한국의 공인중개업이 왜 '복덕방'에서 '부동산'으로, 그리고 다시 '리얼 이스테이트'로 이름을 바꾸었을까? 또 다른 예로 한국의 정당들은 왜 수시로 이름을 바꾸었을까?

신고전학파에 따르면, 사람들이 합리적이므로 화폐의 단위와 명칭을 바꾸는 것(denomination)도 지출에 영향을 미치지 않아야 한다. 그렇지만 외국 여행의 사례나 유로화로 전환되는 실제 상황에 근거한 자연 실험(3장 2절)에서 사람들이 화폐의 명목적인 수량에 집착하는 경향이 확인되었다.[14]

행동경제학은 기업의 광고를 넘어서 경제와 사회 전반에 걸쳐 언어가 미치는 영향을 지적한다. 특히, 한국과 미국을 위시한 여러 국가에서 문제가 되고 있는 언론 보도의 프레이밍은 언어가 우리의 생각에 미치는 (악)영향을 여실히 보여 준다.[15] 만약 언론의 보도가 시민의 생각을 형성한다면, 여론을 위시해 선거, 징책, 행징 등 거의 모든 것을 달리 생각해야 한다.

신고전학파에 의하면, 소비자가 재화를 합리적으로 선택해서 시장경제가 유지되듯이, 시민이 언론의 보도를 제대로 판단해서 언론매체를 제대로 선택함으로써 민주주의가 유지된다. 행동경제학에 의하면 이 두 가지가 모두 현실에서 벗어나 있다. 행동경제학이 규정과 맥락으로부터 독립적인 신고전학파의 선

14 Raghubir and Srivastava(2009).
15 Della Vigna and Kaplan(2007).

택을 비판하면서 규정과 맥락에 의존적인 선택을 주장하기 때문이다.

나아가 쉴러는 주식시장에 돌아다니는 소문, 소식, 이야기를 중시한다. 문제는 그런 소문이 제대로 된 정보를 담을 수도 있고 와전될 수도 있다는 점이다. 어떤 사람이 특정 주식을 팔면서 이별한다고(Bye-Bye) 말할 때 다른 사람들은 이것을 사라는(buy buy) 말로 오인할 수 있다. 반대로 어떤 주식이 훌륭하다(ex-cellent)는 말이 팔자(sell)로 와전되기도 한다.

애컬로프에 의하면, 구소련에서 공산주의 이념을 홍보하고 주입시킨 것이 소련인들을 계획경제에 동원하는 데 필수적이었다. 1970년대 한국 사회에서는 경제성장의 이념이 각종 구호, 노래, 선언 등을 통해 주입되어 국민을 동원하였다. 가정, 기업, 관료조직 등 미시적인 조직에서는 현재도 가훈, 사훈, 교훈, 기업의 사명(mission statement)이 이와 비슷한 역할을 수행한다. 한국뿐만 아니라 미국에서도 회사의 사명을 나타내는 "Quality is No. 1"(Ford)이나 "Just Do it"(Nike) 등 압축적인 구호를 통해 사원들의 단합과 생산성을 끌어낸다.

이야기가 중요하다는 애컬로프와 쉴러의 지적으로 인해 언어와 경제의 관계에 대한 관심이 드높아졌다. 이에 더해 에어일리(D. Ariely)는 '개념적 소비'(conceptual consumption)라는 관점을 통해 재화(스타벅스 커피)를 소비할 때 사람들은 재화(커피)를 소비하는 것이 아니라 개념(커피 문화)을 소비한다고 주장한다. 행동경제학자는 아니지만 이들에 앞서 맥클로스키(D. McCloskey)는 회귀방정식조차 과학이 아니라 수사(rhetoric)라고 주장하였다.

이보다 더 적극적인 언어의 기능은 언어가 주어진 행위를 설명하거나 표현하는 것이 아니라 거꾸로 언어가 행위를 만든다는 수행성이다. "자, 이제 여러분은 부부가 되었습니다"라는 주례의 성혼 선언이 가지는 힘이 그 예이다. 글로 된 경제이론(예, 블랙-숄즈 모형)이 주어진 현실을 설명·예측하는 것이 아니라

현실을 만들어 낸다는 경제학의 수행성도 이에 근거하고 있다.[16]

한국인들은 졸업식장에서 오랫동안 '빛나는 졸업장을 타신 언니께 꽃다발을 한 아름 선사합니다'로 시작하는 노래를 즐겨 불렀다. 이 노래는 1946년 6월 6일 최현배의 부탁으로 하루 만에 윤석중이 작사하고 정순철이 작곡한 것이다. 그런데 이 노래가 확산되면서 모든 졸업식장에서 꽃다발을 주고받게 되었다고 한다. 물론 꽃다발을 주고받으려면 꽃다발을 사고팔아야 하고 이것을 만들어야 한다. 말이 경제행위 등 행위를 낳았으니 이것이 수행성이다.

이 모든 것을 떠나 정치지도자나 관료, 최고경영자, 중앙은행장의 말 한마디가 경제와 사회에 미치는 영향은 아무도 부정할 수 없다. 가령, 결산회의에서 CEO가 투자자들에게 행한 발언에 담긴 정서가 기업의 기본 여건을 반영해 해당 기업의 향후 수익과 연관성이 있었다.[17] 무엇보다 미국의 중앙은행인 연방준비은행(장)의 문서와 말이 세계 경제를 뒤흔든다.

구체적으로 공개시장위원회가 제공한 언론 자료에 담긴 통화정책의 내용에 따라 몇 시간 내로 주식의 수익률이 반응하였다.[18] 특히, 「통화정책의 발언」(The Voice of Monetary Policy)이라는 최근 연구에 따르면, 2011~2019년 사이에 미국 중앙은행 연방준비제도(연준) 공개시장위원회에 이어 질의와 응답으로 진행되는 기사회견에서 의장이 행한 발언의 어조(tone)가 주식시장에 유의미한 영향을 미쳤음을 발견하였다.[19] 의장의 발언이 부정적이었다가 긍정적으로 변하면 S&P 주식의 수익률이 2% 증가하는 것으로 나타났다(〈그림 9-2〉 참조).

16 MacKenzie(2006).
17 Mayew et al.(2012).
18 Rosa(2011).
19 Gorodnichenko et al.(2023).

| 그림 9-2 | 연준의 회의 결과와 증시

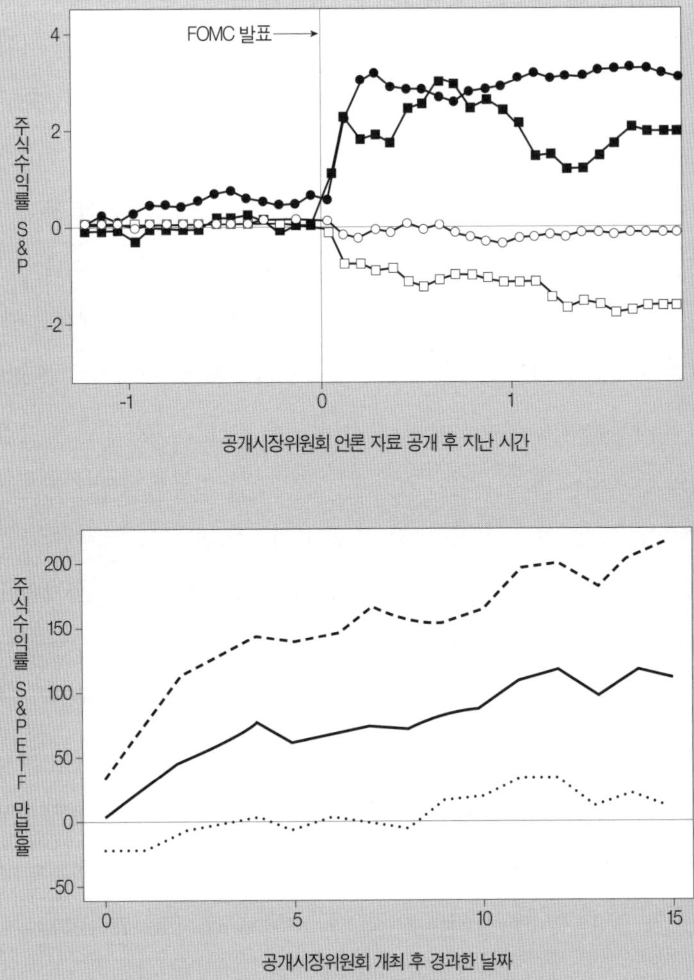

자료: Rosa(2011), p. 921.

3. 대명사, 존칭, 성별이 경제에 미치는 영향

문화적인 차이와 관련된 언어와 경제의 관계에 대해 현재까지 연구된 주제는 인칭대명사, 존칭과 성별, 그리고 미래시제와 관련된 것이다.[20]

첫째, 71개 국가에서 사용되는 39개의 지배적인 언어를 연구한 결과 상당수의 언어에서 대명사 탈락(pronoun drop)이 확인되었다. 이것은 1인칭과 2인칭 대명사 없이 의미가 전달되는 것을 말한다.[21] 단적인 예로 한국어의 "어디 가?" 혹은 "어디 가세요?"와 영어의 "Where are you going?"을 비교하면 이것을 확인할 수 있다. 공원 등의 약도에 적힌 '현위치'(現位置)와 'You are here'도 그런 차이를 보여 준다.

한국어 문장에는 주어가 반드시 들어가지 않아도 되는 데 비해 영어 문장에는 주어가 반드시 들어가야 한다. 특히, 대명사가 주어를 대신하는 경우 한국어에서는 대명사가 수시로 탈락하는 데 비해 영어에서는 대명사가 반드시 등장한다. 가족이나 친척, 친구와 같이 가까운 사이일수록 한국어에서 이런 경향이 두드러진다.

대명사 탈락은 한국어나 동아시아의 언어에 국한된 것은 아니다. 그렇지만 한국어, 중국어, 일본어 모두에서 이 현상이 나타나는 데 비해 영어를 위시한 서양 언어에서는 나타나지 않으므로 동아시아의 특징을 보여 주는 것으로 해석되고 있다. 한국어 등에서 인칭대명사가 탈락하는 것은 관계, 집단, 맥락, 배경, 전체를 중시해 주체가 상황에 묻혀 있음을 뜻한다. 이것은 집단주의와 총체주의로 이어진다. 이에 비해 영어 등에서 일인칭이나 이인칭 주어가 뚜렷하

20 Mavisakalyan and Weber(2018).
21 Kashima and Kashima(1998).

다는 것은 서양인이 개인의 자율성을 내세워 개인주의적이고 분석적임을 의미한다.

문화는 세계가 작동하는 방식에 대한 특정 사회의 가치와 믿음, 그리고 이런 가치로부터 파생되는 행동규범으로 세대 사이에 전승된다.[22] 서양의 개인주의와 분석주의, 그리고 이와 대비되는 동아시아의 관계주의 및 집단주의와 맥락주의 및 총체주의는 대표적인 문화의 차이로 오랜 연구를 통해 언어와 독립적으로 거의 확립되어 있다.[23] 대명사의 탈락은 언어를 통해 이런 차이를 다시 확인시켜 주었다.

이런 차이가 도덕이나 정의가 집단 내에 머무느냐, 아니면 보다 넓게 확산되느냐의 차이를 낳아 국가의 형성과 경제의 작동에 영향을 미칠 수도 있다. 특히, 이런 차이가 저축률, 혁신의 정도, 노동시장 참여, 출산율, 교육에 대한 투자, 자선이나 공공재에 대한 기여 등을 통해 경제발전에 영향을 미친다.

구체적으로 동아시아에서 관계와 집단은 20세기 중반 이후 일본, 한국, 그리고 중국으로 이어진 경제발전의 동력이었다. 한국의 지연·혈연·학연이나 중국의 'Quanxi'(關係)가 이를 말해 준다. 무엇보다 한국의 학연은 사회자본과 함께 인적자본을 결합하고 있어 경제발전의 힘이 되었다. 그리고 중국의 부상으로 서양에 근거를 두고 있는 경제학도 점차 이런 차이를 수용하고 있다.

'학벌이 좋다'는 표현은 학벌이라는 집단의 성격을 개인의 속성으로 간주해 한국 사회의 구조를 드러낸다. 한국에서 대학입시의 결과는 개인 수준의 학력(學歷), 관계 수준의 학연(學緣), 집단 수준의 학벌(學閥)로 작동한다. 이들은 근

22 Grief(1994); Grief and Tabellini(2011); Gorodnichenko and Roland(2012), p. 213; Roland(2020).
23 Markus and Kitayama(1991), Peng and Nisbett(1999).

대화나 세계화로 현대의 한국인에게 공존하고 있는 개인적 자아, 관계적 자아, 집단적 자아에 상응한다.

물론 입시, 학연, 학벌에는 많은 폐해가 수반되어 있다. 과거에는 학연과 학벌이 부정부패와 정경유착을 초래하였다. 현재는 불평등을 낳으며 필사적인 경쟁과 극도의 절차적인 합리성으로 세계 최저 수준의 출산율과 최고 수준의 자살률에 기여하고 있어 한국인의 행복을 가로막고 있다.[24]

둘째, 한국어에는 상대방에 대한 지칭이 존칭과 평상어로 구분되어 있는데 비해 영어에는 이런 구분이 없다. 예를 들어, 한국어에서는 "(당신은) 어디 가세요?"와 "(너) 어디 가니?"가 공존하는데, 영어에서는 "Where are you going?"으로 하나이다. 한국어에서는 '당신'과 '너'가 공존하는데 영어에서는 'you' 하나이다. 불어(tu vous)나 독일어(du Sie)도 이 점에서는 영어가 아니라 한국어와 비슷하다. 69개 어족의 207개 언어를 조사한 결과 34%에서 존칭이 확인되었다.[25]

존칭과 평상어가 대명사로 공존하고 있다는 것은 위계가 중요하다는 것을 나타낸다. 존칭이 없다는 것은 동등성이 부각된다는 것을 의미한다. 한국은 영어권 사회보다 위계적이다. 그런데 한국어에서는 주어가 반드시 등장할 필요가 없으므로 존칭과 하대의 차이가 상대방에 대한 지칭뿐만 아니라 문장의 어미에서도 나타난다. 따라서 "어디 가니?"와 "어디 가십니까?"에서 주어 없이도 위계가 드러난다.

물론 근대화가 진행되면서 대부분의 국가에서 전반적으로 개인주의와 동등성이 증가하고 있다.[26] 그렇지만 한국 사회는 여전히 관계적이고 집단적일 뿐

---

24 Kim et al.(forthcoming).
25 Galor et al(2016), p. 9; Galor et al.(2018).
26 Yu et al.(2016).

만 아니라 위계적이다. 이런 위계는 과거와 같이 나이보다는 사회적 신분이나 직책을 따른다.

셋째, 영어에 비해 한국어에서 사람과 물건에 대해 대명사가 많이 쓰이지 않는다. 이것은 인격성이 강하고 익명성(impersonality)이 적다는 것을 의미한다. 또한 한국어가 구체성에 집착하는 데 비해 영어는 추상성에 의존한다고 해석할 수 있다. 이런 차이는 인식뿐만 아니라 교환, 계약, 소송 등에서 중요할 수 있다.

이런 언어적인 차이가 제도를 설명한다. 먼저 제도는 정치·경제 체제의 기반을 제공하는 법이나 민주주의와 같은 공식적인 제도와 윤리나 규범, 신뢰, 시민정신 혹은 '민도' 등의 문화를 나타내는 비공식적인 제도로 구분된다. 최근 경제학에서는 공식적인 제도가 작동하는데, 이에 상응하는 문화가 필요하다는 관점이 부상하고 있다.

이 때문에 공식적인 제도와 문화는 서로 영향을 주고받는 경향이 있다. 그런데 문화를 수량적인 변수로 표시하는 것이 쉽지 않다. 따라서 문화가 공식적인 제도에 미치는 인과적인 영향을 규명하는데 문화를 대변하는 도구변수로 언어를 활용한다. 그리고 2단계 최소자승법(2SLS)을 통해(3장 3절) 문화가 경제 발전이나 민주주의에 미치는 영향을 규명한다.

구체적으로 경제학자들이 대명사의 탈락과 존칭의 존재라는 두 가지 언어적인 차이가 법치주의, 부패 방지, 민주적인 책임이라는 공식적인 제도에 미치는 영향을 확인하였다. 대명사를 탈락시키는 언어권일수록 이 세 가지 제도에 소홀하였다.[27] 그런데 존칭이 미치는 영향은 유의미하지 않았다. 전체적으로 영어

27 Licht et al.(2007), pp. 672~679.

권이 다른 언어권에 비해 공식적인 제도가 작동하기 위한 토양에 있어 우월한 것으로 나타났다.

거의 50개 국가를 대상으로 실시한 또 다른 연구에서 인칭대명사가 명확하게 등장하는 언어권일수록 *World Values Survey*가 조사한 서로 간의 신뢰와 존중이 높았다.[28] 여기서 신뢰는 집단이나 조직 내의 제한적인 신뢰가 아니라 일반적인 신뢰이다. 또한 존칭이 등장하면 이와 반대였다. 그리고 양자를 모두 고려한 지수가 클수록 신뢰가 높고 신뢰가 높을수록 정부나 법에 대한 믿음으로 이어져 경제성장을 촉진하고 민주적인 정치 체제를 낳는 경향이 있었다. 즉, '언어⇄신뢰→경제·정치 발전'이라 할 수 있다.

관계나 집단이 중요하면 대상이 되는 물체보다 다른 사람을 먼저 생각하게 되는 데 비해 개인이 중요하면 물체를 먼저 생각하게 된다. 특히, 영미권에서 개인주의와 익명성을 전제로 발전한 경제학은 개인의 합리적 선택을 중심에 놓으면서 재화뿐만 아니라 물체를 선택의 대상으로 간주한다. 또한 다른 사람이나 인간관계도 이와 비슷하게 선택의 대상으로 취급한다.

언어가 역사, 사회, 문화를 반영한다면 어린 자녀가 유년기에 부모를 통해 자식에게 전수될 것이다. 동아시아의 교훈이 '친구를 잘 사귀어야 한다'라면, 경제학의 교훈은 '물건을 잘 골라야 한다'이다. 이와 합치되는 연구로 200~300명의 규모로 중국 아기의 첫마디와 미국 아기의 첫마디를 조사한 결과, 전자가 주로 사람과 관련되는 데 비해 후자는 주로 물체와 관련되는 것으로 나타났다. 예상할 수 있듯이 서구의 영향을 많이 받은 홍콩은 중간이었다.

구체적으로 아기의 첫마디 중 사람에 관한 단어의 비율이 베이징 지역 아기

---

28 Tabellini(2008), pp. 269, 276.

의 경우 77.7%로 나타났고, 홍콩 지역 아기는 43.1%, 미국 지역 아기는 29.9%로 나타났다. 반면 미국 아기의 경우 소리에 관한 단어의 비율이 29.5%, 보통명사의 비율이 19.4% 등으로 물건에 대해 더 많이 말하였다. 베이징 아기의 경우 소리 8.7%, 보통명사 3.2%였고, 홍콩 아기의 경우 각기 40.6%와 5.7%였다. 이 결과는 중국인과 동아시아인에게 관계가 더 중요하고 미국인에게는 물체가 더 중요하다는 것을 확인시켜 준다.[29]

한국어를 통해 한국인이 물체조차 인간과의 관계 속에서 파악한다는 것을 확인할 수 있다. '물고(物故)를 낸다'는 표현은 죽을 정도로 어떤 사람을 혼낸다는 뜻이다. 사람이 죽으면 그 사람의 소유물이 옛것이 되었다고 생각하므로 물건을 인간과의 관계 속에서 파악한 것이다. 혹은 우리가 한 글자로 된 이름을 흔히 '외'자라고 부르는 것은 한 자를 '외로운 글자'라고 보는 것이므로 글자조차 관계적으로 파악하는 것이 된다.[30]

이런 관계들의 근원은 가족관계이다. 일반적으로 중요할수록 그것을 표현하는 호칭 등 낱말이 다양하다. 한국 사회에서 가족관계가 중요하므로 가족이나 인척관계에 대한 표현도 다양하고 상세하다. 서양에는 형과 동생이라는 표현이 없고 백부와 숙부나 처남과 시동생의 구분도 없다. 처조카사위나 당숙이라는 먼 척에 대한 표현도 찾기 힘들다. 그만큼 우리에게는 친인척관계가 중요하였음을 말해 준다. 그리고 이런 표현에는 친인척의 거리와 함께 위계나 서열이 개입되어 있다.

서양에서 마르크스가 교환관계와 계급관계를 내세웠는데, 우리에게는 이

29 Tardiff et al.(2008), pp. 932~933.
30 저자의 경우 식당 같은 데 예약을 하면 아직도 이름을 듣고 난 후 외자냐고 되묻는 경우가 흔하다.

와 함께 가족관계나 친인척관계가 중요하였다. 그래서 이 관계가 가정 내에서 촘촘한 내포를 지닐 뿐만 아니라 가정을 넘어서 친구, 동창, 그리고 기업이나 관료조직의 동료 등으로 외연을 넓혔다. 이에 따라 공적인 조직에서도 호형호제(呼兄呼弟)하게 된다. 더구나 가족이나 친인척관계가 붕괴되면서도 가족관계와 비슷하게 변형된 공적인 관계는 남아 있다.

가족관계가 중요하므로 가족의 터전인 집도 중요하고 부동산에 대한 집착도 강하다. 한국어에서 집은 가(家), 옥(屋), 댁(宅), 당(堂), 헌(軒), 루(樓), 각(閣), 궁(宮), 전(殿) 등 여러 가지로 표현된다. 이것은 집이나 가정이 한국인에게 국가나 시장을 능가할 정도로 중요하다는 것을 의미한다.

또한 그 중요성으로 인해 집이 사람과 밀착되거나 사람을 대신하거나 심지어 사람으로 의인화된다. 동궁(東宮), 별당(別堂), 서방(書房)이 그런 예이다. 매월당(梅月堂)은 김시습(金時習)의 호이고, 여유당(與猶堂)은 정약용(丁若鏞)의 호이다. 전문가(專門家), 작가(作家), 소설가(小說家), 화가(畫家), 음악가(音樂家)가 모두 집인데 사람이다. 1970년대의 용어로 애처가(愛妻家)와 공처가(恐妻家)는 집사람을 아끼거나 두려워하는 '바깥'사람이다.

소비재에 대한 개인주의적인 광고는 독특함, 고유함, 즐거움, 자긍심, 자기증진, '나만의 자연스런 색깔', '너의 피부', '당신의 투자에 대한 신속한 수익', '새로운 책과 함께 나의 새로운 역할', '군중 속에서 너의 길을 가라' 등으로 표현된다. 이에 비해 집단적인 광고는 가족의 화목, 사람들의 단합, 사업상의 우정, 자식과의 사랑, 고객에 대한 헌신, 반세기의 동반자, 조화, 가족의 동의(가족이 동의하는 실내장식) 등으로 표현된다.[31]

31 Han and Shavitt(1994), pp. 346~347.

한국과 미국의 텔레비전 광고를 비교한 연구에서도 집단주의와 개인주의의 차이가 드러났고, 맥락의 중요성에서 차이가 있었다.[32] 여기서 개인주의는 '나에게 이익이 되는 것', '나 스스로 하는 것' 등으로 표현되고, 집단주의는 사람들 사이의 대화, 여럿의 조화, 함께 일하는 것 등으로 표현된다. 또한 자연친화는 자연과의 조화로 표현된다. 개인과 함께 가는 낮은 수준의 맥락은 제품의 속성, 실용적인 필요, 숫자의 활용으로 나타난다. 이에 비해 관계나 집단과 함께 가는 높은 정도의 맥락은 감정과 기분, 비유의 활용, 미적인 표현으로 나타난다.

명품 시계에 대해 개인주의 사회에서는 각자를 표현하는 문구가 자극이 된다. '당신을 표현하세요', '당신의 개성을 보여 줍니다', '당신의 가치들을 전달하세요' 등이 그런 것이다. 이에 비해 집단주의 사회에서는 사회적인 적응을 촉구하는 문구가 자극이 된다. '남의 눈에 띄게 하세요', '감탄을 낳으세요', '당신의 사회적 지위를 향상하세요' 등이 그런 예이다.[33]

76개 어족(語族)의 227개 언어에 대해 37%가 성별에 근거한 언어 체계를 가지고 있다.[34] 존칭이 계층의 격차를 나타낸다면 성별은 남녀의 격차를 나타낸다. 언어에 남성과 여성으로 명사에 성별이 있다는 것은 남성을 여성보다 우월하다고 생각하는 경향을 나타낸다. 세계를 종족 및 언어에 따라 958개로 나누어 수집한 민속학적인 연구에 근거하면 성별의 구분이 있는 언어권에서는 2019년을 기준으로 여성의 노동시장 참여율이 저조하였다.[35]

또한 100여 개의 국가를 대상으로 3인칭뿐만 아니라 1인칭과 2인칭 대명사에도 성별 구분이 있는 언어(히브리어), 3인칭에만 구분이 있는 중립적인 언어(영

32 Cho et al.(1999), p. 68.
33 Wilcox et al.(2009), p. 257.
34 Galor et al.(2016), p. 9; Galor et al.(2018).
35 Michalopoulos and Xue(2021), p. 1997.

미, 한국, 중국, 일본), 아무런 구분이 없는 언어(핀란드어)를 분류하였다.[36] 이 연구에서 명사에 남성과 여성의 구분이 있으면 2004년을 기준으로 여성의 노동시장에 참여하는 비율이 낮았다.

이런 성별의 구분은 가족의 유대와 관련이 있다. 그런데 2004년까지 최대 81개국을 대상으로 실시된 *World Values Survey*에 근거해 연구한 결과, 가족의 유대가 강할수록, 가정 내의 생산이 많고, 가족의 규모가 크며, 여성과 청년의 노동참여가 저조하고, 지리적인 이동이 적은 것으로 나타났다.[37]

미국의 이민자를 대상으로 한 연구에서 성별 구분이 있는 언어를 구사하는 국가 출신의 부부와 그런 구분이 없는 언어를 구사하는 국가 출신의 부부를 비교하였다. 전자에서 여성의 가사노동이 후자에서보다 9% 더 많았다. 또한 전자의 남성이 수행하는 가사노동은 후자의 남성에 비해 28% 적었다. 그리고 이런 경향은 이민 당시의 나이로 따져 9세 전후로 갈려 9세 이전에는 모국어의 영향이 더 크고, 그 후에는 영어의 영향이 더 큰 것으로 나타났다.[38]

미국에서 1900~2008년 사이에 그(he)와 그녀(she)라는 호칭이 대중매체에서 등장한 빈도를 확인하였다.[39] '그녀'라는 호칭에 대비한 '그'라는 호칭의 빈도수는 1900~1945년 사이에는 3.5였다가, 1946~1967년 사이에는 4.5로 증가한 후, 다시 1968년 이후에는 2.0으로 하락하였다. 이로부터 여성의 지위가 같은 시기에 향상되었다가, 약화되었다가, 다시 개선되었다고 추정할 수 있다.

성별에 대한 특이한 주장은 미국에서 1950~2012년 사이에 발생한 90여 건의 크고 작은 태풍 중 여자 이름(Victoria)을 가진 태풍이 남자 이름(Victor)을 가

36 Mavisakalyan(2015).
37 Alesina and Guliano(2010), pp. 115~116.
38 Hicks et al.(2015), p. 33.
39 Twenge et al.(2012).

진 태풍보다 더 많은 인명피해를 가져왔다는 것이다.[40] 태풍의 심각성에 따라 성별을 가려 이름을 붙인 것이 아니다. 여자 이름을 붙이면 사람들이 자신도 모르게 태풍이 약할 것이라고 생각해 대피하지 않는 등 대비를 소홀히 하였기 때문이다.

그리고 남녀에 대한 이런 편견은 별도의 실험을 통해서도 확인되었다. 미국에서 1970년대 말까지 태풍은 예측불허라고 해서 여자 이름만 붙이다가, 그 이후부터 남녀 이름을 혼용하였다. 이 연구는 남녀에 대한 편견, 그리고 위험의 주관적인 측면과 함께 언어가 행위와 현상에 미치는 영향을 보여 준다.

4. 미래시제가 경제에 미치는 영향

무엇을 좋아하는가를 나타내는 선호는 경제학의 뇌관이다. 각자 좋아하는 재화를 합리적으로 선택해서 시장경제가 유지된다고 보기 때문이다. 경제학은 돈을 현재 소비할 것인가, 아니면 미래를 위해 저축할 것인가도 일종의 선호인 시간선호(time preference)로 간주한다. 그리고 누구나 당장 소비하기를 원해 현재에 집착하므로 미래의 가치를 할인하고 이자를 요구하는 성향이 있다고 전제한다.

그런데 사람이나 문화권에 따라 이 점에서 차이가 있다. 현재에 대한 선호가 강(약)하면 미래지향이 약(강)해서 돈을 빌려줄 때 높은(낮은) 이자를 요구하고 이자를 많이 주어야(적게 주어도) 저축하므로 결국 적게(많이) 저축하게 된다.

40 Jung et al.(2014).

이같이 저축률과 저축성향은 시간선호에 달려 있다. 이런 이유로 미래와 시간선호 혹은 미래지향성은 언어의 미래시제(future tense reference)와 관련된다.

구체적으로 영어나 불어에서는 미래형이 명확한 데 비해, 독일어에서는 미래형이 명확하지 않다. 영어는 미래조동사(will)가 따로 있고 불어에서는 동사가 변형되어 미래시제를 나타낸다. 이에 비해 독일어에서는 현재형이 흔히 미래를 표현한다. 이 점에서 한국어도 독일어와 비슷하다.

한국어로 '내일 비 옵니다'가 독일어로는 'Morgen regnet es'이고, 영어로는 'It will rain tomorrow'이며 불어로는 'Il pleuvra demain'이다. 영어와 불어는 미래형이 명확해 미래시제가 강한 데(strong) 비해, 한국어와 독일어는 현재형이 미래형을 대신해 미래시제가 약하다(weak). 한국어뿐만 아니라 동아시아의 언어는 독일어에 가깝다.

현재와 미래를 명확히 구분하는 강한 미래시제는 미래를 멀리 떨어진 것으로 생각하게 만든다. 이 때문에 현재가치에 집착해 미래가치를 크게 할인하고 높은 이자를 주어야 저축을 하므로 저축률이 낮아진다. 반면 약한 미래시제는 미래를 현재와 명확히 구분하지 않아서 미래가 가까이 있다고 생각하게 만든다. 이 때문에 미래가치에 대한 할인이 크지 않고 낮은 이자율에도 저축하므로 저축률이 높아진다.[41] 결국 [강한 미래시제→낮은 저축률], [약한 미래시제→높은 저축률]이 된다.

일기예보에 나오는 미래형 동사와 미래형 문장의 비율로 따졌을 때, 중국어와 일본어는 모두 미래시제가 약하므로 미래에 대한 선호가 높아서 저축률도 높다. OECD 국가에 대해 1980년부터 2010년까지 조사한 결과에 의하면, 한

41 Chen(2013); Roberts et al.(2015), p. 30.

| 그림 9-3 | 미래시제와 저축률의 관계

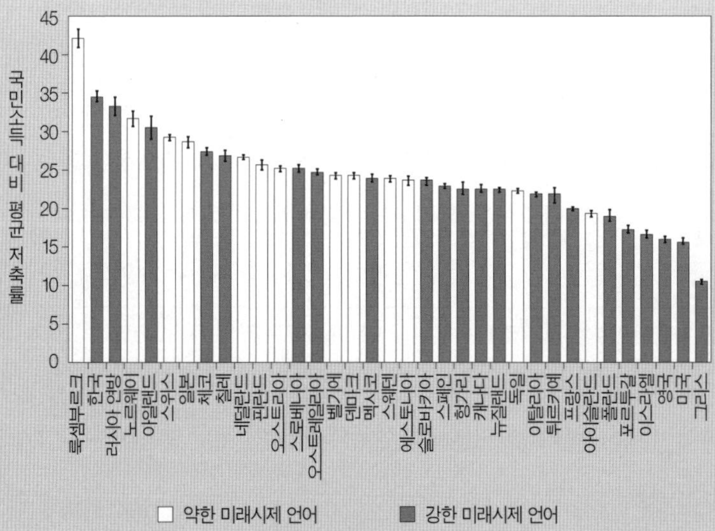

자료: Chen(2013), p. 715.

국과 일본의 저축률은 상위에 있다(〈그림 9-3〉 참조). 독일의 저축률은 한국이나 일본만큼 높지는 않았으나 영국이나 미국보다는 높았다.

그런데 해당 논문에서 한국은 일본보다 더 높은 저축률을 보였으면서도 미래시제에서는 영국식 영어와 비슷하고 미국식 영어보다 더 강하게 나왔지만 이것은 오류인 것 같다. 한국어에 대한 국내의 연구는 한국어에 과거, 현재, 미래의 세 가지 시제가 아니라 과거와 비과거의 두 가지 구분밖에 없어서 미래시제가 약하다고 말한다.[42] 예를 들어, '철수는 논문을 발표한다'는 문장은 현재

42 이재성(2001), pp. 46~51.

시제일 수도 있고 미래시제일 수도 있다.[43]

이를 흔히 '언어적인 저축가설'(linguistic savings hypothesis)이라고 부른다. 이에 대한 최근 연구에서는 두 가지 언어(가령, 영어와 독일어, 영어와 만다린 중국어)를 구사하는 사람을 대상으로 실험을 통해 미래시제를 강화하거나 약화하는 변화를 주고, 이것이 미래지향성에 영향을 미치는지 확인하였다. 그 결과 미래시제가 약할수록 미래지향적이라는 예상을 확인하였다.[44]

스위스의 중소득층과 저소득층 가계의 저축에 대한 연구에서도 인접지역이지만 미래시제가 약한 독일어권 주민의 저축률이 미래시제가 강한 불어권 주민의 저축률보다 11% 이상 높게 나타났다.[45] 이들은 모두 스위스의 국민이므로 다른 요인들이 통제되어 언어의 차이가 유일하게 이런 결과를 낳은 원인이라고 주장할 수 있다. 이것은 자연실험이나 준실험(3장)에 가깝다.

시간선호는 미래지향, 참을성, 혹은 '은근과 끈기'와 거의 동의어로 쓰인다. 따라서 시간선호는 저축뿐만 아니라 공부, 건강관리, 노동 등 미래지향적인 행위 전반과 관련된다. 쓰고 싶지만 참고 저축하는 것, 놀고 싶지만 참고 공부하거나 노동하는 것, 술 마시고 싶지만 건강을 위해 자제하는 것이 다 한가지이다.

따라서 미래시제의 차이는 이 모든 활동에 영향을 미친다. 저축이 자본의 축적을 낳고, 공부 혹은 교육이 인적자본과 사회자본을 낳으며, 건강은 지속적으로 노동력을 제공한다. 그리고 이런 것들이 결합되어 기술혁신을 낳는다.

43 부연하면 해당 논문에서 미래형을 찾은 근거는 각국의 일기예보였다. 그런데 방송의 일기예보에서 사용하는 언어는 공식적이고 형식적인 성격이 강해 한국인의 일상어에서 벗어났을 가능성이 있다. 이런 가능성에는 한국어가 오랫동안 한글과 한문의 이중구조, 그리고 해방 이후에는 한글과 영어의 이중구조 속에 놓여 있는 데 비해, 중국 그리고 일본어는 영어의 영향에도 불구하고 우리와 같이 언어의 이중성을 겪고 있지 않다고 추정할 수 있다.

44 Ayres et al.(2023).

45 Guin(2015).

그런데 이런 것들이 경제성장의 동력이므로 미래지향성의 차이가 경제성장률의 차이를 가져온다.

최근의 경제학 연구에 따르면, 지리적 조건이 먼저 농업의 생산성에 영향을 미쳤고, 농업의 높은 생산성을 경험한 지역의 주민이 미래지향을 지니게 되었다.[46] 그리고 이것이 언어에 있어 미래시제에 차이를 가져오면서 사람들의 미래지향성을 재생산하고 강화시켰다. 나아가 미래시제의 차이가 저축, 교육, 건강에 영향을 미쳐서 다시 경제발전에 차이를 가져왔다는 것이다. 즉, 지리적 조건→농업→미래지향→미래시제→미래지향의 강화→저축·교육·건강→경제발전. 이같이 언어경제학은 역사경제학(4장)과 연결될 수 있다.

약한 미래시제를 고려한다면 동아시아인들은 상황에 따라 현재와 미래에 대해 무차별할 수 있다. 그렇다면 아침과 저녁의 먹이로 도토리 [3, 4]보다 [4, 3]을 더 좋아하는 원숭이들은 어리석을 수 있다. 따라서 조삼모사(朝三暮四)의 고사성어는 미래에 대한 할인을 내세우는 신고전학파뿐만 아니라 현재에 대한 집착을 내세우는 행동경제학에도 완전히 부합되지 않는다.

언어경제학은 경제학의 다른 변화만큼 확고하게 정착된 것은 아니다. 그렇지만 한국의 경제·사회와 관련해 그 중요성을 인식할 필요가 있다. 먼저 다른 사회보다 한국 사회에서는 정치, 경제, 문화 및 역사를 따로따로 파악하는 것이 어렵다. 이것은 1970년대의 경제성장기나 지금이나 마찬가지이다. 이런 이유로 우리의 언어와 경제·사회도 밀접한 연관 속에 있다고 보아야 한다. 더구나 한국어는 한문, 일본어, 영어 등과 결합되면서 조선, 일제 강점기, 경제성장기 등 시대별로 인식과 역사와 상호 작용하면서 변해 왔을 것이다. 이런 관점에서

46 Galor and Özak(2016).

기존 연구를 참고로 우리의 말과 경제(발전) 사이의 연관성을 연구한다면, 한국의 자본주의와 민주주의가 지닌 특징을 보다 근원적으로 파악할 수 있을 것으로 보인다.

참고문헌

이재성, 『한국어의 시제와 상』, 국학자료원, 2001.

Alesina, A., A. Devleeschauwer, W. Easterly, S. Kurlat, and R. Wacziarg, "Fractionalization," *Journal of Economic Growth*, 8(2), 2003, pp. 155~194.

Alesina, A. and P. Guliano, "The Power of the Family," *Journal of Economic Growth*, 15, 2010, pp. 93~125.

Angerer, S., D. Glätzle-Rützler, P. Lergetporer, and M. Sutter, "The effects of language on patience: an experimental replication study of the linguistic-savings hypothesis in Austria," *Journal of the Economic Science Association*, 7, 2021, pp. 88~97.

Ayres, I., T. K. Katz, and T. Regevc, "Languages and future-oriented economic behavior – Experimental evidence for causal effects," *Proceedings of the National Academy of Sciences*, 120(7), 2023, e2208871120, pp. 14538~14546.

Boroditsky, L., "Does Language Shape Thought?: Mandarin and English Speakers' Conceptions of Time," *Cognitive Psychology*, 43(1), 2001, pp. 1~22.

Boroditsky, L., O. Fuhrman, and K. McCormick, "Do English and Mandarin speakers think about time differently?," *Cognition*, 118(1), 2011, pp. 123~129.

Chen, M. K., "The Effect of Language on Economic Behavior: Evidence from Savings Rates, Health Behaviors, and Retirement Assets," *American Economic Review*, 103(2), 2013, pp. 690~731.

Cho, B., U. Kwon, J. W. Gentry, S. Jun, and F. Kropp, "Cultural values reflected in theme and execution: a comparative study of US and Korean television commercials," *Journal of Advertising*, 28(4), 1999, pp. 60~73.

Della Vigna S. and E. Kaplan, "The Fox News Effect: Media Bias and Voting," *Quarterly Journal of Economics*, 122(3), 2007, pp. 1187~1234.

Galor, O. and Ö. Özak, "The Agricultural Origins of Time Preference," *American Economic Review*, 106(10), 2016, pp. 3064~3103.

Galor, O., Ö. Özak, and A. Sarid, "Geographical Origins and Economic Consequences of Language Structures," *Center for Economic Studies (CESIFO)*, Working Paper 6149, 2016.

______, "Geographical Roots of the Coevolution of Cultural and Linguistic Traits," NBER Working Paper 25289, 2018.

Ginsburgh, V. and S. Weber, "The Economics of Language," *Journal of Economic Literature*, 58(2), 2020, pp. 348~404.

Gorodnichenko, Y. and G. Roland, "Understanding the Individualism-Collectivism Cleavage and Its Effects: Lessons from Cultural Psychology," Chapter 11, in M. Aoki, T. Kuran, and G. Roland, eds., *Institutions and Comparative Economic Development*, Springer Verlag, 2012.

Gorodnichenko, Y., T. Pham, and O. Talavera, "The Voice of Monetary Policy," *American Economic Review*, 113(2), 2023, pp. 548~584.

Greif, A., "Cultural Beliefs and the Organization of Society: A Historical and Theoretical Reflection on Collectivist and Individualist Societies," *Journal of Political Economy*, 102(5), 1994, pp. 912~950.

Greif, A. and G. Tabellini, "The clan and the corporation: Sustaining cooperation in China and Europe," *Journal of Comparative Economics*, 45(1), 2017, pp. 1~35.

Guin, B., "Culture and household saving," Available at SSRN 2698872, 2015.

Han, S.-P. and S. Shavitt, "Persuasion and culture: Advertising appeals in individualistic and collectivistic societies," *Journal of Experimental Social Psychology*, 30(4), 1994, pp. 326~350.

Hicks, D. L., E. Santacrue-Vasut, and A. Shoham, "Does mother tongue make for women's work? Linguistics, household labor and gender identity," *Journal of Economic Behavior and Organization*, 110, 2015, pp. 19~44.

Jung, K., S. Shavitt, M. Viswanathan, and J. Hilbe, "Female Hurricanes Are Deadlier Than Male Hurricanes," *Proceedings of the National Academy of Sciences*, 111(24), 2014, pp. 8782~8787.

Kashima, E. S. and Y. Kashima, "Culture and language: The case of cultural dimensions and personal pronoun use," *Journal of Cross-Cultural Psychology*, 29(3), 1998, pp. 461~486.

Kim, S., M. Tertilt, and M. Yum, "Status Externalities in Education and Low Birth Rates in Korea," *American Economic Review,* forthcoming.

Kirby, S., M. Dowman, and T. L. Griffiths, "Innateness and culture in the evolution of language," *Proceedings of the National Academy of Sciences*, 104(12), 2007, pp. 5241~5245.

Licht, A. N., C. Goldschmidt, and S. H. Schwartz, "Culture rules: The foundations of the rule of law and other norms of governance," *Journal of Comparative Economics*, 35(4), 2007, pp. 659~688.

MacKenzie, D., "Is Economics Performative?," *Journal of the History of Economic Thought*, 28(1), 2006, pp. 29~55.

Markus, H.-R. and S. Kitayama, "Culture and the Self: Implications for Cognition, Emotion, and Motivation," *Psychological Review*, 98(2), 1991, pp. 224~253.

Mavisakalyan, A., "Gender in Language and Gender in Employment," *Oxford Development Studies*, 43(4), 2015, pp. 403~424.

Mavisakalyan, A. and C. Weber, "Linguistic Structures and Economic Outcomes," *Journal of Economic Surveys*, 32(3), 2018, pp. 916~939.

Mayew, W. J. and M. Venkatachalam, "The power of voice: Managerial affective states and future firm performance," *Journal of Finance*, 67(1), 2012, pp. 1~43.

Michalopoulos, S. and M. M. Xue, "Folklore," *Quarterly Journal of Economics*, 136(4), 2021, pp. 1993~2046.

Peng, K. and R. E. Nisbett, "Culture, Dialectics, and Reasoning About Contradiction," *American Psychologist*, 54(9), 1999, pp. 741~754.

Raghubir, P. and J. Srivastava, "The Denomination Effect," *Journal of Consumer Research*, 36(4), 2009, pp. 701~713.

Roberts, S. G., J. Winters, and K. Chen, "Future tense and economic decisions: Controlling for cultural evolution," *PLOS ONE*, 10(7), 2015, e0132145.

Roland, G., "The deep historical roots of modern culture: A comparative perspective," *Journal of Comparative Economics*, 48, 2020, pp. 483~508.

Rosa, C., "Words that shake traders: The stock market's reaction to central bank communication in real time," *Journal of Empirical Finance*, 18(5), 2011, pp. 915~993.

Searle, J. R., "What is an Institution?," *Journal of Institutional Economics*, 1(1), 2005, pp. 1~22.

Tabellini, G., "Institutions and Culture," *Journal of the European Economic Association*, 6(2/3), 2008, pp. 255~294.

Tardiff, T., P. Fletcher, W. Liang, Z. Zhang, N. Kaciroti, and V. A. Marchman, "Baby's first ten words," *Development Psychology*, 44(4), 2008, pp. 929~938.

Twenge, J. M., W. K. Campbell, and B. Gentile, "Male and female pronoun use in U.S. books reflects women's status, 1900-2008," *Sex Roles*, 67, 2012, pp. 488~493.

Whorf, B. L., "Science and Linguistics," *Technology Review*, 62(6), 1940.

Wilcox, K., H. M. Kim, and S. Sen, "Why Do Consumers Buy Counterfeit Luxury Brands?," *Journal of Marketing Research*, 46(2), 2009, pp. 247~259.

Yu, F., T. Peng, K. Peng, S. Tang, C. S. Chen, X. Qian, P. Sun, T. Han, and F. Chai, "Cultural Value Shifting in Pronoun Use," *Journal of Cross-Cultural Psychology*, 47(2), 2016, pp. 310~316.

chapter 10

현대화폐이론

1. MMT의 화폐관
2. 국정화폐론과 재정·통화정책
3. 인플레이션 그리고 구축효과
4. MMT에 대한 비판
5. MMT는 사이비 과학, 정치적 선동에 불과한가?
6. 최근 경제정책들과 MMT

현대화폐이론(modern monetary theory, MMT)은 비주류 경제이론 가운데 최근 가장 많은 사람들의 관심을 끄는 이론 중 하나가 아닐까 생각된다. 주류 경제이론가들은 MMT를 경제이론이라기보다 사이비 경제이론 또는 정치적 선동으로 혹평하고 있다. 비주류 전통의 이론가들 내에서도 MMT에 대한 비판의 정도는 주류 이론가의 그것과 비교해도 크게 약하지 않다. 그럼에도 불구하고 MMT 관련 논쟁은 사라지지 않고 계속 이어지고 있다. MMT는 주류 이론과 전혀 다른 방식으로 거시경제와 금융시장을 이해하려는 노력을 계속하고 있고, 찬성이든 반대이든 MMT 관련 논의가 활발히 이루어지는 상황을 고려하면 MMT를 소개하는 이유는 충분하다고 판단된다. 이에 MMT의 핵심적인 내용들과 그 비판들, 그리고 최근 경제정책과 MMT의 연관성 등을 소개하고자 한다.

1. MMT의 화폐관

경제학계에 비해 일반 대중, 언론, 진보 정치인들 사이에서 MMT가 더 많이 거론되고 있다고 할 수 있다. 그 이유는, MMT가 실제 우리의 경제적 삶에 직접적으로 영향을 미치는 정부와 중앙은행의 정책에 대해 기존 경제학과 매우 다른 목소리를 내고 있는데, 이것을 꽤 솔깃하게 듣는 청중이 있기 때문일 것이다. MMT 관련 논쟁들도 대부분 재정·통화정책을 둘러싼 것이고 이 부분이 최대 관심사이다. 하지만 MMT가 기존 이론과 다른 재정·통화정책의 특징을 자신들의 화폐관으로부터 도출하고 있으므로 MMT의 화폐관부터 살펴볼 필요가 있다.

경제학은 돈 버는 법을 알려 주는 학문이라는 세간의 인식과 다르게 사실

경제학은 돈 버는 법을 알려 주지 않을 뿐 아니라 돈이 무엇인지에 대해서도 제대로 설명하고 있지 못하다. 그럼에도 불구하고 화폐가 무엇이고 어디서 왔는가와 관련된 표준 교과서적인 설명은 존재한다. 그것은 화폐가 물물교환의 불편함과 비효율을 해소하기 위한 교환의 매개 수단으로 발생하였다는 설명이다.[1] 표준 교과서들 대부분은 화폐란 무엇인가에 대해 직접 정의를 내리는 방식보다는 화폐가 지니는 기능(교환의 매개, 가치 저장, 계산의 단위 등)들을 언급하고, 이런 기능을 수행하는 것이 화폐가 될 수 있다는 식으로 서술하고 있다.[2]

화폐에 대한 기존 학계의 이러한 인식을 비판하면서 MMT는 매우 강력하게 자신들 고유의 화폐관을 제시하고 있다. 물물교환에 기반한 시장은 존재한 적이 없으며, 화폐 기원에 대한 모든 증거들이 다 국가를 가리키고 있다는 주장이다. 민간화폐가 전혀 없었다는 의미는 아니지만 화폐가 계산의 단위로 작동해야 하는 점과 관련하여 국가가 중요한 역할을 해왔음을 강조하고 있다.[3]

MMT 화폐관은 기존 화폐이론과는 전혀 다른 기반 위에 서 있다고 할 수 있다. 화폐가 교환의 매개라는 인식 이전에 교환이 왜 일어나는가와 관련하여, 기존 이론은 교환이 교환 당사자들의 상호 이익을 가져다주기 때문이라는 설명을 제시한다. 이는 시장경제 효율성의 근간을 구성하는 핵심 이야기 중 하나이다. 그런데 MMT의 핵심 학자 중 1명인 레이(R. Wray)는, 부족 사회에서 교환은 교환의 이득을 극대화하기 위함이 아니고 부족 구성원의 결속을 다지기 위한 것으로 많은 교환의 목적은 부의 재분배라고 주장하고 있다. 가치(가격)를 측정하려는 관행은, 보상이 이루어지지 않았을 경우 발생하는 보복이 반복되

1 Menger(1981).
2 Mishkin(2019).
3 Wray(2000).

는 것을 방지하기 위해 보상 스케줄을 기록하는 것에서 비롯되었을 가능성이 더 높다고 주장하고 있다. 그리고 이 보상 스케줄의 표준화는 지배계급에 의해 신행되는데, 이는 왕궁에서 납세사의 납세 의무를 정확하게 기록하기 위한 목적으로 발전되었다고 서술하고 있다. 납세의 의무는 곡물의 양으로 표준화가 진행되었는데, 이후 곡물의 무게를 측정하는 단위가 화폐의 단위(pound, lira 등)가 된 사례들이 제시되고 있다. 화폐는 교환의 효율성을 높이기 위해 등장한 것이 아니라 왕궁에 대한 부채(세금)의 계산 단위의 필요성으로 등장한 것이라고 레이는 주장하고 있다.[4]

이러한 화폐관은 애덤 스미스(A. Smith), 게오르그 크납(G. Knapp), 존 메이너드 케인스(J. M. Keynes), 아바 러너(A. Lerner) 등 국정화폐론의 전통을 이어받는 것이라고 MMT는 서술하고 있다. 애덤 스미스는 『국부론』에서 북아메리카 식민지 화폐의 가치에 대해 설명하면서, "세금의 일정한 비율은 반드시 어떤 종류의 지폐로 지불해야 한다고 법제화한 군주는 그 지폐에 일정한 가치를 부여할 수 있을 것이다"라고 서술하고 있다.[5]

이러한 국정화폐론적 시각은 크납에서 일반화된다. 크납은 "화폐는 법의 창조물이다"라는 문장으로 『화폐의 국가이론』(*The State Theory of Money*)을 시작한다.[6] 그리고 모든 "화폐는 그것이 금속이든 종이든, 일반적인 지불 수단의 한 구체적 형태"라고 서술하고 있다.[7] 이 지불 수단은 특정 물질(귀금속)에 얽매이는 것이 아니다. 따라서 지불 수단의 단위 가치는 그 물질적 속성에 의해 결정되는 것이 아니다. 크납의 국정화폐론에서 지불 수단은 법령에 의해 정해진 증

4 Wray(2000), pp. 43~45.
5 Smith(1994), p. 357.
6 Knapp(1973), p. 1.
7 Knapp(1973), p. 2.

표(chartal piece)가 된다.[8] 크납은 국가화폐의 범위를 은행화폐로까지 확대한다. 국가화폐를 이야기할 때 '국가가 발행하였는가'보다는 '국가기관이 지급수단으로 받는가'가 더 중요하다.[9]

케인스 역시 『화폐론』(*A Treatise on Money*)에서 크납의 화폐관을 이어 가고 있다. 케인스는 "채무, 가격, 일반 구매력이 표시되는 계산화폐(money of account)가 화폐이론의 1차적 개념"이라고 서술하고 있다.[10] 그리고 "일반적으로 통용되는 계산화폐에 대하여 어떤 것이 화폐라고 선언할 수 있는 권한을 국가가 가질 때 국가화폐 또는 차탈리즘(Chartalism)의 시대가 도래하였다. … 오늘날 모든 문명화된 화폐는 이론의 여지없이 국정화폐이다"라고 서술하고 있다.[11]

이러한 시각은 러너로 이어진다. 러너에 따르면, 귀금속의 역사가 무엇이든간에 현재 정상적으로 작동하는 경제에서 화폐는 국가의 창조물이다. 화폐의 가장 중요한 속성, 즉 일반적으로 어떤 것이 화폐로 받아들여지는가 아닌가 하는 점은 그것이 국가에 의해 화폐로 받아들여지는가 아닌가에 달려 있다. 현대 국가는 그것이 어떤 것이든 사람들에게 일반적으로 받아들여지는 화폐로 만들 수 있다. 단지 화폐라고 선언하는 것만으로는 사람들에게 화폐로 받아들여지기에 불충분하고, 국가가 어떤 제안된 화폐를 세금 납부 수단으로 받아들일 때 국가에 납세의 의무를 지고 있는 모든 이들은 이것을 일반적인 화폐로 받아들이게 되는 것이다.[12]

8 "라틴어로 'Charta'는 ticket, token의 의미를 지닌다. 그리고 우리는 'Chartal'이라는 새롭지만 지적인 형용사를 만들 수 있다"(Knapp, 1973, p. 32).

9 Knapp(1973), p. 95.

10 Keynes(1953), p. 3.

11 Keynes(1953), p. 5. 케인스는, 어떤 사물을 화폐라고 결정할 수 있는 권리는 모든 근대국가가 요구하고 있고, 이러한 요구는 적어도 4,000년 동안 지속되어 왔다고 말하고 있다. 4,000년이라는 주장에 대한 근거는 제시되지 않았다.

12 Lerner(1943), Lerner(1947).

2. 국정화폐론과 재정·통화정책

MMT에 따르면, 이러한 국정화폐론의 정책적 함의는, 국가가 자신이 창조한 화폐로 납부해야 하는 세금을 시민들에게 부과한다면 국가는 그 지출에 있어서 대중이 가지고 있는 화폐를 필요로 하지 않는다는 것이다. 역으로 대중은 세금을 내기 위해 국가가 만든 화폐가 필요하게 되는 것이다. 대중이 세금을 내고도 추가적인 화폐를 보유하고자 한다면 (이는 당연하며) 정부는 일반적으로 세금보다 더 많은 지출을 해야 한다. 즉, 일상적으로 정부는 적자재정을 운영해야 하는 것이다. 이는 표준경제학, 그리고 국가재정을 직접 담당하는 정치인, 공무원의 일반적인 인식과 완전히 다른 내용이다. 한 가계가 지출을 위한 자금을 미리 마련해야 하는 것처럼 정부도 지출의 재원을 미리 마련해야 한다는 생각이 상식이다. 정부지출의 재원은 세금이다. 지출을 늘리기 위해서는 세금을 늘려야 한다. MMT는 이 상식을 거부하고 있다. 세금이 지출에 선행하는 것이 아니고 지출이 세금에 선행한다.

주요 MMT 이론가 중 1명인 켈튼(S. Kelton) 교수는 정부지출이 세금에 선행한다는 생각을 받아들이는 데 있어 경제학자가 아닌 월가의 투자자 모슬러(W. Mosler)의 영향을 받았다고 서술하고 있다. 그리고 모슬러 집을 방문하였을 때의 이야기를 소개하고 있다.[13] 모슬러는 매우 아름답고 고급스러운 주택에서 2명의 자녀와 살고 있었다. 그는 집이 깨끗하게 유지되기를 원하였고, 자신의 시간을 절약하기 위해 아이들에게 청소를 하면 자신이 가지고 있는 명함을 주겠다고 하였다. 이때 아이들의 반응은, "우리가 왜 명함을 받기 위해 청

13 Kelton(2020).

소를 해야 하나요" 하는 것이었다. 아이들에게 이 명함은 쓸모가 없는 것이었고 이러한 반응은 당연한 것이었다. 그런데 모슬러가 이 명함을 모아 가져오지 않으면 TV 시청 시간이 줄거나 수영장을 이용하지 못하게 될 것이라고 아이들에게 말하자 아이들은 청소를 하고 명함을 모으려고 하였다. 아이들은 자신들의 즐거움을 유지하기 위해 명함을 얻어야 하였고, 이를 위해 청소를 한 것이다. 여기서 모슬러가 원한 것은 아이들에게 나누어 준 이 명함을 돌려받는 것이 아니었다. 모슬러가 원한 것은 집이 깨끗해지는 것이었다.

이와 마찬가지로 정부가 원하는 것 역시 대중이 가지고 있던 화폐 자체가 아니라 다른 것(군대, 병원, 도로, 공원 등등)이다. 민간이 이 일을 하게 만들기 위해 정부는 세금 등 의무를 부과한다. 세금은 국가화폐에 대한 대중의 수요를 만들어 내기 위해 존재한다. 누군가 세금을 내기 이전에 그 국가화폐를 벌기 위해 일을 해야 한다. 정부가 스스로 자금을 조달하는 원리가 이런 것이다. 납세자가 정부에 자금을 대는 것이 아니라 정부가 납세자에게 화폐를 공급해 주는 것이다.

차입의 경우도 마찬가지이다. 표준경제학 그리고 정치인, 공무원의 상식은, 정부가 세금보다 더 많은 지출을 하려면 차입을 먼저 해야 한다는 것이다. 차입이 정부지출에 선행해야 한다. 그런데 MMT는 이 상식 역시 거부한다. 정부의 차입을 가계의 차입과 같은 것으로 보아서는 안된다고 주장한다. 가계는 돈이 없는데 차를 사려면 돈을 빌려야 한다. 그런데 정부는 지출을 먼저 해서 화폐를 공급하고 민간이 이 화폐로 국채를 매입하게 만들면 되는 것이다. 정부는 화폐와 약간 다른 종류의 화폐, 즉 이자 낳는 화폐(국채)를 민간에게 제공하기로 결정하였을 뿐이다. 민간이 국채를 사기 위해서는 먼저 국가화폐를 가지고 있어야 한다. 정부가 세금보다 많이 지출할 때 이는 통상 재정적자라 불린다. MMT에 의하면, 이것은 화폐공급량을 늘리는 일이다. 정부가 차입을 위해 채권을 발행하는 것은 통상 세금을 초과하는 지출을 위한 재원 마련으로 이해되는데, MMT에 따르면 이는 화폐를 국채로 바꾸는 작업에 불과한 것이다.

MMT의 시각에 입각할 때 재정정책과 통화정책은 표준 교과서에서 설명하고 있는 재정정책, 통화정책과 완전 다른 의미가 된다. 표준 교과서 그리고 현실에서는 조세와 정부지출을 담당하는, 즉 재정정책을 담당하는 행정부와, 통화량이나 단기 이자율을 조정하는, 즉 통화정책을 담당하는 중앙은행이 독립적으로 존재한다. 그리고 독립적으로 각각의 정책을 수행하는 것으로 서술되고 있다. 그런데 MMT에 따르면 표준 교과서와 같이 재정정책과 통화정책이 구분되지 않는다. 정부가 조세를 거두거나 지출을 행하는 것은 모두 통화량의 변동과 연결된다. 통상적인 의미의 재정정책과 통화정책이 결합되어 있는 것이다. MMT는 보다 극단적으로 재무부와 중앙은행을 하나의 통합된 기관으로 간주하고 논의를 전개하고 있다. 이와 같은 가상 세계에서는 상식에 반하는 것 같은 MMT의 핵심 주장들이 논리적으로 설명된다.[14]

정부가 세금을 거두고 지출을 행함에 있어, 이러한 정책 수행의 기준은 표준 교과서처럼 국가재정이 건전한가 아닌가가 되어서는 안되고, 이 정책이 경제에 어떤 영향을 비칠 것인가가 되어야 한다고 MMT는 주장한다. 이는 러너가 주장한 '기능적 재정' 접근법을 따르는 것이다.[15] 정부 재정 운영의 첫 번째 원칙은 현재의 물가 수준에서 모든 물건들이 사고팔릴 수 있는 수준으로 국

14 레이(Wray, 2015)는 위에서 서술된 MMT의 핵심 주장들을 간략한 대차대조표를 이용하여 설명하고 있다. 대차대조표를 이용한 MMT 이론가들의 설명방식을 이 글에서는 다루지 않는다. MMT 이론가들이 대차대조표를 이용하는 설명방식에 대한 정리로는 나원준(2019), 황재홍(2019) 등을 참조.

15 Lerner(1943).

민경제 전체의 총지출을 유지하는 것이다. 이와 연결되는 것으로 정부는 단순히 지출을 해야 하기 때문에 세금을 거두는 것이 아니다. 납세자들이 지출을 위해 가지고 있는 화폐를 줄여야 할 때 세금을 부과해야 한다.

기능적 재정의 두 번째 원칙은, 정부가 차입을 하는 경우는 대중들이 화폐를 보유하는 것보다 국채를 더 보유하는 것이 바람직할 때이다. 이 채권은 대중이 가지고 있는 화폐를 거두어들이는 효과를 낳는다. 정부지출로 인하여 시중에 화폐가 많이 풀려서 이것이 단기 이자율을 필요 이상으로 하락시킬 위험이 있다고 판단될 때 채권 발행을 통해 이 초과화폐를 거두어들여 단기 이자율의 하방 압력을 제거할 수 있게 된다. 국채 발행은 지출의 재원을 마련하는 재정정책이 아니라 단기 이자율 조정을 위한 통화정책이 된다. MMT 세계에서는 사실상 독립적인 중앙은행, 독립적인 통화정책이란 존재하지 않게 된다.[16]

3. 인플레이션 그리고 구축효과

정부와 중앙은행의 재정·통화정책에 대한 이러한 이해는 표준 경제이론과 충돌을 일으킨다. 인플레이션과 관련하여 표준이론에서 가장 큰 영향력을 행사해 왔던 이론이 통화주의이다. 통화주의 이론의 대표자 밀턴 프리드먼(M. Friedman)은, 인플레이션은 언제 어디서나 화폐적 현상이라고 주장하였다. 즉, 화폐량이 증가하면 인플레이션이 나타나게 된다는 주장이다. 물가가 안정적이지 않다면 이것은 중앙은행이 통화량을 급격히 늘려 경제를 인위적으로 부양

16 중앙은행과 통화정책의 독립성에 관한 MMT의 시각에 대한 더 자세한 논의는 Wray(2014)를 참조.

하고 일자리를 늘리려고 하였기 때문이다. 프리드먼은 또한 자연실업률 가설을 이용하여, 중앙은행이 통화정책을 통해 실업률을 자연실업률 이하로 낮출 수 없다고 주장하였다. 실업률을 자연실업률 이하로 낮추려는 시도는 결국 가속적인 인플레이션으로 이어진다고 보았다. 따라서 인플레이션을 막는 방법은 중앙은행의 재량을 줄이고, 중앙은행으로 하여금 인플레이션을 안정적으로 유지하는 것이 가능한 수준의 실업률을 수용하게 만드는 것이다.

경제가 잠재적 생산량에 가까워지고 있는가를 확인하기 위해 기존 경제이론은 자연실업률 개념에 의존하는데, MMT는 이에 대해 다른 접근방식을 채택하고 있다. 앞 절에서 언급된 러너의 기능적 재정이론을 따라, 민간 부문이 가능한 한 완전고용에 가까운 상태에 도달할 수 있도록 하고 총지출이 이에 미치지 못하면 정부가 재정정책을 통해 이 부족분을 채워 주어야 한다고 MMT는 주장하고 있다. 정부 예산이 흑자냐 적자냐 하는 것이 중요한 것이 아니고, 중요한 것은 재정정책이 실물경제에 어떤 결과를 초래하느냐 하는 것이다. 재정정책은 고용 유지와 인플레이션 안정에 매우 중요한 역할을 한다. 이 목적 달성을 위해서 때로는 적자재정이, 때로는 흑자재정이 요구될 수도 있는 것이다.

기능적 재정이론은 재정 운영에 대한 기존의 생각을 완전히 바꾼 것이라고 할 수 있다. 조세와 정부지출은 균형예산이 아닌 거시경제의 균형 달성을 위해 수행되어야 하는 것이다. 이는 장기적으로 적자재정을 운영할 수도 있다는 것을 의미한다. 이 적자재정이 인플레이션을 유발하지 않는다면 이를 과잉 지출이라고 할 수 없다는 의미도 갖는다. 세입과 지출의 균형이라는 관점이 아닌 완전고용과 물가안정 사이의 균형이라는 관점에서 재정 운영을 바라보아야 한다는 의미가 된다.

러너의 이러한 통찰은 MMT에 중요한 영향을 미쳤지만, MMT는 여기서

한발 더 나아가고 있다.[17] MMT는 러너가 제안하였던 재량적 재정정책 이외에 일자리 보장 정책을 제안하고 있다. 일자리 보장 정책은 일할 준비가 되어 있고 일할 의사가 있는 모든 경제 주체들에게 일자리를 얻어주겠다고 정부가 약속하는 프로그램이다. 임금 수준도 정부가 결정한다. MMT는 이러한 정책이 경제안정에 도움이 될 것이라고 주장한다. 일자리 보장 프로그램은 불황기에 그 규모가 커지고 호황기에는 그 규모가 감소할 것이므로 민간 분야의 실업과 반대로 움직이면서 경제의 자동안정화 장치가 될 것이라고 주장한다. 정부가 정한 획일적 임금 수준으로 인하여 호황기에는 인플레 압력을 줄이는 역할, 불황기에는 디플레 압력을 줄이는 역할을 하게 되어 물가안정에도 도움이 될 것이라고 MMT는 주장하고 있다.

재정적자로 인하여 통화량이 증가하면 인플레이션이 발생한다는 통화주의 이론에 대해, MMT는 인플레이션이 재정적자의 결과가 아니라 원인이라고 주장하고 있다.[18] 재정적자로 인한 통화량 증가가 인플레이션을 일으키는 것이 아니고 인플레이션으로 인하여 정부가 통화량을 늘릴 수밖에 없게 된다는 논리이다. 인플레이션이 왜 발생하는가에 대해서는, 실물경제의 생산성 문제, 물가지수 작성의 문제, 독과점 문제 등 다양한 각도에서 검토되어야 한다고 주장하고 있다.

표준 거시경제학 교과서에서 말하는, 정부 재정적자가 이자율을 상승시켜 민간 투자를 위축시킨다는 구축효과는 조세와 차입이 지출에 선행해야 한다는 전통적 인식에서 출발하는 것이라고 MMT는 말하고 있다. 조세 수입에 비해 더 지출하려면 정부가 차입을 해야 하는데, 이는 민간 기업이나 가계가 차입

17 Kelton(2020).
18 Wray(2015).

에 이용할 수 있는 저축의 양을 줄이는 효과를 낳는다. 즉, 정부 차입의 증가는 이자율을 상승하게 만들어 경기를 침체시키고 경제성장을 둔화시키게 된다. 구축효과 이론은 저축의 공급이 고정되어 있음을 가정하는 것이고, 이 상황에서 정부의 차입이 늘면 이자율은 상승할 수밖에 없다.

MMT는 구축효과를 설명하고 있는 이 대부자금이론을 거부하고 있다.[19] 이 이론은 차입이 금융자원의 희소성에 의해 제한됨을 의미한다. 현대 금융 시스템이 실제 작동하는 방식은 이와 다르다고 MMT는 주장하고 있다. MMT에 따르면, 대부자금이론이 현실과 일치하지 않는 이유는, 이 이론이 정부를 화폐 사용자로 취급하기 때문이다. MMT는 정부가 화폐 사용자가 아니라 화폐 발행자임을 강조한다. 정부가 세금을 초과하여 지출하면 시중은행 시스템에 더 많은 지급준비금이 쌓이게 된다. 즉, 재정적자는 지준(화폐)의 공급을 늘리는 것이다. 그다음에 무슨 일이 일어나는가는 정책 대응에 달려 있다. 정부는 이 늘어난 지준을 국채로 대체함으로써 차입을 할 수 있다. 은행 시스템의 지준량의 변동 없이 재정적자를 운영하는 것이 가능해진다.

앞에서 언급하였듯이 MMT의 관점에서 채권 판매의 목적은 정부지출의 재원을 마련하기 위함이 아니다. 너무 많은 초과지준으로 인하여 단기 이자율이 중앙은행이 정한 기준보다 낮아지는 것을 방지하기 위함이다. 정부의 재정적자는 화폐량을 늘리게 되므로 대부자금이론과 다르게 오히려 단기 이자율의 하방 압력을 만들어 낸다. 이러한 논리에 따르면 재정적자는 내재적으로 구축효과를 낳는다는 대부자금이론은 틀린 이론이 된다.

MMT는 인플레이션과 구축효과에 관한 기존 이론의 설명이 잘못되었다

19 Kelton(2020), Wray(2015).

는 것을 보여 주는 증거로 일본을 예로 들고 있다.[20] 일본에서는 대규모 재정적자와 부채에도 불구하고 금리 상승, 인플레이션이 나타나지 않았다. 그리고 국가부도의 위기로 이어지지도 않았다. 국가는 예산제약에 직면하지 않음을 보여 주는 사례가 된다.[21]

4. MMT에 대한 비판

앞에서 서술된 바와 같이 MMT의 출발점은 화폐가 항상 국가의 산물이라는 것이다. 그리고 조세 의무를 요구하기 위해 어떤 증표 수단을 화폐로 정한다는 것이다. 그러나 MMT의 주장과 달리 이를 역사적으로 증명하는 것은 쉽지 않다. 조세제도가 확립되기 이전에도 화폐는 존재하였다는 역사적 사실이 역사가들에 의해 확인되고 있다. 표준 교과서에 등장하는, 화폐가 시장교환의 효율성을 높이기 위해 만들어진 것이라는 가설이 역사적으로 증명되기 어려운 것처럼, 화폐가 반드시 조세 의무를 이행하기 위한 수단으로 등장하였다는 가설도 역사적으로 증명되기는 어렵다.[22]

앞서 소개된, 애덤 스미스가 언급한 미국 식민지 지폐 사례처럼, MMT도 국정화폐론을 설명하기 위해 식민지 건설 상황에 대한 비유를 많이 하고 있다.[23] 세련된 통화제도를 이미 도입한 선진국들이 아직 문명화 정도가 낮은 식민지 사회를 대상으로 경제의 화폐화를 진행하는 과정에서 세금이 기여한 부분은

20 Wray and Nersisyan(2021).
21 일본은행 관계자들은 자신들의 정책 수행과 MMT는 무관하다는 의견을 표명하고 있다.
22 Parguez and Seccareccia(2000).
23 Wray(1998).

분명 존재한다. 그러나 현대 국가의 통화제도를 저발전 단계의 통화제도와 동일시할 수는 없을 것이다. 전 세계에서 자국 화폐를 가장 자유롭게 찍어 낼 수 있어서 MMT에 의해 가장 대표적인 주권통화국, 그래서 예산제약으로부터 가장 자유로운 국가로 묘사되고 있는 미국에서, 중앙은행 제도가 확립된 시기는 20세기 초반이다. 그리고 이 과정에서도 중앙은행 제도 운영에 있어 민간과 국가 사이의 힘의 균형을 어떻게 유지해야 하는가와 관련된 싸움은 오랜 기간 이어졌다. 이러한 역사적 사실 하나만으로도 통화제도 구축에 항상 '국가가 먼저다'라는 주장을 쉽게 받아들이기 어렵게 된다.[24]

MMT가 말하는 국가화폐는 국가가 화폐라고 인정한, 그리고 세금 납부 수단으로 지정한 어떤 것이다. 그것이 명함이 될 수도 있고 조개껍데기가 될 수도 있지만, 현대 사회에서는 중앙은행이 발행하는 본원통화가 국가화폐가 되며 실제 MMT 저술에서도 본원통화가 국가화폐로 지칭되고 있다. 표준 교과서의 서술처럼, 중앙은행과 시중은행으로 구성되는 현대의 통화제도에서 전체 통화량은 중앙은행이 발행하는 본원통화와 민간은행이 창출하는 신용으로 구성되는데, 본원통화는 그 양적인 측면에서 은행신용과 비교하면 매우 미미한 수준이라고 할 수 있다. 양적인 측면에서도 국가화폐가 은행신용보다 더 큰 역할을 담당하고 있는가에 대해 쉽게 그러하다고 말하기 어려울 것이다.

그러나 MMT에서 국가화폐가 은행신용에 논리적으로 선행한다. 은행신용은 위계적으로 국가화폐에 종속된다. 은행의 신용 활동은 기존 국가화폐량에 대한 레버리지가 되는 것이다. 그런데 아이러니하게도 국가화폐와 은행(신용)화폐에 대한 이러한 논리는 MMT가 비판하는 표준 교과서와 유사한 논리구조

24 Mehrling(2000).

를 갖는 측면이 있다.[25] 표준 교과서는, 중앙은행이 본원통화를 공급하면 은행의 신용창조를 통해 여기에 통화승수가 곱해진 것만큼 총통화량이 늘어나는 것으로 통화량 변동을 설명하고 있다. 표준 교과서와 유사한 논리구조를 갖는다는 것이 꼭 비판받을 일이 아니라고 볼 수도 있다. 그러나 일반적으로 내생화폐이론[26] 전통에서는 본원통화와 은행신용의 관계를 논함에 있어 본원통화(지급준비금)의 양이 은행신용의 양을 결정하는 구조가 아니라 거꾸로 은행신용이 지급준비금의 양을 결정하는 구조로 현대의 통화제도를 묘사해 왔다. 민간의 신용 활동이 논리적으로 우선하고 그 결과 지급준비금에 대한 민간의 수요가 증가하면 중앙은행은 이 수요를 수동적으로 수용해야 하는 존재로 묘사해 왔다. MMT도 기본적으로 이러한 내생화폐이론 전통에 서 있는 학파이다. 따라서 내생화폐이론 전통 내부에서는 국가화폐와 은행화폐에 대한 MMT의 논의가 자신들의 기본 입장과 배치되는 주장이 될 수 있어 이를 매우 심각하게 다루고 있는 상황이다.

마찬가지로 화폐의 여러 가지 기능 중 계산의 단위라는 역할에 주목하는 MMT의 화폐관은, 표준 교과서의 핵심 내용인 발라스 일반균형(Walras General Equilibrium) 모델에서 n가지 재화 중 한 가지를 임의로 화폐라고 정하고, 이 화폐와의 교환 비율을 가격이라고 묘사할 때 사용되는 화폐 개념과 크게 다르지 않다는 비판도 제기되고 있다.[27] 이 역시 발라지언 일반균형의 화폐 개념과 유사하다는 것 자체가 꼭 비판받을 일은 아니지만, 내생화폐이론 전통에서 강조

25 Gnos and Rochon(2002), Parguez and Seccareccia(2000).

26 통화주의 모델에서 통화량이 중앙은행에 의해 결정된다는 측면에서 통상 화폐공급량이 외생적으로 결정된다고 서술되고 있다. 이에 반해 내생화폐이론에서 화폐공급량은 중앙은행에 의해 외생적으로 결정되는 것이 아니고 경제 주체들의 화폐수요에 의해 내생적으로 결정되는 것으로 서술되고 있다.

27 Parguez and Seccareccia(2000).

하는 '신용으로서의 화폐'라는 개념이 부족하다는 점은 이들 내에서 큰 논쟁거리가 될 수 있는 지점이다.

나아가 국가가 어떤 것이 화폐인가 아닌가를 결정할 수 있는 권한과 세금을 거둘 수 있는 권한을 가지고 있다는 사실에서, MMT의 주장대로, 곧장 국가는 예산제약에 직면하지 않는다는 것으로 바로 연결되지 않는다.[28] 현실적으로 정부가 조세 수입 이상 지출을 하려면 중앙은행 차입, 국채 발행 등의 과정을 거치게 된다. 표준 교과서에서 중앙은행이 정부의 은행이라고 묘사되어 온 만큼, 역사적으로 정부는 막대한 지출이 필요할 때 중앙은행을 이용해 왔다.[29] 중앙은행 제도의 출발점이라고 할 수 있는 영국과 프랑스 등의 경우, 어떤 민간 대형 은행이 왕실에 전쟁자금을 빌려주고 그 대가로 은행업에서 특권을 누리는 방식으로 성장하였고 이들이 중앙은행으로 발전하였다.[30]

국가별 차이는 존재하지만, 정부가 중앙은행을 이용하여 자금을 조달하는 수단을 금지하는 조치들이 점차 강화되었다. 현재 미국 정부는 연준에서 직접 차입하는 것이 불가능하며, 미국 정부가 발행한 채권을 연준이 발행시장에서 직접 매입하는 것 역시 불가능하다. 연준은 유통시장에서 국채를 사고팔 수 있는데 이는 정부의 재정 활동을 보조하기 위함이 아니라 시중의 통화량을 조절하기 위한 통화정책을 수행하기 위함이다. 중앙은행이 정부에 직접 대출을 해 주거나 국채를 직접 매입해 준다면 이는 정부의 재정적자를 중앙은행의 통화 발행으로 메워 주는 것으로 MMT가 말한 대로 조세 없이 정부가 지출을 행할 수 있게 되는 것이다. 하지만 국가부채 급증에 대한 우려로 이른바 재정준칙이

28 Mehrling(2000).
29 Mehrling(2010).
30 Goodhart and Tsomocos(2012).

강조되고 통화 발행에 따른 인플레이션을 우려하여 이러한 '재정적자의 화폐화'를 차단함으로써 현실에서는 정부가 예산제약에 직면하게 되는 상황이 발생하게 된다. 세수를 초과하는 지출을 위해서는 증세나 국채 발행이 이루어져야 하는 것이다.[31] 재정적자, 국가부채가 모두 높은 수준인 미국에서 반복적으로 '연방정부 셧다운 위기'라는 보도가 이어지고 있는 것을 보면 정부가 예산제약에 직면하지 않는다는 주장이 매우 이상하게 들릴 것이다.

5. MMT는 사이비 과학, 정치적 선동에 불과한가?

주류 경제이론과 정책담당자들 사이에서 MMT는 사이비 과학이자 정치적 선동에 불과한 것이다. 로고프(K. Rogoff)는, 자국통화로 부채를 발행할 수 있는 국가에서 재정적자는 중요하지 않다는 생각은 잘못된 것이라고 본다는 연준 의장 제롬 파월(J. Powell)의 발언을 인용하며 통화 발행이 만병통치약이 될 수 없다고 주장한다. 실제로 MMT가 말하는 바와 같은 재정·통화정책이 수행되면 투자자들은 해당 국가의 부채를 구입하지 않게 될 것이고 인플레이션이 나타나게 될 것이라고 주장하였다. MMT의 넌센스는 곧 사라질 것이라고 전망하였다.[32]

서머스(L. Summers)의 경우, MMT는 주변부 경제학자들이 만들어 낸 사이비 과학이라고 주장하였다. 1970년대 유행하고 실제 레이건 행정부 경제정책의 이론적 배경이 되었던 공급중시학파와의 비교를 통해 MMT를 비판하고 있

31 Gnos and Rochon(2002), Lavoie(2013).
32 Rogoff(2019).

다. 공급중시학파가, 세율 인하가 가지는 인센티브 효과라는 타당한 아이디어를 세율 인하가 반드시 소득 증가로 이어진다는 바보 같은 주장으로까지 밀어붙였던 것처럼, MMT는 이사율이 매우 낮은 상황에서 재정정책에 대한 고정관념을 재고할 여지가 있다는 타당한 아이디어를 정부가 경제에 추가적인 부담을 주지 않으면서 대규모 지출을 할 수 있다는 바보 같은 주장으로까지 확대하였다는 것이 서머스의 판단이다. 이는 극단적인 입장을 지닌 정치 세력이 정치·경제적으로 어려운 시기에 공짜 점심을 제공할 수 있다는 정치적 호소를 하는 것에 불과한 일이라는 것이 서머스의 평가이다.[33]

주류 경제학의 리더들이 주장하는 것처럼 MMT는 진정 사이비 과학, 정치적 선동에 불과한 것일까? '조세와 국채는 정부지출의 재원이 아니다', '정부에는 예산제약이 없다', '본원통화 증대를 위해서는 반드시 재정적자가 필요하다' 등의 MMT의 핵심 주장들은 비주류 전통 내에서도 동의를 받지 못하고 있고 현실에서도 성립하지 않는다. MMT는 극단적으로 단순화되고 과장된 이론이라는 점에 이의를 달기 어려워 보인다.

그러나 MMT의 기여 또한 무시할 수 없다. 기존 이론이 주장하는 것처럼 통화량 증대가 반드시 인플레이션으로 이어지는 것이 아니라는 점, 재정적자가 반드시 금리 인상을 초래하는 것이 아니라는 점, 재정정책과 통화정책이 완전히 분리되는 것이 아니라는 점 등을 명확히 드러냈다는 것에 큰 의미가 있다. 재정·통화정책은 장기적으로 모두 효과가 없지만 그래도 경기조절에서 재정정책보다는 통화정책이 중요하다는 기존 거시이론에 균열을 만들어 낸 것 역시 MMT의 큰 기여이다. 이러한 내용들은 모두 MMT에 담겨 있던 내용이다. 그

33 Summers(2019).

리고 글로벌 금융위기, Covid-19 위기로 기존 경제이론이 제시해 왔던 것과 다른 적극적 재정정책과 비전통적 통화정책 덕분에 MMT 주장에 관심을 가지는 이들이 폭발적으로 증가하면서 더 많은 사람들이 MMT에 관심을 가지기 시작한 것이다. 이어서 주류 이론의 비판의 빈도와 강도도 높아졌다.

주류 이론의 MMT 비판을 수용할 수 있는가와 관련하여 크게 두 가지 측면에서 검토해 보자. 하나는 이론적 측면이다. 로고프가, 화폐 발행은 만병통치약이 될 수 없고 MMT식 정책은 인플레이션을 초래할 것이라고 MMT를 비판하였다. 그러나 MMT가 화폐 발행을 무조건적인 만병통치약이라고 주장한 것은 아니다. 고용안정과 물가안정 사이의 균형을 고려하여 필요하면 화폐를 발행하자고 하였다. 또한 비전통적 통화정책에서도 드러난 것처럼, 양적 완화(화폐 발행)가 인플레이션으로 연결되지 않았다. 비전통적 통화정책을 수행하면서 연준의 대차대조표 규모는 글로벌 금융위기 이후 금융위기 이전에 비해 4배가 되었고, Covid-19 사태를 거치면서 8배가 되었다. 글로벌 금융위기 이전에는 상상도 할 수 없을 정도로 본원통화가 증가한 것이다. 그럼에도 인플레이션은 나타나지 않았다. MMT와 비전통적 통화정책 사이에 여러 차이점[34]이 존재하기는 하지만 본질적으로 화폐 발행을 통해 경제 문제 해결을 시도한다는 측면에서 공통점이 있다. MMT식 정책이 인플레이션으로 연결된다면 비전통적 통화정책도 인플레이션으로 연결되었어야 한다. 화폐 발행은 곧 인플레이션이라는 기존 이론이 항상 맞는 것이 아니고, 따라서 이에 근거한 MMT 비판도 재고될 필요성이 있다.

두 번째는 이론과 규범이 결합된 측면이다. 서머스는 MMT를 주변부 경제학자들의 정치적 선동이라고 비판하고 있다. 그런데 정치적 선동의 내용이 무

34 MMT는 양적 완화 정책에 대해 비판적이다. 이에 대해서는 Fullwiler and Wray(2010)를 참조.

엇인지 따져볼 필요가 있다. 주류 이론은 통화정책이 정치적, 경제적으로 중립적이어야 하고 중립적이라고 믿는다. 중앙은행의 독립성을 강조하면서 정치에 의해 통화정책이 흔들리는 것을 경계한다. 그리고 통화정책에 의한 통화량 증가는 물가와 같은 명목변수에 영향을 미칠 뿐 실질변수, 분배 등에 영향을 미치지 않아 장기적으로 중립적이다. 이에 반해 MMT는 재정정책과 통화정책은 분리될 수 없다고 보았고, 통화정책의 독립성이라는 것은 존재할 수 없는 것으로 보았다. 그리고 MMT의 정책 목표는 실업자 구제, 고용안정이다.

비전통적 통화정책이 진행되는 과정을 보면 통화정책은 독립적이지도 중립적이지도 않다는 것이 입증되었다. 연준은 글로벌 금융위기 상황에서 금융 시스템 전체의 안정을 위해, 그리고 금융 시스템이 어느 정도 안정된 이후에도 경기부양을 위해 엄청난 양의 돈을 쏟아부었다. 당연히 미국 금융 시스템 전체의 안정을 위해, 미국 경제의 경기부양을 위해 취해진 조치이지만 이러한 통화정책의 1차 수혜자는 자산가, 금융업 종사자들이다.[35] 연준은 지급불능인 금융기관을 구제하기 위해 수조 달러의 자금을 지원하였으며, 일반적인 상황에서는 중앙은행의 거래 대상에 포함되지 않는 장기국채나 모기지 채권 등을 구매하면서 직접적으로 특정 자산가격의 하한선을 받쳐주었고 장기금리에 대한 인위적 조성에 나섰다.[36] 이러한 정부와 금융계의 모습을 보고 '월가를 점령하라' 등의 구호와 함께 시위가 발생한 것은 잘 알려진 사실이다. 정책담당자 스스로도 비전통적 통화정책이 소득 불평등, 자산 불평등을 심화시키고 있다는 우려의 목소리를 내기 시작하였다.[37] 이러한 정책이 시행되는 과정에서 모든 일들을 중앙은

35 Watkins and Seidelman(2023).
36 Boettke, Salter, and Smith(2021), Mehrling(2010).
37 Dietsch, Claveau, and Fontan(2018).

행이 단독으로 처리하지 않았다.

많은 주류 이론가와 통화정책 담당자들은 금융안정을 위해 이와 같은 비중립적이고 비독립적인 통화정책을 수행한 것은 금융위기 속에서 이루어진 불가피한 정책이었다고 서술하고 있다. 반면 MMT의 고용안정정책 그리고 지난 미국 대선에서 버니 샌더스(B. Sanders) 캠프에서 MMT에 근거하여 주장하였던 기후위기 대응을 위한 양적 완화 정책 등은 결코 어쩔 수 없는 불가피한 선택이 아닌 정치적 선동, 포퓰리즘이 되는 것이다.

그런데 정부가 어떤 정책을 추진하고 어떤 정책을 우선할 것인가의 문제는 민주주의 사회에서라면 당연히 민의를 반영하여 결정되어야 한다. 중앙은행이 물가안정만을 정책 목표로 삼을 것인지, 고용안정도 정책 목표로 삼을 것인지는 중앙은행이 결정하는 것도 아니고 경제학자들이 결정하는 것도 아니다. 금융안정의 불가피성과 고용안정과 기후위기 대응의 불가피성 중 어떤 것이 우선인가는 경제적 분석과 함께 정치적 과정을 통해 결정되는 문제임에도 주류 경제학은 고용안정을 우선하는 정책은 이론적으로 잘못된 것이라는 입장을 가지고 있었기에 위와 같은 비판이 나타날 수 있는 것이다. 기존 거시이론을 고수하는 입장에서 고용안정과 물가안정 사이의 균형 등의 이야기는 철 지난 케인지언 이론에 불과한 것이었다. 거시이론에서는 자연실업률 가설, 수직의 필립스 곡선이 진리가 되었다. 그러나 최근 다시 인플레이션이 전 세계적 경제 문제로 등장하기 이전까지 우리는 수직의 필립스 곡선이 아닌 수평의 필립스 곡선 시대에 살고 있었다.[38]

금융안정을 위한 양적 완화는 중립적이며 과학적인 것이고, 설령 비중립적 요소가 있다고 해도 불가피한 측면이 있는 것이며, 고용안정이나 기후 대응을

38 Goodhart and Lastra(2018).

위한 양적 완화는 비과학적이고 정치적 선동이라는 비판은 주류 이론만이 진실이며 주류 이론에 근거한 정책은 중립적이라는 잘못된 주장에 근거한 측면이 있다. 물론 양적 완화에 대해 비판적인 주류 이론가들도 많다. 그런데 Covid-19 사태를 겪으면서 '비전통적' 통화정책은 '일상적인' 통화정책으로 자리를 잡아가고 있다.[39] 통화 발행을 통해 경제 문제를 해결하려는 시도가 점차 일상화되는 시대를 살아가고 있는 것이다. 이 통화 발행을 통해 어떤 정책을 수행할 것인가는 정치적 과정을 통해서 이루어진다. 그중 어느 하나는 정치적으로 중립적이고 어느 하나는 정치적 선동, 포퓰리즘이 될 수 없는 것이다.

6. 최근 경제정책들과 MMT

MMT는 그동안 주류 경제이론이 보지 못하거나 무시해 왔던 요소들을 분명하게 드러내는 데 많은 기여를 하였음에도 불구하고 MMT의 지나치게 과도한 주장들로 인하여 그 의미가 훼손되고 있다. 그러나 이러한 치명적인 단점에도 불구하고 MMT의 기여는 제대로 평가될 필요가 있다. MMT의 화폐관이 편협하다는 비판을 받지만 사실 주류 이론의 화폐관도 정립되어 있지 못하고 역사적으로 증명된 바도 없다.

MMT는 지나치게 단순화되고 과장된 논리라고 비판받지만, 주류 경제이론 역시 현실을 지나치게 단순화하고 비현실적인 가정들 위에서 만들어진다. 대표적으로 MMT가 자신들의 논리를 정당화하기 위해 내세우는 '재무부-중앙

39 Fischer(2021).

은행 통합' 가정의 비현실성에 대해 많은 비판이 쏟아지고 있다.[40] 그러나 마찬가지로 프리드먼의 통화주의 이론 역시 헬리콥터에서 일반 시민들에게 돈을 뿌리는 비현실적인 비유를 들면서 인플레이션을 설명하였다. 그런데 아이러니하게도 이 '헬리콥터 머니'는 글로벌 금융위기를 거치면서 정책 대안의 하나로 거론되기에 이른다. 평론가들은 양적 완화로 돈을 쏟아붓고 있던 벤 버냉키(B. Bernanke) 금융위기 당시 연준 의장을 '헬리콥터 벤'이라고 비아냥거렸다.

그런데 Covid-19 사태 속에서 각국 정부는 실제로 이 헬리콥터 머니에 가까운 정책을 수행하였다. 연준은 Covid-19 위기 극복을 위해 은행과 금융기관에 대한 지원을 넘어서 비금융기업, 지방 정부까지 지원하는 파격을 보여 주었다. 미국 정부는 이로 인해 발생할 수 있는 연준의 신용 리스크를 보증하는 파격을 보여 준다. 이러한 정책 수행은 미 의회에서 CARES법(Covid Aid, Relief and Economic Security Act)을 마련하였기에 가능한 일이었다. 기존 이론이 주장해 온, 인플레이션 이론, 통화정책의 목적과 범위, 통화정책의 독립성과 중립성과는 모두 거리가 먼 정책이 전염병으로 인한 경제위기 극복을 위해 동원된 것이다. 연준과 미국 정부의 이러한 정책 수행은 기존 이론으로 설명되지 않는다. 그리고 정책 목표를 정하는 것은 경제학자나 경제관료가 하는 것이 아님을 보여 주었다.

전 세계가 다시 인플레이션에 시달리면서 MMT 종식에 대한 목소리가 높아지고 있다. 특히, 영국 트러스(E. Truss) 정부의 부자 감세 정책이 영국 금융시장의 불안을 야기하고, 이로 인하여 트러스 정부가 실각함으로써 높은 수준의 재정적자와 정부 부채는 나쁜 것이라는 기존 재정이론을 무시하는 것이 얼마나 위험한 것인지, 그리고 MMT 같은 사이비 이론이 얼마나 위험한 것인지를

40 Lavoie(2013).

강조하는 주장이 늘어나고 있다.[41] 그러나 MMT가 낙수효과를 주장한 적이 없으며, 일국의 재정·통화정책이 국제금융시장의 움직임에 의해 제약될 수 있다는 점을 무시한 적도 없다. 통화 증발이 인플레이션으로 이어진다는 통화주의의 논리를 거부하였지만, 재정정책이 인플레이션에 영향을 줄 수 있음을 부정한 적도 없다. 트러스 정부의 정책은 MMT를 따른 것이라고 보기 어렵다. 그럼에도 불구하고 다수의 경제평론가와 언론이 트러스 정부의 실패가 MMT의 실패라고 보는 이유는, 이들이 재정적자가 중요하지 않다는 MMT의 주장을 정부가 무조건적으로 무제한 지출을 할 수 있다는 주장으로 받아들이고 있기 때문이다. 정부가 고용과 인플레이션 안정을 위해 재정정책을 사용해야 한다는 MMT의 주장은 사실 정부지출의 한계가 있다는 것으로 해석될 필요가 있다. 물론 많은 평론가들이 MMT에 대해 이와 같은 오해를 하게 된 것은 MMT에도 일부 책임이 있다. MMT의 핵심 명제들이 매우 단순한 형태로 등장하고 있으며 현실에서 성립하지 않기 때문이다.

트러스 정부의 사례와 반대로 미국 바이든(J. Biden) 정부의 정책인 인플레이션 감축법(Inflation Reduction Act)은 그 속내와 정치적 셈법이 훨씬 복잡하겠지만, 재정정책을 통해 인플레이션 완화를 추구한다는 점에서 MMT의 프레임으로 설명될 수 있는 사례라고 할 수 있다. MMT가 지난 미국 대선에서 버니 샌더스라는 소수파 정치인의 정책 기반이었다는 위치를 넘어서 현직 대통령의 핵심 정책에 영향을 미쳤다고 평가될 수 있는 부분이다. 물론 실제 미국에서 인플레이션이 얼마나 완화될지, 그리고 완화되더라도 그것이 인플레이션 감축법 때문인지에 대해서는 엄밀한 논의가 필요할 것이다.

41 Brigden(2022). 여기서 브리그덴은 MMT를 modern monetary theory가 아닌 magic money tree로 칭하고 있다.

참고문헌

나원준, 「현대화폐이론(MMT)의 의의와 내재적 비판」, 『경제발전연구』, 25(3), 2019, pp. 91~127.

황재홍, 「현대화폐이론에 대하여」, 『녹색평론』, 통권 167호, 2019, pp. 72~82.

Boettke, Peter, Alexander W. Salter, and Daniel J. Smith, *Money and the Rule of Law*, Cambridge University Press, 2021.

Brigden, Andrew, "Can Liz Truss Get Her Fiscal Sums to Add Up?," *Financial Times*, Oct. 3, 2022.

Dietsch, Peter, Francois Claveau, and Clement Fontan, *Do Central Banks Serve the People?*, Polity Press, 2018.

Fischer, Stanley, "Comparing the Monetary Policy Responses of Major Central Banks to the Great Financial Crisis and the Covid-19 Pandemic," *Inaugural Miriam Pozen Prize Address*, 2021.

Fullwiler, Scott and Randall Wray, "Quantitative Easing and Proposals for Reform of Monetary Policy Operation," Levy Economics Institute of Bard College Working Paper No. 645, 2010.

Gnos, Claude and Louis-Philippe Rochon, "Money Creation and the State," *International Journal of Political Economy*, 32(3), 2002, pp. 41~57.

Goodhart, Charles and Dimitrios P. Tsomocos, *Financial Stability in Practice*, Edward Elgar, 2012.

Goodhart, Charles and Rosa Lastra, "Populism and Central Bank Independence," *Open Economies Review*, 29, 2018, pp. 49~68.

Kelton, Stephanie, *The Deficit Myth: Modern Monetary Theory and the Birth of the People's Economy*, Public Affairs, 2020.

Keynes, John M., *A Treatise on Money*, Vol. 1, Macmillan, 1953.

Knapp, Georg F., *The State Theory of Money*, Augustus M. Kelley, 1973.

Lavoie, Marc, "The Monetary and Fiscal Nexus of Neo-Chartalism: A Friendly Critique,"

Journal of Economic Issues, 47(1), 2013, pp. 1~31.

Lerner, Abba, "Functional Finance and the Federal Debt," *Social Research*, 10, 1943, pp. 38~51.

______, "Money as a Creature of the State," *American Economic Review*, 37(2), 1947, pp. 312~317.

Mehrling, Perry, "Modern Money: Fiat or Credit?," *Journal of Post Keynesian Economics*, 22(3), 2000, pp. 397~406.

______, *The New Lombard Street: How the Fed Became the Dealer of Last Resort*, Princeton University Press, 2010.

Menger, Carl, *Principles of Economics*, New York University Press, 1981.

Mishkin, Frederic, *The Economics of Money, Banking, and Financial Markets*, Pearson, 2019.

Parguez, Alain and Mario Seccareccia, "The Credit Theory of Money: The Monetary Circuit Approach," in John Smithin, eds., *What is Money*, Routledge, 2000, pp. 101~123.

Rogoff, Kenneth, "Modern monetary Nonsense," *Project Syndicate*, March 4, 2019.

Smith, Adam, *An Inquiry into the Nature and Causes of the Wealth of Nations*, The Modern Liberty, 1994.

Summers, Lawrence, "The Left's Embrace of Modern Monetary Theory Is a Recipe for Disaster," *Washington Post*, March 4, 2019.

Watkins, John and James E. Seidelman, "The Great Hypocrisy: Neoliberalism's Critique of Modern Monetary Theory," *Journal of Economic Issues*, 57(3), 2023, pp. 793~807.

Wray, Randall, *Understanding Modern Money: The Key to Full Employment and Price Stability*, Edward Elgar, 1998.

______, "Modern Money," in John Smithin, eds., *What is Money*, Routledge, 2000, pp. 42~66.

______, "Central Bank Independence: Myth and Misunderstanding," Levy Economics Institute of Bard College Working Paper No. 791, 2014.

______, *Modern Theory of Money: A Primer on Macroeconomics for Sovereign Monetary System*, Macmillan, 2015(홍기빈 옮김,『균형재정론은 틀렸다』, 책담, 2017).

Wray, Randall and Yeva Nersisyan, "Has Japan Following Modern Money Theory Without Recognizing it? No! And Yes," Levy Economics Institute of Bard College Working Paper No. 985, 2021.

에필로그

'한국적 경제학'의 정립을 위한 기나긴 여정의 첫걸음

1. 주류 경제학의 대안을 추적하다
2. '한국' 경제학과 '한국적' 경제학
3. 한국적 경제학 실종의 의미
4. 한국적 경제학의 길을 찾는 대장정의 시작

1. 주류 경제학의 대안을 추적하다

18세기 서구에서 자본주의라는 새로운 생산양식이 본격적으로 대동하면서 이를 해석하기 위한 학문 범주를 구축하기 시작한 이래, 지금까지 경제학이라 명명되면서 그 사상적, 이론적 계보가 이어지고 있다. 그런 가운데 이른바 '주류 경제학'(mainstream economics)이라고 불리는 오늘날의 신고전학파 경제학은 시장주의와 수리·계량적 방법론을 특징으로 하면서 스스로 철학과 방법론상의 우월성을 자부하고 있다. 대다수 경제학자들이 이를 실제 경제현상에 대한 분석에 있어 철칙에 가까운 토대로 삼고 있지만, 사실 그 한계에 대한 통렬한 지적 또한 존재한다.

경제이론은 경제현상에 대한 해석만이 아니라, 심각한 경제 사회의 문제 또는 커다란 경제위기를 돌파하는 유용한 해법을 제시할 때 비로소 존재감을 인정받는다. 1930년대 극심한 경제대공황이 발생하면서 케인스주의(Keynesianism)가 이론으로서의 정당성을 입증받게 되었고, 시간이 흘러 당시의 주류 경제학에 수용되면서 신고전학파 종합(neoclassical synthesis)이라는 형태로 발전되었다. 1980년대 이후 고질적인 스태그플레이션 등장으로 다시 시장자유주의가 강화되면서 통화주의(Monetarism)와 합리적 기대가설(rational expectation)이 내세가 되어 주류 경제학 내의 특징이 부분적으로 변화되었다. 그러나 2007~2008년 금융위기와 함께 닥친 세계 경제위기 이후 주류 경제학에 대한 새로운 대안이 요구되는 상황이지만 세계은행이나 OECD, ILO 등에서 서로 약간 결이 다른 수준으로 사회적 약자에 대한 분배친화적 성장 패러다임에 해당하는 포용성장(inclusive growth), 포용경제(inclusive economy)를 주창하는 정도에 그치고 있다.

이렇듯 경제학이 현실경제를 설명하기 위해 지속적으로 대안을 찾아가는 흐름을 이 책은 좀 다른 각도에서 살펴보았다. 즉, 제2차 세계대전을 전후해 경제학이 '사회과학의 지배자'가 되면서 그 핵인 신고전학파 경제학이 자신의 철학과 방법론을 경제 영역을 넘어 사회의 전 영역으로 확대 적용하는 제국주의적 '오만'함을 보였으며(1장), 이에 대한 자성의 일환으로 자연과학까지 포함하여 다른 영역의 분석철학과 개념을 받아들이는 '겸손'을 통해 어떻게 주류 경제학 내에서 그 경계를 일정 정도 넘나들며 이론이 기반하는 폭과 깊이를 더해 그 나름의 대안을 찾아보려 하였는지를 열 가지의 이론경제학 분파를 통해 보여 주었다.

구체적으로 핵심만 복기해 보자면 다음과 같다. 이 흐름의 선두에 섰던 것으로 심리학에서 인간의 행동을 설명하는 요체를 수용하고 발전시켜 경제현상만이 아니라 경제발전과 역사, 문화까지 연결하는 기반을 제공한 행동경제학(2장)이 있었고, 이와 연관된 흐름이지만 그 배경이나 초점이 각기 다른 여러 대안적 흐름을 살피는 것으로 확장하였다. 자연과학의 방법론을 도입한 실험경제학(3장), 계량적 방법론에 의존하지만 자료의 수집 범위와 규모를 방대하게 하여 역사발전을 설명하고자 한 역사경제학(4장), 생물학이나 의학에서 발달해 온 이론들에서 지적 세례를 받아 새로운 경제학 이론의 가능성을 밝혀 주고 있는 진화경제학(5장), 신경경제학(6장), 유전경제학(7장)이 어떤 배경과 과정을 거쳐 기존의 주류 경제학에서는 보지 못한 개념과 논리를 장착하였는지를 보았고, 그간 경제학의 전통에서 존재감이 없지 않았으나 행동경제학과 연관되어 그 의미가 더욱 살아난 '언어'에 주목한 언어경제학(9장) 등이 그것이다. 이 밖에도 주류 경제학이 목적함수로 삼아 온 효용의 극대화에서 '효용'과는 차원이 다른 '행복'이라는 정신적 풍요의 영역에 초점을 맞추어 생성된 행복경제학(8장), 그리고 주류 경제학에서 이단아로 취급되는 가운데 하나의 분파로까지 발전하였다고 확언할 수 없지만 코로나 팬데믹이라는 전대미문의 대위기 앞에서 부상한 대안이라는 점에서 시사하는 바가 큰 새로운 통화이론인 현대화폐이론(10장)이 추가되었다.

6명의 필진이 동원되어 집필된 이 책의 글들이, 주류 경제학의 경계를 넘나들며 그간 행해진 대인 찾기의 모든 것을 섭렵한 것은 결코 아니지만, 그나마 독자들로 하여금 경제학 제국주의를 불가피하게 벗어나야 하였던 주류 경제학이 다른 학문 영역에서 자양분을 받아들여 어떻게 진화하고 있는지 그 일단을 한 권의 책을 통해 볼 수 있다는 의의는 적지 않다고 생각한다.

2. '한국' 경제학과 '한국적' 경제학

프롤로그에서 밝혔듯 이 책은 앞으로 수년간 연속적 간행될 『경제사회연구총서』의 마중물에 해당되는 두 권의 총론 중 첫 번째 저작물로서, 위에서 본 것처럼 주류 경제학 이론의 대안에 주목하였다.

그러나 이 총서를 통해 궁극적으로 추구하고자 하는 것은 '한국적 경제학'의 본류를 만드는 것이다. 한국에서 경제학의 학문적 전통이 생긴 것은, 19세기 실학을 비롯하여 더 거슬러 올라가 경세제민(經世濟民)의 통치 철학과 제도를 통해 찾을 수 있냐는 것은 논외로 할 때, 적어도 서구에서 발원된 경제학이 유입되기 시작한 이래 약 100여 년의 역사를 갖는다. 일제 치하 일본 유학파인 백남운(1894~1979), 이순탁(1897~미상), 신태환(1912~1993), 최호진(1914~2010) 등에 의해 서구의 경제학을 강단에서 교육하고 연구한 한국 경제학자 1세대로부터 시작하여, 그들의 제자들로 구성된 2세대, 이승만 치하 배일(排日)정책에 의해 대세가 되어 버린 미국 유학파들로 구성된 3세대, 그리고 이후 압도적인 형세로 국내 학계를 형성된 미국 유학파와 함께 이전 3세대의 제자들로 1970~1980년대 한국 경제의 구조적 모순에 문제의식을 가진 국내파가 혼성되어 이루어진 4세대에 의해 그 지적 전통이 이어져 나갔다.[1]

이러한 지적 전통과 흐름을 '한국' 경제학이라고는 할 수 있지만, '한국적' 경제학이라고 평가할 수는 없다. 왜냐하면 한국 경제학은 단지 한국이라는 공간에서 주로 한인 경제학자들이란 조건이 충족되면 명명할 수 있는 용어이지만, 한국적 경제학은 대표적으로 주종환이 말한 대로 '한국의 현실을 과학적으로 분석할 수 있는 경제학 체계'[2]라고 할 수 있는데, 현재 우리에게 이런 학문 체계가 형성되었다고 결코 말할 수 없기 때문이다.

한국적 경제학이 지금까지 정립되지 못한 이유는 명백하다. 많은 이들이 지적하듯, 서구 경제학의 수입과 추종 단계를 벗지 못하여 한국적 경제 문제의 역사적, 구조적 맥락을 무시하고 서구 경제학 이론에 끼워 맞추어 해석하고 이로부터 특별한 차별성 없는 해결책을 제시하는 단계에 머물러 있기 때문이다. 이근이 "한국에 경제학은 없다. 대부분의 사회과학이 그렇듯이 경제학도 서양에서 수입된 학문이다"[3]라고 단언한 것이 대표적이다. 박세일이 말한바, 경제학의 발전 3단계 중 현재 한국 경제학은 제1단계인 '시장경제학으로서의 경제학' 혹은 '수입 학문으로서의 경제학' 단계를 벗어나지 못하고 있고, 신학, 윤리학, 법학, 정치경제학 등을 함께 이해하는 '도덕철학으로서의 경제학'이라는 2단계도, '국가전략학, 경세안민학(經世安民學)으로서의 경제학'이라는 3단계도 가지 못하고 있다.[4] 이를 뒷받침하는 사실의 하나로 조장옥·김숙영의 연구를 들 수 있다. 이들은 한국 경제학계에서 학자들의 평판과 인정의 바로미터인 SSCI급 학

---

1 이현재(2015), pp. 8~11.
2 주종환(1994), p. 60.
3 이근(2002), p. 2.
4 박세일(2014), pp. 6~7.

술지에서 1990년부터 2013년까지 한국 학자들이 발표한 논문에는 국제경제학 분야가 15.1%로 가장 많고, 주제로는 경제일반이론이 41.3%에 달한다고 제시하고 있다. 같은 연구에서 이들은 국내 등재지 44개 학술지에 실린 논문은 한국 경제에 대한 연구 주제가 60.9%를 차지한다고는 밝히고도 있지만 그 방법론이나 내용이 한국 경제에 대한 독자적인 이론 틀에 기초한 것이라 보기 어렵기에 한국 경제학이 수입 학문 단계에 머무르고 있다는 주장이 뒤집혀지지는 않는다.[5]

물론 이제까지 한국적 경제학을 구축하고자 하는 한국 경제학계의 시도가 없었던 것은 아니다. 1970년대와 1980년대 초반 시장주의 경제학자와 진보적 경제학자 안에서 일어난 한국(적) 경제학에 대한 논쟁이 대표적이다. 주류 경제학에 대한 강력한 옹호자인 김병주가 한국 경제학이 무엇인지에 대해 정의를 내리기도 하였으나 대부분 미국 유학파들이 신고전학파 종합이 세계적으로 보편타당하므로 이를 수입하고 적용하는 것에 오류가 없음을 주장하였던 것이 한 축이라면,[6] 조용범, 박현채, 주종환 등은 분단·냉전 체제와 유신독재 체제에 기반하면서 성세적으로 불균형 발전과 노동자·농민의 희생에 기반한 수출지상주의, 일본 자본과 기술에 종속된 경제 등으로 특징지어지는 경제 체제를 비판하며 식민지 유제 청산과 민족경제 확립 등을 지향하는 경제관을 제시하는 흐름도 존재하였다.[7] 그러나 진보진영 내에서는 또 하나의 논쟁이 생성되었는데, 1985년 이대근의 「한국자본주의의 성격에 대하여」 논문을 필두로 이른바 '한국 자본주의의 성격' 또는 '한국 사회 구성체'에 대한 논쟁이 뜨겁게 달아

5 조장옥·김숙영(2016).
6 김병주(1983).
7 정성기(2015), p. 182; 정성기(2018), pp. 102~109.

올라 한국 경제의 혁명적 변화를 끌어내고픈 열망을 담아내기도 하였다.

그러나 이런 두 흐름 모두 지속되지 못하였다. 어차피 시장주의 경제학자들에게는 굳이 한국적 경제학에 대해 문제의식을 가질 만한 동기가 그들 관점에서는 애초부터 부재할 수밖에 없다는 이유가 컸을 것이다. 또한 진보학자들이 벌인 한국 사회 구성체 논쟁도 마르크스경제학에 상당히 의존함으로써 그들이 비판한 보수경제학계의 문제점, 즉 학문적 자주성의 결여 또는 학문적 식민성의 함정에 빠졌기에 논쟁의 지속과 확장이 처음부터 제약될 수밖에 없었다.[8]

3. 한국적 경제학 실종의 의미

생각해 보면, 한국적 경제학에 대한 시도와 논쟁이 잦아들게 된 배경에는 1980년대 후반부터 3저 호황에 힘입으면서 한국 경제의 성과가 급격히 개선된 것과 무관하지 않다. 한국 경제학계 내에 주류 경제학 이론을 받아들인 측이나 마르크스 이론을 기반으로 비주류 정치경제학을 추구한 측이나 모두 한국 경제의 주요 지표들이 빠르게 개선되고 국민의 생활 수준이 급격히 상승하는 현실 앞에서 한국적 경제학의 근본을 찾아나가는 작업을 지속하기 힘들었을 것이다. 전자 그룹은 더 이상 서구 경제학 이론 외의 고민을 할 필요가 없어졌으며, 후자 그룹은 동구권의 몰락과 더불어 정치경제학 이론 틀로 한국 경제를 설명하는 것이 어렵게 되었다.

물론 한국 경제가 순조롭게 발전을 계속해 온 것은 아니었다. 1997~1998

8 정성기(2018), pp. 96~97.

년 외환위기로 인해 국가부도 사태를 겪은 것은 한국 경제 성장의 역사에서 치욕적인 것이었다. 비록 비교적 빠르게 2001년 종료를 선언하였지만, 이후 한국 경제는 기존의 고실적인 문제를 해결하지 못한 채 신자유주의 원리를 받아들여 세계 경쟁 체제를 적극적으로 수용하는 글로벌화, 기업의 자유에 대한 철저한 보장, 노동의 유연성 확대, 최소주의에 입각한 사회안전망의 확대 등을 추진하게 되었다. 그간 고도 경제성장과 이로 인한 고용의 확대, 고용을 통한 복지의 해결이란 패러다임이 바뀌어 한국 경제의 성장방식은 새로운 단계로 진입하였다.

그러나 수출 위주의 대기업에 경제력이 더욱 집중되고, 수출과 내수의 불균형이 지속됨은 물론 2000년대 이후 노동의 유연화는 노동시장의 양극화와 노동의 불안정성이 더욱 심화되었다. 서비스 분야의 낮은 부가가치와 개인 서비스 중심으로 영세 자영업의 과도한 팽창도 한국 경제의 고질적인 취약점으로 계속된다. 부동산 시장의 불패 신화는 지속되어 자산 격차가 더욱 심해지고, 이는 지역 격차를 불러일으키며 자산의 양극화가 발생하면서 소득의 양극화, 교육의 양극화, 노동의 양극화 간에 상호 연쇄효과를 일으키며 한국 사회를 격차사회로 특징짓게 만들고 있다.

이런 가운데 한국 경제는 2018년 인구 5,000만 이상이면서 1인당 국민소득 3만 달러에 도달한 국가들, 이른바 '3050클럽'에 7번째 국가로 가입하게 됨으로써 한때 세계 경제 10대 대국에 편입되는 등 화려한 외형적인 성과를 보이며 지속 성장의 역사는 계속 써내려가고 있기도 하다. 그러나 한국 경제가 늘 성장의 양지와 음지를 극명하게 보여 주었던 것처럼, 다른 한편으로는 세계 최저의 출생률, 최고 수준의 자살률, 최고 속도의 고령화, OECD 최고 수준의 노인빈곤율, OECD 최고 수준의 남녀 임금 격차 등 행복하지 않은 국민의 삶, 상대적으로 낮은 삶의 질을 동시에 갖고 있다.

이제 세계는 국제정치 질서가 요동치고, AI 등 새로운 디지털 기술로 인해 생산, 유통, 소비의 전 단계가 혁신적으로 변모하면서 인간 노동의 미래가 새로운 국면을 맞이할 것이라 예견하고 있다. 기후위기는 탄소중립 사회로 인류가 나아갈 수밖에 없으며, 이는 성장방식 자체를 전환하도록 요구하고 있다. 이런 지구적 차원의 미래 환경의 변화는, 한국 경제에 그 자체의 성장 경로에서 지니게 된 문제와 함께 훨씬 더 파괴적이고 예측불허의 도전거리를 더하게 된다.

한국 경제의 현재와 미래에 대한 이러한 진단 앞에서 결국 다시 '한국적 경제학'의 정립이 시급히 요구됨은 당연하다. 한국 경제의 보편성과 특수성에 맞도록 경제학의 보편적 이론과 한국 현실을 진단하는 고유의 경제이론이 결합된 이론 틀이 정립되지 않는다면, 한국 경제의 문제점과 이와 연결된 정치, 사회, 환경, 문화, 교육, 젠더, 복지 등등에 연결된 많은 문제점을 분석하고 그 해법을 찾는 것은 불가능하다. 마치 '역사의 우연'에 국가의 운명을 던지는 꼴이다.

4. 한국적 경제학의 길을 찾는 대장정의 시작

우리가 앞으로 『경제사회연구총서』라는 이름하에 발간할 많은 책자들은 바로 이러한 문제의식과 전망에 기초하고 있다. 그러나 한국적 경제학의 정립은 대장정(大長征)의 길이요 한 무리의 지식인이 이루어 낼 수 있는 작업이 될 수 없기에, 우리는 겸허하게 그리고 서두르지 않고 우리의 길을 갈 것이다.

당장 이 총서의 마중물인 총론에 해당하는 세 권의 책자 중 나머지 하나가 이어진다. 이번에 발간한 총론 1권이 경제학 이론의 대안에 주목하였다면, 이어지는 총론 2권은 접근방식을 달리하여, 금융불안정, 저출산 고령화, 사회연대에 기초하여 작동하는 경제, 지대를 통한 부의 생성, 갈등의 국제정치경제, 정치 양극화, 소득 불평등, 복지국가의 부침, 긱(gig) 노동, 기후 변화 등등 사회경제 분야의 다양한 현실적 문제들을 중심으로 경제학 이론이 어떻게 적용되고 어떻게 설명하고 있으며 어떤 해법을 보여 주는지, 그러나 어떤 한계를 노정하고 있는지를 다룬다. 그리고 총론 3권은 경제학 사상을 다시 복기해 보면서 앞의 두 권에서 다룬 경제학 이론과 정책이 경제사상사의 거대한 흐름에서 어떤 위치를 차지하는지를 밝히려 한다.

이후 이 총서의 낱권이 계속 출간되면서 결국 이들이 하나하나 작은 물줄기가 되면서 더 많은 경제학자와 사회과학자들과 함께 '한국적 경제학'을 정립하고자 하는 장강(長江)이 되기를 기대한다.

참고문헌

김병주, 「한국경제학의 현황과 과제」, 신태환 외, 『한국경제학의 제문제』, 서울: 전예원, 1883.

김용진, 「한국적 사회과학으로서 경제학 발전을 위한 제언」, 『한국경제포럼』, 9(3), 2016, pp. 1~23.

박세일, 「한국경제학은 어디로 가고 있는가?」, 『한국경제포럼』, 7(1), 2014, pp. 6~51.

박우희, 「'한국경제학', 어떻게 할 것인가?」, 『한국경제포럼』, 8(1), 2015, pp. 5~17.

이 근, 『한국인을 위한 경제학』, 서울: 박영사, 2001.

이대근, 「한국자본주의 성격에 관하여」, 『창작과 비평사』, 1985, p. 57.

이현재, 「한국경제학회, 한국의 경제학과 경제학자, 그리고 한국의 대학교육」, 『한국경제포럼』, 9(1), 2015, pp. 5~16.

정성기, 「1970-80년대 한국(적) 경제학 논쟁 연구: 미국·서양 보편주의 수용의 갈등을 중심으로」, 『사회경제평론』, 통권 제48호, 2015, pp. 149~191.

______, 「1970-80년대 한국경제학 논쟁과 진보경제학의 학문적 식민주의 연구」, 『사회경제평론』, 통권 제57호, 2018, pp. 93~130.

조장옥·김숙영, 「한국 경제학자들의 연구성향에 관한 연구」, 『한국경제의 분석』, 22(1), 2016, pp. 207~351.

주종환, 『한국적 경제학』, 서울: 예풍출판사, 1984.

홍 훈, 『경제학의 역사』, 서울: 박영사, 2007.

______, 『한국의 경제학과 경제학자』, 서울: 도서출판 해남, 2020.

찾아보기

ㄴ

ㄷ

ㄹ

ㅁ

ㅂ

ㅅ

ㅇ

ㅈ

ㅊ

ㅋ

ㅌ

저자 소개

홍 훈

연세대학교 명예교수이다. 연세대학교와 미국 뉴욕 사회과학대학(New School for Social Research)에서 경제학을 공부한 후, 경제사상, 정치경제학, 경제이념, 행동경제학 등을 가르치며 연구해 왔다. 현재는 신고전학파 경제학의 이념과 이론에 대해 연구하고 있다. 저서로 『마르크스와 오스트리아학파의 경제사상』, 『경제학의 역사』, 『행동경제학 강의』, 『경제학자의 인간수업』, 『시장주의란 무엇인가』 등이 있다. 논문으로는 「경제민주화의 사상적 배경」, 「교육은 상품이 될 수 있는가?」, 「한국경제사회, 한국인, 한국교육: 한국형 모델의 이론적인 구성요소들」 등이 있다. 한국사회경제학회 회장과 연세대학교 상경대학 학장을 역임하였다.

박종현

경상국립대학교 경제학부 교수이다. 연세대학교 경제학과를 졸업하고 같은 학교 대학원에서 마르크스의 화폐이론과 케인스의 금융이론으로 논문을 썼다. 2002년부터 국회도서관 금융담당 연구관으로 일하면서 입법 및 정책 생산 과정을 관찰하였으며, 최근에는 사회연대경제 영역을 중심으로 좋은 삶의 가능성을 찾고 있다. 『케인즈 & 하이에크』, 『미국의 고등교육』, 『행복: 경제학의 혁명』, 『거대한 전환에서 거대한 금융화로』, 『유한계급론』, 「경쟁적 경제시스템의 윤리적 가치판단: 나이트와 베블런을 중심으로」 등을 쓰고 옮겼다.

서한석

가천대학교 명예교수이다. 연세대 경제학과(학사, 석사, 박사)를 졸업하고 가천대 경제학과 교수를 역임하였다. 주 관심 분야는 부문 간 구조전환, 금융화와 생산성, 제도와 경제성장 등이다. 논문으로는 「금융화, 기업의 수익률, 그리고 고용성장률」, 「제조업은 아직도 중요한가」, 「OECD 11개 주요국가의 소득불평등 요인분석」, 「OECD 23개 주요국가의 기업가비율 패널 시계열 분석」, "When does Globalization Benefit Us" 등 50편을 발표하였다. Vienna 대학, Goethe대학, Radboud대학, Copenhagen대학 초빙연구원으로 활동하였으며, 한국의 국가주도형 발전과 금융화를 주제로 발표하고 강의하였다("State Formation, State Development, and State Challenges; Denmark and South Korea Compared"; Copenhangen대학 2013년 공동강의, "How Financialization (Re)shape State-led development Regime"; Goethe대학 2017년 특강).

이상훈

한남대학교 경제학과 교수이다. 연세대학교 학사, 석사를 마치고 미국 University of Utah에서 박사 학위를 취득하였다. 주 연구 분야는 응용미시, 기업지배구조, 경제사상이다. 현재는 경제뿐만 아니라 미디어, 보건, 환경, 젠더 등 다양한 사회현상에 대해 패널분석을 하고 있으며, 사회과학과 자연과학의 융합 연구에 관심을 가지고 있다. 주요 논문으로는 "Does Democracy Matter for Public Health?", "Social Tolerance and Economic Development", "Social Capital and Health at the Country Level", "Media Freedom and Social Capital", "Economic Growth and the Environment in China: Empirical Evidence Using Prefecture Level Data", "Slack and Innovation: Investigating the Relationship in Korea", "The Relationship between Growth and Profit: Evidence from Firm-level Panel Data" 등이 있다.

이태수

가톨릭꽃동네대학교 교수(1999. 3~2021. 4)와 한국보건사회연구원 원장(2021. 5~2024. 5)을 역임하였다. 연세대학교에서 경제학 학사와 석사 학위를 받고 정치경제학 논문으로 경제학 박사 학위를 취득한 뒤 복지정책을 본격적으로 연구하여 복지재정, 사회보험, 사회보장, 복지국가 등 사회정책 분야에서 연구 및 활동하였다. 참여연대 사회복지위원회, 복지국가소사이어티, 서울복지시민연대 등을 대표하였고, 대통령직속 정책기획위원회 등 각종 정부위원회에 참여하여 정책수립과 실행 과정에 기여한 바 있다. 『성공한 나라 불안한 시민』(공저), 『사회복지사를 위한 복지경제학』, 『왜 복지국가인가?』 등의 저서와 「문재인정부 사회서비스 전달체계 개편의 쟁점과 과제」(공저), 「한국복지국가의 보편적 복지논쟁과 대응전략」 등의 논문이 있다. 비판과 대안을 위한 사회복지학회와 한국학교사회복지학회의 회장도 역임하였다.

황재홍

목원대학교 금융경제학과 교수이다. 연세대학교 경제학과(학사, 석사, 박사)를 졸업하고 연세대학교 통일연구원, 경제학부 BK21 연구교수 등을 거쳐 목원대학교에서 가르치며 연구하고 있다. University of Utah에서 초빙연구원으로 활동하였고, 한국경제학회, 한국사회경제학회 등에서 편집위원으로 활동하였다. 주요 관심사는 케인스 경제학, 화폐금융이론사, 중앙은행론, 민주주의와 테크노크라시 등이다. 저서로 『빅셀 이후의 거시경제 논쟁』(공저), 『MMT 논쟁』(공저) 등이 있고, 논문으로는 「중앙은행의 역할과 권한 확대의 민주적 정당성」, 「내생화폐이론과 정부 지출의 선행성」, 「지킬박사와 하이드: 통화정책 준칙을 강조하는 자유주의자 프리드만 대 양적완화와 대마불사 구제금융 옹호자 프리드만」, 「불확실성과 합리성 그리고 정부 정책: 케인즈와 하이에크」 등이 있다.